扬雄研究丛书

扬雄研究史料汇编

中

沈相辉 编

巴蜀书社

目　录

卷七

王　楙（1151- 1213）

《四库全书总目》卷一百十八《野客丛书提要》云：“楙字勉夫，长洲人。养母不仕，惟杜门著述，当时称为‘讲书君’。”

王涯学太玄

元城先生论甘露之祸，凡覆十一族，而王涯者自号留心《太玄》，亦罹其祸。且《太玄》惟以进退消息之为说，涯知其说而不能行故尔。仆谓著《太玄》者，小有非意，且不能自制，投天禄阁为后世笑，尚何以责学《太玄》者邪。（王文锦点校：《野客丛书》卷四，中华书局 1987 年版，第 41 页）

玉树青葱

扬子云《甘泉赋》“玉树青葱”，颜师古注：“玉树，武帝所作，集众宝为之。”向注《文选》，亦谓武帝植玉树于此宫，以碧玉为叶。仆案《三辅黄图》云：“甘泉宫北有槐树，今谓玉树。根干盘峙，三二百年木也。”杨震《关辅古语记》曰：“耆老相传，咸以谓此树即扬雄《甘泉赋》‘玉树青葱’者也。”又观《隋唐嘉话》《国史纂异》《长安记》《闻见录》等杂书，皆言汉宫以槐为玉树。因知晋人所谓芝兰玉树者，盖指此物也。又考《汉武故事》，上起甲帐乙帐，前庭种玉树，珊瑚为枝，碧玉为叶，自在神宫中，只非甘泉宫事。知师古与向之注为甚谬，而左思之见未审也。古来文士如曹操、曹植、王粲、挚虞、庾儵、傅选、庾信之徒，皆有槐赋，其述种于宫殿之间美致曲尽，独未有以玉树为言者何邪？纪少瑜诗“玉树起千寻”，曹植诗“绿萝缘玉树”，得非即此乎。后汉刘梁《七举》，亦曰“玉树青葱”。（《野客丛书》卷五，第 49 页）

荆公读苏文（节录）

《潘子真诗话》载东坡作《表忠观碑》，荆公置坐隅。有客问曰："相公亦喜斯人之作?"公曰："斯绝似西汉。"坐客叹誉不已。公笑曰："西汉谁文可拟?"坐客或比以司马相如、扬雄之流。公曰："相如赋《子虚》《大人》，洎《谕蜀文》《封禅书》耳，雄所著《太玄》《法言》以准《易》，未见其叙事典赡若此，直须与子长驰骋上下，如《楚汉以来诸侯王年表》。"（《野客丛书》卷六，第58页）

二老归周

《文选》载此文，翰注则曰："太公归文王而周业盛，是为一老，不闻其二老。李善引伯夷与太公为二老，误矣。且伯夷去绝周粟，死于首阳，奈何云归周也。扬雄言二老，亦用事之误也。"仆谓翰未读《孟子》及《史记》耳。《孟子》曰："伯夷避纣，居北海之滨，闻文王作，兴曰：'盍归乎来，吾闻西伯善养老者。'太公避纣，居东海之滨，闻文王作，兴曰：'盍归乎来，吾闻西伯善养老者。'二老，天下之大老，而归之。其子焉往。"伯夷、太公，非二老乎?《史记》载伯夷、叔齐闻西伯善养老而归之。及至西伯卒，武王载文王木主而东伐纣，夷齐谏焉。及平殷，天下宗周。夷齐耻之，竟不食周粟，饿死于首阳山。则知伯夷始尝归周。不食周粟，饿死首阳，乃其后来耳。孰谓伯夷未尝归周也?李翰以为扬雄用事之误，自不深考。陶渊明引《孟子》此数语，谓出《尚书大传》，知《孟子》引逸书之词。（《野客丛书》卷八，第82—83页）

童乌已巳（节录）

童乌，旧说谓扬子云之子小名。有一老先生读《法言》，谓"吾家之童"为一句，"乌"连"乎"字作"呜呼"字读，谓叹声也。似亦理

长。仆观后汉《郑固碑》曰：“大男有扬乌之才，年七岁而夭。”苏顺赋：“童乌何寿之不将。”是时去子云未远，所举想不谬。于是知童乌为子云之子小名。（《野客丛书》卷八，第85页）

方言序

《汉书·扬雄传》：“孝成帝时，客有荐雄文似相如者。上方郊祠甘泉，召雄待诏承明之庭。正月，奏《甘泉赋》。”仆考《方言·雄答刘歆书》曰：“雄始草文，先作《县邸铭》《王佴颂》《阶闼铭》及《成都城四堣铭》，蜀人有杨庄者为郎，诵之于成帝。成帝好之，以为似相如。遂以此得外见。”乃知客者杨庄，荐雄文者《县邸铭》等。以为似相如者，帝骜之语，非客所荐之词。又《方言序》云：“雄为郎一岁，作《绣补》《灵节》《龙骨》之铭诗三章。及天下上计孝廉，雄问异语，纪十五卷，积二十七年。汉成帝时，刘子骏与雄书，从取《方言》。”仆以歆、雄二书与传考之，取《方言》，乃哀帝，非帝骜也。不然，歆书何以称帝骜谥？何以言先君云云？雄书何以及《太玄经》邪？（《野客丛书》卷二十一，第232页）

陈　藻（1151- 1225）

《两宋名贤小集》卷二百五：“陈藻字符洁，福清人，从学林网山，为及门高弟。侨居横塘，家贫，授徒以自给。生平备历艰阨，处之夷然。扁所居曰乐轩。卒，年七十有五。”

太　玄

《太玄》之书，当时后世有非之者，亦有好之者。诸家训释，岂无可观？而老苏之论二篇，与夫所谓《总例》者，吾特爱焉。夫《太玄》之大约有二，曰历与筮而已矣。一扐而加之以再，去其旦夕经纬之占而从，其词之不可以前定。窃谓子云复生，当敛衽于此矣，然又不知子云果尔乎。至于《玄》也，谓增以《踦》《嬴》二赞，则岁羡其四分日之一，于是乎为一百八分之说。使《玄》于二赞，以其末者不为半日，而止为四分日之一，奚独不可乎？《易》有用九、用六，则三百八十六爻也。《玄》以七百二十九，而为七百三十一，奚独不可乎？且老泉三方之算至三家之算皆九之，半之若可也，然自五十有四至十有八，自十有八而至于六，皆以三数也。自六而至于三，则两之而已矣。是亦出于有心，而非其自然者，安得如《易》数之天成乎？日书斗书而月不书，若可攻也，然一岁之日成，则月在其中矣。五尽之说，恐不足以穷子云之辨。窃试为扬子，而诸君为老泉，以相诘难，奚若？（《乐轩集》卷六，《四库》第1152册，第89页）

张 镃（1153- 1221）

《杭州府志》卷一百四十四："张镃字功父，居钱唐，清标雅致，为时闻人。诗酒之余，能画竹石古木。著有《桂隐百课》，舍所居为梵刹，命曰桂隐堂馆桥池诸名，各赋诗凡数百篇。"

杂兴（其一）

子云闭门学，非愿雕虫称。于道实有省，爵位岂所营。洙泗嗟已远，惜不偕群英。《太玄》《法言》书，莫诮徒拟经。（《南湖集》卷一，《四库》第1164册，第531页）

张　淏（1157 进士）

《单县志》卷九："张淏，字清源，单父人。自其祖寓居于婺之武义，笃行好学，博通古今之书。……所著书曰《云谷杂记》，四卷，叶适常称之曰：'张清源笃志苦学，出入群书，援据殚洽，欲于周丞相、洪内翰中间更展一席地，非凡材也。'又著《会稽续志》八卷，简核不苟，亦地志中之有体要者。"

甘泉玉树

扬子云《甘泉赋》云："翠玉树之青葱兮，璧马犀之瞵瑞。金人仡仡其承钟虡兮，嵌岩岩其龙鳞。"颜师古曰："玉树者，武帝所作，集众宝为之，用供神也。"《三辅黄图》："甘泉谷北岸有槐树，今谓玉树，根干盘峙，二三百年木也。"杨震《关辅古记》曰："耆老相传，咸以为此树即扬雄《甘泉赋》所谓玉树青葱也。"刘宾客《嘉话录》："云阳县界，多汉离宫故地，有似槐而叶细，土人谓之玉树。扬子云《甘泉赋》云'玉树青葱'，后左思以雄为假称珍怪，盖不详也。"二说与颜师古注全不同。予谓《黄图》《嘉话》所言者，乃甘泉所产之木也。子云所称，乃汉饰以象此木者也。何以言之?《汉武故事》云："上起神屋，前庭植玉树，珊瑚为枝，碧玉为叶。"以碧玉为叶者，是欲肖树色之青葱也。李善注《文选》，正引此为据。今道释宫宇，多饰金宝为花木，以为供神之具，正此类也。使果为种植之木，则子云决不与璧饰钟虡等并言矣。(《云谷杂记》卷一，中华书局 1958 年版，第 13 页)

读书所嗜不同

前辈读书，所嗜各不同。司马温公酷好扬子云《太玄》，而作书疑诋孟子，谓扬子真大儒，孟与荀殆不足拟，自云少好其书，研精竭虑，历年已多，始敢为注。每阅《太玄》，必屏绝人事，读必数十过。其嗜之也如是。而老苏独不喜扬子，云雄之《法言》，辩乎其不足问也，问乎其不足疑也。求闻于后世，而不待其有得，君子无取焉耳。又曰，雄于《太玄》，好奇而务深，故辞多夸大，而可观者鲜。又曰，使雄有孟轲之书，而肯为《太玄》耶？二公所见不侔如此。（《云谷杂记》卷三，第41—42页）

徐邦宪（1157-1214）

《宋史》卷四百四："徐邦宪，字文子，婺州义乌人。幼徐悟，从陈傅良究名物义理，以通史传百家之书。绍熙四年，试礼部，第一人登进士第。三迁为秘书郎。"

君子绝德

论曰：天下未尝有不可能之事，而贤者亦未尝沮人以不可能之说。夫德者，性分之固有，夫人而能之也。古之君子所以形于孝，著于功，陈于谟，无非出于德之所固有而人之所能为，初非绝人之事也。议者见其于难事之亲而尽其孝，于难平之患而成其功，于巍巍极治无所容言之时而矢其谟，于是歆艳侈大，指为绝德，殊不知时有难易而德无加损，以谓为君子之德则可，谓之绝德，则是以天下后世不可复能也。噫，天下岂有不可能之德哉？扬雄以舜之孝、禹之功、皋陶之谟为君子绝德，愚未许为通论也。雄之说曰："君子绝德，小人绝力。"愚则曰：天下有绝力，无绝德。

以力论之，有一夫之力，有十夫之力，有百夫之力。有一夫之力者举十夫之任则不能胜矣，有十夫之力者举百夫之任则不能胜矣，故乌获、任鄙，古今谓之绝力者，以扛洪鼎、揭华旗，人所不能而乌获、任鄙独能之。若夫德，则异于力矣。德出于性，性出于天，天之命是性也无私，则其畀是德也宜其无所私也。舜、禹、皋陶，古之所谓有德者，自雄观之，则以为不可能也；自理观之，则未有不可能之德也。夫世无虞舜，而天下未尝无闻孝；世无夏禹，而天下未尝无伟功；世无皋陶，而天下未尝无名言。且古今一时也，圣愚一性也。今以彼为绝德而处天下于不可能之地，则是舜、禹、皋陶之所为乃加于人一等之事，未免为圣人所病，岂所谓天下之达德哉？闻人皆可以为舜矣，未闻以舜为绝德而不可能也；闻涂人皆可以为禹矣，未闻以禹为绝德而不可能也；闻淑问如皋陶矣，未闻以皋陶为绝德而不可能也，雄之说奚自而发哉？为雄之说曰：孝可能也，事顽嚚之亲而能竭全廪浚井之事者，舜之孝所不可能也；功可能也，拯昏垫之患而能致随山浚川之利者，禹之功所不可能也；谟可能也，居雍熙垂拱之朝而能申知人安民之戒者，皋陶之谟所不可能也。是三者后世之无有此，所以为绝德也。嗟夫，甚矣，雄之不知德也。德者，本也。孝也，功也，谟也，皆德之所寓而后见者也。使必有是孝、有是功、有是谟，然后可以希舜、禹、皋陶之德，使舜不遇难事之亲而显其孝，则舜为无德可乎？禹不遇洪水之患而著其功，则禹为无德可乎？皋陶不遇明良之朝而陈其谟，则皋陶为无德可乎？要之，有德于中，不必有全廪浚井之事，然后可以为舜之孝。凡能尽子职之所当尽者，皆可无愧于舜矣。不必有随山浚川之利，然后可以为禹之功，凡能尽臣职之所当尽者，皆可无愧于禹矣。不必有知人安民之仁，然后可以为皋陶之谟，凡能尽言职之所当尽者，皆可无愧于皋陶矣。略其迹之异而反其性之同，则舜、禹、皋陶其绝人乎，其将比我而同之乎？逆雄之意，盖不过欲人知舜、禹、皋陶之德卓越超绝，不可企及，庶幾勉强力行以奔走乎？君子之域，否则易忽而不为之也。殊不知天下之事，诱之以易，犹惮其难，约之以同，犹蔽于异，况以难惧之而以异绝之，孤圣人之道，沮学者之心，则雄之绝德之言斯为过矣。嗟夫，君子之设心，又奚以绝人为事哉。以绝人为事，雄之立论大抵然也，谓贤人必为人所不能，则谓君子为绝德，盖无足怪者。不幸而使斯言不显行于世，吾惧学者以乔桀相高，以卓鸷相务，不循天下常行之理，而动欲为绝人之事。孝不为舜而为申生，不为禹而为白圭，谟不为皋陶而为公孙惠子，其流弊有不可胜言者矣。幸而之言不显行耳。谨论。（魏天应编选，林子长笺解：《论学绳尺》卷三，《四库》第1358册，第220—222页）

高似孙（1158- 1231）

《两宋名贤小集》卷三百十二："高似孙，字续古，余姚人，文虎子。淳熙十一年进士，历官校书郎，守处州。有《疏寮小集》。"

子略序 （节录）

呜呼！仲尼皇皇，孟子切切，犹不克如皋、夔，如伊、吕、周、召，况他乎！至若荀况、扬雄氏、王通、韩愈氏，是学孔、孟者也，又不可与诸子同日语。或知此意，则一言可以明道艺，究吁谟；可以立身养性，致广大，尽高明；可以著书立言，丹青金石，垂训乎后世。顾所择如何耳。审哉审哉！（《子略》卷首，《四库》第674册，第492页）

太玄经

《易》可准乎？曰："难矣！""何为其难也？"曰："天地人之理，混沦于未画之前。二三圣人察天之微，窥地之奥，以神明夫人之用。文王因伏羲，孔子因羲、文，而《易》道极矣。文王非舍伏羲，孔子非舍羲、文而自为之书也。《易》经三圣，以经天地人之道。是道也，吉凶悔吝，消息盈虚，虽天地鬼神无所藏其蕴，而匹夫匹妇可与知者也。扬雄氏欲以一人之力而规三圣所成之功，是为难乎？子云岂不知此者，然则子云亦有得于《易》之学而欲自神其用。其曰'天以不见为玄，地以不形为玄，人以腹心为玄'，此子云之所以神者也。子云之意，其疾莽而作者乎？哀平失道，莽辄乱常。子云酌天时行运、盈缩消长之数，推

人事进退、存亡成败之端，存之于《玄》。三方象三公，九州象九卿，二十七家象大夫，八十一部象元士，而玄者，君象也，总而治之，起牛宿之一度，终牛宿之二十二度，而成八十一首、七百二十九赞、二万六千二百四十四策，明天人终始逆顺之理，正君臣上下去就之分。顺之者吉，逆之者凶，以为违天拂人、贼臣盗国之戒，子云之意也。子云敢以此准《易》，言者盖以卦气起于《中孚》，《震》《离》《兑》《坎》分配四方，六十四卦各主六日七分，以周一岁三百六十五日四分日之一。据此言之，窒矣。桓谭曰‘《玄》与大《易》准’，班固曰‘经莫大乎《易》，故作《太玄》’，是知子云者乎？不知子云者乎？”（《子略》卷四，第520—521页）

鸱 夷

扬雄《酒赋》曰：“鸱夷滑稽，腹大如壶。昼日盛酒，人复借酤。常为国器，托于属车。”按《史记》，吴王夫差取子胥尸，盛以鸱夷革而浮之江中。应劭曰，取马革为鸱夷，鸱夷，榼形也。《唐韵》曰，瓻，丑饥切。酒器大者一石，小者五斗，古之借书盛酒瓶。则借书一瓻，当用此字。或又用鸱字者，鸱夷亦盛酒器也。所谓“鸱夷滑稽，腹大如壶”，盖此物也。山谷诗：“颜公借我藏书目，时送一鸱开锁鱼。莫惜借行千里，他日还君一鸱。”然则借书一鸱，用鸱字也。崔浩《汉书音义》曰：“滑稽，酒器也。转注吐酒终日不已，若今之阳燧樽。”（《纬略》卷四，《四库》第852册，第294页）

金 铺

《通俗文》曰：“门首饰谓之铺首。”《风俗通》曰：“门户铺首。”扬雄《甘泉赋》曰“排玉户而扬金铺兮，发兰蕙与芎䓖”是也。《说文》曰：“门扇镮谓之铺首。”李尤《平乐观赋》曰“过洞房之辅闼，历金镮之华铺”是也。《通俗文》又引《百家书》曰：“输般见水上蠡谓之曰，开汝头，见汝形。蠡适出其头，般以足画图之。蠡引闭其户，终不可开。设之门户，欲使闭藏如此固密也。”《义训》曰：“门饰金谓之铺，铺谓之䤭，音欧。今俗谓浮沤钉者也。”刘孝威诗“金铺玉锁琉璃扉，花钿宝镜织成衣”，江总诗“兔影脉脉照金铺，虬水滴滴泻玉壶”，沈佺期诗“梅楼翠幌教春住，舞阁金铺借日悬”。（《纬略》卷五，第303页）

太玄经

先儒注《太玄经》，每首之下必列二十八宿，盖周天二十八宿三百六十五度四分度之一。《太玄经》凡七百二十九赞，乃此数也。以七百二十九赞分而为二，合三百六十四度有半，宜若不相应。子云本意，以为其半不可合也，故《踦》赞、《嬴》赞以应周天之数。汉之正统以象数也，莽之僭窃乃闰位也，故先儒于《踦》赞、《嬴》赞之下，注以为水火之闰，《王莽传赞》所称余分闰位者谓此。（《纬略》卷五，第306页）

太玄法言

桓谭《新论》曰：“子云新造《法言》《太玄》也，人贵所闻，贱所见，故轻易之。若遇上好事，必以《太玄》次《五经》也。”王充《论衡》曰：“扬子云作《太玄》《法言》，张伯松不肯一观，以与并肩。若生于周世，则为金匮也。”二子之论如一。葛稚川曰：“充所著《论衡》，北方未有得之者。蔡伯喈尝到江东得之，叹其文高，度越诸子。呜呼，世安得复见伯喈者乎?”稚川又曰：“卢生问云，‘蔡伯喈、张平子才足著书，正恐年远旨深，世人不解，故不著也。’余曰：‘若如来言，子云亦不应作《太玄经》也。’”然颖容《春秋例》曰：“著作之事，前有司马迁、扬雄，后有郑众、班固，近即马融、郑玄。迁《史记》不识毕公为文王之子，而言与周同姓。扬雄《法言》不识六十四卦，而云所从来远矣。呜呼难哉。”（《纬略》卷八，第344—345页）

答客难

东方朔《答客难》，扬雄《解嘲》，班固《宾戏》，崔骃《达旨》，崔寔《答议》，蔡邕《释诲》，陈琳《应议》，皆出于《客难》而作，然其雄放豪特，皆不能及也。（《纬略》卷十，第373页）

陈　淳（1159—1223）

《宋史》卷四百三十："陈淳字安卿，漳州龙溪人。……淳叹陆、张、王学问无源，全用禅家宗旨，认形气之虚灵知觉为天理之妙，不由穷理格物，而欲径造上达之境，反托圣门以自标榜。遂发明吾道之体统，师友之渊源，用功之节目，读书之次序，为四章以示学者。明年，以特奏恩授迪功郎、泉州安溪主簿，未上而没，年六十五。其所著有《语孟大学中庸口义》《字义》《详讲》，《礼》《诗》《女学》等书，门人录其语，号《筠谷濑口金山所闻》。"

取己便宜

取己便宜，小处如共食而自拣其美，如共处而自择其安，共市物而争取其尤，都是利。大处如舍义取生，固人之所欲，然义所当死，只得守义而死，岂可以己不便而生顾恋之私？如扬雄甘事王莽，已自错了，后来迫于追捕，又却投阁，是偷生惜死，忘义顾利。魏徵背建成而事太宗，李陵战败而降虏，皆是忘义惜死，取己自便。（《北溪字义》卷下，中华书局1983年版，第55页）

太玄辨

《太玄》本为拟《易》而作也，而又参之《易纬》以序卦气，准之《太初历》以考星度。盖少杂乎《书》，而不纯于《易》，密于数，而道则未也。

夫《易》以八为数，而《玄》以九为数。《易》数始于一，一重之而为二，二重之而为四，四重之而为八，八重之至于六十四，而八八之数立焉。故曰太极生两仪，两仪生四象，四象生八卦，八卦生六十四卦。《玄》数始于一，一转之而为三，三转之而为九，九转之而为二十七，二十七转之而为八十一，而九九之数具焉。故自一玄分而为天地人之三方，方各有三州，三其三方而为九州，州各有三部，三其九州而为二十七部，部各有三家，三其二十七部而为八十一家。

《易》以六画成卦，而《玄》拟以方、州、部、家之四位，四位立而首成焉。自《中》至《事》为天玄二十七，自《更》至《昆》为地玄二十七，自《减》至《养》为人玄二十七，合三二十七为八十一首，以拟《易》之六十四卦。首下有辞，以拟卦之《彖》。首为有九赞，以拟卦之六爻。九其八十一首，则为七百二十九赞。赞下有测，以拟爻之《象》，为七百二十九测。测、赞之外，又有《玄冲》，以拟《序卦》；《玄错》，以拟《杂卦》；《玄数》，以拟《说卦》；《玄摛》《玄莹》《玄掜》《玄图》《玄告》，以拟上、下《系》。

至于筮策，又以拟《易》之大衍，虚其一而用四十有九，《玄》则虚其三而用三十有三。大衍以乾之策二百一十有六，坤之策百四十有四，合三百六十，以当期之日，积为万有一千五百二十，以当万物之数。而《玄》则以天数十有八，地数十有八，合三十六策，以律七百二十九赞，以当一岁之日，积为二万六千二百四十四策，以配万物之数。大衍揲以四，而《玄》则揲以三。大衍以七八九六定六爻而辨吉凶，《玄》则以七八九六定四位而别休咎。与大三摹之拟三索，三表之拟四象，一一与《易》相准，而犹以为未也。

何氏《易纬稽览》创为卦气之说，以为起于《中孚》而终于《颐》，六十卦别以《坎》《离》《震》《兑》四卦各主一方，卦中二十四爻各主二十四气，其余六十卦有三百六十爻，主三百六十日，余有五日，每日分为八十分，合四百分又四分日之一为二十分，是有四百二十分，以六十卦分之，六七四十二卦，各得七分。每卦得六日七分，以当期三百六十五日四分十之一之数。而《玄》则又从而参之，始于《中》首，以配《中孚》，而终于《养》首，以配《颐》。凡八十一首，皆法卦气之次序。首以二赞当一日，凡七百二十九赞，当三百六十四日有半。又增《踦》《嬴》二赞，（为闰余之）数以足之。太初上元十一月甲子朔旦冬至无余分，后千五百三十九岁甲辰朔旦冬至又无余分，又千五百三十九岁甲申朔旦冬至又无余分，又千五百三十九岁复甲子朔旦冬至无余分。而《玄》则又从而准之，始于《中》首冬至之节初一日，起牵牛一度，而终于《养》首之上九，以周二十八宿之行而为一岁。十九岁为一章，二十七章，凡五百一十三岁为一会，八十一章则三会，凡千五百三十九岁为一统。自子至辰，自辰至申，自申复子，凡三统、九会、二百四十三章，有四千六百一十七岁为一玄。一章则闰分尽，一会则月食尽，一统则朔分尽，一元则六甲尽，与《太初历》相应。是《玄》之为数密矣，然密于其数，而道则未也。

吾观其书有如《中》首曰："阳气潜萌于黄宫，信无不在其中。"而《养》首又曰："藏心于渊，美厥灵根。"则天理始终循环无间之义，似亦察矣。然于《玄摛》有曰："其上也垂天，下也沦渊，纤也入薉，广也包畛。其道游冥而挹盈。"又曰："虚形万物所道之谓道，因循无革，天下之理得之谓德。理生昆群，兼爱之谓仁，列敌度宜之谓义。"又未能根极乎理义之大本，而不免乎老墨之指归，于《易》之宏纲大义，亦何所发明哉？况乎以《周》配《复》，以《戾》配《睽》，以《上》配《升》，以《差》配《小过》，以《童》配《蒙》，以《增》配《益》，以《达》配《泰》，以《从》配《随》，以《进》配《晋》，以《释》配《解》，以《乐》配《豫》，以《争》配《讼》，以《更》配《革》，以《断》配《夬》，以《装》配《旅》，以《众》配《师》，以《亲》配

《比》，以《盛》配《大有》，以《居》配《家人》，以《灶》配《鼎》，以《大》配《丰》，以《逃》配《遁》，以《永》配《常》，以《度》配《节》，以《减》配《损》，以《聚》配《萃》，以《饰》配《贲》，以《视》配《观》，以《晦》配《明夷》，以《穷》配《困》，以《割》配《剥》，以《止》配《艮》，以《成》配《既济》，以《失》配《大过》，以《难》配《蹇》，以《养》配《颐》，徒区区为字训之模仿，而复拘拘于句法之循袭。

《易》曰“幽赞神明而生蓍”，而《玄》则曰“昆仑天地而产蓍”；《易》曰“云从龙、风从虎，圣人作而万物睹”，而《玄》则曰“风识虎、云知龙，贤人作而万类同”；《易》曰“辟户谓之乾，阖户谓之坤”，而《玄》则曰“阖天谓之宇，辟宇谓之宙”；《易》曰“乾确然示人易，坤隤然示人简”，而《玄》则曰“天宙然示人神，地他然示人明”；《易》之元、亨、利、正，万化之原也，故君子行此四者曰“乾，元、亨、利、正”，而《玄》配之以“君子行此五者，曰罔、直、蒙、酋、冥”。愚不知罔、直、蒙、酋、冥于元、亨、利、正之义何得哉？《易》之阴阳刚柔仁义，三才之本也。故“立天之道曰阴与阳，立地之道曰柔与刚，立人之道曰仁与义”。而《玄》配之以“立天之经曰阴与阳，形地之纬曰纵与横，表人之行曰晦与明”。愚不知纵横晦明于刚柔仁义之旨何有哉？其他效“为天为圜”等语，则有“为雷为鼓”之辞。效“革去故、鼎取新”等语，则有“更造新、常因故”之说。效十三卦所取，则有衣裳、圭璧、挠拟之论。若此之类，不可胜数。而于《易》道初无一补。前不足以发往圣之心，而后不足以开来哲之耳目。子思氏之《中庸》，孟轲氏之七篇，所以与尧、孔心传千载，若合符契者，何尝必为如是之配仿哉？抑又多为夸张，自赞之语曰：“知阴知阳，知止知行，知晦知明者，惟《玄》乎。”又曰：“晓天下之瞑瞑，莹天下之晦晦者，惟《玄》乎？”又曰：“夫《玄》卓然示人远矣，旷然开人大矣，渊然引人深矣，渺然绝人渺矣。”殊非圣贤气象，此当时如刘歆者所以有空自苦、覆酱瓿之讥，而近世如东坡、如伊川，所以谓其道不足取，与屋上架屋之诮。是虽侯芭之受，桓谭之传，张衡比之《五经》，陆绩推之为

圣人，宋衷之训诂，范望之解释，王涯之纂述，司马温公之作书，与拟类皆随已之好，而终不足以厌服千万世学者同然之见也。（《北溪大全集》卷二十一，《四库》第1168册，第668页）

答徐懋功二（节录）

道与文，非二物也。是则吾道岂日用人事之外，别为一等幽微玄妙之说。而文即是理之所形见，岂能有外乎道哉？道者，文之根本；文者，道之枝叶华实。道即体，文即用。弸中而彪外，和顺积而英华发。六经，孔子之文也，而实孔子之道所以浑然一本者，流行贯通也。七篇，孟子之文也，而其大本自性善而来，故醇醇乎仁义王道之谈。荀卿惟不识大本，故其文偏驳而不纯。扬雄惟善恶无别，故其文浅短而艰晦。董子最得圣贤之意，故三篇之策纯如也。（《北溪大全集》卷三十四，第770页）

韩　淲（1159- 1224）

《宋元学案》卷五十九："韩淲，字仲止，上饶人，南涧先生元吉之子。有高节，从仕不久，即归信上。嘉定中卒，有《涧泉集》。"

日记二则*

《太玄》其辞准《易》，其数可以起历而已，盖得于浑天仪者也。司马君实为《潜虚》，得其用意之所在矣。晁以道作《星谱》，可谓善发明矣。二家之书出，而《玄》之学备，欲观之者当参考也。

老苏论《太玄》，最中其病："《太玄》者，扬雄之所以自附于夫子，而无得于心者也，使雄有得于心，吾知《太玄》之不作。又使雄有孟轲之书，而肯以为《太玄》耶？惟其所得于心之不足乐，故大为之名，以侥幸于圣人而已。”（《涧泉日记》卷中，《四库》第864册，第787页）

论太玄

《太玄》，温公得其数，康节得其学，又推之世变，而数则密矣。子云此数必自君平来，其学则李仲元之学，此学自孔孟后则不偏，此学黄帝之书也。《管子》《荀子》止是此学。孟子说浩然气、夜气，便是此学，只为言集义所生者便别，此孔孟所以为《中庸》也。温公虽有《潜虚》，又却不与《太玄》之学相似。晁以道又只是浑天仪上工夫，可以推布历法尔。子云若不从历法上推括起天地之数，如何把捉伏羲、文王太衍之数，此所以不可及也。“潜天而天，潜地而地”，子云也。康节又有些似《老子》似《阴符》处，盖窃弄阖辟者也，岂非陈希夷之学也，不可不辨也。二程之学，直得孔孟之学，以此观之，则了然矣。

《太玄》其辞准《易》，其数可以起历而已，尽得于浑天仪者也。司马君实为《潜虚》，得其用意之所在矣。晁以道作《星谱》，可谓善发明矣。二家之书出，而《玄》之学备，欲观之者当参考也。孙明复辨扬子极是，深有补于世教。其言子云《太玄》，以为非准《易》而作也，盖疾莽而作也。

老苏论《太玄》，最中其病：“《太玄》者，扬雄之所以自附于夫子，而无得于心者也，使雄有得于心，吾知《太玄》之不作。又使雄有孟轲之书，而肯以为《太玄》耶？惟其所得于心之不足乐，故大为之名，以侥幸于圣人而已。”

《太玄》形容气数尽有工夫，若《易》则理道备尽，非三圣人孰能明之？范望解“心藏神内为玄”。

昔扬子云作《太玄》，侯芭尝受学焉。至后汉初，书犹不显。班孟坚作史，尝标其大旨，有意其盛行于世也。夫显晦不足以论《玄》，而良史犹恳如此，未几张衡谓其“妙极道数，与《五经》相拟”，孟坚作史，说于建初中，距平子不三十年，其书已为世所推重，第恨严尤辈不

及见尔。（《永乐大典》卷四千九百四十，中华书局1986年版，第8337—8338页）

［按］今本《涧泉集》《涧泉日记》皆系四库馆臣从《永乐大典》中辑出，而本编所录《论太玄》中数则，除《涧泉日记》所录两则外，《四库》辑本皆无。可知当时辑佚，多有遗漏。

赵秉文（1159—1232）

《金史》卷一百一十："赵秉文字周臣，磁州滏阳人也。幼颖悟，读书若夙习。登大定二十五年进士第……正大间，同杨云翼作《龟鉴万年录》上之。又因进讲，与云翼共集自古治术，号《君臣政要》为一编以进焉。秉文自幼至老未尝一日废书，著《易丛说》十卷，《中庸说》一卷，《扬子发微》一卷，《太玄笺赞》六卷，《文中子类说》一卷，《南华略释》一卷，《列子补注》一卷，删集《论语》《孟子解》各一十卷，《资暇录》一十五卷，所著文章号《滏水集》者三十卷。"

法言微旨引

扬子，圣人之徒欤！其《法言》《太玄》，汉二百年之书也。汉兴，贾谊明申韩，司马迁好黄老，董仲舒溺灾异，刘向铸黄金，独扬子得其正传，非诸子流也。

予既整缉《太玄》，旧闻《法言》有宋衷注，亡之，今世传四注，柳、李二注才释一二，宋、吴二注颇有抵牾，其十二注中，数家大抵祖临川王氏，无甚发明，又多诋忤而不中其失。独温公《集解》，编采诸本，微辨四家之得失，断以己意，十得七八矣。其终篇详辨扬子得圣人之行藏，为得其正，实百世之通论也，故今断以《集解》为定。然《法言》之作，虽拟《论语》，不同门人问答先后无次，乃扬子自著之书也，不应辞意不相连属，其命名自序，思过半矣。或先义而后问，或后答以终义，或离章以发微，或终篇以明数，旁钩远引，微显著晦，川属脉贯，会归正道。今所谓分章微旨者，非敢有异于先儒也，但使一篇之义自相连属，穿凿之罪，余何敢逃？万一有得微旨于言辞之表者，或有助于发机云。（《滏水集》卷十五，《四库》第1190册，第237页）

［按］《法言微旨》即《金史》所说《扬子发微》，是书已亡佚。

笺太玄赞引

《太玄》何为者也？将以发明大《易》而羽翼之者也。《易》有八物，而五行万事在其中，《玄》则列之以三才，本之以五行，表之以阴阳，推之以律历，而天下万事之理具。要其中，为仁义而作也。卦用八，蓍用七，《玄》则首用九，蓍用六，互彰之也。《易》有道义象数，记《易》者言道义则遗象数，言象数则遗道义。《玄》实兼之，其于圣经不为无助。昔人讥屋下架屋，不犹愈于章句一偏之学乎？后之言数术者，孰与张平子？以平子不敢轻议《太玄》，而后儒非之，恐几率易。顾仆何足以知《太玄》，姑以范注之小误，以证本经之不误。范注以九首次九，阳家阳画，至十首《羡》之初一又为阳家阳画，则昼多于夜，祸福殽乱，故其说时有不通，王氏已辨之矣。

揲法一扐之后而数其余，王氏依之，注本作两扐，非经误也。经曰“旦筮用经，夕筮用纬”，旧注以旦用一五七，夕用三四八，日中夜中用二六。苏氏攻之，以为中夕筮吉凶杂至，旦筮非大吉则大凶，是吉凶杂，终不可得而遇也。扬子大贤，拟圣而作，不应筮法尚误，此殆岁久失其传也。及考《玄数》“五为中央”，注：“土行所在，经纬杂用。”且筮有三表，一二三一表也，四五六一表也，七八九一表也。表取其一以为占，旦筮用一与七，皆取其初遇，至于四为纬，五则经纬杂，无已则用六矣。一六七吉凶杂，与日中夜中夕筮同，况《睟》首一六七皆吉，而《唫》首一六七皆凶，亦有时而纯吉纯凶矣。恐旦筮当用一六七，夕筮用三四八，日中夜中用二五九，二为经，九为纬，五杂用之也。“筮

有四：星、时、数、辞"，注："星若于一度也，时谓旦中夕也，数谓首数之奇偶，辞若九赞之辞也。"时若旦筮遇阳家，其数自奇，辞自多吉，是时数辞皆同，何以别之？窃意星若二十八宿是也，又有四方之宿，各分配日月五星数，有干支之数，律历之数，《玄》算之数，与策数杂用之，此扬子所以知汉二百载而中天，平子所以知汉四百载《玄》其兴乎之验也，其然岂其然乎！

《玄》有《文》《告》十一篇，道义象数之学，宋、陆二注及王氏辨之详矣，兹不复云。独首赞与昼夜不合，及首赞之辞与首之名义，亦如六十四卦与卦义当相合，如《同人》《睽》六爻皆言同人、睽之类是也，而注间有不悟，辄以他义释之，恐有未安，理当厘正，使赞与首名义相合，庶几粗明《玄》经之万一。仆亦未能审于是非，姑录以备遗忘，以为学《玄》之阶耳，俟得前人之注，改而正诸。（《滏水集》卷十五，第238—239页）

[按]《笺太玄赞》即《金史》所说《太玄笺赞》，是书今已亡佚。

吴　曾（1162前后）

《宋史翼》卷二十九："吴曾，字虎臣，崇仁人。……所著有《君臣论》《负暄策》《毛诗辨疑》《左传发挥》《新唐书纠缪》《得闲文集》《待试词学》《千一策》《南征北伐编年》《南北事类》《能改斋漫录》，近二百卷，悉收入秘府。"

玉　树

《三辅黄图》云："甘泉宫有槐，根干盘峙，二三百年物也，即扬雄赋所谓'玉树青葱'者。"余按，唐刘悚《隋唐嘉话》谓："云阳县界多汉离宫故地，有似槐而叶细，土人谓之玉树。"扬子云《甘泉赋》云

“玉树青葱”指此。后左思讥之，已失，《三辅皇图》以为槐之根干，则又甚矣。（《能改斋漫录》卷三，上海古籍出版社1960年版，第53页）

扬雄作甘泉赋明日遂卒

唐李善注扬子云《甘泉赋》引桓谭《新论》曰：“雄作《甘泉赋》一首，始成，梦肠出，收而内之，明日遂卒。”此说非也。予按，孝成帝行幸甘泉，据《汉纪》及《赋序》，并是正月行幸甘泉。扬雄死于王莽天凤五年，经历哀、平两帝，年代甚远，安有赋成明日遂卒之说？李善竟不排之，而反以为证，何耶？（《能改斋漫录》卷五，第102页）

扬雄反骚

扬雄《反骚》云：“有周氏之婵嫣兮，或鼻祖于汾隅。”注：“鼻，始也。”余以为未尽其义。雄《方言》云：“兽之初生谓之鼻，人之初生谓之首也，梁、益谓鼻为初。”或谓始祖为鼻祖者，其义如此。（《能改斋漫录》卷七，第194—195页）

程　珌（1164-1242）

《宋史》卷四百二十二：“程珌字怀古，徽州休宁人。绍熙四年进士。……以端明殿学士致仕，卒，年七十有九，赠特进、少师。”

送吴进士序（节录）

扬子云有言：“通天地人曰儒，通天地而不通人曰技。”故天文、地理、历象、术数、风云、占候、医药、卜筮，古之儒者未尝不兼通之。

先汉去古未远，子云之言盖记古之儒者之事也。司马子长始裂为九，使之各为家为流，而后道术裂矣。然论司马季主与夫医者越人之事，犹有深意，未始不并行而不相悖。后世作史者不以郭景纯传之技术，其源流固有所自也。由唐以来，开裂尤甚，殆不可合矣。而韩昌黎之说，则以谓为君子者必于是而兼通之，否则不足为君子焉。然则孰非士之所事邪？（《洺水集》卷八，《四库》第1171册，第348页）

王观国（?）

《四库全书总目》卷一百十八《学林提要》云："观国，长沙人，其事迹不见于《宋史》，《湖广通志》亦未之载。惟贾昌朝《群经音辨》载有观国所作后序一篇，结衔称左承务郎知汀州宁化县主管劝农公事兼兵马监押，末题绍兴壬戌秋九月。"

法　言

扬雄《法言》曰："或问甘罗之悟吕不韦，张辟疆之觉平、勃，皆以十二龄。"《前汉·外戚传》曰："惠帝崩，太后发丧，哭而泣不下。留侯子张辟疆年十五，为侍中，谓丞相陈平曰：'帝无壮子，太后畏君等，今请拜诸吕居中用事，则太后心安。'"《法言》云十二龄，而《汉书》云年十五者，观辟疆启陈平之语，殆非十二龄所能言，当从《汉书》年十五也。

《法言》曰："蔡生欲安项咸阳，项不能移，又烹之。"《前汉·项羽传》曰："韩生说羽都关中，羽曰：'富贵不归故乡，如衣锦夜行。'韩生曰：'人谓楚人沐猴而冠，果然。'羽闻之，斩韩生。"观国按：《史记·项羽纪》曰："人或说项王都关中，项王烹说者。"《史记》但言人或说项王，而不言其人姓名，盖以其人不足书也。班固作《汉书》，欲致其详，故载其姓名曰韩生。然古之作《汉书》者非一家，扬雄、班固，各以其所传汉史而用之，故在扬雄则言蔡生，在班固则言韩生。扬雄《法言》，乃王莽为安汉公时所撰。班固在后汉永平间作史，已知《法言》用蔡生之非，而实之以韩生也。

《法言》曰："叔孙通欲制君臣之仪，召先生于齐、鲁，所不能致者二人。"观国按：《史记、汉书·叔孙通传》，皆曰通使召鲁诸生三十余人，鲁有两生不肯行。此云鲁，而《法言》云齐、鲁者，《法言》方论齐、鲁有大臣，而继以叔孙通召诸儒，故亦言齐、鲁，承上文言之也。

《法言·问神》篇曰："淮南，太史公者其多知欤？曷其杂也。"《重藜》篇曰："或问太史迁，曰：'实录。'"《君子》篇曰："淮南说之用，不如太史公之用也。太史公，圣人将有取焉，多爱不忍。子长也。"观国按：雄论太史公，始言杂者，不纯乎仁义也，中言实录者，不虚美，不隐恶也；末言圣人将有取焉者，亦可取而用之也。又曰："多爱不忍。"则于去取之际，未为勇决。然则雄论太史公，可否相半，故其设对问者三，意各不同也。班固作《司马迁传》，赞曰："自刘向、扬雄博极群书，皆称迁有良史之材。"而《法言》所论，殆责备于贤者之论也。（田瑞娟点校：《学林》卷二，中华书局 1988 年版，第 68—69 页）

鸱夷（节录）

《前汉陈遵传》引扬雄《酒箴》曰："子犹瓶矣，观瓶之居，居井之眉，处高临深，动常近危。酒胶不入口，臧水满怀，不得左右，牵于纆徽。一旦叀碍，为瓽所辒。自用如此，不如鸱夷，鸱夷滑稽，腹如大壶，尽日盛酒，人复借酤。"观此箴意，盖为以瓶汲井，绠碍瓶破，不如鸱夷盛酒，安而不败，以喻人之饮酒，不可自取困败也。（《学林》卷三，第 108 页）

扬

《书》曰："淮海惟扬州。"《广韵》训说与唐人李济翁《资暇录》皆曰："江南之性轻扬，故谓之扬州。"观国窃谓古人建立州县，或由山名，或因水名，或因事迹而为之名，非此三者，而以意创立，则必取美名。若以风俗轻扬而取州名，是鄙之也。九州，扬居一焉。岂有九州之大，而扬独得鄙名耶？《说文》《玉篇》曰："扬，举也。"当取明扬轩举之义。《后汉·扬雄传》，其先封于晋之扬而得姓，其地在河东扬县。若以江淮风俗轻扬而名扬州，则河东之扬，亦以轻扬而得名耶？沈存中《笔谈》曰："予尝使北至幽、蓟，见路傍生蓟芨甚大，恐蓟地因此得名。亦如荆州宜荆，扬州宜杨。"存中误以扬州为从木之杨，世俗亦多误书扬雄为从木之杨，盖闽、浙书籍字多误，卤莽者因不省耳。（《学林》卷六，第185—186页）

古赋序

傅武仲《舞赋》，宋玉《高唐赋》《神女赋》《登徒子好色赋》本皆无序，梁昭明太子编《文选》，各析其赋首一段为序，此四赋皆托楚襄王答问之语，盖借意也，故皆有唯唯之文。昭明误认唯唯之文为赋序，遂析其辞。

观国按：司马长卿《子虚赋》托乌有先生、亡是公为言，扬子云《长杨赋》托翰林主人、子墨客卿为言，二赋皆有唯唯之文，是以知傅武仲、宋玉四赋本皆无序。昭明太子因其赋皆有唯唯之文，遂误析为序也。扬子云《羽猎赋》首有二序，五臣注《文选》曰：赋有两序，一者史臣，一者雄序。详其文，第一序乃雄序也，第二序非序，乃雄赋也。赋中用"颂曰"二字，不害于义。昭明析颂曰为一段，乃见其有二序，盖误析之也。马融《长笛赋》首尾两处有"辞曰"字，潘安仁《籍田赋》末有"颂曰"字。潘安仁《笙赋》、张平子《思玄赋》、鲍明远《芜城赋》、谢希逸《月赋》，其末皆有“歌曰”字。王文考《鲁灵光赋》、班孟坚《幽通赋》、王子渊《洞箫赋》、颜延年《赭白马赋》，其末皆有“乱曰”字。谢惠连《雪赋》、稽叔夜《琴赋》，既有“歌曰”字，又有“乱曰”字。由此观之，则《羽猎赋》有“颂曰”字，乃赋也，非序也。亦岂有一赋而两序耶？又《文选》载扬子云《解嘲》有序，扬子云《甘泉赋》有序，贾谊《鹏鸟赋》有序，祢正平《鹦鹉赋》有序，司马长卿《长门赋》有序，汉武帝《秋风辞》有序，刘子骏《移书责太常博士》有序，以上皆非序也，乃史辞也。昭明摘史辞以为序，误也。（《学林》卷七，第220—221页）

三都赋序（节录）

扬雄《甘泉赋》曰：“翠玉木之青葱”，颜师古注《前汉书》曰：“玉木者，武帝所作，集众宝为之，用供神也，非谓自然生之。”盖玉木者，犹金莲玉蘂之义，以金玉为之，以象生物也。左太冲意谓真有玉木，玉木非秦中所产，则误矣。（《学林》卷七，第221—222页）

甘泉赋

《前汉·扬雄传·甘泉赋》曰：“翠玉树之青葱兮，壁马犀之瞵瑞。”颜师古注曰：“马犀者，马脑及犀角也，以此二种饰之壁。”《文选·甘泉赋》曰：“璧马犀之瓎瑞。”五臣注曰：“武帝植玉木于此宫，以碧为叶，青葱色，又作碧马犀牛等物为饰。”

观国按：《书》作“壁马犀”，《文选》作“璧马犀”，盖壁、璧二字，其义迥不同，故注释者亦随其字之义而训之，在《汉书》则训为殿壁，在《文选》则训为璧玉，因以不同也。《前汉·艺文志》有扬雄赋十二篇，雄有文名，当时传雄之赋者帙不一，故其用字不能无讹。至班固作史，萧统编《文选》，各以其所得雄赋而集录之，故其赋用字有不同。今读其赋曰：“仰挢首以高视兮，目冥眴而亡见。正浏滥以宏敞兮，

指东西之漫漫。徒回回以皇皇兮，魂魄眇眇而昏乱。据軨轩而周流兮，忽軮北而亡垠。翠玉树之青葱兮，璧马犀之瞵瑞。金人仡仡其承钟簴兮，嵌岩岩其龙鳞。”凡此赋句，皆以下句释上句，则“璧马犀”为璧玉之璧，其上下文句通矣。其曰：“据铃轩而周流兮，忽轶圠而亡垠。”然后言玉木金人者，盖谓依栏槛而四顾，见广大而无际畔，但见庭中玉木之青葱，金人之岩岩耳。玉木植于殿庭，金人捧露盘，亦在殿庭，此皆言望见殿庭中物，不应反言殿壁也，赋句之义，于此判矣。

按《甘泉赋》字不同者亦多，《汉书》曰“不可乎疆度”。《文选》“不可乎弥度”。《汉书》曰“魂固眇眇”，《文选》曰“魂眇眇。”《汉书》曰“鬼魅不能自还”，《文选》曰“鬼魅不能自逮。”《汉书》曰“芗呹肸以掍根”，《文选》曰“芗呹肸以掍批”。《汉书》曰“惟弸環其拂汨兮”，“王尔投其钩绳”。《文选》曰“惟首弸環其拂汨兮”，“王茧投其钩绳”。《汉书》曰“鸾凤纷其御蕤”，《文选》曰“鸾凤纷其衔蕤”。《汉书》曰“玉女无所眺其清卢兮”，《文选》曰“玉女亡所眺其清矑兮”。《汉书》曰“隆厥福兮”，《文选》曰“降厥福兮”。此一赋也，而《汉书》《文选》用字不同如此，然他皆可以假意而读，惟壁、璧不可假意通用，而注释者又各异，固不可不辨也。（《学林》卷七，第223—224页）

诗文疑（节录）

杜子美《壮游诗》曰：“斯文崔魏徒，以我似班杨。”“备员窃补衮，忧愤心飞扬。”所谓班、杨者，班固、扬雄也。然扬雄之先封于扬而得姓，乃从手之扬，非从木之杨，子美误以班、扬为从木之杨，后又押心飞扬，盖可见也。又子美《夏日杨长宁宅送崔郎常正字入京诗》曰：“醉酒杨雄宅。”盖子美因杨长宁宅饯饮而有此句，亦以从木之杨为扬雄，亦误矣。（《学林》卷八，第266—267页）

木 兰

文士用木兰舟、兰棹、兰桡，无所经见。惟小说《述异记》曰："江州有木兰洲，鲁班尝于洲用木兰造船，因谓之木兰舟。"文士用木兰舟自此始。观国按：《画图本草》木兰注文亦引《述异记》，木兰舟事当止见于《述异记》，他书所不载也。屈平《九歌》曰："桂栋兮兰橑，辛夷楣兮药房。"五臣注《文选》曰："兰、辛夷、药，香草也。"今按，橑者，椽也；楣者，门楣也。兰橑者，以木兰为橑也。辛夷楣者，以辛夷木为楣也。桂栋者，以桂木为栋。凡此皆谓以木之有香者为屋室也。五臣乃以兰、辛夷为香草则误矣。《九歌》又曰"桂棹兮兰枻"，盖枻者，船傍板也。以桂木为棹，以木兰为枻者也。《离骚》《九歌》言蕙兰、石兰、椒兰、幽兰，皆兰草也。惟兰橑、兰枻为木兰，而辛夷亦是木。《离骚》曰"朝搴阰之木兰兮"，又曰"朝饮木兰之坠露兮"，此正言木兰也。扬子云《甘泉赋》曰"列辛夷于林薄"，五臣注《文选》曰："辛夷，香草也。"亦误矣。杜子美《逼仄行》曰"辛夷始花亦已落"，韩退之《感春诗》"辛夷花高最先开"，又曰"辛夷花房忽全开"，王荆公诗曰"回首辛夷木下行"。古人用辛夷为文著矣，非香草也。（《学林》卷八，第 273 页）

张行成（乾道间人）

《四库全书总目》卷一百八《皇极经世索隐提要》云："行成字文饶，一作子饶，临邛人，始末不甚可考。"

翼玄序

子云作《太玄》，用心亦勤矣。后世之士好之者寡，排之者众，岂

非《玄》学深奥，通者难，非之则易乎？

自温公集注首赞，而《玄》之义理始焕然明白矣。邵子虽言《玄》数，要而未详。行成辄拾其遗意，委曲解释，以明律历之原，以探用数之旨，并取晁说之《星纪谱》而是正之，命曰《翼玄》。庶几观者知《玄》不徒作，于《易》诚有大功，而非赘疣也。蜀临邛张行成述。（《翼玄》卷首，《续修》第1048册，第101页）

太玄准易

或人问曰："世言子云作《太玄》，其数本乎《太初》，其义则准《易》，然《易》六十四卦始于《乾》《坤》，终于《既》《未济》，《玄》八十一首始于《中》准《中孚》也，终于《养》准《颐》也。卦之先后不同如此，《易》之爻始于甲寅青龙之首，后三万一千九百二十岁而复初，《玄》之赞始于甲子牛宿之初，后四千六百一十七岁而复初，年之多寡不同如此。《汉志》律历皆祖于八十一分，子云之言曰'七十二策为一日'，又曰'以合岁之日而历律行'，则律历皆当用七十二而不用八十一也。又曰'律吕之数七十有八，而黄钟之数立焉'，则律之数又当用七十八亦不用八十一也，其差互如此，安在本《太初》与准《易》乎？"

曰："仆亦有疑焉，故尝思之，思之深而乃有得也。子云《太玄》，本乎数而作也。天下之数，祖乎《易》，其用通乎历律。历律者，天地之用也。推其数可以究天地日月八阴，反复视之，则五十六阳、五十二阴。盖阳生于阴，故上经多四阴以为阳之本，阴生于阴，故下经多四阳以为阴之本也。此以六六之数而均爻也。若《图》则不然，五卦直一月，六十卦而一期，亥子丑寅之月，得二十四阳三十六阴，巳午未申则反之，卯辰之月，得三十二阳二十八阴，酉戌则反之，此以六十之数而均日也。自《复》至《咸》，冬至迄夏至之数也，凡三十卦得八十八阳、九十二阴。自《姤》至《中孚》，夏至迄冬至之数也，凡三十卦得八十八阴、九十二阳，亦阳中存四阴、阴中存四阳，各以为本之义也。此以六十之数而均气也。子云之作《太玄》也，立家于《中首》，以示布气之始，准《图》之均气法也。纪日于牛宿，以推生气之原，准《图》之均日法也。其所准者，《卦气图》之序，故曰非准《易》之经也。子之数九，一为一分，九分为寸，黄钟之管九寸，则八十一分也。《太初》以律起历，故八十一分为日法。世言《太玄》律历数者，未有不宗此法也。然律数四十二，吕数三十六，并律吕之数，或还或否，凡七十有八，黄钟之数立焉。则是黄钟之法于八十一，虚其三也。太中之数三十有六策，以律七百二十九赞，凡二万六千二百四十四策为太积，七十二策为一日，则是一日之法于八十一虚其九也。其曰'以合岁之日而历律行'，《玄》之历律同数，历既异于《太初》，则律当殊于《汉志》矣。故曰《玄》于九九之数用之不尽也。《易》《玄》二历皆起于十九年为一章，从此分道而行。《玄》用奇数，二十七章而一会，八十一章而一统，二百四十三章而一元，故始于上元甲子天正朔旦日，躔牛宿之初，后四千六百一十七岁复会于太初上元者，《玄》之赞也。《易》用偶数，四章而一部，八十章而纪，二百四十章而一元，偶复乎奇，乃七元而一极。故自上元青龙之首，气起《未济》九四，后三万一千九百二十复会于太极之上元者，《易》之爻也。故曰：'《玄》数，论其一统，则多《易》之一章；究其一极，则少《易》之六元也。'数则然矣，请言其所以然之理。《易》之作也，所以示天下为君父者也，其数以天包地，容而兼之者，君父之道也。《玄》之作也，所以示天下为臣子者也，其数以地承天，奉而行之者，臣子之道也。是故《易》用四象而不用五行，用六爻而不用九位，与夫爻用九不用六，而六位以二、五为中者，皆虚容而不亢，以待续终之事也，此君父之道也。地有四方，《玄》用三方，存北方以为玄。老阳有三十六策，《玄》用三十三策，虚地三以并天，与夫书斗日不书月而九位以一、五为中者，皆尊奉而不敌，以推造始之原也，此臣子之道也。《玄》本地道而作，故首之与卦准《易纬》之用而不准《易经》之体也。"

或曰："纬非经也，子云虽准之，其可信乎？"

曰："《卦气图》冬至始于《复》者，一阳之生也。先之以《中孚》

者，七日来复也。夏至始于《姤》者，一阴之生也。先之以《咸》者，亦七日来姤也。孔子赞《易》，《上系》者，天道也，其举七爻而先以《中孚》之九二者，冬至起《中孚》之理也。《下系》者，地道也，举十一爻而先以《咸》之九四者，夏至起《咸》之理也。夫《中孚》《咸》者，感应也。《中孚》九二者，无心之感，先天之生阳也；《咸》之九四者，有心之感，后天之生阴也。大抵阴阳皆由感应而生，故《卦气图》以《复》继《中孚》，而以《遇》继《咸》之义，孔子实言之矣，孰谓非出于子夏、商瞿之所衍述乎？子云准之，岂妄也哉！若乃黄钟之数始于子之一，以三而变历十二辰，得一十七万七千一百四十七而九之变极矣。《太初历》以八十一分为日法，六而乘之，得四百八十有六，则日用六时而六之之法也。凡三百六十四日有半，黄钟之数尽矣，而天度犹有半度与四分度之一未尽。子云止以八九为日法者，用九之八，存九之一为不尽之数，而《踦》《嬴》二赞居其间以为变化之资。正如《易》六十卦应三百六十日，存四卦二十四爻以为五日四分之一与小月之数，此天地变化之机，生生不穷之理。故康节谓子云知历之理也。其曰'以合岁之始终'，自汉以来，论《玄》者皆以为准《易》，而不知《玄》所准者非《易》之经也。皆以为本乎《太初》，而不知《玄》于九九之数用之不尽，非若《汉志》历律之法也。皆以为《玄》之体本于方州部家，用极于章会统元，而不知《玄》之数，论其一统则多《易》之一章，究其一极则少《易》之六元也。此三者，虽陆绩、范望、王涯辈未之或知，而况其下者乎。康节先生实知之，然言之而不究。仆尝因其言而思之，思之深而乃有得也。请为子陈其数而推原所以然之理，则《易》《玄》之义焕然明白，而子云之书不为赘矣。《易》有经有纬，世所传《周易》者，经也。经，天数也，文王、孔子之所发明也。世所传《卦气图》者，纬也。纬，地数也，子夏、商瞿之所敷衍也。是故均卦之法，《易》以三十六而均者，阳包阴也，天之一也。《图》以六十而均者，阴分阳也，地之二也。真数三衍之则一十百，故天地本数极于一百，一百之中以三十六为天之用者，六六也。以六十四为地之体者，八八也。六者，爻数也；八者，卦数也。八八之卦，反复视之而三十六

者，因天生地，地由天生。揲爻成卦，卦由爻成也。《易》上经三十，反复视之则十八，下经三十四，反复视之亦十八，此以六六之数而均卦也。上经八十六阳、九十四阴，反复视之，则五十二阳、五十六阴。下经一百六阳，九十之日，而历律行者，非谓其法同，谓其数同也。《太玄》以七十二为日法，两赞当一日，则每赞而三十六策。一首九赞，则三百二十有四也。三百二十有四，以历言之，则三十六之九者，四日半之数也。以律言之，则八十一之四者，声之数也。夫声有五而用八十一之四，何也？宫为君，凡合乐造设则居中为四声之纲，而四声为之纪。散则分四，合则混一，天地各以一变四。四者有体而一无体，故常存其本也。是故宫声八十一下生徵声五十四，徵上生商声七十二，商下生羽声四十八，羽上生角声六十四。凡五声之数三百十有九，通声之本各一，则三百二十有四也。是故《玄》历律同用三百三十四者，以律从历，为以地效天。汉儒历律同用八十一者，以历从律，反以天法地矣。若乃七十有八而黄钟数立焉，此则十二管积寸法也。取黄钟总数析为八十一分，每分二千一百八十七，去其三分，凡六千五百六十一，则申之数，故仲吕以酉之数一万九千六百八十有三为一寸之分，总十二辰数而得九寸，则黄钟之长也。声用于虚，则八十有一。数行于显，则七十有八。所谓地虚三以拼天三正，如蓍三十六用三十三也。夫历者，天数也。五声者，地之天也。或用九之八，或用九九之四者，皆虚中存本之理也。律吕积寸者，地也。用七十八者，虚三承天之理也。虚中虚三之法，皆天地自然之理。颛帝因之而造历，黄帝因之而造律。后世不达，故子云著书以发明之，而与《汉志》律历之数不同也。若夫《玄》多三章而终于一元，《易》少三章而终于一极，盖《易纬》之数体之用也。主岁而言，《玄》之数，用之用也。主日而言，是故《易》以三百六十爻值日而夜藏其用者，天包乎地，天之一也。《玄》以七百二十九赞分值昼夜而用事者，地分乎天，地之二也。所以有地而后有二，有二而后有昼夜，故曰刚柔者，昼夜之象也。《玄》之数起于甲子天正朔旦，非计日乎？《易》之数起于甲寅青龙之首，非计年乎？以其计日也，故以七百二十九赞析其细数，余分别焉。赞数自甲子日而起，一元比《易》

数多三章，凡四千六百一十七岁一十六万八千六百三十六旬，甲子日复初，而小余皆尽矣。以其计年也，故以六十卦统其大数，余分包焉。爻数自甲寅岁而起，一元比《太玄》数少三章，凡四千五百六十年，甲寅岁复初矣。然小余六十未尽也，及七元三万一千九百二十岁为一极，而后群数皆终，万物复始。以岁论之既得甲寅，以日言之又得甲子，而小余皆尽也。日析其细者用也，岁统其大者体也。天统乎体，地分乎用，故康节谓《易》《玄》之数为体用不同也。《易》曰'云从龙，风从虎，圣人作而万物睹'，《玄》曰'风而识虎，云而知龙，贤人作而万类同'。世之学者不察，谓雄此言仅同儿戏，殊不知一二字之易置即有深意存焉。盖以示《玄》之作也，其数则地之承天，其书则贤人之分而不敢僭圣人作经也。窃谓《玄》之于《易》，其功大矣。如臣之承君，子之承父，所以教天下后世为人臣子者义也。以疾时言之，王莽之诛，晚矣。谓雄之书为赘疣者，何不思之甚乎？"

或人矍然曰："《易》《玄》之义真焕然矣。"（《翼玄》卷十二，第220—224页）

附：　翼玄提要

十二卷，《永乐大典》本。宋张行成撰。行成有《易通变》，已著录。案，行成《进书状》曰：始得邵氏书，既得司马氏书，潜思力索，久乃贯通。考之于《易》，无所不合。因著《翼玄》十二卷，以明扬雄之《易》。又曰：扬雄作《太玄》，义本《连山》。自蓍言之，《易》用七，二极少阳也；《太玄》用三，十三五六之合十一而三天也。自象言之，《周易》体八用六，天包地之数也；《太玄》体四用三，地承天之数也。云云。盖所进七《易》之一也。朱彝尊《经义考》注云未见。今检《永乐大典》，尚载其本。然《太玄》已赘，《翼》更蛇之足矣。（《四库全书总目》卷一百十，中华书局1965年版，第932页）

赵与时（1172- 1228）

《临江府志》卷十二："赵与时，字德行，本汴梁人，祖师炳举进士，官太理卿，以门荫调临安户曹，待次十年，无书不究。……所著有《宾退录》十卷，《史翼》一百六十卷。"

扬雄传*

班孟坚作《扬雄传》，独载所为文，历官行事顾列于赞中，它传皆不然。韩退之作《刘统军碑》，惟书门人故吏之言，而世系事实，悉具于铭词，正用此体。近世惟胡忠简作《赵龙学墓铭》亦然，志特书世系葬日而已。（《宾退录》卷四，上海古籍出版社 1983 年版，第 43 页）

论奇字*

《汉书·扬雄传》云："刘棻尝从雄学作奇字。"韩文公《题张十六所居诗》云："端来问奇字，为我讲声形。"然《传》但云"学作奇字"，不言"问奇字"。后来相承而用，盖又以韩诗为本。《传》又曰："家素贫，嗜酒，人希至其门。时有好事者，载酒肴从游学。"与前"学作奇字"，凡隔数十字，了不相涉。而近世文人多云"载酒问字""载酒问奇字"之类，不知何所本也。《艺文志》云："萧何草律，太史试学童能讽书九千字以上，乃得为史。又以六体试之，课最者以为尚书御史史书令史。六体者，古文、奇字、篆书、隶书、缪篆、虫书。"师古曰："古文，谓孔子壁中书；奇字，则古文而异者也。"许叔重《说文解字》云："亡新居摄，使大司空甄丰等校文书之部，时有六书：一曰古文，孔子壁中书也；二曰奇字，即古文而异者也。"与颜注合。其后晋卫巨山《四体书势》，元魏江式《论书表》皆同。然则奇字者，与科斗文字略相似，而异于小篆，六书之一体耳。今人才见书籍中难字，便谓之奇字，非也。《容斋三笔》摘《周礼》中字如搡、磬、觚、鱻之类凡数十为一

则，题曰“《周礼》奇字”，且云：“前贤以为此书出于刘歆。歆常从扬子云学作奇字，故用以入经。”盖亦失于详考。学作奇字者，歆之子棻，亦非歆也。(《宾退录》卷五，第60—61页)

邹应龙 (1172- 1244)

《宋史》卷四百一十九：“邹应龙字景初。庆元二年进士。历官为起居舍人，以直龙图阁权知赣州，迁江西提点刑狱。寻迁中书舍人兼太子右谕德，复兼太子左庶子、试户部尚书。……嘉熙元年，拜端明殿学士、签书枢密院事。进资政殿学士、知庆元府兼沿海制置使，依旧职提举洞霄宫。淳祐四年卒，赠少保。”

楚辞后语跋

《楚辞后语》者，我宋文公朱先生之所作也。其述作之本意，先生自序之详矣。而其编定此书之时，与夫论著之详略，则又已见于先生之季子通守监簿君之《后序》。应龙生晚，不及侍先生函丈，独幸与监簿君同朝，及来温陵，又为僚相好也。暇日因从问先生平日述作大概，以为它书已行于世，独此编乃晚年所定，犹未及卒业，故人未及见，而首以示应龙，因得伏而读之。其微词奥义，不一而足，独论汉扬雄，则反复屡致其意，其序《反骚》也，则以为“屈原之罪人，《离骚》之谗贼”。其序《胡笳》也，则以为“非恕琰，亦以甚雄之恶”。夫扬雄以好深沉之思作为雅丽之文，后世读之，未有以为非者，而先生待之不少恕如此。抑应龙尝就监簿君借先生所作《资治通鉴纲目》之书读之，见其所书雄之死曰“莽大夫扬雄卒”，则知先生之所以贬雄者，其意盖有在也。呜呼严哉！后之揽者，傥知先生所以去取之意，而明三纲五常之义，如读《春秋》而乱臣贼子惧者，则庶乎其不蹈骚人之失，而先生此书为不苟作矣。应龙不敏，何足以识先生之指意，特见而谓之知之谓耳。因以是说谂于监簿君，君曰然，乃敬书其后而归之。嘉定壬申重九后一日邵武邹应龙书于温陵郡斋。（《楚辞后语》卷末，岳麓书社 2013 年版，第 249 页）

王若虚（1174- 1243）

《金史》卷一百二十六：“王若虚字从之，藁城人也。幼颖悟，若夙昔在文字间者。擢承安二年经义进士。……金亡，微服北归镇阳，与浑源刘郁东游泰山，至黄岘峰，憩萃美亭，顾谓同游曰：‘汩没尘土中一生，不意晚年乃造仙府，诚得终老此山，志愿毕矣。’乃令子忠先归，遣子恕前行视夷险，因垂足坐大石上，良久瞑目而逝，年七十。所著文章号《慵夫集》若干卷，《滹南遗老》若干卷，传于世。”

史记辨惑（节录）

《司马相如传赞》云：“相如虽多虚辞滥说，然其要归引之节俭，此与《诗》之风谏何异。扬雄以为靡丽之赋，劝百风一，犹骋郑卫之声，曲终而奏雅，不已亏乎?”《前汉书》全引此语，予尝疑之。按迁传虽不著其死之岁月，然去迁既死后，其书稍出。宣帝时，迁外孙杨恽祖述其书，遂宣布焉，则其死不过在昭、宣之间耳。而雄以成帝元延之初始自蜀游京师，年七十一，卒于王莽天凤五年，逆而推之，宣帝之二十年，雄乃始生，迁著书时，安得雄之言乎？是必孟坚所续，而后人误附于《史记》耳。（《王若虚集》卷十七，中华书局 2017 年版，第 185 页）

诸史辨惑（节录）

《汉书》载扬雄《解嘲》，其末云：“司马长卿窃訾于卓氏，东方朔

割名于细君。”颜注谓“割损其名”，而“訾”字不解。及见华峤论所引，乃作“窃赀”“割炙”，当以此为正也。（《王若虚集》卷二十一，第226页）

议论辨惑（节录）

温公排孟子而叹服扬雄，荆公废《春秋》而崇尚《周礼》，东坡非武王而以荀彧为圣人之徒。人之好恶，有大可怪者。（《王若虚集》卷三十，第357页）

谬误杂辨

《书》称“乃心”“乃祖”“乃父”，“乃”之训“汝”也。周瑜上孙权疏云：“是瑜乃心，日夜所忧。”郄正教刘禅语云：“乃心西悲，无日不思。”扬子云《逐贫赋》云：“昔我乃祖，宣其明德。”沮渠蒙逊谓其众云：“吾之乃祖，翼奖窦融，保宁河右。”无乃悖乎！（《王若虚集》卷三十三，第386页）

蒯通曰：“天下匈匈，争欲为陛下所为，顾力不能。”霍去病曰：“顾方略何如耳，不至学古兵法。”师古训“顾”为“念”。扬雄《解嘲》云：“顾嘿而作《太玄》五千文。”师古曰：“顾，反也。”二义皆非。盖此等字不能形容，但可意会耳。（《王若虚集》卷三十三，第395—396页）

文辨（节录）

扬子云《解嘲》云：“为可为于可为之时则从，为不可为于不可为之时则凶。”此不成义理，但云“为于可为之时，为于不可为之时”，或云“可为而为之，不可为而为之”，则可矣。

退之《送穷文》，以鬼为主名，故可问答往复。扬子云《逐贫赋》

但云“呼贫与语，贫曰：‘唯唯。’”恐未妥也。(《王若虚集》卷三十四，第409—410页)

扬雄之经，宋祁之史，江西诸子之诗，皆斯文之蠹也。散文至宋人，始是真文字，诗则反是矣。(《王若虚集》卷三十七，第459页)

诗话（节录）

山谷自谓得法于少陵，而不许于东坡。以予观之，少陵，典谟也；东坡，《孟子》之流；山谷，则扬雄《法言》而已。(《王若虚集》卷四十，第492页)

钱　时（1175-1244）

《严州续志》卷三：“钱时，字子是，郡人号融堂。少力学，自贵重，后著书立言，以乡先生称。……有《周易释传》《尚书演义》《学诗管见》《春秋大旨》四书，《管见》《两汉笔记》《国史宏纲》《蜀阜前后续稿》《冠昏记》等书行于世。”

笔记三则*

至于武帝则大不然，虽曰雅向儒术，往往徒为具文，而其实则所求者跅弛，所尚者功利，一时纷然坌集者，皆贪荣冒险之徒，是以污浊成风，节廉道丧。卫霍以后，趋炎附势而天下靡然矣。延至贼莽窃国如掇，无一仗节死义之士出而排止其万分，而上书称颂者至四十八万十千余人，张禹、孔光、刘歆、扬雄诸子，俱号名儒，夷考其行，曾狗彘之不若。无他，熏煮腐烂俗坏而不知耻故也。(《两汉笔记》卷八，《四库》第686册，第514页)

新莽用事，上下靡然，虽扬雄、刘歆之徒，皆入叛党，举朝无一人能为社稷吐气。（《两汉笔记》卷十，第 542 页）

扬雄、班固，岂特两汉之文章，千古之文章也。然雄事莽，固事宪，皆不得其死。学不明义，堕丧名节，贪荣冒宠，为狗彘行，而以区区辞藻著称，后世真遗臭矣哉。（《两汉笔记》卷十，第 544 页）

真德秀（1178- 1235）

《宋史》卷四百三十七："真德秀字景元，后更为希元，建之浦城人。四岁受书，过目成诵。……所著《西山甲乙稿》《对越甲乙集》《经筵讲义》《端平庙议》《翰林词草四六》《献忠集》《江东救荒录》《清源杂志》《星沙集志》。既薨，上思之不置，谥曰文忠。"

帝王为学之本（节录）

后汉灵帝好文学，自造《皇羲篇》五十章，因引诸生能为文赋者并待制鸿都门下，后诸为尺牍及工书鸟篆者，皆加引召，遂至数十人。侍中祭酒乐松、贾护多引无行趋势之徒置其间，喜陈闾里小事，帝甚悦之，待以不次之位。

臣按，词赋小技，扬雄比之雕虫篆刻，壮夫且耻为之，况人主乎？赋犹无用，况书篆末艺乎？灵帝名为好学，而所取乃尔。夫人主不可轻有所好，所好一形，群下必有伺其意指者。故虽文赋书篆，亦为小人媒进之阶，况他乎？惟游心经术，恬澹寡欲，则奸邪无得而窥。灵帝昏乱之君，无足论者，特以为来世之鉴云。（《大学衍义》卷四，《四库》第 704 册，第 533 页）

心（节录）

《扬子》或问："神?"曰："心。""请问之?""潜天而天，潜地而地，天地神明而不可测者也，心之潜也，犹将测之，况于人乎，况于事伦乎!""敢问潜心于圣?"曰："昔者仲尼潜心于文王矣，达之；颜渊亦潜心于仲尼矣，未达一间耳。天神天明，照知四方；天精天粹，万物作类，人心其神矣乎。"……

按，扬子默而好深湛之思，故其言如此。"潜"之一字，最宜深味。天惟神明，故照知四方；惟精粹，故万物作类。人心之神明精粹，本亦如此，惟不能潜，故神明者昏而精粹者杂，不能烛理而应物也。(《西山读书记》卷三，《四库》第705册，第97页)

六经之指（节录）

《扬子·或问》："五经有辩乎?曰：惟五经为辩。说天者莫辩乎《易》，说事者莫辩乎《书》，说体者莫辩乎《礼》，说志者莫辩乎《诗》，说理者莫辩乎《春秋》，舍斯，辩亦小矣。"

按，战国以来辩士之说胜而不根诸理，流俗惑之，至汉犹然，故扬子发此论。然于五经之指，未能大有发明也。其后班氏作《艺文志》有云："六艺之文，《乐》以和神，仁之表也。《诗》以正言，义之用也。《礼》以明体，明者著见，故无训也。《书》以广听，知之术也。《春秋》以断事，信之符也。五者，盖五常之道，相须而备，故《易》为之原。夫六经于五常之道无不包者，今以五常分属于六艺，是《乐》有仁而无义，《诗》有义而无仁也，可乎哉?大率汉儒论经，鲜有得其指要者，反不若庄生之当于理也。(《西山读书记》卷二十四，第745—746页)

荀扬之学

韩子曰："孟氏醇乎醇者也，荀与扬大醇而小疵。"上文云："始吾读孟轲书，然后知孔子之道。尊圣人之道易，行王易王，霸易霸也。以为孔子之徒没，尊圣人者孟氏而已。晚得扬雄书，益尊信孟氏，因雄书而孟氏益尊。则雄者，亦圣人之徒欤。及得荀氏书，又知有荀氏者，考其辞，时若不粹；要其归，与孔子异者鲜矣，抑犹在轲雄之间乎。"

程子曰："扬子无自得者也，故其言蔓衍而不断，优柔而不决。其论则曰人之性善恶混。荀子，悖圣人者也，故列孟子于十二子，而谓人之性恶。性果恶邪？圣人何能反其性以至于斯邪？"又曰："荀卿才高，其过多；扬雄才短，其过少。韩子称其大醇，非也。若二子，可谓大驳矣。"又曰："退之言孟子醇乎醇，此言极好，非见得孟子意，亦道不到。其言荀扬大醇小疵，则非也。荀子极偏驳，只一句性恶，大本已失。扬子虽过少，然已自不识性，更说甚道。"又曰："韩愈云孟子醇乎醇，又曰荀与扬择不精语不详，若不是他见得，岂千余年后更能断得如此分明。"又曰："荀子云始乎为士终乎为圣人，今学者才读书，便望至圣贤，然中间至之之方更有多少。荀子虽能如此说，却以礼义为伪，性为不善。它自情性尚理会不得，怎生到得圣人。"又曰："扬雄规矩窄狭，道即性也。言性已错，更何所得。"

按，《荀子·性恶篇》曰："人之性恶，其善者伪也。古者圣人以人之性恶，以为偏险而不至悖乱而不治，是以为之起礼义，制法度，以矫饰人之情性而正之，以扰化人之情性而道之，使皆出于理，合于道者也。今人化师法，积文学，道礼义者，为君子；从性情，安恣睢，慢礼义者，为小人。以此观之，人之性恶明矣。孟子曰人之性善，是不然。问者曰：'人之性恶，则礼义恶生？'曰：'凡礼义者，生于圣人之伪，非生于人之性也。'"其《非十二子篇》曰："略法先王而不知其统，犹然而材剧志大，闻见杂博，案往旧造说，谓之五行。甚僻违而无类，幽隐而无说，闭约而无解。案饰其辞而祗敬之，曰此真先君子之言也。子思唱之，孟轲和之，世俗之沟犹瞀儒嚾嚾然不知其非也，遂受而传之，以为仲尼、子游为兹，厚于后世，是则子思、孟轲之罪也。”十二子者，它嚣、魏牟也，陈仲、史鳅也，墨翟、宋钘也，慎到、田骈也，惠施、邓析也。子思、孟子之道，即尧、舜、禹、汤、文、武、周公、孔子之道也，而以厕于十子之间，其与前章性恶之云，皆其言之甚驳而获罪于圣人之门者也，故具列于此。

眉山苏氏曰：“昔者常怪李斯事荀卿，既而焚灭其书，大变古先圣王之法，于其师之道，不啻若寇雠。及今观荀卿之书，然后知李斯之所以事秦者，皆出于荀卿而不足怪也。荀卿者，喜为异说而不让，敢为高论而不顾者也。子思、孟轲，世之所谓贤人君子也，荀卿独曰乱天下者子思孟轲也。天下之人如此其众也，仁人义士如此其多也，荀卿独曰人性恶，桀纣性也，尧舜伪也。由是观之，意其为人必也刚愎不逊，而自许大过。彼李斯者，又特甚者耳。今夫小人之为不善，犹必有所顾忌，是以夏商之亡，桀纣之残暴，而先王之法度礼乐刑政犹未至于绝灭而不可考者，桀纣犹有所存而不敢尽废也。彼李斯者，独能奋而不顾，焚烧夫子之六经，烹灭三代之诸侯，破坏周公之井田，此亦必有所恃者矣。彼见其师历诋天下之贤人，自是其愚，以为古先圣王皆无足法者。不知荀卿特以快一时之论，而荀卿亦不知其祸之至于斯也。”

苏氏之言有可取者，故附见焉。荀子曰：“真积力久则入。”循其言，可以入道，然荀子初不及此。圣人之言远如天、近如地，其远也若不可得，而及其近也亦可得而行。扬子曰：“圣人之言远如天，贤者之言近如地。”非也。《太玄·中首》曰：“阳气潜萌于黄宫，信无不在乎中。”《养》初一：“藏心于渊，美厥灵根。”《测》曰：“藏心于渊，神不外也。”扬子云之学，盖尝至此地位也。

朱子曰：“荀子说‘能定而后能应’，又曰‘君子大心则天而道，小心则畏义而节’，皆好语也。”问：“荀子资质，亦是刚明底人？”曰：“然，只是粗。”又问：“扬子比荀子却细？”曰：“扬子说到深处，只是入老庄窠穴中去。如清静寂寞之说，与《太玄》中‘藏心于渊’，亦是庄老意。”问：“扬子避碍之说如何？”曰：“大概也似，只是语言有病。”

问："莫是避字有病否?"曰："然。少间处事不看道理当如何，便先有个依违闪避之心矣。""扬子为人思沉，会去思索，如阴阳消长之妙，它直是去推求。然《太玄》亦拙底工夫。盖天地间只有一个奇偶，奇阳偶阴，春少阳，夏太阳，秋少阴，冬太阴，自二而四，自四而八，只恁推去都走不得，扬子却添作三，事事要作三截。又且有气无朔，有日星而无岁月，恐不是道理。其学似本老氏，如清静渊默等语，皆是老氏意思。"以上兼言荀扬之学。

又程子曰："汉儒之中，愚必以扬子为贤，然出处之间，不能无过也。其言曰'明哲煌煌，旁烛无疆，逊于不虞，以保天命'，逊于不虞则有之，旁烛无疆则未也。古之所谓言逊者，迫不得已。如《剧秦美新》之类，非得已者乎?"又曰："世之议子云者，多疑其投阁之事。以《法言》观之，盖未必有。又天禄阁世传以为高百尺，疑不可投。然子云之罪，特不在此。黾勉于莽贤之间，畏死而不敢去，是安得为大丈夫哉!"又曰："扬子出处使人难说，若孟子，断不肯为。"

朱子《通鉴纲目》书"莽大夫扬雄死"，有以书来问者，朱子答曰："雄与王舜之徒，所以事莽者虽异，而其为事莽则同，故窃取赵盾许止之例，而概以莽臣书之，所以著万世臣子之戒。明虽无臣贼之心，但畏死贪生而有其迹，则亦不免于诛绝之罪，此正《春秋》谨严之法也。"

愚按：出处，士君子之大节，学之所讲，孰先于此。此既失矣，何以学为哉?程朱之论甚当，使子云而在，亦当为法受恶。金陵王氏乃谓其与孔子无可无不可合，金陵之见如此，使其遇莽，亦将事之耶?此邪说之尤，故不可不辨。(《西山读书记》卷三十，《四库》第706册，第54—57页)

张端义(1179—1243?)

《宋史翼》卷二十九："张端义，字正夫，郑州人也，居于吴，即朱长文乐圃故址。少读书，兼习技击。……晚自号荃翁，所著有《荃翁集》，亡矣；又有杂记曰《贵耳集》，今存。”

太玄即汉易*

尝闻老儒言汉之《周易》不以《乾》《坤》为首卦，然后知扬雄《太玄经》以《中孚》为首卦，即汉之《易》。邵尧夫云，凡一代立国，必有一卦，一君亦有一卦，所谓“大横庚庚”是也。（《贵耳集》卷中，《四库》第865册，第442页）

陈振孙（1179-1262）

《吴兴备志》卷十二：“陈振孙，字伯玉，安吉人。藏书数千卷，各为解题，雠勘精核，鄱阳马端临多采其语成书。”

方言十四卷

汉黄门郎成都扬雄子云撰，晋郭璞注。首题《輶轩使者绝代语》，末载《答刘歆书》，具详著书本末。其略云：“天下上计、孝廉及内郡卫卒会者，雄常抱三寸弱翰，赍油素四尺，以问其异语，归即以铅摘次之于椠。”葛洪《西京杂记》言子云好事，常怀铅提椠，从诸计访殊方绝域之语。盖本雄书所云也。（《直斋书录解题》卷三，上海古籍出版社1987年版，第87页）

法言十卷

案，《唐书艺文志》作六卷。汉黄门郎蜀扬雄子云撰。凡十三篇，

篇各有序，本在卷末，如班固《叙传》，然今本分冠篇首，自宋咸始也。（《直斋书录解题》卷九，第 272 页）

法言注十三卷、音义一卷

晋尚书郎李轨宏范注。此本历景祐、嘉祐、治平三降诏，更监学、馆阁两制校定，然后颁行。与建宁四注本不同。钱佃得旧监本刻之，与《孟》《荀》《文中子》为四书。（《直斋书录解题》卷九，第 272 页）

太玄经十卷

扬雄撰。五业主事章陵宋衷仲子解诂，吴郁林太守陆绩公纪释文，晋尚书郎范望叔明解赞。案《汉志》，扬雄所叙三十八篇，《太玄》十九。本传三方、九州、二十七部、八十一家、七百二十九赞，分为三卷，有《首》《冲》《错》《测》《摛》《莹》《数》《文》《掜》《图》《告》十一篇，皆以解剥《玄》体，盖与本经三卷，共为十四。今《志》云十九，未详。初，宋、陆二家各依旧本解释，范望折中长短，或加新意，既成此注，乃以《玄首》一篇，加经赞之上；《玄测》一篇，附赞之下，为九篇，列为四卷。《首》《测》一序，仍载之第一卷之首。盖犹王弼离合《古易》之类也。卷首有陆绩《述玄》一篇。本传尚有“二百四十三表”六字。（《随斋》批注）（《直斋书录解题》卷九，第 272—273 页）

扬子云集五卷

汉黄门郎成都扬雄子云撰。大抵皆录《汉书》及《古文苑》所载。案，宋玉而下五家，皆见唐以前《艺文志》，而《三朝志》俱不著录，《崇文总目》仅有《董集》一卷而已。盖古本多已不存，好事者于史传、类书中钞录，以备一家之作，充藏书之数而已。（《直斋书录解题》卷十六，第 461 页）

二十四箴一卷

扬雄撰。今广德军所刊本，校集中无《司空》《尚书》《博士》《太常》四箴。集中所有，皆据《古文苑》。而此四箴，或云崔骃，或云崔子玉，疑不能明也。(《直斋书录解题》卷十六，第461页)

邵　康（1184进士）

《南宋馆阁续录》卷七："邵康字似之，婺州金华人，淳熙十一年卫泾榜进士及第，治《诗》。"

有天下者审其御

论曰：人主不可有轻用天下之心也。夫情之不齐而（阙），从我也（阙），其去我也非无故，（阙）。然而善用天下者，不求之天下也，我以理而动，彼以心而服，虽有英雄豪杰之才，亦莫不俯首屈意于其下，所谓御者，如此而已。后世不思我之用天下者何如，而动有人心难制之忧，日从事于笼络驾驭之术，智巧相寻，无所底止。彼自以为善御，而不计其穷也。二者盖同谓之御，所以为御者不同焉，此人主之所当深察，而君子之所以力辩也。扬雄氏言御之得失在道，而为有天下者审其御之说，请试论之。

天下，大物也，虽圣人固不能恝然自立于其上，听其自附而信其自去也。盖自《虞书》而已有御众以宽之说焉。由后世言之，宽非所以为御也，而古之所恃以御众者，卒无出于此，圣人盖审之久矣。六马之喻发于夏后氏，而文王由闺门兄弟以达于家邦者，皆是物也，彼其所谓御者，亦何往而非道哉！三代之王，世守是道以用其天下。（阙）上一以

诚意接（阙），而无复有嚣（阙）。古之天下独无狙诈之徒哉，（阙）虽欲逞其诈而不忍也。秦汉以来，世变日降，下之所以自恃者，每曰乘时而自奋尔。上之所以待之者，亦曰随事而制变尔。故士益自放于规矩法度之外，而人主一切用其笼络驾驭之术，往往以英雄豪杰之资而沦于盗贼奸宄之中者，不可胜算。此非天下之罪也，而轻用天下者之过也。凡舍道而言御者，几何而不激其变邪？古之御者如彼，而后之御者如此，然则人主将何择哉？今夫马之踶齧者，或以其诡御泛驾之虞，弃之皂枥而不敢乘，脱遇王良、造父之手，则闲习调和，无异于凡马，责之一日千里，不以为难矣。彼其羁束辔勒之具，岂有异于他人哉，特不先以诡御泛驾待之尔。况天地之生斯人，长短大小，非无用于世者，凭力可以自效。（阙）是皆以一日（阙），固子云之所哀也。（阙）后可以御之也。昔者汉高皇帝大度无我，以接一世之豪杰，而韩、彭、英、卢之徒为之奔走于后先，庶乎知所御者。晚岁云梦之游，举动小异，而诸侯莫有固志，叛者次第而起，则一人之身而得失遽变焉，有天下者可以观矣。谨论。（魏天应辑《论学绳尺》卷二，《四库》第1358册，第173－175页）

［按］《法言·问道篇》云："狙诈之家曰：'狙诈之计，不战而屈人兵，尧舜也。'曰：'不战而屈人兵，尧舜也；沾项渐襟，尧舜乎。衒玉而贾石者，其狙诈乎？'或问：'狙诈与亡孰愈？'曰：'亡愈。'或曰：'子将六师则谁使？'曰：'御得其道，则天下狙诈咸作使。御失其道，则天下狙诈咸作敌。故有天下者，审其御而已矣！'或问：'威震诸侯，须于征与狙诈之力也，如其亡？'曰：'威震诸侯，须于狙诈可也。未若威震诸侯，而不须狙诈也。'或曰：'无狙诈，将何以征乎？'曰：'纵不得不征，不有《司马法》乎？何必狙诈乎！'"

刘克庄（1187- 1269）

《两宋名贤小集》卷三百十一："刘克庄，字潜夫，号后邨，嘉定二年以恩补宣教郎，知建阳县。……咸淳四年特加龙图阁学士，仍致仕，明年卒，谥文定。克庄学问充积，甚有文名，真德秀尝以'学贯古今，文追骚雅'荐之。晚年为贾似道一出，君子惜焉。所著《后村居士前、后、续、新四集》行于世。"

汉儒（其一）

执戟浮沉亦未迂，无端著颂美新都。白头所得能多少？枉被人书莽大夫。（刘克庄著，辛更儒笺校：《刘克庄集笺校》卷三，中华书局 2011 年版，第 200 页）

仙溪志序（节录）

古书有《九邱》，有《方言》，今图经之类尔，然左史倚相至与《典坟》共读，扬雄勤勤纂辑，岂其书果不可阙欤！（《刘克庄集笺校》卷九七，第 4075 页）

林寒斋墓志铭（节录）

昔扬雄、陶潜皆好恬静，不慕荣利。然雄系累世故，濡足不去，潜超脱俗网，引身高翔。故先儒书二人之卒，于雄曰莽大夫，于潜曰晋处士，岂非出者危而处者安，留者损而去者全欤？（《刘克庄集笺校》卷一五一，第 5942 页）

扬雄集

《扬雄集》六卷四十三篇，《剧秦美新》之作在焉。《法言》末云："自周公以来，未有安汉公之懿。"又曰："其勤劳则过于阿衡。"此时莽犹未篡，此语不过如今人称颂权贵人功德尔。及莽既篡，雄纵不能如许由洗耳、鲁连蹈海，然与龚胜同时，莽使使者以印绶强起胜，胜称病笃卧，以手推去印绶。胜两子及门人进说云云，胜曰："吾受汉家厚恩，今年老，旦暮入地，岂以一身事二姓下见故君乎?"不食而死。雄亦仕汉者，莽篡不能去，视胜可愧死矣。《美新》之篇，方且盛称"皇帝陛下，配五帝，冠三王，开辟以来未闻。宜命贤哲作帝典一篇，袭旧二为三，以示罔极。"又自言"有颠眴病，恐先犬马填沟壑，长恨黄泉"，故作此篇以献。余谓宁颠眴病死，此文岂可作哉?朱氏书"莽大夫扬雄卒"，书其罪矣。而昌黎公、荆公、涑水公皆推重，或以配孟子，何也?(《刘克庄集笺校》卷一七九，第6898页)

《元后诔》略云："天之所废，人不敢支。"又云："皇天眷命，黄虞之孙，历世运移，属在新圣。"又云："汉庙黜废，移安定公。"凡累百韵。按元后虽莽之姑，然掷传国玺，缺其角，闻翟义起兵，以为是。见汉宗庙毁坏，有怨言。人心之公不可磨灭如此。雄，士人也，顾以贼莽为"新圣"，以汉庙黜废为"天之所坏"乎?(《刘克庄集笺校》卷一七九，第6899页)

［按］自古责人易而反求难，观潜夫论扬雄语，凛然忠臣也。然王士禛《居易录》卷二云："后村论扬雄《剧秦美新》及作《元后诔》言：'天之所废，人不敢支。历世运移，属在新圣。'云云。蔡邕代作群臣上表，言'卓黜废顽凶，援立圣哲'云云。又论阮籍跌宕弃礼法，晚为《劝进表》，志行扫地，词严义正。然其《贺贾相启》略云：'像画云台，令汉家九鼎之重；手扶日毂，措天下泰山之安。昔茂弘叹丘墟百年，孔明欲官府一体。彼徒怀乎此志，公允践于斯言。'《贺贾太师复相》云：'孤忠贯日，只手擎天。闻勇退，则眉攒杜陵老之愁；睹登庸，则心动石徂来之喜。'《再贺平章》云：

‘屏群阴于散地，聚众芳于本朝。无官可酬，爰峻久虚之位；有谋则就，所谓不召之臣。’谀词谄语，连章累牍，岂真以似道为伊、周、武乡之比哉？抑蹈雄、邕之覆辙而不自觉耶？按后村作此时，年已八十，惜哉！”

史绳祖（1192- 1274）

《（光绪）直隶泸州志》：“史绳祖，字庆长，眉山人，为魏了翁高弟。尝从了翁游于泸，在泸为诸生，讲先天图说，众皆称善。《鹤山集》中有《题史绳祖〈孝经〉》一篇，即其人也。”

孟荀扬言性之所本

孟子性善之说，实本于孔子《系易》：“一阴一阳之谓道，继之者善也，成之者性也。”朱文公谓“性善之理，至孟子而益明，其源实出于此”是也。盖圣贤之学，必有所本。绳祖谓孟子学于子思，本于孔子《系易》及《中庸》《大学》之书，故道性善，得其正也。及荀卿言性恶，扬雄言善恶混，意其亦必有所本。及观告子问性，然后知荀、扬二子之说，实本于告子也。告子谓：“性犹杞柳，义犹桮棬，以人性为仁义，犹以杞柳为桮棬。”谓人性本无仁义，若杞柳本非桮棬，必强用力矫揉而后就。荀子得其说，而谓“人之性恶，其善者伪也”。至传于李斯，遂指天下之人为恶，严刑峻法以待之，极于大乱之道。斯固孟子谓“祸仁义者，必子之言”，明验矣。告子又谓“性犹湍水也，决诸东方则东流，决诸西方则西流。人性之无分于善不善，犹水之无分于东西。”扬子得其说而谓“人之性也善恶混”，其害至于莽移汉祚，莫知适从，而著《剧秦美新》以赞之，斯又体认不明之甚，则又孟子谓“人无有不善，水无有不下”之明辩晰也。《孟子序》谓有外书四篇，《性善辩》居其一，惜其不传。若夫荀扬则醇未见其大，而疵岂小耶？当反韩子之言

而云："荀与扬，小醇而大疵也。"（《学斋占毕》卷一，《四库》第 854 册，第 13—14 页）

正符过封禅文

司马长卿《封禅文》典雅，为西京之宗，然未免托符瑞以启武帝之侈心，君子已耻之。其后扬雄仿之，作《剧秦美新》，尤为可耻。班孟坚《典引》亦引符瑞以效尤。唐人作《玉谍真纪》以美玄宗，尤浅陋。及柳宗元《正符》谓"受命不于天，于其人；休符不于祥，于其仁。惟人之仁，匪祥于天，兹为正符哉。未有弃仁而久者也，未有恃祥而寿者也。"遂一洗前作之陋，为可喜也。（《学斋占毕》卷二，第 31 页）

楼　昉（1193 进士）

《宋元学案》卷七十三："楼昉，字旸叔，号迂斋，鄞县人，与弟昞俱以文名。从东莱于婺，尝以其学教授乡里，从游者数百人。李悦斋学士，王厚斋尚书，其高弟也。后守兴化军卒。"

解　嘲

此又是一样文字体格，其实阴寓讥时之意，而阳咏叹之。《进学解》《送穷文》皆出于此。（《崇古文诀》卷三，《四库》第 1354 册，第 24 页）

进学解

设为师弟子诘难之词，以伸其已意，机轴自扬雄《解嘲》、班固《宾戏》来。（《崇古文诀》卷十，第 79 页）

楼　昞（?）

［按］楼昞为楼昉从弟，生卒年待考，故系于楼昉之后。昞嘉定十六年中进士，与昉俱有文名。薛传源诗云：“鄞江自是人才薮，昆仲还应比二楼。”

汉屈群策

论曰：不以智术视智术，必有以高天下也。夫天下无两立之势，有屈则有伸，伸于此则屈于彼，然而御天下之权，要当使在我者常伸，在彼者常屈。苟惟战天下于智术之中，使天下之英雄豪杰怀奇负智以投于我者，皆有求伸之心，则角立分裂无有纪极，尚安得为我之用哉。善御英雄者则不然，不以天下之智为智，常使天下之士，奔走服役丧其所有，听命之不暇。我虽不求以服乎彼，而彼自不得不屈于我，此非有以高天下者能若是欤？是意也，惟汉高帝得之。故扬子云曰：“汉屈群策，异乎楚之自屈者矣。”

夫自罾鱼唱祸，山鬼献璧，天下无秦，匹夫大呼，麋沸云扰，纷纷籍籍，未知鹿死谁手。一时豪杰，雷动响应，秦挟智谋策略之资，驱驰于中原者，盖未始有定向也。刘季眇然泗上一亭长耳，曾无服人之素，沛中子弟多所愿附，仗剑一麾，豪杰并起。虽以磊落奇伟之英，亦莫不俯首受制于皂枥之下，以愿献其谋，效其力。吁，是果何自以得此哉，意其待人之际，体貌推隆，故士乐为用？然而解冠嫚骂，其如礼何？矧夫谋臣士，又非体貌推隆之所驾驭，曾谓高帝为之乎？毋乃区区之智术，有以胜之耳？吁，又不然耳。重瞳之子，挟数用权，当不在高帝下，独一亚父，竟以猜忌而不能用，天下之士卒之背楚归汉，岂以画良吐奇楚果无人？抑亦无以屈之耳。异哉！高帝之屈群策乎，方两雄争驰，伸屈之形混然未判，凡抱负所长以求售于时者，楚汉皆足以究其用也，夫何屈于此而不屈于彼，归于汉而不归于楚耶？吁，是可以观帝之有以高天下也。王蜀之谋，萧何之策深矣。何不得以伸其策，故终于忘

其所有而为帝之屈矣。义师之举，董公之策善矣。公不得以自伸其策，故终亦失其所负而为帝之屈矣。张留侯，韩之策士也。一至于汉，则入秦之策、借箸之策历历为帝陈之，使帝无以屈其谋，则彼将求伸于楚矣。陈户牖，楚之谋臣也。一至于汉，则反间之策、谏伐之策亦缕缕为帝言之，使帝无以屈其智，则彼将复归于楚矣。屡荐不用，韩淮阴之志消矣。一登坛之拜，则决策东向，破羽并秦，信亦堕于帝之术而不自知其屈。踞洗召见，郦食其之意沮矣。一摄衣之谢，则画谋进计，破魏下齐，生亦游于帝之术而不自知其屈。他如毛发丝粟之才，凡有所挟以至于吾前者，皆惘然自失，退省其私，以为无一之足恃，奉教承命之不给，莫不委所有而为我用。呜呼！兹非帝之所以能屈群策者乎？向使帝也不有以屈之纵而去楚，楚复不能屈，则彼将自用其谋以自伸其欲。吾恐智斗智、力角力，溃裂四出，几何不败乃翁事哉？惟其智足以高天下，故能合天下之智而为一人之用，虽不求以屈其策，而自不容于不屈矣。

虽然，高帝之所能屈者，至谋臣策士而止。商山茹芝之老，昂首信眉，阔视雅拜，终不肯一到汉廷，至烦愿见之思。吁，高帝之屈群策者，至此始穷矣。虽然，四皓非谋臣策士比也。谨论。（魏天应辑《论学绳尺》卷四，《四库》第1358册，第235—238页）

［按］《法言·重黎篇》云：“或问：‘楚败垓下，方死，曰天也。谅乎？’曰：‘汉屈群策，群策屈群力。楚憞群策而自屈其力。屈人者克，自屈者负。天曷故焉。’”

林希逸（1193- 1271）

《两宋名贤小集》卷三百二：“林希逸字肃翁，号鬳斋，又号竹溪，福清人。绍定间进士第四人。初为平海军节度推官，淳祐中迁秘书正字，景定间擢司农少卿，历中书舍人，直宝谟阁，卒。其诗文集有《竹溪十一稿》三十卷，又《续集》三十卷，及门林式之所编。”

太 玄

博书著文，千载而上，有若扬子云者，吾当敛衽矣。读书摘疑，千载而下，有若苏老泉者，子云当敛衽矣。

子云之文，固不可以六经论，亦自为一家之长，劳心苦思，理不足而才诚有余。皓首之年，羞与贾、马等列，故搜奇摘异，以尽其笔力之余健。惜其闭户穷巷，载酒与游者，独严、李仲光之徒，无可商略，一人独见，故不能无偏蔽。使其有高见远识之士相与细论一二，则其成书必不至若是之疏。故尝因雄书而观老泉之例，未始不掩卷慨叹，而重惜其不遇也。老泉之论，大概有二，曰筮曰历。其于筮法也，曰一扐之多不过乎六，其余可以为九而不可为七八，不若再之，则八扐之余，四位自成。著书之始，不应有差，必其传之讹也。吾固不以是疵子云。而旦夕之用经纬之说，与夫二六、一九之数，虚三于地以扮天之论，是则子云之蔽也。去其旦夕经纬之法而从，其辞之不可以前定，舍其扮天二九之数而正，以三十三为不可加损，斯论例之至谈，惜子云之不遇老泉者此也。其于历法也，曰“日书斗书而月不书”，则无以齐其不齐者。定一期之说于前，而存五尽之法于后，似若强存而无与乎其书。然《太玄》以节气言也，一岁已成，而千岁可致，月视日而进退，日书矣则月在其中，五尽之说，吾不以是疵子云。独七百二十九赞，可以当期之日三百六十四有半，其不尽者四分日之三，加以《踦》《嬴》之赞，而又余四分日之一，是四岁而加一日也。且《玄》拟《易》作也，重以历不足而轻加其书，是为《太初历》也，是则子云之蔽也。今以一百八分而为日，则四分日之三所得者八十一，加之其首而无嬴，求之于天而相直，不必为嬴，不必为踦，而历自成，斯为论例之巧说，惜子云之不遇老泉者此也。

盖自三圣绝笔之后，虚空之间，是数犹有所未尽者，子云之书，一而三，三而九，九而二十七，二十七而八十一，是或一数也。黄钟之长八十一分，则是法盖始于律。《河图》之数，藏十用九，则是法亦得于《河图》。故列之成书，散之为图，整整而可观。子云之文笔，自圣贤不作之后，诚为独步。当世研精覃思，有得于是，借之以摅其才，虽未免于好名之累，实苦学之用心。独其考论不精，故有所不必强而强为者。夫《易》之于筮，特因是以神明其德，于六十四卦初无轻重，六日七分之说不见于《大传》，是特起于后人。纵出于后人，亦自然之数所配合耳，而非其究竟心。雄也何必胶扰而用力于是耶？使雄有得于至理，借是以为书，不为乎占，不详乎历，将不为《玄》邪？后之人将以求筮也，曷不为《易》之直且径，而奚事于《玄》之纷纷？将以为历也，曷不为《易》之流且通，而奚事于《玄》之拘拘？雄之心，将以追踪古人，而刻画嫫母，唐突西施，反以取识者之笑。然雄之书亦未易侮，理不胜词，固其文不能如大《易》之天成，而《庄》《骚》之下，谁可与并驱争驾？今观其辞，如曰“阳气潜萌于黄宫，信无不在其中”，又如曰“月阙其抟，不如开明于西”，险古奇异，岂耳目所易到之语？“海水群飞”，诚状物之至工。“傒尫尫，天扑其颡”，宁非措辞之极到？使雄能脱然自为一书，祇以文鸣，谁敢轻议？凡其自为抵牾者，皆雄自为拙也。故尝谓《太玄》一经，后有子云者作，复加刊正，真可以抗衡于后世作者之上。请试言之，《说卦》《杂卦》乃圣人紬绎其所未尽者，《玄》何必仿乎？则《冲》可去也，《错》亦可去也。《文言》大传，乃当时议论之所及者，《玄》何必仿乎？则《摛》可去也，《莹》亦可去也，《玄·文》亦可去也。无《乾》之四德，则何必为罔直酋蒙冥？无十三卦创物之义，则何必为《玄·挩》？无八卦自然之象，则何必取五行之常论而及形色声味之繁且碎也？故其《数》可存，其《图》可存，若此则不必存者。惜乎，雄之无所考论而不遇作者也。大抵一人之见，自非大圣大贤则不能无所蔽。老泉之言著论，将以子云复生当无愧乎其言。而方、州、部、家之算，细绎于《太玄》所未尽者而为《图》，自五十四至于三部之算，六皆以三乘也，而三家之算，参则以两乘之，是岂得为浑成而非出于有心？况不尽之分归于《嬴》《踦》者如故，前之论以为不可加，而又若不可去，殆何为邪？向使老泉以首加一分而算之，则其余分难总九之，半之终不可合。又使老泉以《踦》《嬴》为一度，如所谓岁羡四分日之三者而附之三家焉，则三家之算又奇而难乘，推之而又不合，则是《图》似亦不必作也。一子云著之于前而不自觉其失，一老泉正之于后而不自觉其非，后之作者，有能刊之、正之而存其余，不以占，不以历，不附于《易》，而《玄》自《玄》，则论文之士亦安敢有覆酱瓿之讥？（《竹溪鬳斋十一稿续集》卷八，《四库》第1185册，第638—640页）

续诗续书如何

圣经之终始，盖与造化参焉，非人力所能与也。夫圣人作经，非以自求名也。古今天下有不容无者，圣人亦不得而自已也。造物者发其机于千百年之前，圣人者成其书于千百年之后，圣人与造化相为期也。是机既息，虽圣人复生，亦无所措其笔矣，况区区言语文墨之士哉。王仲淹正世俗所谓书生者，沾沾自喜于笔舌之间，而乃欲僭躐于圣人之事业，通真不知量，而亦不识《诗》若《书》也。续《诗》续《书》如何，请得以穷其说。

凡古今天下不知其几人也，亦不知其几书也。要必天下不可无此书，而后谓之书。著书者，非苟以自鸣而已也。两间之内，有人道所不可缺者，待其人而后具也。《周易》待文王而具者也，《春秋》待夫子而具者也。遭其时，适其事，圣人有不容已者，是则造化之机自动也。自有帝王以来，则有典、谟、训、诰、誓、命之文，《虞》《夏》之浑浑，《商》之灏灏，《周》之噩噩，历一世而机一变。《文侯之命》，《周书》绝笔矣。《书》也者，岂容有不定邪？自有性情以来则有咏歌嗟叹之辞，《国风》《雅》《颂》正声谐，《韶》《濩》要妙通鬼神，浑浑若天成，浩汗若河汉，有非人力所得为者。文字之机，千余年之所䌷绎启露，王政熄而声诗亡，气将熄矣。则《诗》也者，岂容有不删耶？使其未容删定也，虽圣人有不得为者，至是而不容已矣，则圣人岂得以泥其意？好名之士，以是为圣人求自见者则误矣。嬴颠汉起，天地之间断，一视前

古，盖梦不及矣。虽使圣人复生于周隋之后，祇亦重加慨叹而已。王通好古者也，立身行已，虽拘拘乎规矩绳墨之中，其视圣人奔逸绝尘之事，盖瞠若乎其后。其守经执古，正所谓书生者。人苦不自觉而以皇极自负荷，乃曰千载而下，有绍宣尼之业者，吾不得逊也。故《书》可定也，我亦可续也。《诗》可删也，我亦可续也。《书》有典、谟、训、诰，我则为四范、七业也。《诗》有比兴美刺，我则为四名五志也。《书》始于汉，则曰六国亡，秦不忍闻，皇纲系于此。吁，使无《续书》，史文阙载乎？《诗》备于六代，则曰仲尼三百，始终乎周。若然，则遗《殷颂》矣。且所谓六代者，以正统在也。晋为为中原之裔，后魏据有中土，隋氏混一区宇，犹可言也。若南宋，若北齐，若后周，无异齐、梁、陈、隋之篡窃者，何可言也。必也正名乎，名若是矣，奚其经？且通固知后世不若唐虞三代矣，而又取其文以续前作，将以其文可续耶？抑以其事可续耶？通之《中说》，盖将以发明其著述，而乃模仿于《论语》之文，仿规为员，模矩作方，而无一出于通之胸臆，而徒掇圣人之句法，以为能将以求其工，适足以露其拙耳。通盖知名可慕，书可作，而不知六经非夫子之经，乃天下不可无之经也。夫子之经行而诸书尽废，通之续经虽作而诸史自不泯，则通之书赘也。故凡通之所谓《元经》者，《礼论》者，《乐论》者，并足以发识者之一笑耳。

盖自汉而下，著书立言之士，以实事为书则仿《史记》，班固以下诸史是也。以空言为书，则仿《论语》，扬雄之《法言》是也。《诗》《书》《春秋》皆史也，迁易而记传，迁诚作者。班固以来，不出其篱下矣。荀悦、孙盛虽僭拟编年，并亦沉没不显，是迁法不可变也。通之《续经》，只史耳，又曰史之失自迁固始，而自拟经，通之见正与扬雄同科。然雄之《法言》固浅陋可笑，《太玄》一书虽曰拟《易》，其自立机综，大有可观，通又不及雄远矣。庄周，异端也，其书虽诞谩，要亦自成一家，而乃慨然以六经为先王之陈迹，是岂为续经者耶？周之言固非格言也，与其为通，则豪杰特起之见，吾于周敛衽焉。(《竹溪鬳斋十一稿续集》卷九，第647—649页)

太玄精语序

子云作《太玄》以拟《易》，昔人以为僭，惟韩退之屡称之，至我朝康节、司马、老泉却喜其书。康节用其数，老泉论其旨，司马公为之注。独东坡乃谓“以艰深之辞，文浅近之说”。此语固佳，但子云之辞虽非《易》比，然亦岂易能哉！

《潜虚》未必出于温公，其辞亦可观，视《太玄》则迥异矣。《太玄》有古意，《潜虚》出似后世文字。今取其语之精者表而出之，亦略为解释，使读者易晓，庶有意于古书者，不以坡老一言而忽之也。(《竹溪鬳斋十一稿续集》卷二十五，第799页)

［按］希逸所作《精语》，俱见《竹溪鬳斋十一稿续集》卷二十五、二十六、二十七。

潜虚精语序

《太玄》起九数，《潜虚》起五数，自是天地间不可泯者。先师尝云《易》则正穴，此支龙也。辞之有古今，又不可不精别之。《潜虚》非无佳语，但只是后世文字；《太玄》则犹有古意。况《潜虚》设谕大抵皆前人书文中已有者。张炳文以为果温公所作，此亦不必深辨，只以文论，不必问何人。

前后本有缺有全，续添者为伪，文公言之尽矣。初本已有肤浅无深味者，况续增者乎！今以其语之工者，与退之所谓正而未至者，摘而录之，未知世之具眼者以为何如也。(《竹溪鬳斋十一稿续集》卷二七，第829页)

叶大庆（1195- 1264）

《四库全书总目》卷一百十八："大庆字荣甫，当时以词赋知名，尝官建州州学教授。"

古书多为后人所加*

司马迁作《史记》，班固作《汉书》，然《汉书》季布、萧何、张耳、袁盎及张骞、李广、卫霍等赞，大略多与《史记》同（原注：《汉书》张骞赞即《史记·大宛传》后），或全取本文，或改易数字。此无他，马作于前，班述于后，观《史》固无可疑，然窃怪《司马相如传赞》乃固所作，而《史记》乃谓"太史公曰"，全与《汉书》同。夫迁之所作，在固容或承袭之，如固之所作，迁安得预同之哉！且迁在武帝时，扬雄生于汉末。今《相如传》后且引"扬雄以为靡丽之赋，劝百讽一"，此班固作赞晓然矣，何为《史记》乃以为太史公之语而杂于其间耶？诸家注释，并不及此。大庆读至于此，窃尝惑之。遍假诸本校之，又皆一同。因反复而究之，《公孙弘传》乃载平帝元始中王元后诏赐弘子孙爵，徐广注云"后人写此及班固所称，以续卷后"，乃知相如之赞，亦后人写入，而托之太史公也。于是喟然叹曰，古人著书，多为后人所加，以启学者之疑，何可胜纪！

《九州箴》，扬子云所作也，唐徐坚《初学记》所载《润州箴》乃有"六代都兴"之语。（原注：《汉书扬雄赞》曰："箴莫善于《虞箴》，作《州箴》。"晋灼曰："九州之箴也。"《初学记》扬雄《润州箴》曰："洋洋润州，江山秀远。蒋庙钟山，孙陵曲衍。江宁之邑，楚曰金陵。吴晋梁宋，六代都兴。"雄生西汉之末，安得预有"吴晋梁宋，六代都兴"之语哉！）（《考古质疑》卷一，中华书局 2007 年版，第 180—181 页）

徐元杰（1196- 1246）

《宋史》卷四百二十四："徐元杰字仁伯，信州上饶人。幼颖悟，诵书日数千言，每冥思精索。闻陈文蔚讲书铅山，实朱熹门人，往师之。后师事真德秀。绍定五年，进士及第。"

七月三十日上进故事

前汉扬雄《将作大匠箴》曰：开闭将作，经治宫室。墙以御风，宇以蔽日。寒暑攸除，鸟鼠攸去。主有宫殿，民有宅居。昔在帝王，茅茨土阶。夏卑宫室，在彼沟池。

臣闻工诵箴谏，肇于古昔。谤木之求，工执艺谏，盖垂韍听规之世所不弃也。臣以司匠，退循朴拙，他无技能，敢竭心工，极陈俭宝，惟陛下垂听焉。夫宫室墙宇，苟足以御风蔽日，古之圣人不越是以求侈也。夏后氏处卑宫而不厌其陋，且手胼足胝，尽力于沟洫之利。凡可以约己而裕人者，无不为之，况敢以是自逸其身哉。不然，峻宇雕墙，华则华矣，视采椽不斫为孰久？瑶台琼室，珍则珍矣，视土阶三尺为孰安？盖圣人以大学絜矩之道正天下，念民力之有限，计邦费之无穷，知天下之伤财，孰有如工役之费。故清心省事，所以为静养君德之基，节用爱人，所以为深固邦本之计。其意若曰，宫室既侈丽矣，凡皆称是可也。穷奢极欲，极天下之膏血，将不足以供之，此圣人所不忍为，宜乎其长守富贵也。昔魏之杨阜，当明帝建宫室之初，抗疏请省，宫人问之吏，则以为禁密，非所当与。阜怒而杖其吏，帝于是愈敬惮之。窦琎修洛阳宫，昧过侈之，当戒崇饰雕丽，谓可逢上之欲，岂知太宗能为工费计怒而毁之，曾不容缓。然则二臣之正否虽不同，而二君之好恶则俱正矣。臣于是益有感于扬雄氏之箴焉。虽然，雄既托匠以为箴，而校猎长杨一赋，又有感于文帝躬服节俭之化，大厦则取其不居，木器则取其无文，后宫则取其贱玳瑁而疏珠玑，他如却翡翠，除雕镂，恶靡丽，斥芬芳，与夫抑止郑卫丝竹之声乐，极其效则，上足以格天，而有玉衡正泰

阶平之应。然则扬雄有爱君之忠，欲规其过而绳其愆者，以箴谏之为未足，故又述赋以讽谏也。臣尝谓扬雄之箴献之于西都中微之季，时之不偶而言弗获用，汉亦殆矣。臣述其言以补工艺之谏，敢谓遭际陛下盛明之君，纳约自牖，信而后谏。臣能言之，陛下能行之，臣百生庆幸，与国同休矣。惜不令扬雄见之。（《梅野集》卷二，《四库》第1181册，第631—632页）

罗大经（1196- 1252）

《（道光）吉水县志》卷二十二："罗大经，字景纶。父竹谷老人，高尚士也。大经登宝庆二年进士，有经世志，博极群书，于先秦两汉六朝唐宋文多所评骘。著《易解》十卷，《鹤林玉露》十六卷。"

识　字

西汉诸儒，扬子云独称识字。韩文公云："凡为文者，宜略识字。"则识字岂易乎哉？晁景廷晚年日课识十五字。杨诚斋云："无事好看韵书。"（《鹤林玉露》卷五乙编，中华书局1983年版，第212页）

莽大夫

司马温公、王荆公、曾南丰最推尊扬雄，以为不在孟轲下。至朱文公作《通鉴纲目》，乃始正其附王莽之罪，书"莽大夫扬雄卒。"莽之行如狗彘，三尺童子知恶之，雄肯附之乎？《剧秦美新》，不过言孙以免祸耳。然既受其爵禄，则是甘为之臣仆矣，独得辞"莽大夫"之名乎！文公此笔，与《春秋》争光，麟当再出也。刘潜夫诗云："执戟浮沉计未疏，无端著论美新都。区区所得能多少，枉被人书莽大夫。"余谓名义所在，岂当计所得之多少！若以所得之少，枉被恶名为恨，则三公之位，万钟之禄，所得倘多，可以甘受恶名而为之乎！此诗颇碍理，余不可以不辨。(《鹤林玉露》卷六丙编，第340—341页)

得穷鬼力

齐景公有马千驷，死之日，民无德而称焉。伯夷、叔齐饿死首阳之下，民到于今称之。扬子云作《法言》，蜀之富人载钱五十万，求书名其间，子云不可。李仲元、郑子真不持钱，子云书之，至今与日月争光。余观韩退之《送穷文》，历述穷鬼之害，至末乃云："吾立子名，百世不磨。"是到底却得穷鬼力。夷、齐、李、郑，亦所谓得穷鬼力者也。(《鹤林玉露》卷六丙编，第335页)

李　庭(1199- 1282)

《(乾隆)蒲城县志》卷七："李庭，字显卿，号寄庵，京兆儒学教授谘议。"

送杨郎中

西汉儒宗扬子云，遥遥华胄岂无人。著书不得《玄》文力，筮仕还居要路津。已播仁风安四蜀，更施膏泽洒三秦。闾阎疾苦君应悉，细草封章达紫宸。(《寓庵集》卷二，《续修》第1322册，第311页)

戴　侗（1200- 1285）

《书史会要》卷六："戴侗，字复初，永嘉人，亦能篆，有所编《六书故》行于世。"

六书通释（节录）

六书，所以章名物也。天有日月星辰风雨之名，地有山川国邑土田之名，人有骨体族属官职器用衣服之名，物有鸟兽虫鱼谷粟草木之名。凡一言以为名者，皆具于六书矣；一言不足以尽名，则合文以为名。合文以为名者，非六书之所能具也。故先王之法，有书有名。三代而上，名正而言顺，故学粹而义明；三代而下，其名乱，其言龙。司马相如、扬雄之徒，始务为奇字，辟名以夸辨博。自是以来，为文字者昧于义，短于理，而骛于辞华，苟务更名换字，以为新奇。故言天地者曰乾坤，曰堪舆，曰盖舆，曰穹壤；言日月者曰乌兔，曰羲娥，曰曜灵、望舒。凡事物之正名皆以常见厌，更为奇变，而不顾于理义，天下贸贸焉，日入于昏溃回遹，学者眩于知，妨于业，而迷于道。相如之赋，雄之《太玄》，退之《曹成王碑》，学者鲜能通其文辞。虽能通之，亦卒无所用。扬雄多识古文奇字，韩退之亦慕为之。六经，孔孟之书，未尝用奇字，而大道著焉。古之为文辞也，将以明民；今之为文辞也，覆以昏之。古之为文辞也，将以辨物；今之为文辞也，覆以眩之。《易》曰："当名辨物，正言断辞。"侗之为是书也，亦以当名辨物，正言断辞，通天下之志而已矣。非敢夸辨博而自为一家言也。（《六书故》，《四库》第226册，第11页）

释文珦（1210- ?）

《四库全书总目》卷一百六十四《潜山集提要》：“文珦，于潜人，其生平游历略见于所作《旧游一百十韵诗》中，大抵出家于杭州，游于湖州，因而游浙东，至闽，由金华严陵返越，又至昆陵，阳美、金陵、淮甸而止，后仍归杭州。遘谗下狱，久之得免，遂遁迹以终。集中有‘又看景定新颁朔，百岁还惊五十过’句，知其生于宋宁宗嘉定三年辛未，宋亡时年六十六。”

夜读太玄

虚室冷云边，消闲读《太玄》。未须求甚解，聊复竟余篇。夜永残膏薄，天高列宿悬。有蓍还懒揲，休咎已俱捐。（《潜山集》卷九，《四库》第1186册，第368页）

朱　质（?）

《宋元学案》卷七十三：“朱质字仲文，义乌人。受学于成公及唐说斋仲友，中绍熙进士第二人，累官至右正言左司谏兼侍读，权吏部侍郎。著有《易说举要》。”

跋李刻方言

汉儒训诂之学惟谨，而扬子云尤为洽闻。盖一物不知，君子所耻，博学详说，将以反约。凡其辨名物，析度数，研精覃思，毫厘必计，下而五方之音，殊俗之语，莫不推寻其故而旁通其义，非徒猥琐拘泥而为是弗惮烦也。

世之学者忽近而慕远，舍实而徇名，高谈性命，过自贤圣，视训诂诸书往往束之高阁。盍亦思夫《周官》太平之典，其道甚大，百物不废，虽医卜方技，纤悉毕载。圣门学《诗》，不独取其可兴可观，可群可怨，而鸟兽草木之名，亦贵多识，本末精粗，并行而不相悖。故汉儒尊经重古、纯悫有守之风，类非后人所能企及。子云博极群书，于小学奇字无不通，且远采诸国，以为《方言》，诚足备《尔雅》之遗阙。平时所以用力于此深矣，世之好之者盖鲜。前太守尚书郎李公一日语余，苦无善本。质偶得诸相识，字画落落可观，因以告而锓之木，辄并附管见云。庆元庚申重午日，东阳朱质书。（《方言》卷末，《四库》第221册，第381页）

［按］朱质生卒年不可考，兹据文末“庆元庚申”（1200年）四字，将其编排于此。《宋元学案》谓是义乌人，本文末尾则署“东阳朱质”，应以东阳为是。

祝　穆（？－1255）

《武夷山志》卷十七：“祝穆字和甫，歙县人。其曾祖确为朱文公外大父，父康国始迁崇安。穆少名丙，与弟癸俱从文公于武夷精舍，得闻绪论。所著有《事文类聚》《方舆览胜》。蔡文肃与宰执陈元凤荐其贤，除迪功郎。”

草玄台

岑参诗：“吾悲子云居，寂寞人已去。娟娟西江月，犹照草《玄》处。精怪熹无人，睢盱藏老树。”《图经》云：“即今中兴寺，有载酒亭及墨池。”郫县有子云读书堂，赵清献为记。（《方舆胜览》卷五十一，中华书局2003年版，第910页）

扬雄山

在府治西。有洞深邃，子云隐居于此。今为延祥观。（《方舆胜览》卷五十二，第938页）

名世堂

在府治。画司马相如、王褒、扬雄、严君平、屈原、陈子昂、李太白、苏子瞻八人。（《方舆胜览》卷六十二，第1091页）

黄 震（1213- 1280）

《宋史》卷四百三十八："黄震字东发，庆元府慈溪人。宝祐四年登进士第。……震常告人曰：'非圣人之书不可观，无益之诗文不作可也。'居官恒未明视事，事至立决。自奉俭薄，人有急难，则周之不少吝。所著《日抄》一百卷。卒，门人私谥曰文洁先生。"

读本朝诸儒理学书（节录）

《答尤延之书》论扬雄臣贼莽，但畏死贪生而有其迹，亦不免诛绝。愚按，雄之《剧秦美新》，似不止畏死贪生而已，莽亦何尝杀不颂功德者耶？然雄后世尊之比孟子，甚至本朝名儒或抑孟而尊扬。先生独奋《春秋》之笔，与孔子诛少正卯异事同科，亦奇矣哉。（《黄氏日抄》卷三十四，《四库》第708册，第37—38页）

答程泰之揲蓍之法，及论焦延寿以《震》《离》《兑》《坎》直四时，十二辟卦直十二月，分四十八卦为公侯卿大夫，而六日七分之说生焉。

初无法象，本无可据，不待论其减去四卦、二十四爻而后见其失。扬雄《太玄》次第乃全用焦法，其八十一首亦去《震》《离》《兑》《坎》而但拟六十卦。（《黄氏日抄》卷三十四，第38页）

扬　雄

雄淡泊而柔弱，富贵既非所好，节义又非所能，故惟欲以文字名世。方其年少气锐，识虑未定，歆艳相如之为，又赋《甘泉》，赋《河东》，赋《校猎》，赋《长杨》，哆然不啻便足。及乎年至虑易，昭若发蒙，幡然自悔前日之为也。复拟《论语》，拟《易》，竟以预诸儒之列矣！呜呼，雄于淫辞曼语中，其殆拔足风埃、脱身尘涴者乎？不然，西蜀又一相如矣。然儒非徒文之可名也，必道德深醇而后可以言儒，必出处无愧而后可以言儒。汉世之儒惟董生，其次王阳可耳。雄美新投阁，大节已亏，儒于何有？按：传中皆雄自序，类多文饰之辞，非信史也。（《黄氏日抄》卷四十七，第307—308页）

扬　子

《扬子》终篇称王莽之勤劳过于阿衡，是岂可齿善类？犹以知尊孔子得名诸儒。然自汉武以来，孔子之褒显尊异为已久，正不待扬雄而后尊，而此时亦非有异端之可辟，如孟、荀不幸生处士横议之时也。迹其言议，况多粗浅。首章谓："倥侗颛蒙，恣于情性。"是既不知有物则秉彝之理矣。如曰："学，行之，上也；言之，次也；教人，又其次也。"亦岂孔门之旨耶？孔门之学，致知思辨为先，而雄遽以行先之。学不厌，教不倦，仁智两全之事，而雄反以教人又次为言，果可为《法言》之首乎？愚尝谓，孟子之论于其心，故可以继孔子之传；荀子之论止于事，故不能如孟子之醇。扬子当正论已明之后，不过掇拾绪余以恣说。故虽以温公之淳厚，终身为其所欺，表而尊之，与曹操预正统等，而世亦终不谓操为西伯，谓雄为孟子也。公理昭昭天地间，是岂一人之力可

强而易置之耶。(《黄氏日抄》卷五十五，第402—403页)

曾南丰文（节录）

《答王深甫论扬雄书》。公谓扬雄处王莽之际，合于箕子之明夷，常夷甫以谓纣为继世，箕子乃同姓之臣，事与雄不同。又《美新》之文，恐箕子不为也。公辨之曰："雄之辱于仕莽，非无耻也，在我者亦彼之所不能易也。"愚按，雄本汉臣，既身受贼莽之伪命，而又称颂其功德，则为雄者皆易于莽矣。南丰所谓莽所不能易者指何物耶?

又王介甫谓雄之仕合于孔子无不可之义，夷甫谓雄德不逭圣人，于仕莽之际不能无差。公复辨之曰："孔子之无不可，孟子所谓圣之时也。雄亦为《太玄赋》，称'荡然肆志不拘挛兮'。"愚按，孔子"无可无不可"，恐不可独指其"无不可"，况"荡然肆志"是直小人之无忌惮，而可谓其似圣人耶？南丰大贤而议论若此，所未谕也。(《黄氏日抄》卷六十三，第557页)

王荆公（节录）

《扬雄二首》其一以"孟子劝伐燕，伊尹干说亳"为雄《美新》之比，何哉？其党奸至辱圣贤耶？其一谓"圣贤树立自有师"，此荆公师心自用发见之语也。(《黄氏日抄》卷六十四，第570页)

《扬子诗》："千秋止有一扬雄。"荆公每尊之以比孔子而略孟子，此其为荆公之见识也。(《黄氏日抄》卷六十四，第571页)

《禄隐》一篇，专为扬雄饰事莽之非，然皆泛辞，无说可解。(《黄氏日抄》卷六十四，第576页)

《答龚深父书》谓扬雄之仕合于孔子无不可之义，吾斯之未能信也。公山弗扰以费叛，召，子欲往。欲往，非真往也。向使其真往，必有救止之矣。岂至如扬雄，从叛又复而歌颂之耶？(《黄氏日抄》卷六十四，第577—578页)

扬雄太玄

谓《玄》以准《易》，而不得圣人之意者三。《易》以明天下，而雄名《玄》，一也。卦以八数，而《玄》之八十一首杂取文字之余，二也。《易》更三圣，《玄》以一人之思，备群圣人之力，三也。（《黄氏日抄》卷六十八，第658页）

扬雄

按，汉习委靡，张禹、孔光，卖国为奸，余纷纷附莽者，不可胜数。惟刘歆世为宗英，扬雄自号儒者，而亦为之，罪莫大于此。（《古今纪要》卷二，《四库》第384册，第52页）

家铉翁（1213? - 1298）

《宋史》卷四百二十一："家铉翁，眉州人。以荫补官。……铉翁状貌奇伟，身长七尺，被服俨雅。其学邃于《春秋》，自号则堂。改馆河间，乃以《春秋》教授弟子，数为诸生谈宋故事及宋兴亡之故，或流涕太息。大元成宗皇帝即位，放还，赐号'处士'，锡赉金币，皆辞不受。又数年以寿终。"

直斋记（节录）

夫《易》，天地自然之《易》也，历四圣成书，至夫子而后集其大成，一《易》之外，无他《易》也。汉末有扬子云者，著《太玄》，始僭圣拟经，而为之《玄》，至卫之平，又从而为之《包》。其后率皆得一数，成一书，皆僭其号为《易》。后人以其新奇而学之，而天地自然之《易》隐矣。是故《易》可学也，而僭圣之书不必学矣。学僭圣之书，则四圣人之《易》愈不明矣，此予平日之论也。（《则堂集》卷二，《四库》第1189册，第284页）

朱　埴（1215-？）

［按］朱埴字圣陶，南宋吉州庐陵人。小名夔，小字尧章，号古平。治赋。年四十二，登宝祐四年一甲第十六名进士。后官至太常博士。

君人致用成化如何

天地圣人，一自然之理也，惟无容心于其间则得矣。何也？理妙于无而超于有者也。无非果无而用生焉，有非真有而化存焉，皆理之自然者耳，岂容以有心为之哉。故凡以有心为之者必有迹，有迹则凝滞于物而非化矣。盖盈天地之间，何者非化？而圣人之所以财成者，亦何适而非用？用藏于无则为化，化显于有则为用，用之所存，即化之所存。天地固无心，而圣人亦无心也。后有作者，亦惟因其自然之用，全其自然之化斯可矣。是知不致之致，其用神；不成之成，其化妙。天地也，圣人也，同此理之自然者也，而吾奚容心之有？否则，用非其用，而与大造之初意不相似，则亦迹焉而已，化云乎哉？君人致用成化何如？请申之。

尝谓天地者，无形之圣人；圣人者，有形之天地。一而二，二而一者也。盖天地以其心溥万物而无心，圣人亦以其情顺万事而无情。君人者之于天地圣人，非致其用之难也，致之而无致之之迹为难。爰自开辟以来，凡宇宙之内，鼓之为雷霆，润之为风雨，通之为山泽，衍之为金刀货宝，生之为桑麻谷粟，无一非天地之化，则亦无一非帝者之用。函

三为一，帝者之用秘于天地；判一为三，天地之化寄于圣人。然用非胶胶扰扰之谓也，理之自然者耳。充满六虚，愈有而愈无也；周浃万物，愈著而愈泯也；上畅九垓，下溯八埏，愈溥博而愈渊泉也。曷尝有一毫容心哉？世固有移民移粟矜之为能者矣，然有心以致之而终莫之致；亦有揠苗刻楮凿之为巧者矣，然有心以成之而终莫之成。此无他，天地圣人本自然而然，彼有心者自累之耳。后之君人，岂可求天地于天地，而不求帝者之天地哉？

思昔帝者之王天下也，仰则观象于天，俯则观法于地。因风雷之益而教之以耒耜，则吾无斫揉之劳；因火雷之噬嗑而聚之以市货，则吾无通变之迹；因风行水上之涣而作舟楫，因上火下泽之睽而制弧矢，则吾无刳剡之巧。凡此者，人以为帝者之用也，而不知即天地之化也。一用之施，一化之著也；一用之行，一化之全也。然人知其著而不知其所以著，知其全而不知其所以全。惟天下莫知帝力之时，乃造化不容致诘之妙。岂惟天下莫之知，虽圣人亦不自知也。岂惟圣人莫之知，虽天地亦不自知也。呜呼！天地之与圣人一理也，古之与今亦同一天下也。岂有古之人可以致用而今则不可以复致，古之人可以成化而今则不可以复成？《孟子》有言："非不能也，是不为也。"惟能妙有为于无为，则幾矣。是必冥经纬于无方无体之中，泯知巧于不识不知之际。其于致用也不敢以浅心间之，惧其有以壅此化；不敢以私心杂之，惧其有以累此化；不敢以怠心乘之，惧其有以间断此化。茫乎天运而云行雨施，窅尔神化而阴辟阳开，不动声色而天地之蕴、神明之奥、万物之情森然在是。盖至于此，则风雷非隐也而耒耜非显也，火雷非无也而市货非有也，风水火泽非精也而舟楫弧矢非粗也。有致之功而无致之迹，有成之理无成之形，果孰为君人乎？孰为帝者乎？又孰为天地乎？浑浑乎一无声无臭之天而已。虽然，圣人本无容其心，然岂无所用其心哉？盖天地之心惟动则见，而万化之根本胥此焉，而帝者之用亦当因其用心者求之。故吾心之理累于有固不可，而溺于无亦不可。当使之周流而不当使之间隔，当使之充畅而不当使之凝滞。心在是则用在是，用在是则化在是。《易》之存神，即其所以前民用，而《中庸》之尽性，即其所以赞化育也。不然，吾心恝然于天下而无财成辅相之道，一切付之于自治，则是亦槁木死灰而已，则乌足语用化之妙哉？故曰寂然不动，感而遂通天下之故。呜呼，至矣。谨论。（魏天应辑《论学绳尺》卷五，《四库》第1358册，第281—284页）

［按］《法言·孝至篇》："君人者，务在殷民阜财，明道信义，致帝者之用，成天地之化，使粒食之民粲也，晏也。享于鬼神，不亦飨乎？"

许月卿（1216- 1286）

《四库全书总目·百官箴》云："宋许月卿撰。月卿字太空，后更字宋士，婺源人。始以军功补校尉，理宗时换文资就举以易魁江东，廷对赐进士及第，官至浙江西运干。贾似道当国，召试馆职，语不合罢去。闭门著书，自号泉田子。宋亡不仕，遁迹十年，乃卒。亦志节之士也。是书仿扬雄《官箴》，分曹列职，各申规戒。"

进百官箴表

臣月卿言：伏以一饭不忘，夙抱少陵之志；六箴具列，远惭德裕之勋。敢以愚衷，彻干睿听。臣月卿惶恐惶恐、顿首顿首。惟周武建万邦之极，有辛甲献百官之箴。安不自安，圣而益圣。忧国爱吾君之念，谓吾独之全躯保妻子之臣，虑不及此。故东西两汉之阙，舍杨、崔数子而谁？仰视《虞箴》，仅堪仆命。魏晋以降，文章可知。言虽尊主，而庇民意则徇华而逐末，于修辞立忱之学，类欠实工；视正君定国之言，殆为虚语。本源既浅，气象自卑，并与古韵而失之，其于文体何如也。作者驰声之不乏，胡为嗣响之独难。正坐摹规为圆，拟矩为方，不知自源而流，由本而木，宜世道之不古，顾民彝之幸存。臣琐琐孤寒，惓惓忠爱，臣于君，子于父，难忘恳恻之天。史为书，瞽为诗，莫匪箴规之地。念庶人之可谏，矧英主之兼容。辙尔刍言，庶几芹献。兹盖恭遇皇帝陛下，舜聪四达，汤德又新。退而铭于机焉，席而铭于端焉。持以小心之翼翼，立则见于前也，舆则见于衡也。凛然大训之明明，未尝一善之遐遗。盖欲庶僚之修辅，恢洪圣德，兴起治功。臣幸际昌期，冒陈宿蕴，谏行言听。俾膏泽之下于民，君明臣良，惟时幾以康。厥事可传于后，永孚于休。臣干冒天威，无任激切屏营之至。臣所撰到《百官箴》并发凡言例共成七帙，用黄罗夹复封全，谨随表上进以闻。臣月卿惶惧惶惧、顿首顿首谨言。（《百官箴》卷一，《四库》第602册，第659—660页）

百官箴序

臣闻君者，臣之天；父者，子之天。故臣之爱君，子之爱父，天也。其身可杀，而爱君父之心不可解，夫是之谓天。天下之事，凡其加以人者，久则必渝。而其久而莫之渝者，天也。忧葵之女不恤纬之嫠，而岂有致君泽民之职分哉。油然发衷，盖不自知其然而然也。唐虞三代之时，渐民以仁，培民以道，其入于民也深，而积于民也厚矣。故及其后世，国虽靡止，民虽靡膴，而爱君忧国之天，虽山林之野人，幽闺之女妇，有可杀而不可解者。吁，此三代有道之长，而非后世之所能及与。然则有天下者，何可不养斯民爱君之天，而寿吾国于三代也哉。

臣最爱辛甲之《虞箴》，爱其天而不人也，而惜其所谓《百官箴》者之不尽存也。故尝以臣之油然发衷者，为《百官箴》。虽自知其为怨府、为祸机，而可杀不可解之天，则凡以爱吾君尔。夫爱吾君则欲寿吾君，欲寿吾君者则欲寿吾君之国。《无逸》一书，周公所以寿成王也。寿不寿，命也。于逸何关？而周公谓逸则不寿，无逸则寿，岂不以无逸则天理流行，人欲净尽，固仁之体而寿之道乎。臣所以敢（阙二字）《百官箴》者，不敢以不可自比周公而自沮，而以可庶几忧葵之女不恤纬之嫠而自劝。以为陛下幸而不以不可自况周公斥臣，而以可万一葵纬而听臣，臣之箴幸而用，则圣躬寿于尧舜，国脉寿于三代。圣躬寿于尧舜，则阅天下之义理愈熟，处天下之事会愈精，而人欲不能摇，情伪不能欺。以霜降水涸之真见，出轻车熟路之老谋。跻吾民于仁寿，寿吾国于箕翼。国脉之寿，皆自圣躬始，此臣爱君之天也。使众怨臣而欲祸臣，不过杀臣之身而已，岂能灭臣爱君之天哉。臣之自处素定，是以敢于进《百官箴》而无所忌也。夫子不云乎：求仁而得仁，又何怨？臣万死无悔，臣月卿谨序。（《百官箴》卷一，第660—661页）

陈仁子（?）

按，《四库》收录陈仁子《牧莱脞语》及《文选补遗》二书，《牧莱脞语提要》云："仁子字同倩，号古迂，茶陵人。咸淳十年漕试第一，宋亡不仕。"又两书《提要》中皆云陈氏"好为大言"。

太玄经序

《易》者何？变易之书也。或曰非变易也。易从日从月，阴阳根本希微凝寂之谓也。是希夷受诸麻衣翁然也。《玄》准《易》者也。源于一，究于九，表里《河》《洛》之数也。分以阴阳，错以五行，主以二十四气三百六十度，倍乘之以八十一首，截乎阶所堂陛之序也，亦《易》也。而世之穷《易》者难穷，穷《玄》者易穷，何也？世会无穷，理亦无穷。圣人非不可一蹴抉而泄之也。《易》愈穷而愈不易穷，奇偶画矣，八卦生矣，三百八十四爻衍矣。麋角之解也，芸草之生也，以至獭祭鱼、豺祭兽也，摭卦气比之，千岁之日，坐致指掌间，《易》以一定而叙无难也。天有先有后，成有小有大，体有正有伏，有互有参。上经首《乾》《坤》而二老对立也，下经首《咸》而二少合体也。《顺》与《大过》偶，而在《坎》《离》之前也。《中孚》与《小过》偶，而在《既济》《未济》之前也。以至《否》《泰》之相倾也，《剥》《复》之相

继也，一爻之立，各有其意；一卦之设，各有其序。其义深，其例密。圣人悉包藏而杂纬其中，未尝括而为一定之说。夫固随后人之自穷者也。是以言者尚其辞也，动者尚其变也，制作者尚其象也，卜筮者尚其占也。析之而知其同也，合之而知其异也，充之而知其不可穷也。《玄》之为书也，乾始于子，终于离也；坤始于午，终于坎也。以二测当一昼一夜，以四日五分当一日，固配《月令》卦气六十之图，落下闳六日七分之说也。而较诸《易》之穷无穷何如也？

呜呼，《易》更三圣而后成，韦绝三编而始悟。雄以一人之见，覃数十年之思，欲立拟之，宜世人皆可一览穷也。眉山翁论雄以艰深之辞文浅近之说，夫世之深浅非辞也，理也。雄之说，亦得《易》之一也。《易》不敢以一定诘，而雄欲一定求之，邻于浅而近宜也。虽然，《玄》亦一家之书也。元贞丙申秋陈某书。（《牧莱脞语》卷七，《续修》第1320册，第305页）

谏不受单于朝书解题*

愚曰：甚哉，处夷狄之难也。汉哀帝建平四年，单于请朝。不受之则失其心，受之则费其财。是故公卿所言，与雄不同。姑以宣帝甘露之赐观之，金珠车马之费勿论也。当是时，锦绣绮縠杂帛止八千匹，至建平则加至三万匹；絮止八千斤，至建平则加至三万斤，又加赐衣三百袭。哀帝之世，力不如宣帝，费则四倍于宣帝。虽获柔远之虚名，深费国家之实力。酌而处之，既不却其朝，又从裁其赐，扬雄似欠一言，而汉庭公卿亦无以处此。吾故曰区处之难。（《文选补遗》卷十四，《四库》第1360册，第254—255页）

反离骚解题*

晦庵朱氏曰：《反离骚》者，汉给事黄门郎、新莽诸吏中散大夫扬雄之所作也。雄少好词赋，慕司马相如之作以为式。又怪屈原文过相如，至不容，作《离骚》，自投江而死，悲其文，读之未尝不流涕也。以为君子得时则大行，不得则龙蛇。遇不遇命也，何必湛沉身哉。乃作书，往往摭《离骚》文而反之。自峄山投诸江流，以吊原云。始雄好学博览，恬于势利，仕汉三世不徙官。然王莽为安汉公时，雄作《法言》，已称其美比于伊尹、周公。及莽篡汉，窃帝号，雄遂臣之，以耆老久次转为大夫。又放相如《封禅文》，献《剧秦美新》以媚莽意。得校书天禄阁上，会刘寻等以作符命为莽所诛，辞连及雄，使者来，欲收之。雄恐惧，从阁上自投下，几死。先是，雄作《解嘲》，有"爰清爰静，游神之廷；惟寂惟寞，守德之宅"之语，至是京师为之语曰："爰清静，作符命；唯寂寞，自投阁。"雄因病免。既复召为大夫，竟死莽朝。其出处大致本末如此，岂其所谓龙蛇者邪？然则雄固为屈原之罪人，而此文乃《离骚》之谗贼矣，他尚何说哉。（《文选补遗》卷三十，第492页）

逐贫赋解题*

《容斋随笔》曰：韩文公《送穷文》，柳子厚《乞巧文》，皆拟扬子云《逐贫赋》。韩公《进学解》拟东方朔《客难》，柳子《晋问篇》拟枚乘《七发》，《正符》拟《剧秦美新》，黄鲁直《跛奚移文》拟王子渊《僮约》，皆极文章之妙。《逐贫赋》几五百言，《文选》不收，《初学记》所载才百余字，今人盖有未之见者，辄录于此云。（《文选补遗》卷三十一，第510页）

酒箴解题*

愚曰：此箴扬雄本以讽谏成帝，其文为酒客难法度士，本不足为谏，无可取者。然其曰"处高临深，动常近危"，亦足为为警。陈遵爱之，特以适投其嗜酒之好耳。至以张竦之自约概诸遵之自恣，劣彼优此，终不如竦之论为正，犹足自励也。（《文选补遗》卷三十七，第595页）

陈唯宝（?）

论　玄*

陈唯宝曰：雄之《玄》如胶柱调弦，各不能相通，非如《易》起自奇偶之画而穷于六十四卦，互相为用。或云六十四卦，八卦之重也；《玄》方、州、部、家之杂，至是而周矣，不可以变也。或曰《易》之六爻即六画耳，由其爻用六，故其画亦六；今《玄》有四重，即卦上四画也，而赞乃有九。（《永乐大典》卷四千九百三十九，中华书局 1986 年版，8331 页）

［按］陈氏事迹无考，今姑系于此。

骆天骧（1223 前后）

《（嘉庆）长安县志》卷三十一："骆天骧，字飞卿。博涉群书，游心翰墨，逍遥邱园，不求仕进。"

甘泉宫

一曰云阳宫。《史记》曰："秦始皇二十六年作甘泉宫及前殿，筑甬道，自咸阳属之。"《关辅记》曰："林光宫前殿，秦所造，一曰甘泉宫，因其甘泉山名。宫周回十余里，武帝建元中增广之，周十九里。"去长安三百里，望见长安城。黄帝以来圆丘祭天处。武帝造阙于南，更置前殿，始造宫室。有芝生甘泉殿房中，芝有九茎，金色，绿叶朱实，夜有光，乃作《芝房之歌》。帝又起紫殿，雕文刻镂，以玉饰之。成帝永始四年，幸甘泉，郊秦畤，神光降于紫殿。甘泉又有高光、林光、长定、竹宫等宫，又有通天台、迎风馆，山后有露寒、储胥二馆，西起彷徨观，后筑甘泉苑。建元中，作石阙、封峦、鳷鹊观于苑内。南有棠梨宫。

汉未央长乐、甘泉，四面皆有公车司马门。凡言司马者，宫垣之内，兵卫所在，司马主武事，故宫之外门为司马门。按《汉宫卫令》，诸出入殿门、公交司马门者皆下，不如令，罚金四两。王莽改公车司马门曰王路四门，分命谏大夫四人受章疏，以通下情。（《类编长安志》卷二，中华书局1990年版，第51页）

五柞宫

汉之离宫也，在扶风盩厔。宫中有五柞树，皆连抱上，覆荫数亩，因以为名。（《类编长安志》卷二，第52页）

长杨宫

秦之宫也，在上林苑中。《汉书》云："盩厔县。"宣帝幸长杨宫属玉观。成帝元延二年，幸长杨宫。有长杨千株，以为名。（《类编长安志》卷二，第52页）

扬雄墓

按雄《家牒》曰："子云以天凤五年卒，陪葬安陵阪上，弟子巨鹿侯芭负土作坟，号曰玄冢。"（《类编长安志》卷八，第253页）

郝 经（1223- 1275）

《元史》卷一百五十七："郝经字伯常，其先潞州人，徙泽州之陵

川，家世业儒。……经为人尚气节，为学务有用。及被留，思托言垂后，撰《续后汉书》《易春秋外传》《太极演》《原古录》《通鉴书法》《玉衡贞观》等书及《文集》，凡数百卷。其文丰蔚豪宕，善议论。诗多奇崛。”

寓兴（节录）

周谤尚赤舄，孔尼犹弦歌。大节穷乃见，首阳高峨峨。白刃义可蹈，之死矢靡它。子云汉巨擘，问学崇丘轲。投阁遽陨获，剧秦真婉阿。《玄文》与《法言》，辨口徒增多。与器不与节，天命其如何?（《陵川集》卷二，三晋出版社2006年版，第90页）

先天图说（节录）

周公为爻辞，孔子作《十翼》，以圣继圣，不敢舍牺、文而自为，殆天下之理不能外夫是矣。其后扬雄为《太玄》、关朗为《洞极》、司马光为《潜虚》，皆以准《易》而不由牺、文，卒皆重复造凿。虽扬雄之《太玄》得数之理，而方、州、部、家一定而不易，不能如八卦之可以错综为卦、纵横成象，而不离奇偶二画之本然，是以不免于屋下架屋、床上叠床之讥矣。（《陵川集》卷十六，第563—564页）

性

凡物之生，莫不有所本而为之性。天地本太极，则太极为之性；万物本天地，则天地为之性；人官天地、府万物，得于赋予之初，见于事物之间，而复于真是之归，则其所性根于太极，受于天地，备于万物，而总萃于人，所以为有生之本、众理之原也。故无所不本之谓命，无所不有之谓性，无所不统之谓心，无所不著之谓情。则性也者，命之地，心之天，而道德之府也。启道之善，体乾之元，发阳之端，与生俱生而能生生，不与生俱坏而能不坏，与天地周流不入于伪妄，万事万变莫能外焉。其体则静，其用则动，其位则中，其理则善，其气则生，其德则仁，其蕴也充实，其积也辉光，混然而无间，粹然而不杂，所以复太极之本而得本然之全也。然而有理而后有气，有气而后有情，情复于气，气复于理，则能仍全。气徇于情，理昧于气，则用夫修道之教，而资于学问之功也。夫气禀不能移，知觉不能夺，不待问学，安然而化，则圣之事也；夺而知所以存，移而知所以复，尽夫问学，以充夫性，则贤者之事也；溺于气禀之偏，诱于嗜欲之差，不为问学，亡而不复，则小人之事也。虽然，天之赋予者，一受其成而不坏，圣自圣，贤自贤，小人而自小人，本然而固有者，无加损焉。所以与太极为一，为命之地、心之天也。大圣大贤立极垂训，必本于是。

仲尼曰："一阴一阳之谓道。继之者善，成之者性。"又曰："成性存存，道义之门。"又曰："利贞者，性情。"则推本然而言也。曰："性相近，习相远。""上智下愚不移。"则兼生质而言也。盖有本然之性，则有生质之气。性统气，气载性，相须而一也。故刘康公谓"人受天地之中以生"，而言其位；《乐记》谓"人生而静"，而言其体；子思子则谓"天命之谓性"，而言其所受；孟轲氏道"性善"，而言其理之本然，则无不尽也，无不备也。其言之差，自告子始。告子曰："生之谓性。"生固可谓性矣，而所以生之理则不言也，是以差也。至荀卿则断然而谓之恶，恶岂性也哉？生质之情则有之，其本则非恶也。扬雄则为淆乱之言，曰："善恶混性之理无不善，其恶则情之流也。"源泉而滑汩同之以泥，其清洁之本在焉，而遂谓之浊；日月而蔽之以云，其昭彻之本在焉，而遂谓之昏。清浊不相入也，昏明不相易也，而可混乎哉？本然之善，蔽而为恶，修而复之，则性自在焉。源泉清而日月明也，乌可谓之混也？至韩愈氏，则以五性、七情并义理、气质合而为言，则过夫荀、扬远矣。第谓性与情之品三，则太拘而有未尽焉者。盖自其同者而言，则万殊一本，自其异者而言，则一本万殊，非三品所能限也。至乎苏轼，则曰："言性之差，自孟子之定名为善也。"曾不知孟子之言本诸孔子。孔子曰："元者，善之长。"继之者善，则性善者。孔子言之也，向

无定名，则人亦无定性哉，是亦一偏之言也。盖孔孟之言性也，本夫理；诸子之言性也，本夫气，是以至于谬戾而不知其非也。夫通天下一理，会万物一气，无非本然之全也。

尧、舜、幽、厉之性同，而其生质则异，稷、契、颜、曾则谓之人，商均、丹朱、杨食、我子、越椒可不谓之人乎？尧舜由之，而幽厉不由，彼能安全，此则恣而不返也。语其本然，则人与草木鸟兽异；语其生质，则人与草木鸟兽同。虽曰人也，而不能存，则亦草木鸟兽也；虽曰草木鸟兽也，如虎狼之父子、蜂蚁之君臣、豺獭之报本，苟能存焉，则亦人也。故孟子曰："人之异于禽兽也者几希，庶民去之，君子存之。"呜呼！物欲肆而天理亡，能存之者鲜矣。自言性者不一，而善恶之说差，又非惟不能存，而为惑世蠹道者窃之，诱人以善而导人以利，惧人以害而驱人以恶，以伪乱真，诪张诞妄，入于人也深。仁义道德之说不行，使天下之人皆忘其本然之说，无复人道，子焉而不父其父，臣焉而不君其君，遂底于乱而沦于血肉。悲夫。（《陵川集》卷十六，第598—604页）

陆绩传议（节录）

昔扬雄以历法准《易》作《太玄》，用《洛书》以合《河图》，固知数之理矣。然天下无二数，道只一《易》，是以宓牺演太极，文王演宓牺，周公演文王，孔子演四圣，祇明数以成一《易》。若可改作，则文王周公孔子自为之矣，岂必因人述而不作哉。圣人不作，而雄作之，殆一家之私《易》，疣赘也。呜呼，数圣人作一《易》而未备，孔子读之韦编三绝，犹以为年数不足，况后之人乎？又况复为一《玄》乎？适足以增学者之翳尘，耗精力而冥其归也。陈寿称陆绩之于扬《玄》，是仲尼之丘明，老聃之庄周，绩亦勤矣，其犹在王弼之后乎？（《续后汉书》卷六十五下下，《四库》第385册，第606—607页）

文章总叙（节录）

六经以来，凡师弟对问之间，君臣可否之际，相与拟议诘折，无非问难之文也。难，难也。其言难合，反复相难也。故医家有书谓之《难经》，然未尝特以命篇而为文也。汉兴，东方朔作《客难》，其后扬雄为《解嘲》，班固作《宾戏》，皆其制也。……

符命之说，古不经见，皆后世迂儒俗士、贼臣篡子献谀逢恶，以为篡窃之资者所作也。六经所载，如河出图，洛出书，凤凰来仪，百兽率舞，麟趾、驺虞，帝武、玄鸟、获麟等，皆据事而书，非推天引神而以为符也。如麟凤龟龙谓之四灵，及天降膏露、地出醴泉、山出器车、河出马图等，皆秦汉诸儒附会之说，非圣人之意也。至司马迁为《史记》，始载赤乌、白鱼、赤帝子、白帝子之事，以为有天下之征。又特为《封禅》一书，从臾神怪。而董仲舒《对策》，遂言三代受命之符。于是司马相如为《封禅文》，扬雄作《剧秦美新》，而班固为《典引》，闳衍侈大，推美功德，以为符命。新莽盗汉，而谶纬之术兴矣。

颂者，称美之辞，不歌而诵谓之赋，既诵而歌谓之颂。又颂者，容也，形容其美也。本《诗》之一义，故《大序》曰："颂者，美盛德之形容，以其成功告于神明者也。"然未命篇为文。至《离骚》《楚辞》而有《橘颂》，汉王褒为《圣主得贤臣颂》，扬雄为《赵充国颂》，其后亦有序有颂，其铭诗为颂，与碑等矣。

箴者，刺讥劝戒之文也，自古有之。于魏绛对晋侯，始见《虞人箴》一篇，其文似诗而简婉高雅。至汉成帝时，扬雄依《虞箴》作《十二州箴》《二十五官箴》，亡失九篇；后汉崔骃、骃子瑗、瑗子实补其阙，及临邑侯刘骃、太傅胡广各有所增，凡四十八篇，广乃署之曰《百官箴》。自是凡臣子进规于上，皆有箴矣。（《续后汉书》卷六十六上上，第610—623页）

左思传（节录）

议曰：赋本《诗》之一义，屈、宋作而骚赋兴，遂与《诗》别而体制异矣。汉兴，贾谊、司马相如壮浪纵肆，宏富高古，无以尚矣。至扬雄、班固，模拟填塞，虽工巧而不能穷神入圣，于是自以为俳。若张衡、左思，则又下扬、班远甚，特圭撮事类，辞章之肆阛尔。孟坚、平子之《两都》《二京》，归美当代，未害于义。若太冲之《三都》，以晋继魏，遂鄙蜀抑吴，归美于魏，统纪既谬，又可与语义乎？故文章先义理而后词藻，本体制以定工拙。悖理失正，而夸多斗巧，不足以为文也。故削而不录云。（《续后汉书》卷六十六下下，第664页）

扬　子

扬雄之学，不知其所自，《传》称：好学不为章句，训诂通而已，默而好深沉之思，清净无为，少嗜欲，不汲汲于富贵，不戚戚于贫贱，家无儋石之储，晏如也。非圣哲之书不好也。初好辞赋，拟则司马相如，其后辍不复为。准《易》作《太玄》，拟《论语》作《法言》。其《太玄》推本老子三数，自三而倍加，故三方、九州、二十七部、八十一家、二百四十三表、七百二十九赞，别为三卷，曰一二三，与《泰初历》《颛顼历》相应。揲之以三策，夫道衹一数，《洛书》《河图》元非二也。故曰河出《图》，洛出《书》，圣人则之，八卦九章，非圣人自为之，所以则道之数也。道之数，只一奇一偶而为阴阳，以成变化而行鬼神，皆不离乎固有之两。故自二而四，自四而八，重重因出，以至于六十四。日月星辰，寒暑昼夜，度数时节，皆在其中。宓牺以一奇偶三加成卦，故为三画，其体衹两。至于六十四卦，不出于一乾坤；三百八十四爻，不离于一奇偶。以一具两，乃为《易》之真数，非若老氏之一生二、二生三之说也。一固生两矣，两各生两，则二生四矣，固不生三也。扬子虽名儒学，乃以老氏之说拟《易》，皆本于三而倍加之，则道之数有二矣。乃作为之私，以数传理，非造化之本，然以理为数也。

至其论性，谓善恶混。道之在人，成之为性，具备众理，无非至善。中而不倚，一而不二，精而不杂，纯而无间，私邪伪妄安得混于其间哉？恶自于人心之危，物欲之私，又安得为性乎？大本已悖，其余不足称也。极其践履之至，则曰清净寂寞，亦老氏之学也。至于事莽，与闻乎篡，为《美新》之文，不以为耻，终之陨获。至于投阁，则与夫在陋巷，在汶上，采薇而不食其禄，易箦而得正毙焉者异矣！（《续后汉书》卷八十三下，《四库》第386册，第273—274页）

林　同（？-1277）

《两宋名贤小集》卷二百三十九："林同字子真，号空斋处士，福清人。以世泽授官，弃不仕。元兵至福州，监丞刘仝子纠义兵，即其家置忠义局，敌至同死之。有《孝诗》一卷。"

扬　子

不可得而久者，父母之谓也，是故孝子爱日。

不可得而久，其惟父母乎？谆谆爱日语，扬氏岂欺吾。（《两宋名贤小集》卷二百三十九，《四库》第1363册，第847页）

王应麟（1223-1296）

《宋史》卷四百三十八："王应麟字伯厚，庆元府人。九岁通六经，淳祐元年举进士，从王野受学。……所著有《深宁集》一百卷、《玉堂

类稿》二十三卷、《掖垣类稿》二十二卷、《诗考》五卷、《诗地理考》五卷、《汉艺文志考证》十卷、《通鉴地理考》一百卷、《通鉴地理通释》十六卷、《通鉴答问》四卷、《困学纪闻》二十卷、《蒙训》七十卷、《集解践阼篇》《补注急就篇》六卷、《补注王会篇》《小学绀珠》十卷、《玉海》二百卷、《词学指南》四卷、《词学题苑》四十卷、《笔海》四十卷、《姓氏急就篇》六卷、《汉制考》四卷、《六经天文编》六卷、《小学讽咏》四卷。"

屈平

或问：屈平之事，《通鉴》削之。《春秋》褒秋毫之善，《通鉴》掩日月之光。昔人尝有是言，亦必有意矣。

曰：《春秋》编年之法，至《通鉴》而始复。若屈平、四皓之见削，扬雄、荀彧之见取，其于《春秋》惩劝之法，若有未尽用者，此朱子《纲目》之书所为作也。太史公曰："伯夷、叔齐虽贤，得夫子而名益彰。"余亦曰："屈平虽忠，得朱子而心益著。"昔者《商书》终于《微子》，其言曰："自靖，人自献于先王。"微子之去，自献以其孝；比干以谏死，箕子以正囚，自献以其忠，而夫子谓之仁。屈平，楚之同姓，谏而不听，郢将为墟，两东门将芜，不忍宗国之颠覆，而从彭咸之所居，其后三户亡秦，亦流风遗俗，有以激义概也。朱子谓："志行虽或过于中庸，而不可以为法，然皆出于忠君爱国之诚心。"又曰："所为虽过，而其忠终非世间偷生幸免之所可及。"噫！斯言可谓知屈子之心者，虽未及比干之仁，然心之所安，亦可以自献于先王矣。刘歆卖宗国以徼利达，扬雄与之同立莽朝而不耻也。乃议屈子之湛身，正道湮微，薄俗澜倒，殉利者为是，死义者为非，设淫辞以助扬雄者，顾以《通鉴》不书借口。噫！朱子《纲目》所补，有功于《通鉴》，垂白注《楚辞》，亦有感而作者。《春秋》书孔父、仇牧、荀息三大夫，以教为臣之忠。人莫难于一死，而屈子蹈之，圣人复起，必从朱子之言矣。（《通鉴答问》卷二，中华书局 2012 年版，第 280—281 页）

分卦直日法

《易》卦之位，《震》东、《离》南、《兑》西、《坎》北为一说，十二辟卦分属十二辰为一说。焦延寿为卦气直日之法，合二说而一之，既以八卦之《震》《离》《兑》《坎》二十四爻直四时，又以十二辟卦直十二月，分四十八卦为公侯卿大夫，而六日七分之说生焉。扬雄《太玄》次第乃全用焦法，其八十一首，盖亦去《震》《离》《兑》《坎》而但拟六十卦耳。（王应麟，武秀成、赵庶详校证：《玉海艺文志校证》卷一，凤凰出版社 2013 年版，第 43 页）

汉扬雄太玄

本传："雄草《太玄》，雄以为经莫大于《易》，作《太玄》；传莫大于《论语》，作《法言》。《太玄》五千文，说十余万言。雄大潭思浑天，参摹而四分之，极于八十一。旁则三摹九据，极之七百二十九赞。观《易》者，见卦而名之；观《玄》者，数画而定之。《玄》首四重者，非卦也，数也。其用自天元推一昼一夜阴阳数度律历之纪，九九大运，与天终始。故《玄》三方、九州、二十七部、八十一家、二百四十三表、七百二十九赞，分为三卷，曰一二三，与《泰初历》相应，亦有颛顼之历焉。揲之以三策，关之以休咎，绁之以象类，播之以人事，文之以五行，拟之以道德仁义礼智。无主无名，要合《五经》，苟非其事，文不虚生。为其曼漶不可知，故有《首》《冲》《错》《测》《摛》《莹》《数》《文》《掜》《图》《告》十一篇，以解剥《玄》体，离散其文，章句尚不存焉。或嘲以尚白，作《解嘲》。有难《玄》太深，作《解难》。"桓谭谓雄书必传。侯芭受《太玄》法。扬氏本自《玄首》已下至《玄告》凡十一篇，并汉宋衷《解诂》。吴陆绩释而正之，为《述玄》，并依旧本分赞辞为三卷，一方为上，二方为中，三方为下，次列《首》《冲》《错》《测》《摛》《莹》《数》《文》《掜》《图》《告》十一篇。晋范望叔明始合为十卷，为之解，以《玄首》一篇加经赞

之上，《玄测》一篇附逐赞之末，余自《玄冲》已下至《玄告》九篇列为四卷。三家义训互有得失。虞翻以宋氏解《玄》颇有缪错，更为立注，并著《明扬》《释宋》以理其滞。

《法言》：或曰："《玄》何为?"曰："为仁义。勿杂也。"童乌九龄而与我《玄》文。《艺文志》儒家：扬雄所序三十八篇，《太玄》十九。《张衡传》：常耽好《玄经》，谓崔瑗曰："吾观《太玄》，方知子云妙极道数，乃与《五经》相拟，非徒传记之属，使人难论阴阳之事，汉家得天下二百岁之书也。复二百岁，殆将终乎？所以作者之数，必显一世，常然之符也。汉四百岁，《玄》其兴矣。"注：桓谭《新论》曰："扬雄作《玄书》，以为玄者，天也，道也。言圣贤制法作事，皆引天道以为本统，而因附续万类、王政、人事、法度，故宓羲氏谓之易，老子谓之道，孔子谓之元，而扬子谓之玄。子云止云"太玄"，"经"非其自称。《太玄经》三篇，以纪天地人之道，立三体有上中下，如《禹贡》之陈三品，三三而九，因以九九八十一，故为八十一卦。以四为数，数从一至四，重累变易，竟八十一而遍，不可损益。以三十五蓍揲之。《玄经》五千余言，而传十二篇。"《选》注引张衡《玄图》曰："玄者，无形之类，自然之根。作于太始，莫与为先。"又引扬雄《泰玄赋》。《蜀志》：李撰著《太玄指归》。《魏志》：王肃从宋忠读《太玄》，更为之解。《吴志》：陆凯好《太玄》，论演其意，以筮辄验。《隋志》：十卷，蔡文邵注。十四卷，虞翻注。十三卷，陆凯注。七卷，王肃注。九卷，宋衷注。梁有九卷，扬雄自作章句，亡。《唐志》：陆绩注十二卷。虞翻注十四卷。范望注十二卷。范望《赞》曰：桓谭谓之绝伦，张衡以拟《五经》，非诸子之畴也。宋衷、陆绩各以渊通之才，穷核道真，为十篇解释。宋仲孚一作"子"注十二卷。蔡文邵注十卷。唐王涯为《说玄》五篇一卷，又注六卷。员俶《太玄幽赞》十卷。开元四年，京兆童子员俶进《太玄幽赞》十卷。紫微省召试赋颂，及第。《书目》：许洞《演玄》十卷，其说分三纪、二体。上纪甲首丙尾，日月迭居以辩数；中纪丙首戊尾，男女异政以辩位；下纪庚首癸尾，山川冲气以辩德。二体曰范，曰纬。章詧《太玄图》一卷，庆历中撰。又《发隐》一卷。始序雄出处本末，著《玄》之意，中陈准

《易》造《玄》之法，末论《玄》之妙，以适变通。司马光集汉宋衷《解诂》、吴陆绩《释文》、晋范望《解赞》、唐王涯注《经》及《首》《测》、皇朝宋惟幹注解、陈渐《演玄》、吴秘《音义》凡七家，又时出己意，为《集注》六卷。晁说之以光《太玄历》、邵雍《玄图》合而谱之，为《易玄星纪谱》二卷。陈渐《演玄》七卷，有《玄统》《述策》《纪镝》《键略》各一篇，《弹误》二篇，《玄图》一篇，《玄箝》一篇，《字摹》十六篇。张行成《翼玄》十二卷。行成曰：《太玄》义取于《连山》，《元包》义取于《归藏》。李沂《集解义诀》十卷。集宋、陆、范、王，并撰《胍法》《占法》，又为《图并杂说》，总十五篇。徐庸《玄赜》一卷。僧全莹《大玄略例》一卷。《国史志》：徐庸注《太玄经》十二卷。张齐《太玄正义统论》一卷，《释文玄说》二卷。宋咸《音》一卷。师望《玄鉴》十卷。陈渐《演玄》七卷。本十卷，其间多言星历，自焚三卷。前世多诋《太玄》，自王涯著说，发明渊奥，其学遂盛。晁氏《志》：宋惟幹《太玄解》十卷。惟幹得《太玄》古本于昭应。咸平中，知滑台，取宋、陆、范三家训解，别为之注，仍作《太玄宗旨》两篇附于后。其学盖师田告，司马公所谓小宋者也。景德元年五月庚子，直昭文馆宋惟幹上《新注》十卷，付史馆。“幹”一作“翰”。徐庸注《太玄经》十卷。庆历间。章詧《太玄经》注十四卷，《疏》三十卷。皇祐五年闰七月二十五日，章詧上《太玄经发隐》三篇。“章詧”一作“张詧”。《太玄经解》十卷并《发隐》三卷，《释文》一卷。嘉祐中，成都守蒋堂献其书，诏奖之。陈渐《演玄》十卷，凡十四篇。《渐传》：著书十五篇，号《演玄》，奏之。渐谓《法言》《解嘲》止云“太玄”，然则“经”非其自称，弟子侯芭之徒尊之耳。《集注》：陈氏曰：“经”非子云自称，侯芭之徒尊之耳。张揆《太玄渊旨》一卷。皇祐四年九月甲寅，丁度上张揆修写《太玄经》。郭元亨《太玄经疏》十八卷。元亨自淳化末迄祥符八年撰成。又云《太玄》润色于君平，未知何所据。吴陆绩《述玄》曰：雄建立《玄经》，与圣人同趣。虽周公繇《大易》，孔子修《春秋》，不能是过。唐王涯《说玄》五篇：《明宗》《立例》《揲法》《占法》《辩首》。《说玄》曰：“八十一首拟乎卦，九赞之位类夫爻。《易》以八八为数，其卦六十有四。《玄》以九九为数，其首八十有一。《易》

之占以变，《玄》之筮以逢。数有阴阳而时有昼夜，首有经纬而占有旦夕，参而得之谓之逢。四位成列，性在其中矣；九虚旁通，情在其中矣。四位之次曰方、州、部、家。以一生三，方。以三生九，州。以九生二十七，部。以二十七生八十一。家。三相生，《玄》之数也。一首九赞，故有七百二十九赞。其外《踦》《嬴》二赞，以备一仪之月数。《玄》之首也始于《中》，《中》之始也在乎一。一之所配自天元甲子朔旦冬至推一昼一夜，终而复始。天玄二十七首，《中》至《事》；地玄二十七首，《更》至《昆》；人玄二十七首，《减》至《养》。”冯元以宋、陆诸家章句失雄旨，独王涯稍近，作《释文》一篇。

司马光《读玄》曰：《玄》以赞《易》。《易》，天也，《玄》为之阶。《说玄》曰：《易》与《太玄》，大抵道同而法异。《易》画有二，曰阳曰阴；《玄》画有三，曰一、曰二、曰三。《易》有六位，《玄》有四重。方、州、部、家。传谓“参摹而四分之，极于八十一”。《易》以八卦相重为六十四卦，《玄》以一二三错于方、州、部、家为八十一首。《易》每卦有六爻，合为三百八十四爻；《玄》每首有九赞，合为七百二十九赞，皆当期之日。《易》卦起于《中孚》，除《震》《离》《坎》《兑》四正卦二十四爻主二十四气外，其余六十卦每卦六日七分，凡得三百六十五日四分日之一。《中孚》初九，冬至之初也；《颐》上九，大雪之末也，周而复始。《玄》七百二十九赞，每二赞合为一日，一赞为昼，一赞为夜，凡得三百六十四日半，益以《踦》《嬴》二赞，成三百六十五日四分日之一。《中》初一，冬至之初也；《踦》《嬴》二赞，大雪之末也，亦周而复始。《易》有元、亨、利、贞，《玄》有罔、直、蒙、酋、冥。《易》大衍之数五十，其用四十有九；《玄》天地之策各十有八，合为三十六策，地则虚三，用三十三策。《易》揲之以四，《玄》揲之以三。《易》有七九八六，谓之四象；《玄》有一二三，谓之三摹。《易》有《彖》，《玄》有《首》。《易》有爻，《玄》有赞。《易》有《象》，《玄》有《测》。《易》有《文言》，《玄》有《文》。《易》有《系辞》，《玄》有《摛》《莹》《捝》《图》《告》。《易》有《说卦》，《玄》有《数》。《易》有《序卦》，《玄》有《冲》。《易》有《杂卦》，《玄》有《错》。殊涂而同归，百虑而一致，皆本于太极、两仪、三才、四时、五行而归于道德仁义礼也。邵雍《观物外篇》曰：落下闳改《颛历》为《太初历》，子云准《太初》而作《太玄》。凡八十一卦，九分共二卦，凡一五隔一四，细分之则四分半当一卦。气起于中心，故首《中》卦。扬雄作《玄》，可谓见天地之心。又《准易图序》曰：《玄》之于《易》，犹地之于天也。

朱震《准易图》曰：《太玄》之作，与《太初》相应，十一月甲子夜半朔冬至。而兼该颛帝之历，首十月。发明《连山》之旨。首艮。以准《周易》，为八十一卦，凡九分共一卦，一五隔一四，细分之则四分半当一日，准六十卦，一日卦六日七分也。《中》，《中孚》也。律历之元，始于冬至。卦气起于《中孚》，其书本于夏《连山》首《艮》。《踦》《嬴》二赞有其辞而无其卦，而附之于《养》者，以闰为虚也。

苏洵《论》曰：《太玄》之策三十有六，虚三而三十有三用焉，求《易》之过也。欲去其《踦》与《嬴》，加其首之一分，损其蓍之三策。又《总例》曰：雄好奇务深。始之以十八策，中之以三十六，终之以七十二，积之以二万六千二百四十四。

唐仲友曰：雄最知大衍数者，故《玄数》曰："三八为木，四九为金，二七为火，一六为水，五五为土。"《玄图》曰："一与六共宗，二与七共朋，三与八成友，四与九同道，五与五相守。"不言五十为土，五与十相守者，知藏五之为大衍也。

萧该《汉书音义》："冲"作"衡"。又案《别录》，《告》下有《玄问》一篇，合十二篇，今脱一篇。嘉祐二年十一月己亥，二十七日。吴秘上注《太玄》及《音义》。绍兴十三年八月二十三日，王铚上《太玄经解义》。（《玉海艺文志校证》卷二，第104—109页）

晋通玄经

《王长文传》：著书四卷，拟《易》，名曰《通玄经》，有《文言》《卦象》，可用卜筮，时人比之《太玄》。同郡马秀曰："扬雄作《太玄》，惟桓谭以为必传后世。晚遭陆绩，玄道遂明。长文通《玄经》未遭陆绩、君山耳。"《隋志》：梁有《通经》二卷，晋王长元撰。扬子《太玄

经》十四卷，晋杨泉撰。儒家。（《玉海艺文志校证》卷一，第112页）

潜　虚

司马光著《潜虚》一卷，曰气，曰体，曰性，曰名，曰行，曰命，以凶吉臧否平为所遇之占。《玄》以准《易》，《虚》以拟《玄》。万物皆祖于虚。《易》之卦始于太极，《玄》之首始于一元，《虚》之行始于五行。《易》之卦兼《河》《洛》之数，《玄》之首得《河图》之九数，《虚》之行得《洛书》之十数。句皆协韵，如《易》彖文象、《玄》首赞测。《易》曰卦，《玄》曰《首》，《虚》曰《名》。卦有爻，首有赞，名有变，二体四位十等之象，八物五行与生成之数。乾中，玄之所以始，一三五之所以虚，与揲法、占法若异实同。光又为《易说》三卷，注《系辞》二卷。朱熹以范仲彪别本补《潜虚》之阙。张行成为《潜虚衍义》十六卷，章分句析。后截行成所续，不韵。晁氏《志》：以五行为本，五五相乘为二十五，两之得五十。首有气、体、性、名、行、变、解七图，然其辞有阙者，盖未成也。《太玄》《潜虚》或以四十五变八十一，或以五十五变一百。扬氏之《太玄》八十一首，关氏之《洞极》二十七象，司马氏之《潜虚》五十五行。（《玉海艺文志校证》卷二，第112—113页）

汉别国方言

《唐志》：扬雄《别国方言》十三卷。积二十七岁而书成，名曰《輶轩使者绝代语释别国方言》，盖《尔雅》之流也。《隋志》：十三卷，郭璞注。《中兴书目》：十四卷。雄书云“十五卷”。郭璞序：《方言》之作，出于輶轩之使循游方国，采览异言。车轨所交，人迹所蹈，靡不具载。《古文苑》：天下上计、孝廉及内郡卫卒会者，雄常把三寸弱翰，赍油素四尺，以问其异语，即以铅摘次之于椠。雄以示张伯松，曰：“是垂日月不刊之书也。”刘歆《从雄取方言书》曰：“诏问三代、周、秦遒人、轩车使者，以岁八月，循路采童谣歌戏，欲颇得其最目。因从事郝隆求之，篇中但有其目，无见文者。歆先君数为成帝言，当使诸儒共集训诂。闻子云独采集先代绝言、异国殊词，以为十五卷，其所解略多矣。非子云澹雅之才、沉郁之志，不能经年锐精以成此书。《文选》注同。欲验考四方之事，不劳戎马高车之使，坐知谣俗。”雄报曰：“敕以殊言十五卷。云云。常闻先代辅轩之使奏籍之书，皆藏于周、秦之室。严君平、林闾深好训诂，犹见辅轩之使所奏言。君平财有千言耳。”《书》疏、《春秋》疏、《诗·行苇》疏、《考工记》疏、《高纪注》《文选》注皆引《方言》。及郭璞注。《左传》注引扬雄《方言》“孑者，戟也”。《北史》：刘延明著《方言》三卷。《汉志》注：苏林曰：“五方之异书，如今秘书学外国书也。”《孟子》有夏谚，《左传》有周谚。（《玉海艺文志校证》卷十，第448—449页）

汉法言

《扬雄传》：雄见诸子各以其知舛驰，大氐诋訾圣人，即为怪迂，析辩诡辞，以挠世事，虽小辩，终破大道而或众，使溺于所闻而不自知其非也。及太史公记六国，历楚汉，讫麟止，不与圣人同，是非颇谬于经。故人时有问雄者，常用法应之，撰以为十三卷，象《论语》，号曰《法言》。文多不著，独著其目：《学行》《吾子》《修身》《问道》《问神》《问明》《寡见》《五百》《先知》《重黎》《渊骞》《君子》《孝至》。《汉志·儒家》：扬雄所序三十八篇：《太玄》十九，《法言》十三，《乐》四，《箴》二。《隋志》：《扬子法言》十五卷，《解》一卷，李轨注。梁有六卷，侯苞注。亡。十三卷，宋衷注。《扬雄集》五卷。《唐志》同。《书目》：六卷，四十三篇，又《二十四箴》一卷。《唐志》：《扬子法言》六卷。宋衷注十卷。李轨注三卷。柳宗元注十三卷。宋朝司马光集晋李轨、唐柳宗元、本朝宋咸、吴祕四家，十三卷。（《玉海艺文志校证》卷二十一，第991页）

汉未央宫赵充国图

《赵充国传》：充国以功德与霍光等列，画未央宫。成帝时，西羌尝有警，上思将帅之臣，追美充国，乃召黄门郎扬雄即充国图画而颂之。（《玉海艺文校证》卷二十三，第1092页）

汉扬雄赋

《志》：十二篇。《扬雄传》：蜀有司马相如，作赋弘丽温雅，雄心壮之，拟以为式，作《反离骚》《广骚》，又旁《惜诵》以下至《怀沙》一卷，名曰《畔牢愁》。成帝时，正月从上甘泉，还奏《甘泉赋》以风。三月，将祭后土，还，上《河东赋》以劝。十二月，羽猎，因《校猎赋》以风。明年，从至射熊馆，还，上《长杨赋》，藉翰林为主人，子墨为客卿以风。《文选》注引扬雄《蜀都赋》《太玄赋》《核灵赋》，又引《释愁》。《北史》：司马膺之好读《太玄经》，又注雄《蜀都赋》。（《玉海艺文志校证》卷二十五，第1241页）

汉四赋

《扬雄传》：辞莫丽于相如，作四赋。《甘泉》《河东》《校猎》《长杨》。（《玉海艺文志校证》卷二十五，第1241页）

汉百官箴

《胡广传》：又《春秋正义》。初，扬雄依《虞箴》作《十二州箴》《二十五官箴》，其九箴亡缺。其后涿郡崔骃及子瑗，子玉。又临邑侯刘騊駼增补十六篇。正义云：瑗子寔，世补其阙。太傅胡广复继作四篇，文甚典美，乃悉撰次首目，为之解释，名《百官箴》，凡四十八篇。《春秋正义》

云：皆放虞箴为之。《扬雄传》：雄以为箴莫善于《虞箴》，作《州箴》。注：九州之箴也。《选》注引《益州箴》。《古文苑》所载止四十一篇。《十二州箴》。冀、兖、青、徐、扬、荆、豫、梁、雍、幽、并、交。《官箴》：扬雄十二，光禄勋、卫尉、太仆、廷尉、大鸿胪、宗正、大司农、少府、执金吾、将作大匠、城门校尉、上林苑令。崔骃七，太常、太尉、河南尹、司空、司徒、大理、尚书。崔寔一，谏大夫。崔子玉九。尚书、博士、东观、关都尉、河堤谒者、郡太守、北军中候、侍中、司隶校尉。《书目》：《二十四箴》一卷，扬雄撰。《州箴》十二，卫尉等箴十二。《文心雕龙》：扬雄稽古，始范《虞箴》，卿尹州牧，二十五篇。及崔、胡补缀，总称百官，指事配位，鞶鉴可征。所谓追清风于前古，攀辛甲于后代。《艺文志》：扬雄所序三十八篇，箴二。唐志：《雄集》五卷。《文选》注引扬雄《卫尉箴》，又引《城门校尉箴》《国三老箴》，又《侍中箴》曰"光光常伯"，又引刘騊駼《郡太守箴》。《太平御览》引扬雄《太官令箴》《太史令箴》、胡广《边都尉箴》，又引胡广《百官箴序》。《班固传》注引扬雄《司空箴》曰：普彼坤灵，侔天作合。《光武纪》注引崔瑗《中垒校尉箴》。

梁天监六年，袁峻拟扬雄《官箴》，奏之。（《玉海艺文志校证》卷二十五，第1260—1261页）

汉酒箴

《陈遵传》：黄门侍郎扬雄作《酒箴》以讽谏成帝，其文为酒客难法度士，譬之于物，曰："子犹瓶矣。观瓶之居，居井之眉。自用如此，不如鸱夷。"《后·崔骃传》：著《酒箴》。《御览》引骃《酒箴》。后魏高允上《酒训》。高祖悦之，常置左右。（《玉海艺文志校证》卷二十五，第1261页）

汉尚书箴

《初学记》：后汉繁钦《尚书箴》。云云。《艺文类聚》：扬雄《尚书箴》。晋傅玄《吏部尚书箴》云：《易》贵好爵，《书》谨官人。衡人司书。胡广《侍中箴》。云云。崔德正《大理箴》。晋张华《大司农箴》。（《玉海艺文志校证》卷二十五，第1261—1262页）

汉扬雄铭诗

《古文苑》：雄为郎一岁，作《绣补》《灵节》《龙骨》铭诗三章，成帝好之。（《方言》。《铭诗》今亡。或曰：绣补，裀褥之类。灵节，灵寿杖。龙骨，水车也。）（《玉海艺文志校证》卷二十六，第1287页）

《法言》谓："《酒诰》之篇俄空焉。"《问神》篇。愚按：《酒诰》，古今文皆有之，岂扬子未之见欤？《艺文志》云："刘向以中古文校欧阳、大小夏侯三家经文，《酒诰》脱简一。"而《大传》引《酒诰》曰："王曰：封，唯曰若圭璧。"今无此句，岂即脱简欤？（王应麟著，翁无圻辑注：《困学纪闻注》卷二，中华书局2016年版，第253页）

老泉《太玄论》曰："疑而问，问而辨，问辨之道也。扬雄之《法言》，辨乎其不足问也，问乎其不足疑也。求闻于后世，而不待其有得，君子无取焉。"东坡《与谢民师书》亦谓《太玄》《法言》"雕虫而变其音节，谓之经可乎？"（《困学纪闻注》卷十，第1305页）

《法言》末篇称"汉公"，斯言之玷，过于《美新》矣。司马公虽曲为之辨，然不能涤莽大夫之羞也。（《困学纪闻注》卷十，第1306页）

《司马相如传赞》："扬雄以为劝百而风一。"江氏篆曰："雄后于迁甚久，迁得引雄辞何哉？盖后人以《汉书》赞附益之。"（《困学纪闻注》卷十一，第1495页）

扬雄《河东赋》："羲和司日，颜伦奉舆。"注云：伦，古善御者。愚尝考《韩诗外传》，孔子云：美哉，颜无父之御也。马知后有舆而轻之，知上有人而爱之。至于颜伦，少衰矣。马知后有舆而轻之，知上有人而敬之。此颜伦善御之事也。书此以补《汉注》之阙。（《困学纪闻注》卷十二，第1563页）

扬雄自比孟子，而《校猎赋》乃曰“群公常伯，杨朱、墨翟之徒”。学孟子而尊杨、墨，与《法言》背驰矣。（《困学纪闻注》卷十二，第1583页）

岑文本拟《剧秦美新》，虽不作可也。班孟坚《典引》师其意，南丰说非异师其辞。（《困学纪闻注》卷十七，第2021页）

鲍云龙（1226-1296）

《新安文献志》卷八十八：“鲍云龙字景翔，歙县人。幼嗜书，至忘寝食，义有未解，即家塞窗户静坐默思。比长，博通经史，《易》学尤精。……已酉省试不利，因绝意科场，居乡教授生徒，潜心理学。有《天原发微》若干卷行世，又有《大月令》《筮草研几》，未传。”

玄旨（节录）

《太玄》数始于三，《太玄》即太极也，以象君位。三方即天地人也，以象三才，曰天玄、地玄、人玄。三方象三公，一方有三州凡九州，象九卿。一州有三部（凡七十二部，象大夫）。立天道曰始中终，立地道曰上中下，立人道曰思祸福。《易》占以变，《玄》占以通。《玄》之首赞皆本五行，自《中》而《周》，以至于《养》，《中》为一水，《周》为二火，《礥》为三木，《闲》为四金，《少》为五土，《戾》又为六水地六成水，《上》又为七火，《乾》又为八木，《狩》又为九金，数止于九。自《羡》而起，又为一水，此以后皆然。每首九赞，九赞之中，初一亦属水，次二属火，次三属木，次四金，次五土，次六又属水，次七又属火，次八又属木，次九又属金。诸首中以五为君，一首之土，亦如《易》卦以五爻为主也。《玄·中首》一阳生，对《应首》一阴始。八十一首皆相对待，奇首阳，偶首阴，奇对奇，偶对偶，所主不同而相反。

《玄序》曰："巡乘六甲，与斗相逢。"此《玄》起历之大旨。《玄》有《踦》《嬴》，犹斗有闰月也。八十一首自《中》而起，每首必指月旦日入之度，而皆以斗为主，盖时之易正而可见者斗，历之难明而易差者闰，气候与斗相迎既无差忒，则闰正而历正矣。又曰《太玄》昼测之日、夜测之斗而不及于月，谓其常满以御虚也。《玄》昼日及斗所指者，以其常满常指故也。月有盈虚大小疾迟无常，故不书也。《图》中二十八宿之度，非天盘二十八宿也，乃节候所至每月旦日日入之度，与《月令》日入之度大略相似。

《玄·图》曰："自子至辰，自辰至申，自申至子，冠之以甲，而章、会、统、元与月蚀俱没，《玄》之道也。"郁林吴绩释曰：太初上元正月甲子朔旦冬至无余分，后千五百三十九岁甲辰朔旦冬至无余分，又千五百三十九岁甲申朔旦冬至无余分，十九岁为一章，二十七章五百一十三岁一会者，日月交会一终也。八十一章千五百三十九岁为一统，从子至辰、自辰至申，凡四千六百一十七岁为一元。元有三统，统有三会，会有二十七章，九会二百四十三章没终也。置一元之数，以章会三统，凡九会统数除之终尽焉。一章闰分尽，一会月食尽，一统朔分尽，一元六甲尽。《玄》之道玄起于天元甲子朔旦冬至，始于牵牛之初，自咫八寸，及步运行不息，周乎三百六十五度四分度之一，三十日为月，十二月为岁，加闰以定四时，成三百六十五日四分日之一，不周《颛历》四分日之三，不周《太初历》日之半。所以不周者，阳数盈，阴数虚，故为《踦》《嬴》二赞以满玄数，以合天度，犹岁有闰月以合岁之日，而行律历也。愚谓康节《经世历》与此虽不同，亦触类而进，以造神妙尔。(《天原发微》卷四上，《四库》第806册，第197—198页)

王　恽（1227- 1304）

《元史》卷一百六十七："王恽字仲谋，卫州汲县人。……大德八年六月，卒。赠翰林学士承旨、资善大夫，追封太原郡公，谥文定。其著述有《相鉴》五十卷、《汲郡志》十五卷、《承华事略》《中堂事记》《乌台笔补》《玉堂嘉话》，并杂著诗文，合为一百卷。”

雨后草堂即事

骇浪崩腾点额余，归来缩首伴凡鱼。门从席后轩车少，鬓自苍来酒琖疏。坐掩残书怀苦节，自锄明月种秋蔬。邻人共指扬雄宅，只有儿童来唤乌。（《王恽全集汇校》卷十四，中华书局2013年版，第637页）

扬雄（封成都伯）

有汉鸿儒，述作之贤。体《易》之妙，衍夫《太玄》。抉圣之心，继成《法言》。大醇小疵，其然岂然。惟寂惟寞，天禄之阁。出处两间，其何以怍？（《王恽全集汇校》卷六十六，第2826页）

卷八

方　回（1227- 1323）

《宋元学案》："方回字万里，一字囦甫，号虚谷，歙县人。颖悟过人，倜傥不羁。善诗文，为随州教授。吕师夔提举江东，辟充干办公事。贾似道丧师后，万里上书，数其罪有十可斩。又泣言，贾似道与其客廖莹中皆当即诛。出知建德府。宋亡入元，累迁通议大夫，致仕归。所著有《碧流集》《桐江集》《读易释疑》《易中正考》《尚书考》《仪礼考》《皇极经世考》《古今考》《历象考》《衣裳考》《玉考》《先觉年谱》《名僧诗话》若干卷，及《宋季杂传》《歙县志》。"

读潜虚疑跋

扬雄《太玄》八十一首，一首九赞，以配乎天之三百六十六昼夜，其《中》首起于冬至。司马公《潜虚》五十二名，一名七变，始于《元》，终于《余》，各一变以配乎天之三百六十日，其法亦始于冬至。子云自谓以《玄》准《易》，而张敦实又以《虚》为准《玄》，回有所未喻。

夫《易》自一奇一偶而为两仪，自一阴一阳加奇偶而为四象，自老阴老阳、少阴少阳又加奇偶而为八卦，又加奇偶以至于六十四卦。一卦六爻，为三百八十四爻，其所以占吉凶悔吝，有千变万化不可穷之妙，而其实不过一阴一阳而已。阴四卦二十四爻，分配四季为二十四气，而以《复》卦"七日来复"为六日七分之说，以三百六十爻分配一年。圣人作《易》，本不如是之拘也，皆出于汉儒傅会之说。子云之《玄》，准之历法，则若可观矣。以之准《易》，则一首为四日半，占得某日之赞、或某夜之赞，以定吉凶，则臆说，固未必果验，徒有其辞，颇若瑰璚可喜耳。司马公之《虚》，一名七变，一变为一日，其吉凶臧否，恐亦无验，而所谓取法五行，为宫商角徵羽，加变徵为一名七赞者，此杜撰一也。《齐》为中无位，《元》为始，《余》为终，皆一变不占，它五十二名之初，亦皆不占，不知此何所据，此杜撰二也。五十二名各一变，外三名无一位，两皆一变，实五十五名。以性动、情事、德家、国政、功业，自柔至隆，五名而分一字。以元、哀、散、余、齐五名为形之运，总十一字以括之。虽若每五名皆配五行，合天地五十五之数，然其实意义不通，伦序无理，此杜撰三也。且其五十五名之所以立，惟柔、刚、容、言等字，不事深僻，其他故为改更，以示难解，如喜、怒、哀、乐，则易曰繇、济、罹、湛；如进、退、动、静，则易曰前、却、妥、蠢；如仁、义、礼、智，则易曰训、宜、喆、戛；如夫、妇、子、父，则易曰特、偶、续、考；如师、众、君、臣，则易曰范、徒、林、隶，则又皆杜撰之浅近，自谓文以艰深，若足以惑人者，其不为子云之床下床，吾不信也。子云以《玄》准《易》，不得其奥，更奥字面，如拟《复》，则易之曰《周》，殊不知卦之所复，盖取夫阳之来复，岂但一岁之运周而复始之复哉？凡此者类皆可笑。惟吾文公深辟之，他人则钝者不晓不敢议，聪明者恍其小而不察其大也。且《易》之占，乘承应否、内外正悔，或得全卦，或得一爻，天子庶人、若贵与贱，随所得而义无穷，不占而玩，亦足进德。若《玄》与《虚》，徒能巧取名数、拟配岁纪以为美观，而于占则甚浅，于义理则拘而不通，学者勿惑焉可也。文公谓《潜虚》非司马公全书，好事者伪成之云。(《桐江集》卷三，《续修》第1322册，第401—402页)

秋晚杂书三十首（其一）

子云性滑稽，寓意颂酒德。鸱夷虽胜瓶，岂终无腐日。子反以此毙，孟公卒自贼。万物有中道，盍少循轨则。唐用交州督，畏瘴避远役。抵死坐不饮，如此固为失。北齐有孙生，执笔老敕勒。一夕醉不起，彼亦岂为得。(《桐江续集》卷二，《四库》第1193册，第235页)

和陶渊明饮酒二十首（其一）

子云草《太玄》，万言无一是。唯有《鸱夷篇》，千古不可毁。太上

立酒德，余事徒为尔。酤尽捐我衣，褴褛胜缯绮。（《桐江续集》卷五，第282页）

次韵张鹏飞三绝（其一）

《酒箴》《酒颂》日夜读，后喜伯伦前子云。浪说平生三万卷，一言无用总虚文。（《桐江续集》卷二十，第465页）

小本兰亭二种（节录）

子云可拟《易》论无，颇似兰亭细字模。始信圣经非小艺，不羞依样画葫芦。文武之道，或识其大者，或识其小者，此禊帖巧矣。《太玄》《法言》，亦《周易》《鲁论》之小者欤？逸少字可拟也，圣人之经不可拟也。赵子昂衍匹纸兰亭，回曰此如写真，小如眼中见瞳人，大如镜中见全身。（《桐江续集》卷二十四，第527页）

陈松龙（1229进士）

据《中国科举制度通史（宋代卷）》，陈松龙为绍定二年省元，其余事迹待考。

圣人拟天地参诸身

论曰：道一而已，惟不囿于形者能得之。夫其不免囿于形也，则天地为大，一身为小，必将拟之于彼参之于此，果何从而强同也哉！有圣人者出，知吾身之道即天地之道，故以道观天地，则天地亦形尔。天地非道，则亦不能以自立，故惟以此而拟，则精思熟虑，收视反听而默参诸一身之间，则无一事不与天地相似。由是而观，则一身虽微，可与天地并。圣人所以厚待吾身而为天地万世纲常之主者，此其事非可以易言也。扬子谓圣人拟天地参诸身，愚请以是而申其说。

夫自太极一判而为天地，则凡以藐焉之身混然中处者，此徒以常人论也。苟知天地之塞吾其体，天地之帅吾其性，则不徒求天地于天地，且自反吾身之天地。鸢飞鱼跃，在在呈露，参前倚衡，如将见之，斯固圣人之事也。然圣人不世出于天下，而天下之人往往见天体在上，日月星辰，万象毕丽；地体在下，山川草木，众汇毕陈。吾以一身置乎其中，宜其与动植物等。形色为累，稽验不熟，而圣人之统愈不传。然则见天地而不见道，其流弊至此，此岂圣人果不世出哉，苟有拟天地而参诸身者焉，则是亦圣人而已矣。且圣人本无以异于人者，惟其日夜之所拟，必思毫髪无愧于天地，尝拟诸天地，曰“乾称父，坤称母”，父母之爱宏矣。反而参诸吾身，果能视生民如保赤子否也？尝拟诸天地，曰“天职司覆，地职司载”，覆载之功溥矣。反而参之吾身，果能纳八纮于度内否也？拟其高明，拟其博厚，拟其悠久无疆，无所不用其拟，又参之以平旦之气，参之以喜怒哀乐未发之时，凡起居食息语默动静之顷，皆可得而参也。以其所参而终不差其所拟，有审订无揣摩，有稽验无强揠，隐然道体密行乎中，而会广大于精微，推精微于广大，吾不知天地之为圣人乎？圣人之为天地乎？盖圣人此身，天地所赋也。率性会道而形不足以囿之，仰观俯察，用功弥博，斯亦天地之望生人之幸，世道之福也。虽然，自三圣执中之学不传，商周质文之统不续，而吾夫子潜心之梦盖不复栩栩于西周时矣。或者自是归诸世数之不传，将以天地生圣人为期而不复以拟天地为事，何其见道未审也。子云论数之定未定，至举天地而参诸圣人之身，夫莫小于一身，而天地犹在，所可拟吁？此亦践形之学也。谨论。（魏天应辑《论学绳尺》卷一，《四库》第1358册，第109—110页）

［按］《法言·五百篇》云：“圣人有以拟天地而参诸身乎？”

高斯得（?）

《宋史》卷四百九："高斯得字不妄，利州路提点刑狱、知沔州稼之子也。……所著有《诗肤说》《仪礼合抄》《增损刊正杜佑通典》《徽宗长编》《孝宗系年要录》《耻堂文集》行世。"

经筵进讲故事（节录）

上方郊祠甘泉泰畤，召扬雄待诏承明之庭。正月，从幸甘泉，还奏《甘泉赋》以风。盛言车骑之众，参丽之驾，非所以感动天地，逆厘山神。又言屏玉女、却虙妃，以征戒斋肃之事。（原注：出《前汉书·扬雄传》）

臣闻人主事天之道，惟质与忱而已矣。盖质者，天地之性，而忱，则天地之道也。大路越席，扫地不坛，器用陶匏，牲用茧栗，皆尚质也。立择听誓，皮弁听报，斋明盛服，三宿七戒，皆致忱也。外尽乎质，内尽乎忱，则天之亲德飨道也宜矣。秦汉以后，文缛而掩其质，敬心弛而汩其忱。千乘万骑以为华，宝鼎天马以为饰，而事天之本废矣。牡荆灵旗以祷兵，方士祕术以求福，而事天之心荡矣。

若成帝者，则以文灭质，以欲汩忱之尤者也。甘泉泰畤之祠，正承武帝奢侈之后。丞相匡衡欲少去华就实，乃奏罢鸾路龙鳞黻绣周张之饰，更定其仪，与其乐章。帝虽勉从，而终不能改。故雄赋甘泉，极道八神警跸，星陈天行，万骑中营，玉车千乘之盛，以致靡丽之讥。是时赵昭仪又大幸，每上幸甘泉，常从。故雄赋复云："想西王母欣然而上寿兮，屏玉女而却虙妃。玉女无所眺其清卢兮，虙妃曾不得施其蛾眉。"以戒斋肃之事。惜乎帝之驰骛于纷华，湛溺于逸欲，而不能用也。欲以感动天地，逆厘三神，不亦难乎。

陛下穆卜季秋中辛，以行赐馆之祀，今有日矣。咸秩之礼，昭事之忱，所宜早戒而豫定者。圣心固已孜孜于此，盖自乾、淳以来，每遇郊禋，必诏有司，自祭天仪物及诸军赏给之外，凡车服仗卫声明文物之具，莫不裁约而归于俭，锡赉推恩，亦减承平之半，或三之一，可谓尚质之至矣。至于前期斋殿，致其精明，以对越在天者，尤极其严。行事之际，避黄道而不履，虚小次而不御，可谓致忱之极矣。是以神天顾歆，或积雨而顿霁，或微恙而立瘳，以迄成熙事，此陛下之家法。厥今四郊多垒，财力单匮，远不逮乾、淳之时。臣愿陛下于阜陵节约之外，损之又损，庶几曰祀曰戎，二者皆济，乃若以忱事天，又其大本。《记》曰：斋者，防其邪物，讫其嗜欲，言不敢散其志也。今距斋宿之期，虽曰尚赊，然臣愿陛下以圣人久祷为心，兢兢业业，已如上帝临汝，神在其上之时。则积此真纯，用于一日，天人相与，如响应声。天神之不降，地祇之不格，风雨之不节，寒暑之不时，臣不信也。惟陛下力行之，臣不胜惓惓。（《耻堂存稿》卷二，《丛书集成》初编本，中华书局1985年版，第29—30页）

［按］此咸淳八年七月二十九日斯得经筵进讲之内容，旨在劝谏度宗赵禥厉行节俭。斯得，宋理宗绍定二年（1229）进士，故系于此。篇首“逆厘山神”，《汉书·扬雄传》作“逆厘三神”，作“山”者，盖音近而讹。第三段作“三”，可知首段原亦作“三”，流传而讹也。

萧　易（1230-？）

［按］萧易字子文，邵武人，宝祐四年进士及第，咸淳十年为从政郎、差充附件路提举司主管帐司、权转运司准备差遣。

李仲元貌言行如何论

论曰：古之君子，其不可传者，与其人俱往矣，尚论者每欺之，而亦或疑之；虽疑之，而终不敢少之也。夫人而非贤则已，果贤也，其言论风旨，岂无一二之足闻者，而所为饬躬厉行，不使非礼加乎其身也，固以待后世之夷考焉耳，何至与声容辞气俱超忽而寂寥哉？意者素隐行怪，议论施为，不少概见于世。身隐矣，焉用文之？故当时亦不得而述欤？夫既已可见矣，可闻矣，可观矣，谓之不文，不可矣。其时得而识之，非其时则不得而稽焉。然则古之人好修而名不称者，何限也？不然，则言无证不信，而声闻之过情者，皆可疑也。君子宁阙其疑，而不敢厚诬后世之无人，惟曰是其不可传者与其人俱往矣。如《法言》之述李仲元，其貌言行之勤人有若此者，而求其所谓貌言行者，卒无可指也。非史失其传，则子云之言夸矣。

李仲元貌言行如何，其然，岂其然乎？夫仲元之为人，书固有阙矣，世次之先后，则吾将安考？以其接于子云之见闻，殆亦西都末造之隐者欤？何以验其隐也？彼其卓而大雅见称于子云者如此，而后世无传焉，是以知其焉隐也。抑古之流芳千祀者，岂必皆遭遇其时，而嘉言善行，班班史牒者，如将见之？世降俗末，是固无贤者也，有则史必书之。昔隋之乱，唐之未兴也，河汾之间有隐君子焉，其书曰《中说》者载其言行为详，学者得其书而读之，犹可彷佛其人。独怪夫隋氏之史出于门人之所论撰，而不为其师立传，是以后世君子未能释然于其间，甚者至以为无是人也。吁！以为无是人则不可，而使人不能释然于文中子者，则王福畤之家传实启之。何则，扬之太过者，疑之所从生也。今以文中子之动容正色，而庶几于貌孔子之貌，文中子之出辞吐气，则庶几于言孔子之言，而文中子之造次施为，起居动履，其行之不肖于孔子者几希。又举其事以实其说，固以必人之信也，而反以甚人之疑也，吁！指实而言，人犹以疑，言又不实，谁则信之？若子云之称李仲元是矣。盖自史迁尚势利而扬货殖，抑道义而进游侠，班固论次西汉，无能改于其失。彼山泽之癯儒，容貌不足以动人，括囊而遁，虽有言而莫之或听，惟其德行道义之富，而势利蔑如也，是固子长、孟坚之所抑而不尚者，无惑乎仲元之徒无得而称焉。呜呼！美晳之张苍而大书，木讷之周勃而特书，无行如陈平辈而不一书。而鲁有大臣，史失其名，非以其不显欤？夫必显者而后书，则隐居求志，性命湮灭者，何可胜数，真可惜也。使弘也不见书于《法言》，则天下后世谁复知有李仲元哉？

虽然，后世之知仲元者，以《法言》也，后世之疑仲元者，亦《法言》也。尚友千载，于古人中得仲元者焉。果如扬子之所称，恨不获振太史公之屐，历乎鸟凫蚕丛之墟，物色益州之祠尚无恙乎？想夫英爽如生，睠兹宇而踌躇也。兰萎玉沉，莫写我心，则寻绎其议论，察其立身行己之大概，意其犹有足证而阙如也。夫子温而厉，威而不猛，恭而安，徒曰貌云乎哉！与下大夫言，侃侃如也，与上大夫言，訚訚如也，而答问训告，散在二十篇之中者，皆至言矣。若其德行，则绥之斯来，动之斯和，从游而速肖者，非躬行之化畴克尔。彼仲元者何人斯？貌足以肃人之见，言足以愀人之闻，行足以穆人之观，而其貌其言其行果何若也？虽曰浮沉乡里，栖迟山林，影响昧昧，可即而不可求，故人莫得而纪焉。然世惟无若人也，诚有若人，亦梼、乘之光也。述子房者证之画工，史家之法，固有纤悉于容貌之书者。君平、子真之流，其微言笃行，时时见于他传，尚多有之，至于仲元，何独不然。知仲元者未几，而疑仲元者继之，必自子云之言始。

或曰雄称仲元以自况也。“不夷不惠，可否之间”，古无是论也。见而肃，闻而愀，斯不惠之验欤？观而穆，斯不夷之验欤？草《玄》著《新》，自附于可否之间欤？信若此，则不无可议也。或曰雄称仲元，子诚齐人也。雄家世蜀，仲元之为人，当世岂无其辈，而此独亟称者，以其为蜀之人耳。若然，则喜而溢美，未足据也。或又曰雄称仲元取其内外一致，表里俱符也。司马相如、王褒皆蜀产也，雍容闲雅者，不足覆窃赀之丑；造作语言，缀成歌颂者，正当以贡谀献佞为羞耳。弘之擅美，正以其行欤？是亦未可知也。今既无以质雄说之是，而亦无以辨雄说之非，与其以夸诞而议雄，宁若以传而议史，犹可景行古人，而不失为忠厚之论耳。尝试摭仲元之遗事，而为之补传曰：李仲元，不知蜀之何许人，其名曰弘。语在陈寿《蜀志·秦宓传》，其出处当在元、成、哀、平间。与扬雄同郡，又同时也，雄雅敬之，今其载于《渊骞篇》者是已。释《扬子》者，以为详见《华阳国志》，而秦宓以为“不遭《法言》，令名必沦”。宓去弘未远也，而言若此，则其事已不可考矣。常璩增益而附会之，殆皇甫谧撰《帝王世纪》之类，其说难据。盖没后且二

百年，刘璋刺益州，乃为之立祠云。断之曰：扬子云以为仲元在夷惠之间，今虽未可信也，仲元将不得在君平、子真之间乎？谨论。（魏天应辑《论学绳尺》卷八，《四库》第1358册，第437—441页）

［按］《法言·渊骞篇》：或问："子，蜀人也，请人。"曰："有李仲元者，人也。""其为人也，奈何？"曰："不屈其意，不累其身。"曰："是夷、惠之徒与？"曰："不夷不惠，可否之间也。""如是，则奚名之不彰也？"曰："无仲尼，则西山之饿夫与东国之绌臣恶乎闻？"曰："王阳、贡禹遇仲尼乎？"曰："明星皓皓，华藻之力也与？"曰："若是，则奚为不自高？"曰："皓皓者，已也；引而高之者，天也。子欲自高邪？仲元，世之师也。见其貌者，肃如也；闻其言者，愀如也；观其行者，穆如也。郸闻以德诎人矣，未闻以德诎于人也。仲元，畏人也。"或曰："育、贲。"曰："育、贲也，人畏其力，而侮其德。""请条。"曰："非正不视，非正不听，非正不言，非正不行。夫能正其视听言行者，昔吾先师之所畏也。如视不视，听不听，言不言，行不行，虽有育、贲，其犹侮诸！"

詹　初（1231前后）

《宋元学案》卷六十三："詹初字以元，休宁人也。以荐为太学录，上疏请辨君子小人邪正之分，罢归，遂入庐山不仕。尝与黄勉斋讲学，性介甚。吴益公有盛名，以其与韩平原往来，遂不与通。私淑朱子，其所著有《流塘集》二十一卷，今所存只三卷，此其家传所云也。"

名　儒

儒者，人之需也。上焉君需之，下焉民需之，前圣需之以继，后学需之以开，是儒者之道大，而儒者之任重也。自孟子后，尽儒之实者鲜矣。吾闻董、扬、王、韩焉，董子近儒之心，扬子近儒之学。有其心者，义或未尽，不失为圣人之徒；有其学者，亏其节，吾不识所学者何也；王文仲自拟孔子，而上十二策志则诞时，则昧矣；韩子自比孟氏，而三上书两及门，其未达孟子之进欤？明先圣之道，继先圣之统，吾惟周、程、张矣。周、程、张之后，朱子集其成，其大举，其重胜矣。生朱子之后者，勖乎勖乎，吾窃有志焉，而力未之逮也。（《寒松阁集》卷一，《四库》第1179册，第5页）

侯克中（?）

《四库全书总目》卷一百六十七："克中字正卿，真定人。幼袠明，聆群儿诵书不终日，能悉记其所授。稍长，习词章。自谓不学可造诣，既而悔之，以为刊华食实莫首于理，原《易》以求，乃为得之。于是精意读《易》，著书名《大易通义》。年至九十余而卒。"

扬　子

训诂诸儒等猬毛，子云一出破喧呶。《法言》取次侔《论语》，《玄》赞分明体《易》爻。献技长杨嗟躁进，失身天禄笑轻交。区区自取千年诮，枉对时人强《解嘲》。（《艮斋诗集》卷一，《四库》第1205册，第455页）

太　玄

词意艰深理亦精，截然图象似丁宁。远希经世虽霄壤，仅与《潜虚》作户庭。踪迹本来宗《禹》《范》，规模到底出羲经。以三为用终无体，有影谁能不具形。（《艮斋诗集》卷一，第456页）

方　夔（?）

《四库全书总目》卷一百六十五："夔字时佐，淳安人。生于宋季，尝从何梦桂游，屡举不第。退居富山之麓，扁其堂曰'绿猗'，自号'知非子'。尝著《汉论》十卷，《富山遗稿》三十卷。"

扬子云

两都秦与洛，派自赤帝精。譬如同根木，南枯北犹荣。哀哉千里草，四百终火行。穷新何为者，欺孤易天明。中间十五载，无汝元城名。谁尸《春秋》笔，恕彼投阁生。当时有凡例，党中独垂情。区区考亭叟，再主斯文盟。（《富山遗稿》卷四，《四库》第1189册，第398—399页）

俞文豹（1240前后）

《四库全书总目》卷一百二十一："文豹字文蔚，括苍人。其始末未详。"

拟　易*

子云《太玄》，张揆、温公为注解，莹中谓知历之理，元城谓于数深，惟老泉非之。后周卫元嵩作《元包》，唐苏源明为之传，李江为之注，时谓是阴阳者流。温公《潜虚》，《行状》《墓志》不载，康节《经世书》《先天易》欲授二程，答以无工夫。莹中目为考数书。余谓五书皆本于《易》，而《易》则经纬三才，用之卜筮，用之理学、性学，无施不可。康节讳人言其为数学。温公种牡丹，先生曰"某日午时马践

死”，至日，厩马绝缰奔赴之，此非数学而何?（《吹剑录外集》，《四库》第865册，第495页）

刘　埙（1240—1319）

《（嘉靖）江西通志》卷十七：“刘埙字子长，号水村，南丰人。性聪敏，好读书，幼尚高洁，不为利禄拘。博览《五经》，以道学鸣于时。尝与吴澄、程巨夫交，皆器重之。平生不尚文华，惟以德自重。而所著述自足以传世，以荐授本府教授。”

半山咏扬雄

王荆公论扬雄云：“九流沉溺道真浑，独溯颓波讨得原。”又云：“千古雄文造圣真，眇然幽息入无伦。”雄仕汉朝，非止州县微官而已也。美新投阁，臣节不终，律以名义，盖有疵焉。而前辈诸贤亟称之。昌黎公，以雄为圣人之徒；南丰曾文定公，以雄为合于箕子之明夷；司马文正公，亲注《法言》，尊雄甚至；水心叶公，著《习学记言》，讥评古今，无全人矣，独于雄倾心焉。今荆公之咏，又以“圣真”许之，诸老岂许其学问，略其名节耶?

夫学者固将学为忠与孝也。雄大节若是，虽学洞天人，文贯经史，抑末矣。湘东金管不为子云屈也，近世惟马子才著论，以声雄之罪。又有陈黯者，亦有是言。予不幸，生非盛世，逢此更迁，目击叛降，滔滔皆是。故于雄之事迹，盖三叹焉。近观后邨刘潜夫《诗话》，有一论，攻雄之短。刘盖出于贾似道之门者，其人固非名节士也，乃识大义如此。或者曰：南丰先生合于箕子明夷之言，不为无见。学者必知人论世而后可也。当详参之。（《隐居通议》卷十一，《四库》第866册，第109页）

序晁君成诗

东坡先生《序晁君成诗集》有曰："达贤者有后，张汤是也。张汤宜无后者也。无其实而窃其名者，无后，扬雄是也。扬雄宜有后者也。"贤者民之所以生也，而蔽之，是绝民也。名者，古今之达尊也，重于富贵，而窃之，是欺天也。绝民欺天，其无后，不亦宜乎。故曰达贤者与有其实而辞其名者皆有后，此论甚新，可以为世戒。（《隐居通议》卷十五，第138页）

答谢民师书

又《答谢民师书》有曰："扬雄好为艰深之辞，以文浅易之说。若正言之，则人人知之矣。此正所谓雕虫篆刻者。其《太玄》《法言》皆是物也，而独悔于赋，何哉？终身雕虫，独变其音节，便谓之经，可乎？屈原作《离骚经》，盖风雅之再变者，虽与日月争光可也。可以其似赋而谓之雕虫乎？使贾谊见孔子，升堂有余矣，而乃以赋鄙之，至与相如同科，雄之陋如此。"先生此论，深中子云之病。（《隐居通议》卷十五，第138页）

朱陆败扬雄

扬雄作《太玄经》以准《易》，作《法言》以拟《论语》，前代名贤，皆谓其学贯天人，诸子莫及。至其美新投阁之羞，则略而不责焉。逮象山先生陆文安公，始确然为之言曰：子云之《太玄》，错乱蓍卦，乖逆阴阳。所谓君不君，臣不臣，父不父，子不子。由汉以来，杨墨强盛，以至于今，尚未反正。而世之儒者，犹依《玄》以言《易》，重可叹也。朱文公作《通鉴纲目》，又特书曰"莽大夫扬雄死"。自二先生决此论，而后雄之所以为雄者，始昭白于天下后世。然南丰先生之严，司马温公之正，皆于雄有取。其见不同如此。而南丰先生以扬雄处王莽之际合于箕子之明夷。详哉其言之也，朱子极推南丰之文，原本六经，未尝訾议其论，则朱子亦存其说矣。（《隐居通议》卷十九，第166－167页）

扬雄传

班孟坚作《扬雄传》，传末数语，抑扬有味，而读者每忽焉。

王莽时，刘歆、甄丰皆为上公，莽既以符命自立，即位之后，欲绝其原，以神前事。而丰子寻、歆子棻，复献之。莽诛丰父子，投棻四裔，辞所连及，便收不请。时雄校书天禄阁上，治狱使者来，欲收雄。雄恐不能自免，乃从阁上自投下，几死。莽闻之曰："雄素不与事，何故在此间。"请问其故，乃刘棻尝从雄学作奇字。雄不知情，有诏勿问。以病免，复召为大夫。家素贫，嗜酒。人希至其门，时有好事者，载酒肴从游学。而巨鹿侯芭尝从雄居，受其《太玄》《法言》焉。刘歆亦尝观之，谓雄曰："空自苦，今学者有禄利，尚不明《易》，又如《玄》何？吾恐后人用覆酱瓿也。"雄笑而不应。年七十一卒，侯芭为起坟，丧之三年。严尤闻雄死，谓桓谭曰："子尝称扬雄书，岂能传于后世乎？"谭曰："必传。顾君与谭不及见也。凡人贱近而贵远，亲见扬子云禄位容貌不能动人，故轻其书。今扬子之书，文义至深，而论不诡于圣人，若使遭遇时君，更阅贤知，为所称善，则必度越诸子矣。"诸儒或讥以为雄非圣人，而作经，犹春秋吴楚之君僭号称王，盖诛绝之罪也。自雄之没至今四十余年，其《法言》大行，而《玄》终不显，然篇籍具存。

以上皆班语，详传首，言雄少好学，不为章句训诂，通而已。博览无所不见，默而好深沉之思，非圣哲之书不好也。又曰用心于内，不求于外。观此，则扬之学，岂寻常文墨士哉。至传末之辞乃如此，则其学亦未足取重当时矣。予昔尝观《太玄经》，虽曰准《易》，何敢望《易》？象山先生谓其乖错阴阳，必有所见而云。

子云之扬，从手不从木，今《汉书》或作木昜，非是。近世建昌守有扬其姓，瑱其名者，居婺州，其姓从手易，岂蜀扬后裔欤。又文章家多用载酒问奇字，不知载酒自一事，问字自一事也。合而用之，误矣。（按，僧一行读《太玄经》，撰《大衍玄图》及《义诀》一卷，则《太玄》未可轻议也）（《隐居通议》卷二十四，第212—213页）

陈　普（1244- 1315）

《两宋名贤小集》第三百五十五："陈普字尚德，闽之宁德人，为悯斋韩氏门人。韩出于庆元辅氏，盖考亭的派也。宋亡后，三辟为本省教授，不起。有《石堂集》。"

扬雄二首

展禽未必非龚胜，孤竹犹将笑薛方。可怪扬雄非桀犬，一生终倚桀门墙。谷永曰：明于天地之性，不可成以神怪；知于万物之情，不可罔以非数。此希阔之言。

德宅神庭孰与游，董贤舜禹莽伊周。余腥用尽桐江水，重费寒潭九曲流。扬雄是非，至晦翁而后定。（《石堂先生遗集》卷二十，《续修》第1321册，第569页）

胡一桂（1247- 1314）

《元史》卷一百八十九："胡一桂字庭芳，徽州婺源人。父方平。一桂生而颖悟，好读书，尤精于《易》。初，饶州德兴沈贵宝，受易于董梦程，梦程受朱熹之《易》于黄干，而一桂之父方平及从贵宝、梦程学，尝著《易学启蒙通释》。一桂之学，出于方平，得朱熹氏源委之正。宋景定甲子，一桂年十八，遂领乡荐，试礼部不第，退而讲学，远近师之，号双湖先生。所著书有《周易本义附录纂疏》《本义启蒙翼传》《朱子诗传附录纂疏》《十七史纂》，并行于世。”

专论卦气起中孚之非

京房、扬雄皆以卦配气候，谓之卦气。同是卦也，同是气候也，宜其所配有不可得而异者。然房以六十卦配之，去取之异何也？房以《兑》应大雪，而雄以《坎》；房以《兑》应秋分，而雄以《震》。节候之异何也？房以《坎》《离》《震》《兑》各主日九十，而雄于四卦卦得四日有半；房以六十卦主六日七分，而雄亦以四日有半处之，多寡之异何也？雄之《太玄》以二赞配一昼一夜，凡一首九赞为四日有半，有以一首准一卦，则得四日半矣。而又以二首准一卦，则是卦又得九日也。雄之以卦配日，又自为异如此，何也？苟卦为有用，则阴阳之体有非人所能移者，而增损迁变，惟二子之所私，何耶？自达者观之，其为谬妄，冰炭不言，冷热可知也。盖亦求二子之所同者，惟以卦气起于《中孚》则一耳。然卦气不自他卦始，而独起于《中孚》，不知何义？《复》以一阳初生谓之冬至之候，犹有说也。《屯》以一阳震动于《坎》《离》之中，谓之冬至之候，犹有说也。至于《中孚》，以《兑》《巽》为卦而谓之冬至，则无一说而可。《太玄》以《中》准《中孚》，其辞曰：“阳气潜萌于黄宫，信无不在其中。”盖谓《中孚》者，信也。夫以《中孚》为信，阳气必应于此，则是取其义而不取其气也。不取其气而取其孚信之义，则谓之起于无妄可也，何必《中孚》？雄之《太玄》乃亦效之，以首拟卦，岂以首与卦皆主是气而后拟之也？以《中》拟《中孚》，以《养》拟《颐》，以《疆》拟《乾》，以《视》拟《观》，以《止》拟《艮》，以《难》拟《蹇》，不过以其字之同义而取之，是知其所谓起《中孚》者，亦取其信也。其于所隶之节气何所取哉？使雄独以《太初

历》起于中、起于冬至、起于牛之一度则犹可也，而反以为起《中孚》。尝见宋咸著论，言卦气起《中孚》，非圣人之旨，而朱氏难咸曰："《中孚》，十一月之卦也。以岁言之，阳起于冬至；以历言之，日始于牵牛；以日言之，昼始于夜半；以人言之，虑始于心思。咸谓何不起于他卦，真不知者也。"窃谓朱氏言人之虑始于心思，故起于《中孚》。使《中孚》取心思之义，则起于《咸》可也，何必起于《中孚》而后可？朱氏又言岁始于冬至，历始于牵牛，日始于夜半，故必始于十一月。夫律历始于十一月是矣，而以《中孚》为十一月卦为何义？不此之解，而欲以折咸，殆不可也。使咸之说得行，房与雄之言皆可寝矣。（《周易启蒙翼传》外篇，《四库》第 22 册，第 358—359 页）

太玄经（节录）

《太玄经》者，新莽大夫扬雄之所作，以拟《易》者也。其画四，以方、州、部、家为次，自上而下，最上一画为方（一长画为一方，二短画为二方，三短画为三方，州部家皆然），第二画为州，第三画为部，最下第四画为家。每四画为一首，一玄生三方，三方生九州，九州生二十七部，二十七部生八十一家，而成八十一首。首各有名，以拟《易》六十四卦。每首虽四画，而赞则有九，以初一、次二、次三、次四、次五、次六、次七、次八、上九为次，而分水火木金土，一六水，二七火，三八木，四九金，五土。每首九赞，八十一首共七百二十九赞。末一首上九后独增《踦》《嬴》二赞，以拟《易》之三百八十四爻。首之下各有辞（宋政和七年许良肱上《太玄》，每首之下又增《首测》一卷，以拟大《象》，今分附逐首之下），赞亦各有辞，赞下又各有测辞，以拟爻之小象。又有《玄文》以拟《文言》，有《玄摛》《玄莹》《玄挩》《玄图》《玄告》、以拟《系辞》，有《玄数》《玄冲》《玄错》以拟《说》《序》《杂》。八十一首分天地人三玄，七百二十九赞又加《踦》《嬴》分昼夜日星节候，以直一岁三百六十五日二百三十五分，以拟卦气。又有揲法筮首赞以断事之吉凶。其学不传，世罕有其书。余得之友人查颜叔，抄首末数、首赞及日星候揲法等于左，以见一书之大概。若其是非得失之论，又具载于后云。……

愚谓《太玄》以八十一首系之于方、州、部、家四画之下，于象与义初无所取，特不过以四画分之有八十一样，借以识八十一首之名。又有七百二十九赞，散之于八十一首之下，每首九赞，皆是初一、次二、次三、次四、次五、次六、次七、次八、上九，首首一样，更无分别。而七百二十九赞，亦与八十一首象与义皆无相关。以八十一首名强附于四画之下，以七百二十九赞又强附于八十一首之下。然以《中》之初一作冬至第一日，积起至《养》之上九，而一岁节气三百六十四日半一周，又加《踦》《嬴》二赞，以足日之余分；而起闰又自冬至一日，系之以牵牛星之第一度，日一日，躔星一度，至三百六十四日半，而斗星二十五度半亦周，又以《踦》《嬴》二赞系斗星余度，而一岁周天之日与星凑合恰好。《太玄》之要法全在于此，而老泉又甚议其增二赞之非，且曰始于《中》之一、讫于《养》之九，阙焉而未见者，四分日之三尔，以一百八分而为日，以一分而加之，一首之外，尽八十一首而四分日之三可以见矣。又曰《玄》四日半以为首，而以四百八十七分求合乎二十八宿之度，加分而数定，去《踦》《嬴》而道胜，吾无憾焉尔。（《周易启蒙翼传》外篇，第360—371页）

刘 因（1249-1293）

《元史》卷一百七十一："刘因字梦吉，保定容城人。世为儒家……因天资绝人，三岁识书，日记千百言，过目即成诵，六岁能诗，七岁能属文，落笔惊人。……所著有《四书精要》三十卷；《诗》五卷，号《丁亥集》，因所自选。又有文集十余卷，及《小学四书语录》，皆门生故友所录，惟《易系辞说》，乃因病中亲笔云。"

和杂诗（其一）

《太玄》岂无知，不觉世运迫。为问莽大夫，何如成都陌。扶摇得真《易》，长卧山云白。中有安乐窝，气吐宇宙窄。消长粲以密，我主彼为客。问子居何方，环中有真宅。(《静修集》卷二，《四库》第1198册，第496页)

叙学（节录）

扬子云《太玄》《法言》，发孔孟遗意。后世或有异论者，以其有性善恶混之说，《剧秦美新》之论，事莽而篡汉。韩子谓其文颇滞涩，苏子谓"艰险之辞，文肤浅之理"，而温公甚推重之，以为在《孟》《荀》之上。或抑或扬，莫适所定。虽然，取其辞而不取其节，可也。(《静修续集》卷三，《四库》第1198册，第686页)

吴　澄(1249—1333)

《元史》卷一百七十一："吴澄字幼清，抚州崇仁人。……于《易》《春秋》《礼记》，各有纂言，尽破传注穿凿，以发其蕴，条归纪叙，精明简洁，卓然成一家言。作《学基》《学统》二篇，使人知学之本，与为学之序，尤有得于邵子之学。校定《皇极经世书》，又校正《老子》《庄子》《太玄经》《乐律》，及《八阵图》、郭璞《葬书》。"

太玄叙录

扬子云拟《易》以作《太玄》，《易》自一而二，二而四，四而八，八而十六，十六而三十二，三十二而六十四。《太玄》则自一而三，三而九，九而二十七，二十七而八十一。《易》之数乃天地造化之自然，一豪知力无所与于其间也。异世而同符，惟邵子《皇极经世》一书而已。至若焦延寿《易林》、魏伯阳《参同契》之属，虽流而入于伎术，尚不能外乎《易》之为数。子云《太玄》名为拟《易》，而实则非《易》矣。其起数之法，既非天地之正，又强求合于历之日。每首九赞，二赞当一昼夜，合八十一首之赞，凡七百二十九，仅足以当三百六十四日有半，外增一《踦》赞，以当半日，又立一《嬴》赞，以当四分日之一。吁，亦劳且拙矣！子云此书未能见重于当时，后世虽有好者，亦未可谓大行也。宋大儒司马公爱之甚，尝有集注，晚作《潜虚》以拟之。以邵子范围天地之学、卓绝古今之识，而亦称其书。要之，惟朱子所论可以为万世之折衷。本经八十一首，分天玄、地玄、人玄三篇，盖拟《易》之上下经。经后十一篇，则拟夫子之《十翼》，而为《太玄》之传。晋范望始依《周易》彖传、象传附经例，升首辞于经赞之前，散测辞于各赞之下。首、测两篇之总序无从而附，则合为一，以置经端。其牵缀割裂，无复成文，殆有甚于《易经》者。《易经》有晁氏、吕氏定从古本，而朱子因之。故今于此书亦俾复旧，而第其目如右。兼以读者病其揲法不明，骤观未易通晓，复为之别白其辞，以著于后。虽非愿为后世之扬子云，亦欲使后之学者知前人之作不可以己意妄有易置。

按：《法言》序篇，监本共为一篇，继十三篇之末。今本亦如书之小序，各冠篇首，并为考正。于子云之书，盖不无小补云。（《吴文正集》卷一，《四库》第1197，第18页）

太玄准易图序

夫《玄》之于《易》，犹地之于天也。天主太极而总元气，元气转而为三统，在《玄》则谓之三玄。三玄转而为九州，九州转而为二十七部，二十七部转而为八十一首。首有九赞，赞分昼夜，而刚柔之用见矣。故《玄》之赞七百二十九而有奇，以应三百六旬有六日之度，盖本

出乎元气而作者也。太极生两仪，两仪生四象，四象生八卦，八卦因而重之为六十四，故《易》有《乾》《坎》《艮》《震》《巽》《离》《坤》《兑》八卦以司八节，又以《坎》《离》《震》《兑》四正之卦二十四爻，以司二十四气。以《复》《临》《泰》《大壮》《夬》《乾》《姤》《遁》《否》《观》《剥》《坤》十有二卦以司七十二侯节也。气也侯也，既各有统矣，然周天之度未见其所司也。于是又去四正之卦，分取六十卦，衍而伸之为三百六十爻，各司其日，则周天三百六十度，而寒暑进退之道、阴阳之运备矣，盖本乎太极而作者也。由是观之，则天地各有生成之数，而相为表里之用。故天数西行，上承而左转者，在地之元气也；地数东行，下顺而右运者，在天之太极也。太极运三辰五星于上，元气转三统五行于下，此所谓成变化而行鬼神者也。所谓《玄》之于《易》，犹地之于天者，如斯而已。准而作之，不亦宜乎？若夫分天度，列次舍，序气侯，明卦爻，冠首赞，位列八重，先以夜赞布诸外，然后昼赞首位爻象侯卦气宫分度数次诸内，复会于辰极，而《玄》《易》显仁藏用之道循乎数者可见矣。是故始于上元甲子天正朔旦，日躔牛宿之初，后四千六百一十七年，复会于太初之上元者，《玄》之赞也。自上元甲寅青龙之首，气起《未济》之九四，后三万一千九百二十年复会于太极之上元者，《易》之爻也。原始要终，究其所穷，则体用虽殊，其归一而已矣。（《吴文正集》卷二十，第218—219页）

感兴诗（其一）

扬雄莽大夫，陶潜晋处士。男儿百岁中，盖棺事乃已。（《吴文正集》卷九十一，第842页）

纂言扬氏太玄

《太玄》之作，扬氏自以为拟《易》。《易》以奇偶之画象阳阴，《玄》一、二、三之画象天、地、人。《易》之画自下而上，六画成卦者，数以二起而倍其法，故二而四，四而八，八而十六，一六而三十二，三十二而六十四。《大玄》之画自上而下，四画成首者，数以三起而三其法，故三而九，九而二十七，二十七而八十一。起数之元，盖取律法，故与《史记·律书》生钟之数合。至若以八十一首配六十四卦，而其次序则依卦气。卦气者，汉世伎术家所传，仅有十二辟卦，不出本月，义犹可通，其余五十二卦纷乱无纪，当时京房辈皆信用之。子云号通儒，然且染溺时习，而不觉其非，今不复论，亦不足论也。（《永乐大典》卷四千九百二十四，中华书局 1986 年版，第 8002—8003 页）

陈　栎（1251- 1334）

《元史》卷一百八十九："陈栎字寿翁，徽之休宁人。……宋亡，科举废，栎慨然发愤，致力于圣人之学，涵濡玩索，贯穿古今。尝以谓有功于圣门者，莫若朱熹氏，熹没未久，而诸家之说，往往乱其本真，乃著《四书发明》《书集传纂疏》《礼记集义》等书，亡虑数十万言，凡诸儒之说，有畔于朱氏者，刊而去之；其微辞隐义，则引而伸之；而其所未备者，复为说以补其阙。于是朱熹之说大明于世。"

扬雄学不识性*

扬雄学不识性，仕于新莽。朱子书曰"莽大夫扬雄死"，其人其学可知。鲍喜谈扬雄、王弼、京房，可见其学不纯。末言《坎》卦，亦赘一两奇偶之语，尤谬。（《定宇集》卷七，《四库》第 1205 册，第 256 页）

［按］鲍即鲍云龙，鲍氏《天原发微》喜引扬雄之说，故陈氏因人之问而讥之。

任士林（1253- 1309）

《（光绪）奉化县志》卷二十四："任士林，字叔实，号松乡，其先绵竹人。士林幼颖秀，六岁能属文。父丧，庐墓读书，凡诸子百家靡不周览。为文沉厚正大，一以理为主，而含蓄顿挫，读之有余味，乡子弟多从之学。"

送邓善之修撰序（节录）

文章之尚，缘时而兴。时有淳麗，则文有隆污，其势则然也。亦固在夫操制作之柄者，与道消息，与时翕张，于以风示当世，然后学者一趋于正也。且六经述作，如日星昭布，如四时错行，浑浑乎山川之流峙也，挺挺乎草木之华滋也，何其浑厚而博大，伦理而音节也，千载之下读之者，油油然雍熙浑颢之盛，如亲见之。至若庄周之荒唐，屈原之沉郁，苏秦、张仪、公孙衍、骀奭谲诈之谈，商鞅、李斯、韩非、申不害惨礉之论，以至荀卿、扬雄醇疵之作，东方朔、司马相如恢诡之辞，何其披靡而支离，岩崭而澎湃也。百世之下览之者，繭繭然破碎礫裂之风，如新沐之。然而操觚弄翰之士，宁为此而不为彼，何耶？（《松乡集》卷四，《四库》第1196册，第545页）

赵孟頫（1254- 1322）

《元史》卷一百七十二："赵孟頫字子昂，宋太祖子秦王德芳之后也。……孟頫幼聪敏，读书过目辄成诵，为文操笔立就。年十四，用父荫补官，试中吏部铨法，调真州司户参军。宋亡，家居，益自力于学。……孟頫所著，有《尚书注》，有《琴原》《乐原》，得律吕不传之妙；诗文清邃奇逸，读之，使人有飘飘出尘之想。篆、籀、分、隶、真、行、草书，无不冠绝古今，遂以书名天下。”

赵松雪书七赋并识卷

右赋七篇，为汉长卿、子云、叔皮、晋安仁所作。余自幼酷喜读古人文，欲以观其心蕴，以等其优劣，恨以多事未能。迨至元壬辰正月，蒙恩进阶朝列大夫，出守济南同知府事，始以公事之暇，得肆力于文字间，于是留心典籍，随所好而读之。而此四子之文，则尝置之案头，以评论其大概。长卿之文，吾取其富而艳也；子云之文，吾取其博而洽也；叔皮之文，吾知其沉而静也；安仁之文，吾取其核而实也。于是乎四子之才见，而所谓泛应曲当者在我矣，四子之名不由余而益显耶？或曰：自汉以来，士之以文名者，宜不止此四子也，今而子独取此四子，岂四子外无一可取耶？余曰：不然，余之取四子，非谓四子之文可以继洙泗之后也。盖汉自高祖起沛，去古未远，其气完而未散，其文质而不俚，而四子乃能崛起于中，敢为雄辞异说以倡之，则后士之所以能文者，皆取法于四子者也。此吾所以独于四子乎有取也，然则四子之文，其可不重耶！于是乎录之，用以为阿雍法。松雪道人识。（卞永誉撰《式古堂书画汇考》卷十六，《四库》第827册，第733—732页）

马端临（1254- 1323）

《四库全书总目·文献通考提要》云：“端临字贵与，江西乐平人，宋宰相廷鸾之子也。咸淳中漕试第一，会廷鸾忤贾似道去国，端临因留侍养，不与计偕。元初起为柯山书院山长，后终于台州儒学教授。”又论《文献通考·经籍考》云：“经籍考卷帙虽繁，然但据晁、陈二家之目，参以诸家著录，遗漏宏多。”本编所录《文献通考》文字，多出《经籍考》，故往往与晁公武、陈振孙、朱熹等条目下所录文字重复。

元丰七年诏*

（元丰）七年，礼部言："乞以邹国公同颜子配食宣圣，荀况、扬雄、韩愈并从祀于左丘明等二十二贤之间。"从之。封荀况兰陵伯，扬雄成都伯，韩愈昌黎伯，颁行天下，学、庙塑像，春、秋释奠行礼。（《文献通考》卷四十四《学校考五》，中华书局2011年版，第1279—1280页）

四注孟子

《中兴艺文志》：题扬雄、韩愈、李翱、熙时子四家注。旨意浅近，盖依托者。（《文献通考》卷一百八十四《经籍考十一》，第5431页）

方言十三卷

《崇文总目》：汉扬雄子云撰，晋郭璞注。今世所传，文或谬缺，与先儒所引时有差云。

晁氏曰：雄赍油素，问上计孝廉，异语悉集之，题其首曰《辅轩使者绝代语释别国方言》。予传本于蜀中，后用国子监刊行本校之，多所是正，其疑者两存之。然监本以"翟"为秋侯，以"叓"为"更"，引传"糊其口于四方"作"餬予口"，未必尽得也。

陈氏曰：首题《辅轩使者绝代语》，末载答刘歆书，具详著书本末。其略云："天下上计孝廉及内郡卫卒会者，常抱三寸弱翰，赍油素四尺，以问其异语，归即以铅摘次之于椠。"葛洪《西京杂记》言子云好事，常怀铅题集，从诸记访殊方绝域之语，盖本雄书所云也。

《容斋洪氏随笔》曰：今世所传扬子云《辅轩使者绝代语释别国方言》，凡十三卷，郭璞序而解之。其末又有汉成帝时刘子骏与雄书，从取《方言》，及雄答书。以予考之，殆非也。雄自序所为文，汉史本传但云："经莫大于《易》，故作《太玄》；传莫大于《论语》，作《法言》；史篇莫善于《苍颉》，作《训纂》；箴莫善于《虞箴》，作《州箴》，赋莫深于《离骚》，反而广之；辞莫丽于相如，作四赋。"雄平生所为文尽于是矣，初无所谓《方言》。《汉·艺文志》小学有《训纂》一篇，儒家有雄所序三十八篇，注云"《太玄》十九，《法言》十三，《乐》四，《箴》二"，杂赋有雄赋十二篇，亦不载《方言》。观其《答刘子骏书》称"蜀人严君平"，按君平本姓庄，汉显宗讳庄，改曰严。《法言》所称"蜀庄沈冥"，"蜀庄之才之珍"，"吾珍庄也"，皆本字，何独至此书而曰"严"？又子骏只从之求书，而答云"必欲胁之以威，陵之以武，则缢死以从命也"，何至是哉！既云成帝时子骏与雄书，而其中乃云孝成皇帝，反复抵牾。又书称"汝、颍之间"，先汉人无此语也，必汉、魏之际好事者为之云。（《文献通考》卷一百八十九《经籍考十六》，第5518—5519页）

扬子法言十三卷

晁氏曰：汉扬雄撰，晋祠部郎中李轨注。雄好古学，见诸子各以其知，舛驳不与圣人同，是非颇谬于经，故人时有问雄者，常用法言应之，撰此以象《论语》，号曰《法言》。每篇复为序赞，以发其大意。然雄之学，自得者少，其言务拟圣人，靳靳然若影之守形，既鲜所发明，又往往违其本指，正古人所谓画者谨毛而失貌者也。

程子曰：扬子，无自得者也，故其言蔓衍而不断，优柔而不决。其论则曰："人之性，善恶混。"盖雄规矩窄狭，道即性也，言性已错，更何所得！

陈氏曰：凡十三篇。篇各有序，本在卷末，如班固《叙传》然，今本分冠篇首，自宋咸始。李轨注本，历景祐、嘉祐、治平三降诏，更监学、馆阁两制校定，然后板行，与建宁四注本不同。（《文献通考》卷二百八《经籍考三十五》，第5890—5891页）

太玄经十卷

晁氏曰：汉扬雄子云撰。雄作此书，当时已诮其艰深，其后字读多异。予尝以诸家本参校，不同者疏于其上，且发策以问诸生云：扬雄准《易》作《太玄经》，其自序称《玄》盛矣，而诸儒或以为犹吴、楚僭王，当诛绝之罪，或以为度越老子之书。大抵誉之者过其实，毁之者失其真，皆未可信。然譬夫听讼，曾未究其意，乌能决其曲直哉！今欲论《玄》之得失，必先窥其奥，然后可得而议也。夫《玄》虽准《易》，然托始高辛、太初二历而为之。故《玄》有方、州、部、家凡四重，而为一首九赞，通七百二十九赞有奇，分主昼夜，以应三百六旬有六日之度。首准一卦，始于《中》，准《中孚》，而终于《养》，准《颐》。二十四气、七十二侯，与夫二十八宿，错居其间，先后之序盖不可得而少差也。夫《易》卦之直日，起于汉儒之学，舍四正卦，取六十卦之爻三百六十各直一日，此《玄》之所准者也。然《易》之卦直日，其亦如《玄》之首有序乎？抑无也？若亦有之，则雄之为《玄》不亦善乎？不然，则《玄》之序亦赘矣。自《复》《姤》而为《乾》《坤》，十有二卦皆以阴阳之消长分居十二月，谓之辟卦，固有序矣，其余一月而四卦之序云何耳？如《中孚》《颐》，何以为一日之卦也？曰公、卿、大夫、侯者，何谓也？其所谓屯正于丑，间时而左行，蒙正于寅，间时而右行者，其旨可得而闻欤？又一阳一阴者，《玄》相错之法也，然《养》为阳而《中》不为阴；水、火、木、金、土者，《玄》相传之法也，然《疛》为金而《羡》不为土，其自相戾类如此，岂得无说哉！

《朱子语录》曰：扬子为人思沉，会去思索，如阴阳消长之妙，他直是去推求。然《太玄》亦拙底工夫。盖天地间只有一个奇偶，奇阳偶阴，春少阳，夏太阳，秋少阴，冬太阴，自二而四，自四而八，只恁地推去，都走不得。扬子却添作三，事事要作三截，又且有气无朔，有日星无岁月，恐不是道理。其学本似老氏，如清静渊默等语，皆是老氏意思。

陈氏曰：按《汉志》，扬雄所叙三十八篇，《太玄》十九。本传，三方、九州、二十七部、八十一家、七百二十九赞，分为三卷，有《首》《冲》《错》《测》《摛》《莹》《数》《文》《棿》《图》《告》十一篇，皆以解剥《玄》体，盖与本经三卷共为十四。今《志》云十九，未详。初，宋、陆二家各依旧本解释，范望折中长短，或加新意，既成此注，乃以《玄首》一篇加经赞之上，《玄测》一篇附赞之下，为九篇，列为四卷，首、测二序载之第一卷之首，盖犹王弼离合古《易》之类也。卷首有陆绩《述玄》一篇。

水心叶氏曰：《太玄》虽名幽深，然既"枝叶扶疏，独说十余万言"，侯芭又受其辞，则是雄所以作之意，固尝晓然号于人，使皆可识，不为甚难明也。至宋衷、陆绩、范望，乃皆创立注释，若昔未尝闻知者。如首名以节气起止，赞义以五行胜克，最为此书要会，不知自雄及芭亲相传授已如此邪，或旧语果零落，而衷、绩等方以意自为参测也?以位当卦，以卦当日，出于汉人。若夫节候晷刻推其五行所寄，而吉凶祸福生之，至《玄》而益详，盖农工小人所教以避就趋舍者，雄为孔氏之学，其书将经纬大道，奈何俯首效之？且未有求其小而能得其大者也，惜乎其未讲矣。（《文献通考》卷二百八《经籍考三十五》，第5891—5893页）

徐庸注太玄经解十卷

晁氏曰：皇朝徐庸注。庸，庆历间人也。以范望解指义不的，因王涯、林氏诸解重为之注，取王涯《说玄》附于后，自为《玄颐》，通名之为《太玄性总》。其自序云尔。又多改其文字，如以"杚"为"仡"，以"媲"为"危"，以"壮凡"为"札乃"，以"孪"为"彎"，以"稚"为"推"之类。其所谓林氏者，瑀也。贾文元尝辟瑀之奸妄于朝。（《文献通考》卷二百八《经籍考三十五》，第5893—5894页）

太玄经疏十八卷

晁氏曰：皇朝郭元亨撰。元亨谓雄之作《玄》，传之侯芭，后独有张衡、桓谭、张华见而称叹。吴郡邹伯岐求本不能得。宋衷为训，陆绩为解，范叔明、王涯亦注之，皆未明白。元亨在蜀，自淳化末迄于祥符八年，仅三十年，撰成今疏。又云《太玄》润色于君平，未知何所据而言然。

巽岩李氏曰：其疏专主范望，虽讲论极详，然于望本注无所增益也。元亨自谓得师于蜀，而不著其师之名氏。蜀人盖多玄学，疑严、扬所传固自不绝，但潜伏退避，非遇其人则鲜有显者耳。元亨之本末亦未详。（《文献通考》卷二百八《经籍考三十五》，第 5895 页）

太玄释文一卷

陈氏曰：相传自侯芭、虞翻、宋衷、陆绩互相增损，非后人所作也。吴祕尝作《音义》，岂即此邪？（《文献通考》卷二百八《经籍考三十五》，第 5896 页）

玄解四卷　玄历一卷

陈氏曰：右丞襄陵许翰崧老撰。所解十一篇，通温公注为十卷，仿韩康伯注《系辞》合王弼为全书之例也。大抵《玄》首如彖，赞如爻，测如象，文如《文言》，《摛》《莹》《捝》《告》如《系辞》，《数》如《说卦》，《冲》如《序卦》，《错》如《杂卦》之类。其于《易》也，规规然拟之勤矣。《太玄历》者，亦翰所传，云温公手录，不著何人作。（《文献通考》卷二百八《经籍考三十五》，第 5897 页）

易玄星纪图一卷

晁氏曰：从父詹事公撰。以温公《玄历》及邵康节《太玄准易图》合而谱之，以见扬雄以首准卦，非出私意，盖有星候为之机括，且辩正古今诸儒之失，如《羡》不当准《临》，《夷》不当准《大壮》之类。凡此难与诸家口舌争，观谱则彼自屈矣。此谱之所以作也。（《文献通考》卷二百八《经籍考三十五》，第5897页）

扬子云集五卷

晁氏曰：汉扬雄子云也。古无雄集，皇朝谭愈好雄文，患其散在诸篇籍，离而不属，因缀绎之得四十余篇。

陈氏曰：大抵皆录《汉书》及《古文苑》所载。按宋玉而下五家，皆见唐以前《艺文志》，而《三朝志》俱不著录，《崇文总目》仅有董集一卷而已。盖古本多已不存，好事者于史传及类书中钞录，以备一家之作，充藏书之数而已。（《文献通考》卷二百三十《经籍考五十七》，第6302页）

二十四箴一卷

陈氏曰：扬雄撰。今广德军所刊本，校集中无《司空》《尚书》《博士》《太常》四箴。集中所有皆据《古文苑》。而此四箴，或云崔骃，或云崔子玉，疑不能明也。（《文献通考》卷二百三十《经籍考五十七》，第6302页）

陈　埴（1256进士）

《宋元学案》卷六十五："陈埴字器之，永嘉人，举进士。少师水心，后从文公学。其言善问者如攻坚木，善待问者如撞钟。……故集其答门弟子之问者，名之曰《木钟集》"

易（节录）

《易》与《太玄》数有何不同？

《易》是加一倍法，《大玄》加三倍。故《易》卦六十四，《太玄》卦八十一。《太玄》模放《周易》只起数不同耳，先儒谓将《易》变作十部《太玄》亦得，但无用耳。（《木钟集》卷四，《四库》第703册，第637页）

《易》之数本乎天地，由一二而推之，故奇偶相生而终于五十。《太玄》之数本乎三才，由三六而积之，故十八相参合十为五十四，此其积所以不同也。《易》正本以立其常，《太玄》推测以穷其变。非常无以成一岁之功，非变无以致归余之闰，此其用所以异也。未知然否？

加一倍法，即两仪生四象，四象生八卦，八生十六，十六生三十二，三十二生六十四，以六十四自相乘为卦四千九十六来说，乃大衍之数。《太玄》未尝学，不敢臆说。（《木钟集》卷四，第640页）

刘将孙（1257？－？）

《（民国）吉安县志》卷三十五："刘将孙，字尚友，号养吾，辰翁子。少质鲁，长而颖悟过人，传其父学，以古文词知名于世。用荐为将乐主簿，临川吴澄与之友善，尝序其文，以为浩瀚演迤，不忝子瞻之嗣明允。文集若干卷，门人曾闻礼编辑。"

杂诗（其一）

大厦亦既颠，一木何能扶。况乃非栋梁，曾不比桷栌。彼皆无责备，此独有遗诛。公卿置何地，文字累老儒。寂寞扬子云，见称莽大夫。（《养吾斋集》卷一，《四库》第1199页，第10页）

俞　琰（1258- 1314）

《（同治）苏州府志》卷七十八云："俞琰字玉吾，林屋山人。生宋宝祐间，以词赋称。宋亡，隐居著书，尤好鼓琴，既老，自号石涧，卒于元贞间，年七十。"

重卦之人（节录）

太史公曰："西伯囚而演《易》。"演者，演其辞也。魏伯阳明谓文王演爻辞，则非演其画也，审矣。扬子曰："《易》始八卦，而文王六十四。"盖不详玩太史公之说而云尔。班固曰："文王重《易》作上下篇。"则不过循习扬子之说耳。

杨绘曰："重卦者，圣人也。经无明文，予不得而强配也。司马迁、扬雄，大儒也。迁之言曰：'西伯拘而演《周易》。'雄之言曰：'《易》始八卦，而文王六十四。'今按二贤之言，则重卦乃文王，岂不信乎?"

曰："迁、雄，诚大儒也，予执经之文则有所不信矣。《虞书》曰'龟筮协从'，则筮云者，非八卦之可为也，必六十四之，然后为筮矣。舜禹之际而曰'龟筮协从'，则何文王重卦之有乎？经曰：'八卦成列，象在其中矣，因而重之，爻在其中矣。'按是而言，则重卦之始，其在上古乎？陈元纲《九经辩疑》按《汲斋文藁》云，谓之易者，以爻之上

下往来变易不穷尔。有六十四卦乃可以变易，若但八卦，何易之有？《法言》乃曰‘《易》始八卦而文王六十四’，若伏羲但有八卦，不得谓之易也。不知夫子所谓始画八卦，即六十四卦，而八卦相上下耳。扬子云盖不知此义。”（《读易举要》卷三，《四库》第21册，第443－444页）

袁　桷（1266- 1367）

《元史》卷一百七十二："袁桷字伯长，庆元人，宋同知枢密院事韶之曾孙。为童子时，已著声。部使者举茂才异等，起为丽泽书院山长。……桷在词林，朝廷制册、勋臣碑铭，多出其手。所著有《易说》《春秋说》《清容居士集》。泰定四年卒，年六十一。"

答高舜元经史疑义十二问（其一）

问：《易》有辞象变占，《太玄》以方、州、部、家拟辞象变占，其《太玄》方、州、部、家九首之说传诸世者，请喻其所长？

答：《太玄》以盖天之法为之，方、州、部、家在上，此地承天之说也。起于牛宿，随天而左行也。方、州、部、家者，以玄而生三方，方为三州，州为三部，部为三家，其所谓八十一者，则弃其方州部而言之也。先儒多以辞象变占拟《玄》之方、州、部、家，仆独以为非。《易》成六十四卦之后，一卦之内必有辞焉，有象焉，有变焉，有占焉，是四者缺一不可也。扬氏之《玄》既弃其方州部而独取家而为八十一，复取八十一而为七百二十九以赞，是方州部者，缘三以起于家，若无预者焉。先儒尝言《太玄》与卦气图偶合，邵子亦言《易》之卦始于《乾》而终于《未济》，《玄》之首始于《中》而终于《养》，《中》者法于《中孚》，《养》者法于《颐》，此始终之异。自邵子、温公、荆公尊

《玄》之后，如三苏讥《玄》之说，遂弃不道。然其中十有七卦，分而为二，义殊不可晓。所谓卦气图，公辟侯大夫卿之定卦，亦不能通，执事其详思之。（《清容居士集》卷四十二，《四库》第1203册，第561页）

谭景星（1267-？）

《元史》卷一百九十七："茶陵谭景星，幼失父，追念之，庐其墓十年。"《全元诗》第二十二册："谭景星，字明望，号村西、西翁。茶陵人。早年丧父，庐其墓十年，以孝行闻名，足迹不出乡里。后曾任永明县儒学教谕。皇庆元年，将所作诗文结为《村西集》十六卷，延祐六年，又编成《西翁近稿》十一卷。"

扬雄论

雄拟《玄》以准《易》，《法言》以准《语》，欲以言觊圣人，去道愈远。非混其性之过欤？

雄以短才勉为之，而欲觊乎圣贤之赜，殆不跬步思致万里，其至几希矣。夫人性至善，天命之也。乃以为善恶混，已不知天之所赋予者何若。本然之性，已不识矣。未知立心，强欲立言以名世。此人也，非天也，而道安在。所以圣门学者，非徒得其言，而又可以得其意，以求夫圣贤之心。而圣贤之心，在我而已。观其拟《太玄》以准《易》，《法言》以准《语》，殆爝火以侔日月之明乎？欲以言至，非以心至之。于是圣人之意，天地悬隔矣。夫《语》之为义也，靡所不包，无非操存涵养之要。门弟子得一言，终身诵之行之以至于道，犹恐弗及。若雄者不以心至，而强以言至。托圣人驰骤于文辞，以惊世绝俗，度越诸子。然欤？否欤？而《易》之为道也，有以口天地之心。故圣人之情见乎辞，后世见其辞而知其情，则可以知天地之心，希乎圣贤矣。雄乃设方、州、部、家，为八十一首，要尤难明。如辞之正大，则人皆知之，夫何取于《玄》，必为是艰深，使人不可知而后已。虽复有子云知之，已非大中常行之道矣。岂复见圣人之情于其辞，天地之心于其心哉。盖不能尽其性之过也。先儒间以其仿先圣遗言，故其过少。然不以心而观乎圣人，徒以言而仿乎圣人，本之则无，末如之何也已。不知宓羲一画，已包乎天地造化之妙。夫子一贯，已极乎圣贤体用之道。今其《玄》也，本以明《易》，却尤晦于《易》；而其《言》也，本以近《语》，却尤远于《语》。倘此心烂然于《语》者而后以观《法言》，《言》为无益矣；此心浑然于《易》者而后以观《玄》，《玄》为无益矣。由是而观，其所谓《玄》者，玄而又玄，于《易》晦矣。其所谓《言》者，法而又法，于《语》远矣。《语》未尝远而自远之，欲其近也，不可得矣；《易》未尝晦而自晦之，欲其明也，不可得矣。至于苍茫仆阁，失身事莽，剧秦美新，降志辱身者，混其性也。混其性者，不知性之为善也。不知性之为善者，不可以徒言也。雄如知性善而不混，言可谓师，必不至于是。悲夫！（《全元文》卷九九七，第219—221页）

张文伯（?）

《四库未收书提要》卷二：“文伯字正夫，樵阳人，时代未详。朱彝尊《经义考》列之钱承志之后，疑宋末人。”

荀扬与韩谈经

荀卿之谈经则主于学，故曰：《礼》之于文，《乐》之中和，《诗》《书》之博，《春秋》之微。扬雄之谈经则主于下，故曰：说天者莫辨乎《易》，说事者莫辨乎《书》，说体者莫辨乎《礼》，说志者莫辨乎《诗》，说理者莫辨《春秋》。韩愈之谈经则主于文，故曰：《周诰》《商盘》，屈曲聱牙。《春秋》谨严，《左氏》浮夸。《易》奇而法，《诗》正而葩。至太史迁，论其所长，班孟坚，明其所本。（《九经疑难》卷一，《续修》第171册，第410页）

扬雄著书拟经

扬子云作《太玄》，或有僭王之讥。后世之士见雄如此，若习凿齿之作《春秋》，白居易之续《汤征》，束皙《补亡辞》之《诗》，顾况补上古之什，王通修《元经》，而续《诗》《书》纷纷，籍籍相乱六经，皆雄启之也。僭王罪之，不为过也。（《九经疑难》卷一，第410页）

五经所以简易

扬雄《法言》以或问："天地简易，而圣人法之，何五经之支离？"曰："支离所以为简易也，已简已易，焉支焉离？"今以五经考之，说天者莫辨乎《易》，而鬼神象数阴阳刚柔无所不在。说事者莫辨乎《书》，而诰誓号令征伐邢赏训戒无所不备。说体者莫辨乎《礼》，而朝觐燕享冠婚丧祭无所不具。说志者莫辨乎《诗》，而美刺箴规安乐哀怨无所不尽。说理者莫辨乎《春秋》，而是非逆顺进退予夺无所不载。虽浩浩浑浑数千万言，而精要归一，至当无二。君子自其本而求之，若执璇玑以定天运，摅全要以知方来，夫何支离之有？然则《易》虽深也，知其明吉凶悔吝而已。《书》虽远也，知其陈安危治乱而已。《礼》虽烦也，知其定君臣上下而已。《诗》虽多也，知其咏情性风化而已。《春秋》虽微也，知其正善恶功罪而已。故得其道，言可遗也；见其心，书可忘也。然则始学之也，如象纬虽众，不可阙一宿；宫商虽杂，不可去其一声。苟损益其一言，则必赘而亏矣，岂遽惮支离而遂非圣人之经乎？汉之儒者，去圣益远，异论蜂起，论《易》者惑于卦变，习《书》者胶于符命，说《礼》者拘于名数，述《诗》者昵于鱼虫，传《春秋》者竞于日

月。当年不能极其变，终身不能究其业，故虽司马子长之才，亦曰五经不如老子之约也。殊不知绣其鞶悦，是谁之过欤！（《九经疑难》卷一，第413—414页）

论惟五经为辨

扬雄《法言》："或问：'五经有辨乎？'曰：'惟五经为辨。说天者莫辨乎《易》，说事者莫辨乎《书》，说体者莫辨乎《礼》，说志者莫辨乎《诗》，说理者莫辨乎《春秋》，舍斯，辨亦小矣。'"且五经之作，道之所在也，发性命之微，立仁义之统，幽探议阴阳，显系诸政事，大本诸人情，微根诸物理。关百圣而不惭，蔽天地而不耻。能言之类，莫能加也，又岂特辨是非，以正愚众而已。明终始五德之论，推五行灾异之变，则言天者，古非无人也。若夫达变化之妙，通神明之德，其言曲而中，其事肆而隐，则惟《易》为辨焉。陈治安之策，抗时政之论，则言事者，古非无人也。若夫记久明远，举纲撮要，使帝王之制坦然明白，则惟《书》为辨焉。约二雍之仪，善内臺之记，则言体者，古非无人也。若夫明尊卑，定贵贱，使小大显微各得其理，则惟《礼》为辨焉。遇放绌而作《离骚》之辞，怀感愤而逐长沙之赋，则言志者，古有人也。至于伤不及哀，怨不及怒，是非美刺皆止乎礼义之中，则说志者惟《诗》为辨矣。发墨守之坚，去予盾之议，则言礼者古有人也。至于名分之严，褒贬之功以为礼义之大宗，则说理者惟《春秋》为辨矣。（《九经疑难》卷一，第414页）

扬雄太玄拟易

子云之作《太玄》，非本《易》之道，特因《易纬》卦气六日七分之说，巫史傅会之学，非圣人之意也。使子云首为卦气之说，已非夫子所谓当期之日之旨，矧又袭前人之误说，架屋于屋上，凿池于池中，愈不可矣。

卦气于《中孚》为冬至之节，又当《坎》之初六，无理也。彼已无理，《太玄》配之以《中》，岂理也哉？卦气以《屯》直小寒，又属《坎》之九二，而《玄》配以《闲》，卦气以《升》直大寒，又当《坎》之九三，而《玄》配之以《乾》，岂有理乎？卦气以《小过》当立春，吾不知何义。《玄》亦配以《差》，卦气以《渐》当惊蛰，吾又不知何义。《玄》亦配以《锐》。《玄》之每首非无说也，强且凿，非理之自然。使以直小寒之卦而直大寒，以直大寒之卦而直立春，更相移易，强以为说，又何不可？凡《玄》八十一首，皆法卦气之次序，而推《易》之以名八十一首，不可以当六十四卦，于是又以二首而配一卦。七百二十九赞不可以当一，于是又增以《踦》《嬴》。《易纬》以卦爻当期之日，已牵强不可也。《玄》又以首赞求合卦气，愈牵强不可也。《太玄》之作，既本《易纬》以当期之日，又本《太初历》而论星度，此皆非伏羲、文王、周公、孔子之旨。区区以三摹比四象，以首比象，以赞比爻，以测比象，以《玄文》比《文言》，以《摛》《莹》《挩》《图》比《系辞》，以《玄数》比《说卦》，以《玄冲》比《序卦》，以《玄错》比《杂卦》，凡《易》之所有，《玄》皆有之。凡《易》之语言，《玄》皆仿之。故《玄》之拟《易》似矣，而实大不似也。

《易》名卦之义，非取于象则取于画。如颐中有物则曰《噬嗑》，以木巽水而上水则谓之《井》，若是者，皆取名于象。今《玄》则以《阙》配《噬嗑》，以《法》配《井》，不知子云名《阙》名《法》，取何义乎？如刚浸长则为二阳之《临》，以刚在下临之也。柔浸长则为二阴之《遯》，以阴用事阳畏之而遯也。若是者，皆取名于昼。今《玄》则以《狩》配《临》，以《逃》与《唐》配《遁》，不知名《狩》名《逃》取何义乎？既无所取义，而推仿象训释，强为之名。《易》名《革》，《玄》即名更；《易》名《鼎》，《玄》即名《灶》；使《易》名《奥》，《玄》必名《颐》；《易》名《予》，《玄》必名《赖》；《易》名《极》，《玄》必名《至》。若是，则庸人孺子皆能命《玄》之名，配《易》之义，何必述作者哉？且以《疆》《睟》配《乾》而文在地，以《驯》配《坤》而反在人。《玄》何自戾也。《易》六爻上下无常，错杂为六十四卦。凡一爻之

动，成一卦其吉凶悔吝，皆自乎爻之动。圣人因其动之当否，而言吉凶，何尝容心于其间。又六爻之义，或一爻为之主，或二爻为之主，或又不然，其变动无穷，吉凶元定，随卦取义，无非自然而然。今《玄》则其首四重，下列九赞，首与赞异行而不相涉，当昼则吉，当夜则凶，别无异义。呜呼，子云之学勤亦至矣，惜其不深于《易》，故为是附会之书，知道者必不与也。（《九经疑难》卷二，第447—448页）

徐　钧（?）

《两浙名贤录》卷四十六：“徐钧字秉国，兰溪人，宋汀州使君时升之子也。以父任为濠州定远尉，宋亡不仕。家故多书，发其箧，尽读之，至古今兴亡之变治乱之故，有概于中，则发为诗歌，通计一千五百三十首，名曰《史咏》。”

扬　雄

眼看汉室已新都，天禄雠书尚自愚。闻说草《玄》堪拟《易》，曾将进退一占无。（《史咏诗集》上卷，《续修》第1321册，第97页）

蔡德润（?）

［按］《宋史》卷四百六《刘汉弼传》载“汉弼之没也，太学生蔡德润等百七十有三人伏阙上书以为暴卒”，故知蔡为太学生领袖，约活跃于于宋宁宗、理宗时期，其余事迹待考。

说天莫辩乎易

吾道一造化也，言之详者，机之泄也。夫莫妙于造化，亦莫妙于吾道，本不容言也，不容言而言之，则其机已泄矣。吁，圣人固亦大不得已于此也。何者？经之未作也，函于太始，隐于浑沦，而藏于未雕未斫之先，天者未离也，人孰得而知之耶？亦孰得而言之耶？人固不能言之矣。圣人者，所以言人之所不能言者也。斡元工于莫测，发神机于无形，昔幽者阐，昔微者显，言辞之谆复，是乃吾道之一櫜钥也。吁！《易》之书，其始泄吾道造化之机者欤！子云之言曰："说天者莫辩乎《易》。"非《易》之得已也，不如是，则吾道之造化隐矣。

尝求之未有《易》之先，一气浑涵，孰探其妙？无极以前，孰窥其际？不特不容言，亦且无可得而言也。河呈而未支也，卦具而未演也，天者亦微露其机于圣人矣，虽有言焉，而犹未辩也。既支而派，既演而详，天之蕴奥其容以自秘乎？是故一画于伏羲而未见其说也，画而三之，卦而八之，说自此始矣。已而文王重之，孔子系之，而说其辩于此欤。虽然，不说不辩，不可也。人心懵然，中则无见也。不灼其影，昧者弗睹也；不烈其声，聩者弗闻也。吁，此说之有取于辩也。今夫《易》，先六经而作也，道之始也。夫既曰道之始矣，一画则泄一画之天，一卦则泄一卦之天，自《乾》《坤》画而君臣之天道泄矣，自《家人》画而父子之天性泄矣，自《咸》《恒》画而男女之天伦泄矣。出乎《震》，相见乎《离》，万物所付之天分莫不尽见于此。索之鸿蒙，揆之希夷，探之无何有之乡，不说则无益也。露其端倪而微妙者昧昧也，发其形似而高远者茫茫也。说之不辩犹无说也，说而辩矣，则其关纽始彰彰于此矣。抑论之天外无见，见天于《易》；《易》外无见，见《易》于心。心有《易》，则亦心有天矣。洊雷震惊，吾心一恐，惧修省时也。《乾》之行健，吾心一运，用不息时也。明入地中，吾心一明，束养晦时也。方寸之中自有伏羲，念虑之外无两姬孔，说虽在《易》而心则无说，辩虽在《易》而心则无辩。至是，则不知天之为《易》邪？《易》

之为我邪？呜呼，论《易》而至于心，则浑然融然，全体全妙，本未始泄也。虽然，子云之言，其深于知《易》，固也。《太玄》之拟，其以天乎？抑不以天乎？如以天也，毋嫌于辩也，否则，多言而已，何补于《易》？亦何功于天？（魏天应辑《论学绳尺》卷二，《四库》第1358册，第129—131页）

［按］《法言·寡见篇》云："或问：'五经有辩乎？'曰：'惟五经为辩。说天者莫辩乎《易》，说事者莫辩乎《书》，说体者莫辩乎《礼》，说志者莫辩乎《诗》，说理者莫辩乎《春秋》。舍斯，辩亦小矣。'"

柳　贯（1270- 1342）

《宋元学案》卷八十二："柳贯，字道传，浦江人。受经于仁山，究其旨趣，又遍交故宋之遗老，故学问皆有本末。……至正元年，召为翰林待制兼国史院编修官，莅任七月而卒，年七十三。门人私谥文肃。其文与黄晋卿溍、虞伯生集、揭曼硕傒斯齐名，天下称为'四先生'。"

小至日独坐诵太玄首序有感而赋

泰始十八策，积终用《踦》《嬴》。日星相纬经，律历乃施行。群余容《养》受，盛气自《中》萌。君子乘其运，进退无营营。微阳力虽小，得与重阴争。我时掩关坐，休复观此生。巅灵尚思反，阙搏以全明。《文》《棿》安用哉，自然《玄》道成。（《柳贯集》卷一，浙江古籍出版社2014年版，第23页）

程端学（1278- 1334）

《元史》卷一百九十："端学，字时叔，通《春秋》，登至治辛酉进士第，授仙居县丞，寻改国子助教。动有师法，学者以其刚严方正，咸严惮之。迁太常博士，命未下而卒。后以子徐贵，赠礼部尚书。所著有《春秋本义》三十卷，《三传辨疑》二十卷，《春秋或问》十卷。"

陵阳集原序（节录）

文者，言语之精华也，因吾道以有传。然古者文以道传，后世道以饰文。古之人有是道，然后托于文以达之，道若斯，文亦若斯，故其言约以实，是谓文以传道，《易》《诗》《书》《春秋》《论》《孟》是也。后世不必皆以其道，亦欲为文以自见，道若斯，文不若斯，故其言支以虚，是谓道以饰文，文士之文是也。然则终不复古乎？复古有道，道弸乎中，不得已而有言，文斯复古矣。故周、程、张、朱数君子者出，而《太极图说》《西铭》《易传》《语类》诸书不在《中庸》《孟子》下，谁谓文不可复古乎？亦在实之而已矣。西汉之文，道虽不醇，大略言由事发，犹近古也。自余随其人品以为重轻。若诸葛孔明、陶元亮、杜子美、陆敬舆、韩退之、欧阳永叔、苏子瞻、曾子固数子者，其忠义直谅，磊磊落落，有以自显于世，而其文亦可相为不朽。至如司马相如、扬雄、柳宗元、王安石之流，其声音步骤，盖亦无愧乎数子，然予不知读其言者视其人何如也。由是观之，传道之文与天地悠久，其次与其重轻，下此犹荣华飘风，而殚一世之力而为之者，惑也。（《牟氏陵阳集》卷首，《四库》第1188册，第2页）

吴师道（1283- 1344）

《元史》卷一百九十："吴师道字正传，婺州兰溪人。自羁丱知学，即善记览。工词章，才思涌溢，发为歌诗，清丽俊逸。……所著有《易诗书杂说》《春秋胡传附辨》《战国策校注》《敬乡录》，及文集二十卷。"

读太玄经

圣人之作《易》也，果有心乎哉？法象著形，龙马献图，假手于羲皇，一而二，二而四，四而八，又三重而六十四，犹木之有干，干之有枝，秩然而成，整然而序，纵横上下，错综参伍，无往弗合，殆若极天下之至巧者。而史迁谓伏羲至淳厚，画八卦，盖自然而然，巧者固无庸其间，虽以文王、周公、孔子为之《爻》《象》《彖》《系》，不过因理以明数，即卦而示道，而其为道也，变动屡迁，不为典要，三百八十四爻，不独三百八十四用而止。故天地鬼神之秘，万事万物之理，包摄而无外，贯通而无遗；触之而值，象之而合，筮之而灵；天下之人神之而莫知其故，信夫天之为之，而非圣人心思智虑之所为也。千载而下，岂有加哉！

扬雄作《太玄》，以一生三，三生九，极于八十一，其策揲以三，虚三用三十三，此其法大与《易》异者也。《易》有《彖》，《玄》有《首》；《易》有爻，《玄》有赞；《易》有《象》，《玄》有《测》；《易》有《文言》，《玄》有《文》；《易》有《系辞》，《玄》有《摛》《莹》《挩》《图》《告》；《易》有《说卦》《序卦》《杂卦》，《玄》有《数》、有《冲》、有《错》；此又同其义例而异名者也。且《玄》以准《易》，实将模放拟议，自比于圣人。汉儒已讥其"非圣人而作经"，后之为之辞者曰：《玄》所以赞《易》。其大异于《易》者如是，不识何以为赞也？

盖雄深沉好思，尝覃思浑天三摹而四分之，本有见于历尔，因历作《玄》，而巧求其合，其思幽苦，故其词艰深。《易》以天，《玄》以人；《易》以无心，《玄》以有心；孰谓《玄》足准《易》哉？故其纪日不及月，无弦望、晦朔，以冬至为天玄，三月地玄，七月人玄，而夏至反在地玄之中。阴阳之为气也，二气之为物也，方以三数乘之，则皆不可得。四分而加一，率四岁而加一日，则千载之后大冬为大夏。旦筮用三经，夕筮用三纬，日中、夜中用二经一纬，吉凶不在其逢而在其时，日中、夜中夕筮无大休咎，而旦筮者不大休则大咎。数者昔人尝论之，是皆不得乎自然而强出于心思智虑之为，毋怪乎支离舛谬之至此也。

或曰："折篿毁瓦，可知吉凶，《易》道无往弗存，况《玄》十余万言，高者出苍天，深者入黄泉，其言奥颐，悉寓至理，讵无谓耶?"曰："折篿毁瓦，将以求卦也，卦者无心之具，故假之无心之物求之，而后吉凶之理得。今《玄》也，出于有心之为，殆犹设不平之权衡而称物之轻重，乌可信已!"昔者雄自谓后世复有扬子云，则知好《玄》。君子立法，为其当为而已。《玄》之书今犹昧昧也，吾诚惜其人而非天，将自附于《易》而逾远，卒劳而无所用之，后之才智出雄下而好为穿凿附会以求《易》者，可不戒哉?（《礼部集》卷十，《四库》第1212册，第108—109页）

书扬子后

右《扬子法言》十三卷，晋李轨注，钱佃用国子监治平中旧本刊之，当时已用宋咸注增入矣。今以四注本考之，李注简，宋注详，凡李注本其文详者，皆所增入也。其明注"咸曰"而误以为李注，则佃不考之过也。如正文《渊骞篇》一段脱三十六字，注字讹误甚多；"或问"提行处，或然或否，亦有文未断而复提者，其校定岂得为精也？司马公、宋咸、唐仲友《序》附录于后，以见诸公之推尊扬子者如此。至仲友略及出处，而以《易》之"肥遁"当之，义殊不类，盖亦曲为之辞者。吾之所信，则有朱子之评在。（《礼部集》卷十八，第265页）

岑安卿（1285- 1355）

《新元史》卷二百三十八："岑安卿字静能，余姚人。所居近栲栳峰，号栲栳山人。与李季、和危素相善，尝作《三哀诗》，吊宋遗民之在里中者，寄托深远，脍炙人口。著有《栲栳山人集》。"

怀　古

渊明晋征士，子云莽大夫。超然归去辞，深哉《太玄》书。文词重金石，轩冕轻锱铢。恬退各有德，终当辨贤愚。焉知千载下，直笔逢董狐。富贵何足云，节义斯良图。奈何今世士，草间乞为奴。首鼠幸免是，辱国心何如。嗟嗟白野公，肝脑污泥涂。见道固明白，杀身似模糊。读我怀古诗，后贤其监诸。（《栲栳山人集》卷上，《四库》第1215册，第469页）

黄　玠（?）

《两浙名贤录》卷四十四："黄玠字伯成，定海人，宝章学士震之鲁孙也。自幼服膺先训，博洽无不通，志尚卓然，不随俗进退，躬行力践，以古圣贤自期。隐居教授，孝养二亲，闻其名者争遣贽迎致之。……所著有《弁山集》《知非稿》《纂韵录》《唐诗选》各若干卷，行于世。"

感怀（其一）

子云投阁生，绿珠坠楼死。事主心弗移，不若一婢子。哀哀莽大夫，千古秽青史。草《玄》数万言，焉用识奇字。（《弁山小隐吟录》卷

一,《四库》第1205册,第3—4页)

周霆震(1292- 1379)

《(雍正)江西通志》卷七十六:“周霆震字亨远,安福人。以先世居石门田西,故又号石田子。科举行,再试不利,杜门授经,专意古文,辞尤为桂。”

前诗子勤连和七章或病首句秦字难押援笔泛及故事不觉其言之长(其一)

空自美新更剧秦,子云竟守一区贫。草《玄》可惜无良友,说与他年蹈海人。(《石初集》卷五,《四库》第1218册,第501页)

谢应芳(1295- 1392)

《明史》卷二百八十二:“谢应芳,字子兰,武进人也。自幼笃志好学,潜心性理,以道义名节自励。元至正初,隐白鹤溪上。构小室,颜曰‘龟巢’,因以为号。郡辟教乡校子弟,先质后文,诸生皆循循雅饬。疾异端惑世,尝辑《圣贤格言》《古今明鉴为辨惑编》。”

绝 句

屈原投江死,扬雄投阁生。一时生死计,千古是非心。(《龟巢稿》卷三,《四库》第1218册,第60页)

杨维桢（1296- 1370）

《明史》二百八十五："杨维桢，字廉夫，山阴人。母李，梦月中金钱坠怀，而生维桢。少时，日记书数千言。父宏，筑楼铁崖山中，绕楼植梅百株，聚书数万卷，去其梯，俾诵读楼上者五年，因自号铁崖。"

丽则遗音序（节录）

皇朝设科取赋，以古为名。故求今科文于古者，盖无出于赋矣。然赋之古者，岂易言哉？扬子云曰："诗人之赋丽以则，词人之赋丽以淫。"子云知古赋矣，至其所自为赋，又蹈词人之淫而乖《风》《雅》之则，何也？岂非赋之古者，自景差、唐勒、宋玉、枚乘、司马相如以来，违则为已远，矧其下者乎？（《丽则遗音》卷首，《四库》第 1222 册，第 146 页）

莽大夫平反

容斋洪氏以扬雄比晏子，深以世儒贬其《剧秦美新》为非，以为雄不得已之作也。雄颂新莽之德，止能美于暴秦，其深意可知。所言"配五冠三，开辟以来未之有"者，其以之戏莽耳。使雄善谀佞，撰符命、称功德，以徼爵位，当与国师归同列，岂固穷如是哉？其论深是。予谓：朱子莽大夫之书，亦以雄之大夫非有意于求之，强之者耳。（《全元文》卷一千三百二十四，第 206 页）

吴　当（1297- 1361）

《元史》卷一百八十七："吴当字伯尚，澄之孙也。当幼承祖训，以颖悟笃实称。长精通经史百家言，侍其祖至京，补国子生。……所著书，有《周礼纂言》及《学言稿》。”

读 史

先汉雄词后世无，子云学业冠西都。大醇难掩终身玷，直笔凄凉莽大夫。

草罢《玄经》雪满头，《美新》兴颂不深谋。千年遗恨曾投阁，金谷何人肯坠楼。（以上《学言稿》卷六，《四库》第1217册，第311页）

叶 颙（1300- 1374?）

《列朝诗集》甲集前编卷十一：“颙字伯恺，金华人。元末隐居不出，自号‘云天颙民’。至正庚子，自刻其诗曰《樵云独唱》。洪武中，举进士，官行人司副，免官家居，授徒甚众。”

读扬子云传

不耽势利远豪权，白发区区草《太玄》。何事委身臣莽日，甘心投阁污余年。（《樵云独唱诗集》卷五，民国十三年永康胡氏梦选楼刊《续金华丛书》本）

余 阙（1303 1358）

《元史》卷一百四十三：“余阙字廷心，一字天心，唐兀氏，世家河

西武威。父沙刺臧卜，官庐州，遂为庐州人。少丧父，授徒以养母，与吴澄弟子张恒游，文学日进。……阙留意经术，《五经》皆有传注。为文有气魄，能达其所欲言。诗体尚江左，高视鲍、谢，徐、庾以下不论也。篆隶亦古雅可传。”

送葛元哲序（节录）

文者，物之成章者也。在天而为三辰，在地而为川岳，其在于人，若尧舜之治化，孔孟之道德，仲由之政，冉求之艺，一皆谓之文。今特以言辞之精为文者，夫言之精，莫精于周公、孔子二圣人之于言，岂有求其精而然哉，而其文何若是其蔚也。扬雄、司马相如、韩子、欧阳子，始号为工于文者，彼其于周公、孔子之文，非不欲穷日夜之力，极一世之所好，孜孜焉追琢磨砺，以求其精，而卒不能至焉。濂溪、二程夫子之学，其视扬雄、司马相如、韩子、欧阳子，盖有所不暇。然味其言，渊然而深，雄然而厚，睟然而醇，使得列于圣门，虽颜子、曾子将不能过。则夫言之精者，又若不待穷日夜之力，极一世之所好，孜孜焉追琢磨砺以求至于圣人而后已。此无他，圣贤道德之光，积中而发外，故其言不期其精而自精。譬犹天地之化，雨露之、润物之，魂魄以生，葩华毛羽，极人之智巧所不能为，亦自然耳。故学于圣人之道，则得圣人之言；学于圣人之言，则非惟不得其道，并所谓言胥不能至矣。（《青阳集》卷二，《四库》第1214册，第382—383页）

梁　寅（1303- 1389）

《明史》卷二百八十二：“梁寅，字孟敬，新喻人。世业农，家贫，自力于学，淹贯五经、百氏。累举不第，遂弃去。辟集庆路儒学训导，居二岁，以亲老辞归。明年，天下兵起，遂隐居教授。”

荀扬王韩

荀卿名况，赵人。善《诗》《礼》《春秋》《易》。仕齐，三为祭酒，以谗适楚，为兰陵令。孟子道性善，卿为《性恶》一篇以非孟子。扬雄为王莽大夫，好古乐道，以为经莫大于《易》，作《大玄》；传莫大于《论语》，作《法言》。王通，隋文帝时尝诣阙，献《大平十二策》，不报。归，教授河汾，与门人薛收等问答，名曰《中说》，有《续经》。唐韩愈作《原性》《原道》等篇。

自孟氏之后，世所其称者，荀、扬、王、韩四子也。荀卿善《诗》《易》《礼》《春秋》。扬雄好古乐道，有深沉之思。王通教授《五经》，喜论王道。韩愈作《原道》，排释氏，其志皆卓然自立，非俗儒所及矣。然稽诸先贤之言，以论其生平之学，则不能无蔽。荀以人之性恶而列孟子于十二子。雄为《大玄》，以艰深之辞文浅易之说。通之议论详于世变而略于性情，又续六经以陷于僭窃之罪。愈因学文以求道，知其用之周于万事，而未知其体之具于吾心；知其可行于天下，而未知其本之当先于吾身。以是观之，四子于圣贤之道尚未能深探其本乎？卿仕齐，三为祭酒，知道之不行而不能去，卒以谗见逐，又仕楚为兰陵令，苟禄而不知耻。雄黾勉于莽、贤之间，至为《剧秦美新》之文，以取媚于莽。通诣阙陈十二策，则又不待其招而往，不待其问而告。愈伏光范门而三上宰相书，汲汲富贵利达之求。以是断之，四子之出处去就，又安能无愧于圣贤哉？噫！四子皆有志于尧，舜、禹，汤、文，武、周公，孔子之传，而醇疵相半，于道有间。其接孟氏之绪者，卒有待于周、程、朱数君子。是以尚论千载者，不能无责备之意云。（《策要》卷六，清嘉庆宛委别藏本）

太　玄

《扬雄传》曰："雄作《太玄》，画三方、九州、二十七部、八十一家为八十一首，每首九赞，合七百二十九赞，外有《踦》《嬴》二赞。每卦曰初一、次二、次三、次四、次五、次六、次七、次八、上九，即九赞。每赞皆有测，卦始于《中》，终于《养》。”又曰：“《玄》与《太初历》相应，亦有颛帝之历焉。为其大漫漶不可知，故有《首》《冲》《错》《测》《摛》《莹》《数》《文》《掜》《图》《告》十一篇，皆以解剥六体，离散其文。”

夫《太玄》之作，以准《易》也。然其九赞自下而上，分下、中、上三体，而又各分之以上、中、下，如《禹贡》之九等，与所画无干涉。凡两赞直一日，前赞为昼，后赞为夜。通八十一首皆一阴一阳，相间而不易。八十一首通计七百二十九赞，正当三百六十四日半。乃以《踦》赞当半日，《嬴》赞当四分日之一，而后一周期焉。黎元通曰：“《易》之卦气，阳生于《复》，阴生于《姤》。《玄》以《周》配《复》，而阳始于《中》；以《遇》配《姤》，而阴始于《迎》。《中》者《复》之渐，而《迎》者《姤》之萌也。”又曰：“《易》有六十四卦，主一岁。以《坎》《离》《震》《兑》四正之卦，当二至二分四正之气。卦有六爻，爻主一日。凡三百六十日，余五日四分日之一。每日分为八十分，五日分为四百分，四分日之一又分为二十分。以六十卦分之，是一卦主六日七分也。《玄》有八十一首、七百二十九赞，主一岁，凡二首主九日，八十首主三百六十日，而归余于《养》。周天之度亦如之。日月之行有离合，阴阳之数有盈虚。《踦》《嬴》二赞有其辞而无其画，故附之于《养》以象闰焉。”又曰：“冬至阳始于中，以阳气潜萌于黄宫，故曰《中》。凡四日有踦，而一变至于《应》，而极阳、极阴上下相应，故曰《应》。夏至阴始于迎，谓阳极而阴生，故曰《迎》。亦四日有踦，而一变至于《养》，而极养者处阳气将复之会，不可无所养也。阳无间断之时，亦无骤生之理，故贵乎养。盈天地之间者，一阴阳消长之机，故《玄》曰“阳不极则阴不萌，阴不极则阳不芽”，此《玄》之所以准《易》也。

又按，邵子尝作《正玄》，所以正《太玄》之未正也。《玄》有十二卷，《正玄》则以九天分为九卷。《玄》有八十一首，《正玄》则以九首各为一卷。《玄》九首仅以配土，《正玄》则以水火木金土随次序而品第之。至于象工、象兀、象示、象正、象器、象亦、象坐、象光、象幽之类，无非正救《太玄》，而为子云钻皮出羽者也。

又按，《太玄》始于《中》，终于《养》，仿京房卦气始于《中孚》，终于《颐》。卦气之说本谬，而法之，何为哉？诸儒好异者，往往推演其说，而实无所用。姑述其大要，以俟稽考焉。（《策要》卷六，清嘉庆宛委别藏本）

王申子（？－1313？）

《新元史》卷二百三十五："王申子字巽卿，邛州人。寓居慈利天门山，著《大易缉说》十卷。尝见魏了翁《答蒋得之书》及史学斋《临汝讲义》，皆祖张观物语，以《九其图》者见后天八卦之象，《十其书》者具《洪范》五行之数，谓晦庵不及见是书，故谓十图而九书，此读《易》者一大疑事。申子力探其原而正之，取十其图者分纬之，以画先天；九其书者错综之，以位后天。不假穿凿，可以祛疑辨惑。皇庆二年，征为南阳书院山长，卒。"

问扬子云太玄准易如何

曰：《太玄》取数以一加二为三，为三方。三三而九，为九州。三九而二十七，为二十七部。九九而八十一，为八十一家。纯乎取《洛书》数而用奇，其所谓准《易》者，《玄》之家准《易》之卦，《玄》之首准《易》之彖。故八十一家，有八十一首。《玄》之赞准《易》之爻，故有七百二十九赞。《玄》之赞有测，准《易》爻之小《象》。《玄》之《文》准《易》之《文言》。《玄》之《摛》《莹》《掜》《图》《告》，准《易》之上《系》、下《系》。《玄》之《数》，以论九赞所象，准《易》

之《说卦》。《玄》有《冲》，以序八十一首阴阳之相对，准《易》之《序卦》。《玄》有《错》，以《错》杂八十一首而说之，准《易》之《杂卦》。自首以下为十一篇。

然以愚观之，名曰准《易》而大不同者。《易》之彖所以断，是卦之全体。而《玄》之首四重方、州、部、家，而赞则不以四重为赞。《易》之爻，所以乘六虚之时用，宜与不宜，当与不当。《玄》则初一、次二、次三、次四、次五、次六、次七、次八、次九而无位，且无刚柔、上下、远近之分。则何以辨其时用宜不宜、当不当邪?《易·文言》惟《乾》《坤》有之，《睟》，《玄》之《乾》也，而《玄》之《文》不加之。《睟》而加之《中》，《中》者，《玄》之《中孚》也。其意专主交成卦气，以《中孚》为阳贞，建子之月起于《中孚》，故独加以文而详说之也。是以司马君实《潜虚》拟《太玄》，专以气候说《易》。

问易太玄潜虚取数

曰:《易》兼取河图洛书之数，故奇偶亭当，体用兼备，其数无欠，亦无余。《太玄》纯取《洛书》之数，一六、二七、三八、四九、五五而无十，自一至九亦无十，故欠而增《踦》《嬴》二赞。《潜虚》纯取《河图》之数而用十为五十五行，故余而退。元、齐、余三者，元，始也；齐中也；余，终也。退此三者而无变。愚故曰《太玄》《潜虚》各得《易》之一偏者，此也。

问易太玄潜虚揲蓍

曰:《易》之揲蓍也，以天地真元之数，一二三四五，小衍之为十五，大衍之为五十。故四营之，以求老少阴阳之策。其五十之中，又虚其一者，天地之数皆生于一，一，太极也。是所虚之一，在七七四十九策之外。是数也，皆倚天地圆奇方偶而用之，故能成变化而行鬼神。《太玄》之数则起于三，而终于九。九者，三其三也。故《玄》之蓍用六，六者，两其三也。六而六之，故《玄》用三十六策而揲，以数起于三，故又虚其三，而用三十三而揲，是所虚之三，乃在六六三十六之内，与《易》异矣。以三搜之至三，而止得七为一，得八为二，得九为三，是再合余而以三搜之也。故有旦筮、昼筮、夜筮之不同。奇奇而欠故也。《潜虚》之数起于十，十者，两其五也。故《潜虚》之蓍用五，五而五之，合用二十五策而揲，乃三倍而用七十五策，以其起于五，故虚五而用七十策。是于五行数内各虚其一也。揲之以十，谓可以得名，而未可以得变。故再揲以七。偶偶而余故也。

问易太玄潜虚反对

曰：《易》之先天八卦，后天重为六十四卦以反对，反易观之，止三十六卦，三十六乃自一至八之积也。《太玄》以一加二成三，为三方。三三而九，为九州。三九而二十七，为二十七部。九九而八十一，为八十一家。其不易者九，《中》《增》《争》《毅》《迎》《度》《唫》《瞢》《勤》。其反易者七十二，合而观之，止四十五家。四十五，乃自一至九之积也。《潜虚》以十，十而十之，其行当一百，乃退而用五十五行，是专用河图五行之数，故《潜虚》数有正有屈，五十五亦自一至十之积也。

问太玄潜虚直日之说

曰：愚尝谓《太玄》准《易》，《潜虚》拟《玄》，得《易》之余，而不见《易》道之大，谓此类也，何也？《易》以《乾》《坤》二篇之策三百有六十，当周天之度，以归余象闰，正其赢缩，以见《易》道之变化，即天道之流行，初不以是拟其度而推测之也。后之说者，有以一卦直六日七分，而《坎》《离》《震》《兑》四正卦各守其方，至《太玄》则直以一首管九赞，每一首直四日半。以二赞管八策，当一日。以二万六千二百四十四策，当三百六十四日半。又设《踦》《嬴》二赞，《踦》

赞当一日四之二，《嬴》赞当一日四之一，以当周天三百六十五度四分度之一，而无赢缩。至《潜虚》拟《玄》，则遂以冬至之气起于玄，转而周天三百六十四变，一变主一日，乃授于《余》而终之。以一行当七日，《元》《齐》当半，《余》当余分，以合周天之度。是四圣人之《易》，止为历数之书耳。（以上《大易缉说》卷二，《四库》第 24 册，第 59—61 页）

宋　濂（1310- 1381）

《明史》卷一百二十八："宋濂，字景濂，其先金华之潜溪人，至濂乃迁浦江。幼英敏强记，就学于闻人梦吉，通《五经》，复往从吴莱学。已，游柳贯、黄溍之门，两人皆亟逊濂，自谓弗如。元至正中，荐授翰林编修，以亲老辞不行，入龙门山著书。"

华川书舍记（节录）

自先王之道衰，诸子之文人人自殊，管夷吾氏则以霸略为文，邓析氏则以两可辨说为文，列御寇氏则以黄老清净无为为文，墨翟氏则以贵俭、兼爱、尚贤、明反、非命、尚同为文，公孙龙氏欲屈众说，则又以坚白名实为文，庄周氏则又以通天地之统、序万物之性、达死生之变为文，慎到氏则又以刑名之学为文，申不害氏、韩非氏宗之，又流为深刻之文，鬼谷氏则又以捭阖为文，苏秦氏、张仪氏学之，又肆为纵横之文，孙武氏、吴起氏则又以军行兵势、图国料敌为文，独荀况氏粗知先王之学，有若非诸子之可及，惜乎学未闻道，又不足深知群圣人之文。凡若是者，殆不能悉数也。文日以多，道日以裂，世变日以下，其故何哉？盖各以私说臆见，哗世惑众，而不知会通之归，所以不能参天地而为文。自是以来，若汉之贾谊、董仲舒、司马迁、扬雄、刘向、班固，隋之王通，唐之韩愈、柳宗元，宋之欧阳修、曾巩、苏轼之流，虽以不世出之才，善驰骋于诸子之间，然亦恨其不能皆纯揆之群圣人之文，不无所愧也。(《文宪集》卷二，《四库》第1223册，第268—269页)

渊颖先生碑（节录）

古之赋学，专尚音律，必使宫商相宣，徵羽迭变。自宋玉而下，唯司马相如、扬雄、柳宗元能调协之。因集四家所著，名《楚汉正声》。其他著述若此者众，不能殚举也。(《文宪集》卷十六，《四库》第1224册，第41页)

法　言

扬子《法言》十卷，汉扬雄撰，凡十三篇，篇各有序，通录在卷后。景祐初，宋咸引之以冠篇首，或谓始于唐仲友，非也。自秦焚书之后，孔子之学不绝如线，雄独起而昌之，故韩愈以其与孟、荀并称，而司马光好扬雄学，且谓孟子好《诗》《书》，荀子好《礼》，扬子好《易》，孟文直而显，荀文富而丽，扬文简而奥，惟简而奥，故难知。其与雄者至矣。是《法言》者，为拟《论语》而作。《论语》出于群弟子之所记，岂孔子自为哉？雄拟之，僭矣。至其甚者，又撰《太玄》以拟《易》，所谓《首》《冲》《错》《测》《摛》《莹》《数》《文》《掜》《图》《告》之类，皆足以使人怪骇，由其自得者少，故言辞愈似而愈不似也。呜呼，雄不足责也，光以一代伟人，乃胶固雄学，复述《潜虚》以拟《玄》，抑又何说哉？余因为之长叹。雄之事，经考亭朱子论定者，则未遑及也。(《文宪集》卷二十七，第422页)

脱　脱（1314- 1356）

《元史》卷一百三十八："脱脱字大用，生而岐嶷，异于常儿。及就学，请于其师浦江吴直方曰：'使脱脱终日危坐读书，不若日记古人嘉言善行服之终身耳。'（至正）三年诏修辽、金、宋三史，命脱脱为都总裁官。"

礼　志

熙宁七年，判国子监常秩等请立孟轲、扬雄像于庙廷，仍赐爵号；又请追尊孔子以帝号。下两制礼官详定，以为非是而止。

京兆府学教授蒋夔请以颜回为兖国公，毋称先师，而祭不读祝，仪物一切降杀，而进闵子骞九人亦在祀典。礼官以孔子、颜子称号，历代各有据依，难辄更改，仪物祝献，亦难降杀，所请九人，已在祀典。熙宁祀仪，十哲皆为从祀，惟州县释奠未载。请自今三京及诸州春秋释奠，并准熙宁祀仪。

诏封孟轲邹国公。晋州州学教授陆长愈请春秋释奠，孟子宜与颜子并配。议者以谓凡配享、从祀，皆孔子同时之人，今以孟轲并配，非是。礼官言："唐贞观以汉伏胜高堂生、晋杜预范宁之徒与颜子俱配享，至今从祀，岂必同时。孟子于孔门当在颜子之列，至于荀况、扬雄、韩愈皆发明先圣之道，有益学者，久未配食，诚阙典也。请自今春秋释奠，以孟子配食，荀况、扬雄、韩愈并加封爵，以世次先后，从祀于左丘明二十一贤之间。自国子监及天下学庙，皆塑邹国公像，冠服同兖国公。仍绘荀况等像于从祀：荀况，左丘明下；扬雄，刘向下；韩愈，范宁下。冠服各从封爵。"诏如礼部议，荀况封兰陵伯，扬雄封成都伯，韩愈封昌黎伯，令学士院撰赞文。又诏太常寺修四孟释菜仪……

政和三年，诏封王安石舒王，配享；安石子雱临川伯，从祀。《新仪》成，以孟春元日释菜，仲春、仲秋上丁日释奠。以兖国公颜回、邹国公孟轲、舒王王安石配享殿上；琅邪公闵损、东平公冉耕、下邳公冉雍、临淄公宰予、黎阳公端木赐并西向，彭城公冉求、河内公仲由、丹阳公言偃、河东公卜商、武城侯曾参并东向；东庑，颍川侯颛孙师以下至成都伯扬雄四十九人并西向，西庑，长山侯林放以下至临川伯王雱四十八人并东向。颁辟雍大成殿名于诸路州学……

咸淳三年，诏封曾参郕国公，孔伋沂国公，配享先圣；封颛孙师陈国公，升十哲位；复以邵雍、司马光列从祀。其序：兖国公、郕国公、沂国公、邹国公，居正位之东面，西向北上，为配位；费公闵损、薛公冉雍、黎公端木赐、卫公仲由、魏公卜商，居殿上东面，西向北上，郓公冉耕、齐公宰予、徐公冉求、吴公言偃、陈公颛孙师，居殿上西面，东向北上，为从祀；东庑，金乡侯澹台灭明、任城侯原宪、汝阳侯南宫适、莱芜侯曾点、须昌侯商瞿、平舆侯漆雕开、睢阳侯司马耕、平阴侯有若、东阿侯巫马施、阳谷侯颜辛、上蔡侯曹邮、枝江侯公孙龙、冯翊侯秦祖、雷泽侯颜高、上邽侯壤驷赤、成邑侯石作蜀、巨平侯公夏首、胶东侯后处、济阳侯奚容点、富阳侯颜祖、滏阳侯句井疆、鄄城侯秦商、即墨侯公祖句兹、武城侯县成、汧源侯燕伋、宛句侯颜之仆、建成侯乐欬、堂邑侯颜何、林虑侯狄黑、郓城侯孔忠、徐城侯公西点、临濮侯施之常、华亭侯秦非、文登侯申枨、济阴侯颜哙、泗水侯孔鲤、兰陵伯荀况、睢陵伯穀梁赤、莱芜伯高堂生、乐寿伯毛苌、彭城伯刘向、中牟伯郑众、缑氏伯杜子春、良乡伯卢植、荥阳伯服虔、司空王肃、司徒杜预、昌黎伯韩愈、河南伯程颢、新安伯邵雍、温国公司马光、华阳伯张栻，凡五十二人，并西向；西庑，单父侯宓不齐、高密侯公冶长、北海侯公皙哀、曲阜侯颜无繇、共城侯高柴、寿张侯公伯寮、益都侯樊须、巨野侯公西赤、千乘侯梁鳣、临沂侯冉孺、沐阳侯伯虔、诸城侯冉季、濮阳侯漆雕哆、高苑侯漆雕徒父、邹平侯商泽、当阳侯任不齐、牟平侯公良孺、新息侯秦冉、梁父侯公肩定、聊城侯鄡单、祁乡侯罕父黑、淄川侯申党、厌次侯荣旗、南华侯左人郢、朐山侯郑国、乐平侯原亢、胙城侯廉洁、博平侯叔仲会、高堂侯邽巽、临朐侯公西舆如、内黄侯蘧瑗、长山侯林放、南顿侯陈亢、阳平侯琴张、博昌侯步叔乘、中都伯左丘明、临淄伯公羊高、乘氏伯伏胜、考城伯戴圣、曲阜伯孔安国、

成都伯扬雄、歧阳伯贾逵、扶风伯马融、高密伯郑玄、任城伯何休、偃师伯王弼、新野伯范宁、汝南伯周敦颐、伊阳伯程颐、郿伯张载、徽国公朱熹、开封伯吕祖谦，凡五十二人，并东向。(《宋史》卷一百五，第2548—2555页)

李　晔（1314- 1381）

《四库全书总目》卷一百六十九："昱字宗表，号草阁，钱塘人。《南雍志》作临安人，盖偶署宋代地名，非明之临安也。洪武中，官国子监助教。"按，李昱本名李晔，《四库》馆臣为避康熙讳写作昱。

古风十四首（其一）

子云不晓事，老厌居执戟。《法言》仿《论语》，《太玄》拟《周易》。美新无乃佞，意谓伸蠖尺。投阁身致危，于道竟何益。何如渊明翁，敝屣弃彭泽。浩歌归去来，南山耸秋碧。(《草阁诗集》卷一，《四库》第1232册，第4页)

［按］此诗将扬雄与陶潜对比，斥子云而高渊明。宗表又有诗云："扬雄为文最奇古，李白得句徒清新。"又云"李白诗成谁倡和，扬雄赋在自吹嘘。"此又将扬、李对举。

袁　华（1316- 1373?）

《昆山人物志》卷三："袁华字子英，少颖悟不群，读书过目辄成诵，考究经史百氏，号为该博，善诗章乐府。杨铁崖称为才子。洪武初为郡学训导，所著有《可传集》《耕学稿》。”

至正乙巳纪兴（其一）

扬雄莽大夫，陶潜晋处士。校书天禄阁，归耕柴桑里。陶情绿酒倾，准《易》《太玄》拟。文章既雄世，出处多殊轨。直书义自见，珍重子朱子。（《耕学斋诗集》卷三，《四库》第1232册，第273页）

［按］子英《次韵奉答卢伯融见寄》有“苏武流离终仕汉，扬雄寂寞却归新”之句，亦贬扬之语。

祝　尧（1318进士）

《（嘉靖）江西通志》卷十七：“祝尧字均泽，广信人。至元中南城丞，存心抚治，贰政惟勤，兴学校，课农桑，清狱讼，革奸回，吏畏民怀。”

扬子云

子云少而好赋，每慕相如。尝作《绵竹颂》，成帝时，直郎杨庄颂此，帝曰：“此似相如之文。”庄曰：“非也，此臣邑人扬子云。”帝召见。时帝为赵飞燕无子，往祠甘泉泰畤。子云奏《甘泉赋》以风帝。又祠后土汾阴，追观先代遗迹。子云又以为今日宜兴至治以拟帝皇，上《河东赋》以劝。又帝羽猎，子云从，以为泰畤非三驱之意，故因校猎赋以风。帝又将夸胡人以多禽兽，命右扶风发民捕载输长杨射熊馆，令胡人手搏之，自取其获。子云又上《长杨赋》以风。

愚谓自楚骚已多用连绵字及双字，长卿赋用之尤多。至子云好奇字，人每载酒从问焉。故赋中全喜用奇字，十句而八九矣。厥后《灵

光》《江》《海》等赋旁搜遍索，皆以用此等字为赋体，读者苦之。然赋之为古，亦观六义所发何如尔。若夫雾縠组丽，雕虫篆刻以从事于侈靡之辞，而不本于情，其体固已非古。况乎专尚奇难之字以为古，吾恐其益趍于辞之末，而益远于辞之本也。晦翁尝论今人好用字，如读《汉书》，便去收拾三两个字。洪景卢较过人亦然，南丰尚鲜使一二字，欧苏全不使一个难字，而文字如此好。则作者何必要用奇难字哉。（《古赋辨体》卷四，《四库》第1366册，第760—761页）

甘泉赋解题

赋也。全是仿司马长卿，真所谓同工异曲者欤。盖自长卿诸人就骚中分出侈丽之一体，以为辞赋，至于子云，此体遂盛。不因于情，不止于理，而惟事于辞。虽曰因宫室畋猎等事以起兴，然务矜夸而非咏歌，兴之义，变甚矣；虽曰取天地百神等物以为比，然涉奇狂而非博雅，比之义，变甚矣；虽曰陈古者帝王之迹以含讽，然近谀佞而非柔婉，风之义，变甚矣；虽曰称朝廷功德等美以仿雅颂，然多文饰而非正大，雅颂之义，又变甚矣。但风、比、兴、雅、颂之义虽变，而风、比、兴、雅、颂之义终未泯，至于三国六朝以降，辞益侈丽，六义变尽而情失，六义泯尽而理失。噫，于此可以观世变矣！（《古赋辨体》卷四，第761页）

羽猎赋解题

赋也。赋尾有风，与《甘泉》诸赋同。然子云之所谓“风”，与长卿之所谓“风”，盖出一律，有非复《诗》《骚》之“风”矣。（《古赋辨体》卷四，第764页）

长杨赋解题

问答赋。如《子虚》《上林》，首尾同是文，而其中犹是赋。至子云此赋，则自首至尾纯是文，赋之体鲜矣。厥后唐末宋时诸公以文为赋，岂非滥觞于此。盖赋之为体，固尚辞。然其于辞也，必本之于情而达之于理。文之为体每尚理，然其于理也多略乎其辞而昧乎其情。故以赋为赋，则自然有情有辞而有理；以文为赋，则有理矣而未必有辞，有辞矣而未必有情。此等之作，虽名曰赋，乃是有韵之文，并与赋之本义失之噫。（《古赋辨体》卷四，第766页）

西都赋解题

此赋两篇，亦一篇也。前篇极其眩曜，赋中之赋也；后篇折以法度，赋中之雅也。篇末五诗，则又赋中之颂也。昌黎曰："诗正而葩。"子云曰："诗人之赋丽以则。"愚谓先正而后葩，此诗之所以为诗；先丽而后则，此赋之所以为赋。自汉以来，赋者多知赋之当丽，而少知赋之当则。苟有善赋者，以诗中之赋而为赋，先以情而见乎辞，则有正与则之意为骨；后以辞而达于理，则有葩与丽之辞为肉。庶几葩丽而不淫，正则而可尚，发乎情止乎礼义，是独非诗人之赋欤？何词人之赋足言也。此赋涉雅颂，犹有正与则之余风，愚故于此意言之。（《古赋辨体》卷四，第769页）

反骚解题

子云少好词赋，怪屈原文过相如，至不容而死，以为君子得时则大行，不得时则龙蛇。遇不遇命也，何必沉身哉。乃摭骚文而反之，投诸江流，以吊原。晦翁云雄固为屈原之罪人，此文乃《离骚》之谗贼，他尚何说。愚谓雄之行，先贤辩之详矣，然此文亦学者所当知，故录于此。（《古赋辨体》卷九，第842页）

卷九

叶子奇（1327? - 1390?）

《两浙名贤录》卷二："叶子奇字世杰，龙泉人。至正庚寅，以荐试方州，中第四人，退隐不仕。国初浙江行中书省复以学行荐廷试高等，授岳州巴陵簿，寻致仕，卒。子奇少极颖悟，壮游王刚叔门，闻理一分殊之旨，乃知圣贤之学不贵多闻，以静为主，因自号曰静斋。所著有《范通玄理》《草木子》等书。"

太玄本旨原序

扬子作《太玄》以拟《易》，《易》之用二，而《玄》之用三。用二，故二其二以为四，二其四以为八，二其八以为十六，二其十六以为三十二，二其三十二以为六十四也。用三，故三其三以为九，三其九以为二十七，三其二十七以为八十一也。《易》凡六重之，故其爻六；《玄》凡四重之，故其位四。《易》画则自下而上，自前而后，以☰乾一、☱兑二、☲离三、☳震四、☴巽五、☵坎六、☶艮七、☷坤八，八卦一贞八悔而互重之，故其究为六十四卦。《玄》画则自上而下，自内而外，以一方一州、一方二州、一方三州、二方一州、二方二州、二方三州、三方一州、三方二州、三方三州，九首三部三家而互重之，故其究为八十一首。此《易》《玄》取用不同之效也。

《易》立天地人之道，曰阴阳、刚柔、仁义，故其画不过于一奇偶之两端。《玄》立天地人之道，曰始中终、思福祸、下中上，故其画遂有𝌆一方一州一部一家、𝌮二方二州二部二家、𝍖三方三州三部三家之三体。盖《易》以两之，《玄》以参之也。《易》自《复》至《乾》为阳，自《姤》至《坤》为阴，此二至阴始阳生之机也。《玄》自《中》至《法》为阳，自《应》至《养》为阴，此亦二至阴始阳生之候也。《复》之初九，《姤》之初六，当二至昼夜子午之半。《中》之次六，《应》之次六，亦当二至昼夜子午之半。此则《易》之与《玄》应天之运也。

《易》则一正一反，对待而为序；《玄》则跌阴跌阳，交错而分家。《易》则爻多而卦少，由其画止偶；《玄》则位少而首多，由其画至三。至于遡流而穷源，自象而推理，则《易》有太极，《玄》则有玄也。是则用虽不同，而所同者体；数虽不同，而所同者理也。此则《易》之与《玄》可以类推而通者也。

虽然，《易》之仪象卦数，布置错综，与天地造化无不合，由其理出于自然，此所以为圣人之学。《玄》之方、州、部、家，分缀附会，求律历节候而强其合，由其智出于臆见，此所以为贤人之术。《易》之立象命名莫不有义，如《乾》之六阳，健莫如也，故以名《乾》；《坤》之六阴，顺莫如也，故以名坤。天地交而为《泰》，天地隔而为《否》，一阳来而为《复》，一阴生而为《姤》，五阳决一阴而为《夬》，五阴剥一阳而为《剥》，以至六十四卦，莫不皆然。我不知《玄》之为《中》、为《周》、为《礥》、为《闲》，以至八十一首，其于四画之位，果何所见以取象命名乎？此求而未通者一也。

夫卦与首既不同爻，与位亦有异，徒拟《中》于《中孚》，拟《周》为《复》，拟《礥》《闲》为《屯》，吾不知何中之虚，何阳之复，何刚柔始交而难生，初无其义，此求而未通者二也。

夫《易》爻以立卦，辞以明爻，故爻有六而辞亦六。今《玄》画有四，而赞辞反九，是上无所明，下无所属，首自首而赞自赞，本末二致，此求而未通者三也。

《易》画自下而上，故爻辞亦自下而上；《玄》画自上而下，而赞辞乃自下而上。上下背驰，此求而未通者四也。

《易》名阳爻以九，阴爻以六。今《玄》虽列九赞，但以次言之，初无指名，此求而未通者五也。

《易》之爻位吉凶，推之以才德时象之变，错之以中正刚柔之位，故可吉可凶，其法变动而不拘。今《玄》例以阳家一、三、五、七、九为昼，措辞吉；二、四、六、八为夜，措辞凶；阴家二、四、六、八为昼，措辞吉；一三五七九为夜，措辞凶。自始至终，一定不移，其法胶固而无变，此求而未通者六也。

圣人之于《易》，虽未尝不致其扶阳抑阴之义，然阴阳者造化之本，不可相无。圣人于其不可相无者，则以健顺仁义之属明之，虽其消息之际，有淑慝之分，固未始以阳全吉而阴全凶也。今《玄》例以昼吉夜凶、阴祸阳福，恐亦未足以尽圣人之微旨。此求而未通者七也。

圣人仰观俯察，见天地之间不过阴阳两端而已，因画一奇以象阳，画一偶以象阴，奇偶之上，复加一阴一阳，驯而至于六十四卦、三百八十四爻，其于岁数虽不求其尽合，而自无不合。今《玄》首画既不同，别立九赞，以两赞当一日，凡七百二十九赞当一岁三百六十四日半，外立《踦》《嬴》二赞以当气盈朔虚，虽于岁数尽合，盖亦模仿于历以附会焉，初未见其必然，恐弥纶天地之经，殆不如此。此求而未通者八也。

故朱子曰："《太玄》亦是拙底工夫。"岂不以此乎！虽然，不究六经之旨，无以见诸子之缺；不观诸子之缺，无以见六经之全。如《玄》也，刘歆见谓覆瓿，则已甚之毁。桓谭比之圣人，则过情之誉。要之，雄盖学圣人之作而未至者也。求之两汉，又岂多得哉！盖亦自成其一家之学也。今观宋、陆旧注，尚多舛失，辄不揆而为之解，虽肤见谀闻不足以穷《玄》之蕴奥，然于文义之近，亦或庶几焉。然而雄也拟《易》于《玄》，有以传其学；愚也索《玄》之旨，未免缺其疑。虽其固陋不能有以知《玄》，然亦不可谓后世无扬子云也。今疏其所疑于卷首，尚俟来哲，以折衷云。洪武元年秋八月己未，栝苍龙泉静斋叶氏子奇世杰谨序。（《太玄本旨》卷首，《四库》第803册，第108—110页）

原道篇（节录）

（朱子）书莽大夫扬雄死，所以病扬子也。然为莽大夫者不知其几。不书，又所以因贬而见褒也。（《草木子》卷二上，中华书局1959年版，第22页）

杂制篇（节录）

汉《大初历》。凡十九年七闰为一章。章者至朔分齐闰无余分也。二十七章五百一十三岁为一会。会者日月交会一终也。凡三会八十一章一千五百三十九岁为一统。闰朔并无余分。但非甲子岁首也。凡三统二百四十三章四千六百一十七岁为一元。至是闰朔并无余分。又值甲子岁首也。此扬子云拟之以作《太玄》也。（《草木子》卷三下，第57页）

朱元璋（1328-1398）

《明史》卷一："太祖开天行道肇纪立极大圣至神仁文义武俊德成功高皇帝，讳元璋，字国瑞，姓朱氏。"

论　文*

詹同自翰林待制迁直学士升侍读学士，上尝谕曰："古人文章明道德，通世务，如典谟，皆明白简易，无深险怪僻之语。孔明《出师表》亦何尝雕刻为文，而诚意溢出，至今使人诵之，忠义感激。近世辞虽艰深，意实浅近，即使过于相如、扬雄，何裨实用？自今翰林为文，但取通道术、达时务者，无事浮藻。"（焦竑撰：《玉堂丛语》卷四，中华书局1981年版，第128页）

［按］詹同为直学士在太祖时，故知"上"指朱元璋。朱元璋出身草莽，文学修养不高，故其论文求简易，亦情理中事。上有所好，下必效之。故其言虽无甚高论，犹录于此。本编湛若水条有录湛氏评论，可共为参详。

杨　砥（? - 1418）

《明史》卷一百五十："杨砥，字大用，泽州人。洪武末，由进士授行人司右司副。上疏言：'扬雄为莽大夫，贻讥万世。董仲舒《天人三策》及正谊明道之言，足以扶翼世教。今孔庙从祀有雄无仲舒，非是。'帝从之。"

奏罢扬雄从祀

（洪武）二十八年以行人司副杨砥言，罢汉扬雄从祀，益以董仲舒。（《明史》卷五十《礼志》，第 1297 页）

壬申，行人司副杨砥上疏言："扬雄为莽大夫，诒讥万世，董仲舒天人三策及正谊明道之言，足以扶翼世教。今孔庙从祀，有雄无仲舒，非是。"上是其言，诏罢扬雄从祀，增祀董仲舒。（夏燮撰：《明通鉴》卷十一，中华书局 2009 年版，第 478 页）

陶宗仪（1329- 1412?）

《明史》卷二百八十五："陶宗仪，字九成，黄岩人。……少试有司，一不中即弃去，务古学，无所不窥。……所著有《辍耕录》三十卷，又辑《说郛》《书史会要》《四书备遗》，并传于世。"

文章宗旨（节录）

卢疏斋先生《文章宗旨》云，大凡作诗，须用《三百篇》与《离骚》，言不关于世教，义不存于比兴，诗亦徒作。夫诗，发乎情，止乎礼义。《关雎》乐而不淫，哀而不伤，斯得性情之正，古人于此观风焉。

赋者，古诗之流也。前极宏侈之规，后归简约之制。故班固《二都》之赋，冠绝千古。前极铺张巨丽，故后必称典谟训诰之作终焉。厥后十数作者，仿而效之，盖诗人之赋必丽以则也。古今文章，大家数甚不多见，六经不可尚矣。战国之文，反复善辩。孟轲之条畅，庄周之奇伟，屈原之清深，为大家。西汉之文，浑厚典雅。贾谊之俊健，司马之雄放，为大家。三国之文，孔明之二表，建安诸子之数书而已。西晋之文，渊明《归去来辞》，李令伯《陈情表》，王逸少《兰亭叙》而已。唐之文，韩之雅健，柳之刻削为大家。夫孰不知。然古文亦有数。汉文，司马相如、扬雄，名教罪人，其文古。唐文，韩外、元次山近古，樊宗师作为苦涩，非古。宋文章家尤多，老欧之雅粹，老苏之苍劲，长苏之神俊，而古作甚不多见。（《南村辍耕录》卷九，中华书局 1959 年版，第 107 页）

小　学*

扬雄字子云，蜀郡成都人。四十为郎，三世不迁，终于大夫。善古文，识奇字。自伏羲命朱襄作六书，黄帝命仓颉制文字，下及唐虞三代，通谓之古文。至周史籀始著《大篆》十五篇，损益古文，或同或异，所谓奇字也。古人之书，殊文者多。秦兼天下，丞相李斯乃罢其不合秦文者，强而同之，遂作《仓颉篇》，所谓小篆是也。程邈变小篆为隶书，而王次仲复增广之，于是古文废而不用。汉兴，李书师以《仓颉》之学教于乡里。孝宣时，始命诸儒修《仓颉》之学，召通《仓颉》读者张敞从而授之，杜邺、爰礼、秦近亦能言之，孝平时，召礼百余人，令说文字未央宫中，以礼为小学元士。雄为黄门侍郎，采以作《训纂篇》，凡三十四章，又易《仓颉》重复之字为八十九章。（《书史会要》卷二，《四库》第 814 册，第 653 页）

论君臣

汤武非圣君，伊周非纯臣，孟子非贤人，扬雄非君子。成汤放桀于南巢，唯有惭德曰“予恐来世以兹为口实”。夷齐叩马而谏曰：“父死不葬，爰及干戈，可谓孝乎？以臣弑君，可谓仁乎？”此汤武之罪也。去亳适夏，既丑有夏，复归于亳，召公不悦，周公作《君奭》以自解，此伊尹、周公之罪也。“仲尼之徒，无道桓文之事者”；“闻诛一夫纣矣，未闻弑君”；三宿出昼，于予心以为速，沈同问燕可伐欤，吾应之曰可，此孟轲之罪也。“周公以来，未有汉公之懿”，此扬雄之罪也。（《说郛》卷八下，《四库》第876册，第404页）

扬　雄

谓菽为麦，大愚也；谓鹿为马，大奸也。扬雄以《法言》僭《论语》，以《太玄》僭《易》，当时诸儒，引春秋吴越之君比之，引春秋一王之法诛绝之，毋乃太甚。此正如儿曹敛容危坐以效老成，拜揖趋跄以效宾主，罗匳列瓦以效俎豆，长者见之，特一笑耳，何足深罪哉。惟符命之作，非大奸则大愚，清净寂寞者为之乎。（《说郛》卷八下，第406页）

崔骃宗扬雄

崔骃《达旨》：“譬犹衡阳之林，岱阴之麓，伐寻抱不为之稀，蓺拱把不为之数。”盖宗扬雄《解嘲》：“譬江湖之崖，勃解之岛，乘鴈集不为之多，双凫飞不为之少。”（《说郛》卷十一下，第553页）

张　适（1330- 1394）

《吴中人物志》卷七：“张适字子宜，世吴人。八岁能诗，称奇童；十三应江浙乡试，元社将亡，遂隐不仕，家于乐圃里。张士诚据吴日，累招不起。国朝诏修《元史》，擢工部郎中，辞归，复荐。所著有《甘白集》梓行于时。”

书反离骚后

忠臣宗国岂同常，冠世文章日月光。可笑《法言》谀莽者，如何投阁比投湘。（《甘白先生张子宜诗集》卷四，《存目》集部第 25 册，第 313 页）

吕不用（1341- ？）

《两浙名贤录》卷四十三：“吕不用，新昌人，初名必用，字则行。尝应元乡举，有奇名，稍长，悟曰：‘吾家世宋臣，事胡非义也。’遂更名不用，字则耕。率诸弟耕石鼓山下，以奉二亲。已从金华黄溍学，博涉经史，为诗文翩翩有逸气，时与宋濂、刘基相唱和。……以聋疾，退居。因自号石鼓山聋，所著有《得月稿》《牧坡稿》《力田稿》。”

云深书屋记（节录）

孔子亦读书乎？书也者，二帝三王之典也。亦为文乎？文也者，天地自然之言也。生孔子之后，读孔子读之书，而亦欲为孔子为之文者，孟轲耳。轲之文，虽未定以拟天地自然之言，要亦足以为天下后世法者，岂不以孔子者之言立而乱臣贼子惧，学为孔子者之言出，而杨朱、

墨翟之道熄哉。孟子没，世不复有知孔子者。虽以汉之诸儒，若司马迁、相如、杨雄、刘向之徒，其亦非不读孔孟之读而并孔孟之书而读之者也。制作凌山阜，非不嵬嵬焉；谈论如江河，非不浩漫焉。或言体而遗用，或言用而失体，或流于申韩，或杂于黄老，其如孔孟之足以垂法于千万世之下，难矣哉！浸淫五百年而唐有昌黎韩愈者出，始推尊尧、舜、禹、汤、文、武、周公、孔子、孟子相传之道，曰："轲之死，不得其传。"其著书若千万言，学者无远迩，皆知诵韩子之文，信其为孟轲之后一人而已。唐衰陵夷又二百年，至宋又得庐陵欧阳修者，著礼乐仁义之实，以合于大道。学者无贤不省，皆知诵欧阳子文，而曰"欧阳子，今之韩愈也。"当是时，其亦有哗而攻之，乘其间而沮之者。呜呼！自古斯文，一得一丧，或远或促，岂亦有数？（《得月稿》卷四，《续修》第 1325 册，第 349 页）

垂老叹诗序（节录）

昔汉扬雄有子童乌既死，后竟无嗣。雄读天下书，为时巨儒，然从事王莽，剧秦美新，至校书天禄，寂寞投阁。紫阳先生以"莽大夫扬雄"书之，至今贤良隐逸足为快哭。先民有言："仁者必有后。"雄行藏如此，其无嗣也宜矣。吾子文章非雄之并驰，声誉非雄之比肩，爵禄非有雄之富且贵也。要其中则似与雄有得失者，盖《美新》之作、投阁之辱，莽大夫之公论蔑如也。（《得月稿》卷四，第 353 页）

李继本（1357 进士）

《（光绪）保定府志》卷六十四："李继本，字延兴，河南人。博学多才，登王嗣宗榜进士，授太常奉礼，兼翰林检讨。元室弗靖，隐寓雄邑，所至辄有题咏。刘静修评其文，以为丰而实，直而通，归于仁义道德。有《一山济美集》行世。”

跋学生于征刘素赋稿

古之大夫有九能，能赋，一也。夫自声诗出而始有赋。屈子之骚，三百篇以还，崛为词赋之祖，得乎风雅之意也。司马相如、扬雄、班固《上林》《子虚》《甘泉》《羽猎》《东、西都》之制作，虽皆流声无穷，至律以骚之规律，瞠乎若后尘矣。然子云论赋谓：“童子雕虫篆刻，壮夫不为。”又曰：“诗人之赋丽以则，词人之赋丽以淫。”陆机则曰：“赋体物而浏亮。”雄之言是矣。机虽有雕琢之才，其为赋不过体物浏亮而止矣，岂知古人之赋哉。左思赋三都，缔思十年，门庭藩溷皆著纸笔，苟得一句即便疏之。祢衡赋鹦鹉，揽笔而作，文不加点，则有对客挥毫之捷焉。然则思也作之难，衡也成之易，人皆优衡而劣思，而余于思之赋，每敛衽读之；于衡之作，有不屑也。余至涞阳亲夏楚事，其徒曰：“于生征、刘生素，始诵《论》《孟》训故，而鄄宋先生世贞乃以声律之学教之。”先生启迪后学，而必其速化也，盖有所见矣。岂世之迂儒可与言哉。余观两生之赋，虽无学问以大之，然其好语亦时时间出。味其词意，皆自先生三百首梅花诗中来。遂进二生而告之曰：楚汉之赋尚矣，生也岂能一蹴而造其堂奥，其经余之点缀者，不过场屋声律之习耳。二生当积学以大之，其必如屈、宋，如相如、扬雄、班固、左思之雅制，斯善矣。两生其勉之。乙卯岁四月维夏日跋。（《一山文集》卷九，《四库》第1217册，第791—792页）

方孝孺（1357- 1402）

《明史》卷一百四十一：“方孝孺，字希直，一字希古，宁海人。……孝孺幼警敏，双眸炯炯，读书日盈寸，乡人目为‘小韩子’。

长从宋濂学，濂门下知名士皆出其下。先辈胡翰、苏伯衡亦自谓弗如。孝孺顾末视文艺，恒以明王道、致太平为己任。”

读法言

扬雄子云《法言》十三篇，子云为此书，尝自拟《论语》，而后世大儒或侪诸荀卿，其自拟者僭也。侪以荀卿者，亦非也。《论语》述圣人言行，犹天地之化。子云方且窃之焉，雕镂藻绘而蕲类之，其僭甚哉。然自圣人没，明道者莫尚于子思、孟子，彼荀卿者，乃攘袂讦斥，而诋生民之性为恶，其妄孰甚焉？子云则不然，措言持论，不敢违乎圣人。至其为善恶混之说，及以韦玄成与颜子并称，皆其不智而过言耳，非若卿之妄也。曰：子云胜卿与？曰：否，卿才高而果于大言，故其过多；子云才劣而笃于好古，故其过少。其未闻道，则一也。曰：好古曷事莽乎？曰：好古而不能择义，则将奚所不至，故士贵乎闻道。（《逊志斋集》卷四，《四库》第1236册，第136页）

与郑叔度八首（节录）

自汉以来，天下莫不学为文。若司马相如、扬雄，亦其特者，而无识为已甚。夫屈原之《离骚》，忧世愤戚，呼天目鬼神自列之辞，其语长短舒纵，抑扬阖辟，辩说诡异，杂错而成章，皆出乎至性，忠厚介洁，得风人之义。然务以忠情达志，非拘拘执笔凝思而为之也。至于其徒，浸失师意，流于淫靡。而相如与雄复慕而效之，穷幽极远，搜辑艰深之字，积累以成句，其意不过数十言，而衍为浮漫瑰怪之辞，多至于数千言，以示其博。至求其合乎道者，欲片言而不可得，其至与泽中之夫何异哉？自斯以后，学者转相袭仿，不特辞赋为然，而于文皆然。迨夫晋、宋以后，萎弱浅陋，不复可诵矣。人皆以为六朝之过，而安知实相如之徒首其祸哉？（《逊志斋集》卷十，第299页）

答阌乡叶教谕（节录）

自《诗》《书》以下作者，莫不有序。或同志者指其德业之所至，或门人故交发其所蕴而叹惜其遭逢，初非有求于人。而司马迁、班固、扬雄之俦，又直自述己意，以抒其奇伟之才，固未尝有待于外也。（《逊志斋集》卷十一，第329页）

答钱罗二秀才（节录）

古之言礼者曰：“拟人必于其伦。”若南宫适以禹稷拟孔子，孟子以子思比曾子，皆絜功量德，名与情称而无疑者也。或肆然而谬称之，是犹子禽以子贡比孔子，扬雄以韦玄成比颜渊，司马君实以扬雄比孟子，陆希□□□□□□□□愈不见信于当时，则取讥于后世，其不可较然也。然之数子者，虽不足拟圣贤，而其声光之著于天下，犹钧之于石，寻之于常，非犹山阜之于蚁蛭，河渭之于沟浍也。（《逊志斋集》卷十一，第336页）

张彦辉文集序（节录）

昔称文章与政相通，举其概而言耳。要而求之，实与其人类。战国以下，自其著者言之，庄周为人有壶视天地、囊括万物之态，故其文宏博而放肆，飘飘然若云游龙骞不可守。荀卿恭敬好礼，故其文敦厚而严正，如大儒老师，衣冠伟然，揖让进退，具有法度。韩非、李斯峭刻酷虐，故其文缴绕深切，排搒纠缠，比辞联类，如法吏议狱，务尽其意，使人无所措手。司马迁豪迈不羁，宽大易直，故其文崒乎如恒、华，浩乎如江、河，曲尽周密，如家人父子语，不尚藻饰，而终不可学。司马相如有侠客美丈夫之容，故其文绮曼姱都，如清歌绕梁，中节可听。贾谊少年意气慷慨，思建事功而不得遂，故其文深笃有谋，悲壮矫讦。扬

雄龊龊自信，木讷少风节，故其文拘束悫愿，摸拟窥窃，蹇涩不畅，用心虽劳，而去道实远。（《逊志斋集》卷十二，第 372 页）

杂 诗

好名未知道，古人有扬雄。著书欲传世，不暇修厥躬。圣言德之余，屈伸与天同。哀哉大节废，岂足称固穷。（《逊志斋集》卷二十三，第 683 页）

潘昂霄（?）

《四库全书总目》卷七十四："昂霄字景梁，号苍崖，济南人，官至翰林侍读学士，谥文僖。"

拟箴之始（节录）

箴者，谏诲之辞。若箴之疗疾，故名箴。《文心雕龙》曰：夏商二箴，余句颇存。夏箴见于《周书·文传篇》，商箴见于《吕氏春秋·名类篇》。周辛甲为太史命，命百官官箴王阙，虞人掌猎为箴。汉扬雄拟其体为《十二州、二十五官箴》，后之作者，咸依仿焉。（《金石例》卷九，《四库》第 1482 册，第 360 页）

吴 讷（1368- 1454）

《明史》卷一百五十八："吴讷，字敏德，常熟人。……讷博览，议论有根柢。于性理之奥，多有发明，所著书皆可垂于后。归家，布衣蔬食，环堵萧然。周忱抚江南，欲新其居，不可。家居十六年而卒，年八十六。谥文恪，乡人祀之言偃祠。”

甘泉赋解题

此赋乃为郎时献成帝者，雄雅好奇字，人或载酒从问，故赋中难字最多。厥后《灵光》《江》《海》等赋，皆以用此等字为体，然赋之为古，亦观六义所发何如耳，岂专尚奇难之字以为古哉？至其辞则全仿司马长卿，真所谓同工而异曲者，盖自长卿诸人就骚中分出侈丽之一体，以为赋至子云，此体遂盛，不因于情，不止于理，而惟事于辞，而流于淫矣，先儒谓雄晚年亦自悔，噫。（《文章辨体》卷三，《续修》第1602册，第199页）

盛景季（?）

［按］盛景季生卒年不详，据《金石萃编未刻稿》所载至正十一年进士刻石，知盛氏中当年三甲第二名。其余事迹不详。本编所录序文末题“洪武二年”，故系于此。

太玄本旨序

理之寓乎书者，莫备于《易》。阳奇阴偶，画而成卦。圣人因其自然之理，见乎辞以成文，非有意于己也。孔子没，孟氏之学不传，诸子百家各务售其己说。汉兴百五十有余年而后扬雄氏出焉。

雄之为人也，博学多闻，而能反求乎清静，其心有夫《易》道之大而未可以《易》言，故欲自成一己之书，明其自得之理，以淑于人，以

传于后，《太玄》于是乎作焉。虽然，《太玄》准夫《易》者也，方、州、部、家，固亦阴阳奇偶之理也。以方、州、部、家析而为一二三四，推而至于八十一首，抑亦理之所寓者乎。其义幽深而不涉于虚无，言奇要而不沦于功利。本之以数以发其微，体之以心以验其实，其亦隐然有见哉！自孟氏没，能继理学于久绝，必欲传世而行远者，扬氏也。不然，君子之论学，何以曰“孟轲氏云”“扬雄氏云”？

栝苍叶君世杰，注《太玄》之书，阐晦以为明，析难以为易，盖能究夫《玄》之旨矣。世之病夫《玄》者，以其拟夫羲文周孔之《易》而为僭也。呜呼，秦汉以来，朝廷之诰命必拟乎《诗》，节文损益必拟乎《礼》，褒贬纪述必拟乎《春秋》，然则为理数之学者，君子将何所拟耶？有其学则有其言，学有深浅，故言有远近，其或言之至而行不尽者，知之明守之不固也，故曰“君子不以人废言”。大明洪武二年春正月望日，新昌盛景季谨序。（《太玄本旨》卷首，清末东海藏书楼抄本）

解　缙（1369—1415）

《明史》卷一百四十七：“解缙，字大绅，吉水人。……缙幼颖敏，洪武二十一年举进士。授中书庶吉士。甚见爱重，常侍帝前。”

泰和杨氏族谱序（节录）

余尝读先贤杨文节公自序其谱，称古书传杨姓皆从木，或者见《子云传》，偶阙其点，遂以子云为抑扬之扬，非也，德祖答子建书云：“修家子云，老不晓事。”则雄与修初非异姓也。由是知凡谓杨有二族，且以扬为出于晋大夫解扬之后者，其皆不足信也。（《文毅集》卷八，《四库》第1236册，第714页）

薛　瑄（1389—1464）

《明史》卷二百八十二：“薛瑄，字德温，河津人。父贞，洪武初领乡荐，为元氏教谕。母齐，梦一紫衣人谒见，已而生瑄。性颖敏，甫就塾，授之《诗》《书》，辄成诵，日记千百言。……既而闻高密魏希文、海宁范汝舟深于理学，贞乃并礼为瑄师。由是尽焚所作诗赋，究心洛、闽渊源，至忘寝食。”

读书录（节选）

圣人未尝有自圣之心。后世儒者，未有所至即高自品置。如扬雄之《法言》，王通之《续经》，皆以孔子自拟也。二子非特不知圣人，亦不自知为何如人矣。自今观之，岂能以逃识者之鉴！（《薛文清公读书录》卷一，三晋出版社 2013 年版，第 695 页）

扬雄年四十余，自蜀来游京师，大司马车骑将军王音奇其文，召以为门下史，荐雄待诏。岁余，奏赋为郎，给事黄门，与王莽并。其后卒为莽臣，而死于其世。是其进也以王氏，终也以王氏，大节之亏，有自来矣。（《薛文清公读书录》卷三，第 740 页）

荀卿之托身黄歇，扬雄之失节莽贼，皆非“知几”者。子曰：“邦有道，危言危行；邦无道，危行言孙。”其“知几”乎！（《薛文清公读书续录》卷一，第 896 页）

梁中节（?）

梁田玉、梁良玉、梁良用、梁中节，皆定海人，同族，同仕于朝。田玉，官郎中，京师破，去为僧。良玉，官中书舍人，变姓名，走海南，鬻书以老。良用为舟师，死于水。中节好《老子》《太玄经》，为道

士。何申、宋和、郭节，俱不知何许人，同官中书。申使蜀，至峡口闻变，呕血，疽发背死。和及节挟卜筮书走异域，客死。何洲，海州人。不知何官，亦去为卜者，客死。郭良，官籍俱无考，与梁中节相约弃官为道士。余十一人并失其姓名。缙云郑僖纪其事为《忠贤奇秘录》，传于世。（《明史》卷一百四十三，第4046页）

［按］梁中节等人皆身历明“靖难”之变（1399—1402），故系于此。

卢　格（1412- 1489）

《金华征献略》卷六儒学传：“卢格字正夫，号荷亭，东阳人。登成化辛丑进士，任贵溪令，有善政……以母老辞归，遂不起。格邃学卓识，空所依傍，五经全史，诸子百氏，莫不覃思极研，得其精奥。尝著《荷亭论辨》，设主客问答，阐扬经旨。”

扬雄反骚辩

或问：“扬雄作《反骚》，何也?”曰：“此雄之愧辞也。雄为汉室耆老，值王莽篡位而不能死，于是抚骚文而反之，所以释其惭尔。序曰：‘雄怪屈原作《离骚》，自投江而死，读其文未尝不流涕，以为君子得时则大行，不得则龙蛇，遇不遇命也，何必沉身哉。’吾意雄之流涕，岂为原哉？盖其北面贼廷，悲惭满腹，欲隐不可，欲死不能，故因原而流涕尔。其辞曰：‘懿神龙之渊潜兮，竢庆云而将举。亡春风之被离兮，孰焉知龙之所处。’夫原溺死之后，楚寻破灭，何有所谓潜居待云者耶?此雄韬晦隐忍，期汉复兴，特借原而寓意尔。是故贾谊之文，伤己志也；扬雄之文，释己惭也。名曰吊原，皆非为原也。呜呼，忠臣事君，有死无二。雄不能死，虽流涕反骚，庸何补其行之亏乎？厥后荀彧饮药自杀，范质不请谥、不立碑，同一释惭也。学者察之。”（《荷亭辩论》

卷五，《存目》第101册，第510页）

梦游清都记——论通鉴纲目春秋传得失

弘治庚申七月既望，阳秋子读《通鉴纲目》，至“莽大夫扬雄死”，抚卷叹曰：“嗟乎，雄为汉室耆老，乃北面事贼，向非朱子特书大书，则夫绍孔过孟之称，后世宁不信乎?”叹已，复读三国六朝隋唐诸史，玩味书法，穷究旨归。

夜阑疲极，方褰帷就寝，忽梦身能轻举，上游清都，光明夺目，寒气逼人，金殿巍峨，祥云缥缈。中有王者，秉圭南坐，侍从百余人，皆垂绅正笏，东偏一室，榜曰“聚贤堂”，宋儒程朱冀列坐其内。既而一人，自称扬子云，谓阳秋子曰：“彼面有七星者为谁?”曰：“紫阳朱夫子也。”“其朱熹耶?”曰：“然。”曰：“吾甘心久矣，愿一见之于是。”揖而问曰：“子作《纲目》，继《春秋》，果能尽合《春秋》之旨乎?”朱子曰：“顾学力不逮尔，其义则熹窃取之矣。”扬子曰：“智者千虑，必有一失；愚者千虑，必有一得。请以子之所作，面加评论，可乎?”朱子曰：“唯唯。”曰：“三代而下，惟汉得天下为正，诛无道秦，讨逆贼羽，传群宽厚，世无失德，王莽欺孤弱寡，酖平帝而夺之，《纲目》一则曰莽，二则曰莽，诚得《春秋》讨贼之法矣。顾后如莽者，比肩接踵，子之书法或严或恕，何也?”朱子曰：“愿闻其略。”曰：“东汉末，天子蒙尘，群雄鼎沸。曹操假削平之功，因行篡夺。厥后司马懿、刘裕弑君篡国，相望于册。《纲目》一则曰主，二则曰主，岂以三子篡事有成而末减其罪乎?”朱子曰：“不然。王莽起自外戚，赤手而夺之。三子虽畜无君之心，然有大功于天下，徘徊窥伺积数十年，心迹虽同，时事则异。苟一例而书之，则无轻重之别矣。”曰：“姑置是他论，后世杨坚相周，非外戚欤?不期月而夺之，非赤手欤?厥嗣杨广，不道尤甚，有父之亲，有君之尊，躬行弑逆，罪恶滔大，《纲目》一则曰帝，二则曰帝，抑别有说欤?如雄者，恬于势利，好古乐道，欲以文章成名来世，作《太玄》，作《法言》，用心于内，不求于外，不幸值莽篡立，不能遁

迹邱园，亦不过纾一时之祸尔。《纲目》大书‘莽大夫扬雄死’，予实恨焉。然以子非有私仇，特欲为万世扶纲常尔。及观魏之贾充，隋之杨素，倡谋弑君，乘危取宠。唐之李绩、李林甫辈，怀奸稔蠹，误主丧邦，计其罪恶，百倍于雄。《纲目》例以卒书，岂亦有他故欤?”朱子默然良久，曰：“子言良是，予始虑未及尔。子如别有长识，愿终受教，可乎?”曰：“昔夫子作《春秋》，专欲明人伦，正本始，尊君父，讨乱贼，贵王贱伯，内夏外夷，经世大法，无所不具。诸传穿凿附会，枝词曲说，使圣人作经之旨湮塞不通，子求其一而法之，则得之矣。今《纲目》中如帝蜀汉，黜曹魏，曹丕废帝，司马懿弑君，系嗣圣之年，黜武氏之号，帝在房州，帝出奔蜀之类，大书其纲，分注其目，褒善贬恶，命德讨罪，俱发前贤所未发，深得圣人《春秋》之旨，予复何辞。然有未尽善者，愿子幸为改正，垂法将来，斯其美矣。大抵作史之法，当以君为首，臣与事为辅。每帝即位，必当列为篇名，其下细书讳某字，某某帝第几子，在位几年，一如《春秋》十二公之法。及其终也，备载史臣褒贬之辞，以示劝戒，则得《春秋》之旨矣。今子不然，故未尽善。又如正统之君，惟当原其得国之正，不当计其混一之功。唐虞三代无容议矣，降自汉唐宋，虽未能纯乎天理之公，而其救民之志不可诬也。附以正统，亦合人心。秦晋及隋，虽能混一，然或以诈力得之，或以篡弑得之，天理不顺，人心不服，今当别立变统之法，以示万世之公义。正统之君，全用天子之例。变统之君，参用僭国之例，则得《春秋》之旨矣。今子不然，亦未尽善。二者，其大略也。若夫枝条节目，开阖变通，惟在随时损益，吾亦不能琐琐。”朱子曰：“愿子终《春秋》之教。”曰：“圣人作经，大旨不过如前所云。诸传各立异说，固非一言可尽。吾欲子别立一书，折衷诸传，其合于圣经者则取之，背于圣经者则去之，得失相半者则损益之，二三其说者则删定之，名曰《春秋集传》。使圣人经世大典，炳如日星，学者一览，具见要领，则子之教化施于无穷，予亦托于不朽。”朱子曰：“熹平生不敢注《春秋》，各经则尝究心矣。”扬子曰：“不然。各经者，夫子之空言也。《春秋》者，夫子之行事也。空言独能载其理，行事然后见诸用。故曰‘我欲载诸空言，不若

见诸行事之深切著明也’。方今大明当天，万理毕照，独《春秋》一经为诸传所蔽，以故初学惧焉，读者益少。吾恐数年之后，将绝学矣。子擅著述之柄，独不为世道一虑乎?”朱子曰：“先正胡康侯作传，宋高宗颁行天下，后世因之。我今虽欲改作，其道无由也。”扬子曰：“不然。天下莫大于理，理之所在，天子亦屈尊以就之。矧胡传长处甚多，吾惟以理一之尔。子如听吾言，吾当上启九重，百拜请命，给尔明经十人，共成此书，嘉惠后学，子宜深潜反复，不可草草也。”于是朱子抚然，曰：“吾初读《法言》卒章，《剧秦美新》之文，诚有不足于子。今观子之所蕴，深得洙泗真源，熹何敢不敬承明训。”扬子曰：“子未知我，宜乎罪我。三世不徙官，晏如也，岂假是以希进乎?王莽穷凶极恶，无罪破灭者数百家，窃以文章名世，不得不婉词以纾祸尔。予谓汉兴二百一十载而中天，后光武中兴再二百年，予之前知，非卜筮也。子若能知此理，宁目我为莽大夫哉?”言讫而去，朱子怅望者久之。

已而钟鸣漏尽，阳秋子觉而异焉，告其友人卢子。卢子曰：“昼之所思，夜之所梦。子终日游心经史，精神感格，故应之于梦尔。”曰：“不然。事甚分明，言犹在耳，子急为我记之，否则忘矣。”卢子因命毛颖书之。(《荷亭辩论》卷八，第529—531页)

附：荷亭辨论提要

十卷，浙江巡抚采进本。明卢格撰。格字正夫，东阳人，成化辛丑进士，官至监察御史。尝筑荷亭，读书其中，因以名书。大抵持论诡异。攻击朱子之说，往往过当。至作《梦游清都记》，极为扬雄辨冤，谓亲见朱子与雄辨难，朱子词穷屈服，称雄为得洙泗真源云云，尤为诬诞。前有刘宗周序，谓学惟大疑而后能大信，后儒不及前人亦其果于自信之意多，而存疑者寡，若先生可为真求自信者。盖亦微词也。(《四库全书总目》卷一百二十七，第1096页)

丘 濬（1420—1495）

《明史》卷一百八十一："丘濬，字仲深，琼山人。幼孤，母李氏教之读书，过目成诵。家贫无书，尝走数百里借书，必得乃已。举乡试第一，景泰五年成进士。改庶吉士，授编修。濬既官翰林，见闻益广，尤熟国家典故，以经济自负。……濬以真德秀《大学衍义》于治国平天下条目未具，乃博采群书补之。"

论上书谏勿许单于朝

臣按，扬雄此书，前汉所以处匈奴者，备于此矣。但其所谓单于归义，陈见于前，以为乃上世之遗策，神灵之所想望则过矣。夫荒服之外，礼教所不及者，圣王所不臣。必欲使冠带以列位，稽颡而来朝，以此为遗后之策，以此为足以慰神灵之想望，是乃秦皇汉武夸大喜功之私心，非帝王大中至正之道也。（《大学衍义补》卷一百四十八，《四库》第713册，第704—705页）

周 瑛（1430—1518）

《明史》卷二百八十二："周瑛，字梁石，莆田人。成化五年进士。知广德州，以善政闻，赐敕旌异。迁南京礼部郎中，出为抚州知府，调知镇远。秩满，省亲归。弘治初，吏部尚书王恕起瑛四川参政，久之，进右布政使，咸有善绩，尤励清节。给事、御史交章荐，大臣亦多知瑛，而瑛以母丧归。服除，遂引年乞致仕。孝宗嘉之，诏进一阶。正德中卒，年八十七。"

扬子云书院记

蜀读书称扬子云氏。子云，郑夹漈《通志》谓蜀成都人，班固《汉书》谓郫人。按，子云《自序》谓其先出周伯侨氏，食采于晋河汾，号杨侯。晋六卿争权，逼之，乃去晋逃楚，家于巫山。既而遡江处巴，继又遡江处岷山之阳曰郫。则子云固郫人，而成都县中有洗墨池，意其读书侨寓之所也。

子云仕汉，当成哀平间，官不过为郎。其学师承未有所考，或谓参摹四方浑天之事，得诸严君平，未知是否。其所著书有《太玄》《法言》《训纂》《州箴》《解嘲》，及有《反骚》《广骚》《畔牢愁》《甘泉》《河东》《校猎》《长杨》等赋。子云没后，《法言》盛行于汉，其《太玄》至宋司马公始为之注，外此未有好之者。皇明继宋而兴，以儒术治天下，其教学者以《易》《书》《诗》《春秋》礼乐为宗，以《语》《孟》《庸》学为要，以濂洛关闽诸论说为羽翼，若《太玄经》等皆不列于学官，故扬氏之学益微。子云于西土，豪杰之士也。汉武帝好辞赋，司马相如辈挟其所业以进，大见宠幸。子云初虽有所慕羡，终觉其非是。乃退而自守，寂寞清静，留心《太玄》，以成一家学。可谓高出等夷矣。惜其择义不精，失身所事。《纲目》以为贬，君子虽重加爱护，而终不能掩其失也。予每见韩昌黎氏以孟轲、扬雄、荀卿并称，间又曰孟氏醇乎醇，荀与扬大醇而小疵，则扬氏之学，当在孟氏下，与荀氏并驾。至于司马相如辈，则非所论也。

子云没千余载，郫人张伯明氏为作书院于郫，书院前为堂，堂左右为夹室，夹室之南为庑，庑南为门，堂之北为楼，楼制高亢弘敞，每开轩四望，则岷嶓诸山左右环绕，而汶江前水交流其中，而子云所著《益州箴》历历可考。既又多购书庋置楼上，将使其族与其乡子弟讲习读诵，遡子云旧绪，仄诸醇而益大之。其用心良厚矣。张氏在郫为族最蕃，先自河南徙郫，至伯明委身蜀王府为承奉正，王以其忠诚，呼曰宋景，故又别称宋景。平日乐为义事，虽费巨万，无靳惜意。如宋潜溪谪

死于蜀，乃以其所营寿藏处潜溪，秦李冰凿离堆引江水内注，其经于郫，虽资灌溉，未免病涉。乃伐石为梁，极其壮丽。行者称便，至是复作子云书院，其表章先贤之心，劝率后学之意，至矣。予在蜀时，尝识伯明，及奔母丧东归，伯明遣人来索记。因述予所见，并为之书。(《翠渠摘稿》卷三，《四库》第1254册，第780—781页)

曹　安（1444举人）

《（崇祯）松江府志》卷四十二："曹安字以宁，华亭人，正统甲子举人，任鄢陵训导，升武邑教谕。素负才名，博学能文章，挥毫立就，居恒不废撰著……所作文曰《取嗤稿》，诗曰《蟋蟀吟》，皆失传，独《谰言长语》行世。"

离　骚*

《离骚》为词赋之祖，朱子论屈原者尽矣，扬雄乃作《反离骚》。其后有《非国语》者，又有作《非非国语》者；有《刺孟》者，又有作《刺刺孟》者。静言思之，可发一笑。(《谰言长语》卷上，《丛书集成初编》本，中华书局1991年版，第4页)

［按］柳宗元尝著《非国语》六十余篇（《新唐书·艺文志》著录柳宗元《非国语》二卷），宋人刘章、江端礼，元人虞盘皆作《非非国语》(见（《双槐岁钞》卷六)。王充《论衡》有《刺孟篇》，刘章则作《刺刺孟》（见郎瑛《七修续稿》卷四）。

李东阳（1447- 1516）

《明史》卷一百八十一：“李东阳，字宾之，茶陵人，以戍籍居京师。……天顺八年，年十八，成进士，选庶吉士，授编修。累迁侍讲学士，充东宫讲官。……为文典雅流丽，朝廷大著作多出其手。工篆隶书，碑版篇翰流播四裔。奖成后进，推挽才彦，学士大夫出其门者，悉粲然有所成就。自明兴以来，宰臣以文章领袖缙绅者，杨士奇后，东阳而已。”

美新叹

昭阳祸水喷火灭，贼莽势炽哀平折。宫中腊日椒酒芳，金縢策秘符命昌。汉家老妇不姓吕，犹握汉符为汉主。遗民独有龚胜存，饿死不入新都门。美新大夫那肯死，原是五侯门下史。（《李东阳集》卷一，岳麓书社 2008 年版，第 29 页）

京都十景诗序 （节录）

惟帝王建国立都，必有山川关辅之胜，宫阙城郭之丽，车书文轨民物之盛，以观天下。而鸿儒硕士，必有文章歌咏，写之琬琰，播之金石，以示后世，不可阙也。盖古之称名都者有三，若长安之河、华，东京之嵩、洛，金陵之钟山、大江，皆有所据以为胜。汉则有司马相如之《上林》，扬雄之《甘泉》《长杨》，班固之《两都》；唐则有李白之《明堂》，杜甫之《太庙》《南郊》《西岳》，韩愈之《南山》；宋则有王禹偁之《籍田》，宋郊之《圜丘王畿》，范仲淹之《明堂》，周邦彦之《汴都》。或诗或赋，铿锵炳耀，后先相望，皆足为天下后世道。然校之三代之盛，则亦远矣。（《李东阳集》卷二，第 391 页）

罗钦顺（1465- 1547）

《明史》卷二百八十二："罗钦顺，字允升，泰和人。弘治六年进士及第，授编修。……顺为学，专力于穷理、存心、知性。初由释氏入，既悟其非，乃力排之，谓：'释氏之明心见性，与吾儒之尽心知性相似，而实不同。释氏之学，大抵有见于心，无见于性。今人明心之说，混于禅学，而不知有千里毫厘之谬。道之不明，将由于此，钦顺有忧焉。'为著《困知记》，自号整庵。年八十三卒，赠太子太保，谥文庄。"

韩愈论荀扬*

"择焉而不精，语焉而不详。"此言以议扬子云可也。荀卿得罪于圣门多矣，"不精"恶足以蔽之？如苏东坡所论"喜为异说而不让，敢为高论而不顾"，乃为切中其膏肓之病耳。且如《非十二子》及《性恶》等篇，类皆反复其词，不一而足，不可谓不详矣。颠倒谬戾一至于此，尚何详略之足议耶？韩昌黎之待荀卿，未免过于姑息矣。（《困知记》三续，中华书局2013年版，第131页）

东坡论性*

苏东坡论子思、孟轲及扬雄，累千百言，于性实无所见。独所谓"天下之言性者，皆杂乎才而言之"，此言却偶中也。自扬雄而下，以及近世诸儒，误处往往在此。有能洞明思、孟之本旨者，岂非后学之大幸欤！（《困知记》三续，第132页）

湛若水（1466- 1560）

《明史》卷二百八十三："湛若水，字符明，增城人。弘治五年举于乡，从陈献章游，不乐仕进。……历南京吏、礼、兵三部尚书。南京俗尚侈靡，为定丧葬之制颁行之。老，请致仕。年九十五卒。"

慎言动下（节录）

国朝洪武二年三月戊申，上谓翰林侍读学士詹同曰："古人为文章，或以明道德，或以通当世之务，如《典》《谟》之言，皆明白易知，无深怪险僻之语。至如诸葛孔明《出师表》，亦何尝雕刻为文，而诚意溢出，至今使人诵之自然忠义感激。近世文士不究道德之本，不达当世之务，有词虽艰深意实浅近，即使过相如、扬雄，何裨实用？自今翰林为文，但取通道理明世务，无事浮藻。"

臣若水通曰：人之言皆本于心也。故心有所养，明于道德，通于世务，则其发于言辞，皆吾自得之实事，《典》《谟》《出师表》之浑厚平正是也。不培养其本，而徒靡丽于末，滕口说尔。此文风士习之所以日弊，可叹也。皇祖偃武修文之初，拳拳以明道德、通世务为至，文崇《典》《谟》《出师》之浑厚，黜相如、扬雄之浮藻，此文风士习之所以一丕变矣乎。今国家历百六十年，文辞之富丽甚矣，转移而挽回之，复洪武淳朴之风，在圣明一念之间尔。《语》曰"上有好者，下必有甚焉者矣"。文运与国运同隆污，夫岂细故哉！（《格物通》卷二十五，《四库》第716册，第226—227页）

王守仁（1472- 1529）

《明儒学案》卷十："王守仁字伯安，学者称为阳明先生，余姚人

也……隆庆初，赠新建侯，谥文成。万历中，诏从祀孔庙，称‘先儒王子’。”《明史》卷一百九十五有传。

传习录（节录）

爱问文中子、韩退之。先生曰：“退之文人之雄耳。文中子贤儒也。后人徒以文词之故推尊退之，其实退之去文中子远甚。”爱问：“何以有拟经之失?”先生曰：“拟经恐未可尽非。且说后世儒者著述之意，与拟经如何?”爱曰：“世儒著述，近名之意不无，然期以明道；拟经纯若为名。”先生曰：“著述以明道，亦何所效法?”曰：“孔子删述六经，以明道也。”先生曰：“然则拟经独非效法孔子乎?”爱曰：“著述即于道有所发明，拟经似徒拟其迹，恐于道无补。”先生曰：“子以明道者，使其反朴还淳，而见诸行事之实乎？抑将美其言辞而徒以哓哓于世也？天下之大乱，由虚文胜而实行衰也。使道明于天下，则六经不必述。删述六经，孔子不得已也。自伏羲画卦，至于文王、周公，其间言《易》如《连山》《归藏》之属，纷纷籍籍，不知其几，《易》道大乱。孔子以天下好文之风日盛，知其说之将无纪极，于是取文王、周公之说而赞之，以为惟此为得其宗。于是纷纷之说尽废，而天下之言《易》者始一。《书》《诗》《礼》《乐》《春秋》皆然。《书》自典、谟以后，《诗》自二《南》以降，如《九丘》《八索》，一切淫哇逸荡之词，盖不知其几千百篇；《礼》《乐》之名物度数，至是亦不可胜穷。孔子皆删削而述正之，然后其说始废。如《书》《诗》《礼》《乐》中，孔子何尝加一语？今之《礼记》诸说，皆后儒附会而成，已非孔子之旧。至于《春秋》，虽称孔子作之，其实皆鲁史旧文。所谓‘笔’者，笔其旧；所谓‘削’者，削其繁：是有减无增。孔子述六经，惧繁文之乱天下，惟简之而不得，使天下务去其文以求其实，非以文教之也。春秋以后，繁文益盛，天下益乱。始皇焚书得罪，是出于私意，又不合焚六经。若当时志在明道，其诸反经叛理之说，悉取而焚之，亦正暗合删述之意。自秦、汉以降，文又日盛，若欲尽去之，断不能去；只宜取法孔子，录其近是者而表章之，则其诸怪悖之说，亦宜渐渐自废。不知文中子当时拟经之意如何？某切深有取于其事，以为圣人复起，不能易也。天下所以不治，只因文盛实衰，人出己见，新奇相高，以眩俗取誉。徒以乱天下之聪明，涂天下之耳目，使天下靡然争务修饰文词，以求知于世，而不复知有敦本尚实、反朴还淳之行：是皆著述者有以启之。”（《王文成公全书》卷一《语录一》，中华书局2015年版，第9—10页）

［按］阳明此处虽仅论王通拟经之举，然借之以论扬雄亦可，故录于此。

王廷相（1474- 1544）

《明史》卷一百九十四："王廷相，字子衡，仪封人。幼有文名。登弘治十五年进士，选庶吉士，授兵科给事中。……廷相博学好议论，以经术称。于星历、舆图、乐律、河图、洛书及周、邵、程、张之书，皆有所论驳，然其说颇乖僻。隆庆初，复官，赠少保，谥肃敏。"

怀田勤甫

懒予不踏夷梁道，怅望三山云雾秋。几处楼台荒宋苑，千年城阙傍河洲。诸公词藻矜先达，甲第繁华傲列侯。独有扬雄甘自守，闭门犹作草《玄》愁。（《王廷相集》卷十七，中华书局1989年版，第285页）

［按］王诗提及扬雄者颇多，其他如《有怀勤甫》"何期贾谊官难就，空羡扬雄赋早成"，《寄李司马寅长》云"不数扬雄善词赋，汉家功业重和民"等。

策　问

问：自孔子《春秋》以还，异端横起：执刑名者，竟二世以亡秦；

倡虚无者，卒五胡以乱晋。兹皆邪僻，离畔大道，不待诛罚而知其非者也。其间著书持论，本之仁义礼乐，遡由洙泗者，未有过于荀卿、扬雄、王通、韩愈之流。故儒者之论，于荀则曰，其书羽翼《六经》，增光孔子，非徒诸子之言焉；于扬则曰，折衷圣人，以求道之极致，故其著书，所得为多；于王则曰，世人以其议论附会成书，其间极有格言，荀扬所不能道；于韩则曰，排斥二家，拨乱反正，功齐孟子而力倍之。由是论之，则四子者，皆有功于孔子之道，而在所取矣。

自今读其书而究之，则有不然者。人性之善，由天赋之本然也，则曰恶；圣人制礼，本人情之自然也，则曰伪；子思孟子，大贤也，比于十二子而非之；不有叛于圣道乎？以三起数，作《玄》准《易》，非天地之自然也；校书天禄，剧秦美新，非大丈夫之事也；不有背于圣人乎？《中说》问答，窃效《论语》；《六经》续纂，僭拟删述：不几与孔子之门，并立赤帜乎？佛骨之表，似也，广大深迥，太颠之说安可信？推尊孔子可也，尚同兼爱，孔墨之道安可同？不几于宗庙之美，未得其门乎？

夫四子之可疑者如此，而诸儒之论如彼，将何所适从乎？学者诵习古人之书，以为适道之准，使不明稽详辩，以求至当而守之，亦非善学道者也。诸生以为何如？（《王廷相集》卷三十，第545页）

集义明道并行

君子平生惟义是集，则于天下之事固无不敢为者矣。然亦有慑于祸患，惜其生命，而自私之心胜于义者。此在古今之人颇多，岂可谓集义之人便能一一敢为？此仆所以著其不明诸道而为鄙吝之心所夺也。扬子云平生守义，不汲汲于富贵，不戚戚于贫贱，不修廉隅以徼名，家无儋石之储，晏如也，非其义，虽富贵不事也，是以二十年执戟不迁，谓曾行一不善乎？直以慑于祸患而鄙吝自全之心胜，故俯首于莽贤之间，而终不能死义，岂非道理犹欠明快，而蚀其平生所守之义乎？先儒云："扬子云明哲煌煌"，彼何曾见得？正谓此也。（《王廷相集》卷三十七，

第667页）

雅述篇（节录）

从祀孔庭者，为其有功于斯道也。七十子不论其功与否，并皆祀之，此开元议礼者之无识也。见于经者，十哲之外犹有议焉，况姓名不著于当时，事迹无闻于方册，而俨然享祀，于义何居？又况公伯僚、叔孙武叔毁仲尼者乎？秉礼者，此当置议可也。七十子之次，历代推以从祀者，又三十余人焉，亦取其羽翼圣经之功故耳。虽然，必其道德不叛于仲尼之门而后可。今观马融附梁冀，代草以诬忠良之死，虽能传经，人则邪类矣。扬雄贪生保禄，不耻事莽；吴澄为宋贡士，忍心事元，此皆干犯名教，戾夫君臣之义，非圣人之徒也。韩愈刻意文词，戏弄自居，本非有道之士，乃以窃附程、朱之列，不相类合。邵子假四时定局，作《先天图》以明《易》，皆非《易》中所有之本旨；排甲子死数，作《经世书》，以明天人之究，殊非天道人事之自然，此实异端，窃附儒者。观二程与之居洛二十余年，未尝与之言学，可知矣。今融、雄与澄并皆除黜，而韩、邵尚存，此足以暗道真，尤不可不置议者也。

扬雄《反骚》云："溷渔父之餔歠兮，洁沐浴以振衣；弃由聃之所珍兮，跖彭咸之所遗。"此以明哲保身责原也。胶柱而不时措于道，其雄之谓乎？在平世君臣之时，或不得行其志，或被谗贼构陷，先几而退，此义之当也。原之时，何时耶？宗国危阽，义不可去，怀沙虽过，近比干之仁矣。雄不达此，独以保身为哲，而不论其时义之可否，是故贼莽篡窃，君臣颠覆，犹强颜于朝列而不耻，与禽兽失其群主，终死而不俪于他类者，不如矣。岂非臣道之大乱乎？犹曰"明哲煌煌，旁烛无疆"，其所旁烛可知矣。（《王廷相集·雅述下篇》，第871—872页）

孙　绪（1474- 1547）

《畿辅人物志》卷十：“孙绪字诚甫，故城人，弘治己未进士。……所著有《沙溪稿》《无用闲谈》《大学中庸放言》《易经奇语》《陂东新论》《四书小说》《语孟毛诗尚书杂义》，卒，年七十有四。”

论扬雄仕莽*

豫让曰：“范中行以众人遇我，我以众人报之。智伯以国士遇，我以国士报之。”晏子不死齐庄公之难，曰：“君为社稷死则死之，若为己死，非其私暱，谁敢任之。”及崔杼庆封盟国人于太宫曰“所不与崔庆者”，晏子曰：“婴所不唯忠于君利社稷者是与，有如上帝。”其以身殉国有如此，特不以殉庄公耳。晏子之心，即豫子之心也。扬子云亲踏王莽之变，退其身于下位，不与高位者同。抱道没齿，扬子之心即晏子之心也。豫子、晏子，人不以为非。扬子独得罪于万世人，固有幸不幸耳。至于《剧秦美新》之作，颂述新莽功德，是固其避祸不得已而作。然其中亦有深意。所言配五帝、冠三王，开辟以来未之有，然特优于暴秦而已。此特视莽为儿戏，而姑以谑之。世人遂目为谀佞，所谓痴人前不得说梦也。使雄果为谀佞，撰符命以邀爵位，当与国师公同列，岂穷困若此乎。（《沙溪集》卷十一，《四库》第 1264 册，第 590 页）

论伍子胥及扬雄*

伍子胥父兄被囚，逋逃不顾，为忍心、为不孝。鞭平王之墓，为不忠、为不义、为狠戾。事楚不终，事吴又不终，寄子于他邦，阴结弑君之贼以自便，谏不行不能去，为无节，为乾没不知止迹，其大间无一可人意者，千古称颂不止。扬子云三世不徙官，其人沉静恬淡可知，徒以王莽之篡不能死、不能去，及《剧秦美新》之作，足为一眚。然比之子胥，其失甚尠。自朱子一笔，子云遂为名教罪人，无一人为别白者，其

故何也？子胥粗猛武人耳，子云问学造诣，夸越千古，人人嫉而抑之，理固然也。（《沙溪集》卷十二，第610页）

司马光论太玄*

王通著书，事事欲学孔子，故人以为僭。王莽在位，制诰之类，事事欲学尧舜，而人不甚非之者，其人不足责也。邵康节最敬程子兄弟，至其子伯温，乃大不然，且谓程《传》肤浅鄙陋，不足以知《易》。其平生景仰而畏服者，独扬子云而已。又曰，康节亦尝称《太玄》可与三《易》相轧。今《太玄》固在，诚亦邃于理数，果能与《易》相轧乎？至司马公论《太玄》曰："孔子既没，知圣人之道者，非子云而谁？孟与荀殆不足拟，况其余乎！观《太玄》之书，明极于人，幽尽于神，大包宇宙，细入毛发，合天地人之道以为一。剖其根本，示人所出。胎育万物，而兼为之母。若地履之而不可穷，若海挹之而不可竭。考之于浑元之初而已生，察之于当今而非《玄》不行，穷之于天地之季而《玄》不可忘，叩之于万物之情而不漏，测之以鬼神之状而不违，概之以六经之言而不悖。藉使圣贤复生，必将释然而笑，以为先得己之心矣。"此全是学皮日休《孔子庙碑》所谓"后天地而生，知天地之始；先天地而没，知天地之终"等语，夸大过之，好尚一偏，许与遂过，当贤者不免也。（《沙溪集》卷十四，第629页）

唐　锦（1475- 1554）

《西园闻见录》卷八十九："唐锦字士绸，上海人，弘治丙辰进士。"《百川书志》卷八："《龙江梦余录》四卷，皇明云间唐锦避暑龙江别墅所著录，以梦余名者，得之心而寓之梦，非真纪梦中事也。"

论太玄*

扬子云作《太玄》以拟《易》，先儒已有屋上架屋之诮。予尝得而读之，皆拘拘于句法之蹈袭，字训之模仿。信乎其不作可也。

《易》以八为数，推之而为六十四。《玄》以九为数，转之而为八十一。《易》有元、亨、利、贞，《玄》有罔、直、蒙、酋、冥。《易》有《彖》，《玄》有《首》。《易》有爻，《玄》有赞。《易》有《象》，《玄》有《测》。《易》有《说卦》《序卦》《杂卦》，《玄》有《数》，有《冲》，有《错》。《易》曰“云从龙风从虎”，《玄》则曰“风识虎云知龙”。《易》曰“辟户之谓乾，阖户之谓坤”，《玄》则曰“阖天之谓宇，辟宇之谓宙”。其他率多模拟，亦何取于《玄》哉。及读桓谭《新论》，又知一三九之数，亦老子之绪余也。而张衡谓其与《五经》相拟，陆绩、宋衷、范望、王涯之徒，尤酷嗜之。温公至谓叩之以万物之情而不漏，测之以鬼神之状而不违，概之以六经之言而不悖。是皆溺于所好，未得为公论也。(《龙江梦余录》卷一，《续修》第1122册，第329页)

［按］朱彝尊《经义考》卷二百六十八《拟经》历引诸家论《玄》语时，亦引上文，而题“朱彧曰”。朱彧有《萍洲可谈》三卷，系从《永乐大典》中辑出，收入《四库全书》子部小说家类。今书中未见论《玄》文字，朱氏或别有依据乎?

陆　深(1477- 1544)

《明史》卷二百八十六：“陆深，字子渊，上海人。弘治十八年进士，二甲第一。选庶吉士，授编修。……深少与徐祯卿相切磨，为文章有名。工书，仿李邕、赵孟頫。赏鉴博雅，为词臣冠。然颇倨傲，人以此少之。”

从编二（节录）

史氏所书，以正为主。若马卿之《子虚》《上林》，扬雄之《甘泉》《羽猎》，班固《两都》，马融《广成》，费矣！（《俨山外集》卷二十六，《四库》第885册，第151页）

国学策问五首（其一）

问：赏善罚恶，天子事也。孔子作《春秋》，借其权以行事，论者谓徒托之空言，不知空言果何补而至今存也？迨宋朱子之作《纲目》，论者谓以继《春秋》之绝笔。然于汉书莽大夫扬雄死，于晋书征士陶潜卒，固赏罚之事与？不知于《春秋》之旨同乎？异乎？请著于篇，用观所蕴。《俨山集》卷三十三，《四库》第1268册，第208页）

崔　铣（1478-1541）

《明史》卷二百八十二："崔铣，字子钟，安阳人。父升，官参政。铣举弘治十八年进士，选庶吉士，授编修。预修《孝宗实录》，与同官见太监刘瑾，独长揖不拜，由是忤瑾。书成，出为南京吏部主事。瑾败，召复故官，充经筵讲官，进侍读。引疾归，作后渠书屋，读书讲学其中。"

士翼（节录）

司马公，大贤也。而明未融焉，是故疑孟子尊扬雄。（《士翼》卷一，《四库》第714册，第467页）

扬雄之《法言》，知尊夫子矣，然无能发夫子之学。徒慕其号之高，岂所谓能言距杨墨者，亦圣人之徒与。（《士翼》卷三，第500页）

刘向事君，可谓反复谏之而不听，忠之至也。始困于石显，终困于王氏。其介不易。前人优扬雄而劣向，吾不知其取舍也。（《士翼》卷三，第505页）

孟子言必称尧舜，学则愿孔子。下而扬雄著述必准经，大哉志也。后之人，安于卑陋，言及圣人若神明之不可扳，万事皆苟就而已矣。（《士翼》卷三，第508页）

刘向之所纂博而杂，扬雄之所摹简而晦。向以救时，雄欲成名。厥心公私判矣。（《士翼》卷三，第508页）

徐祯卿（1479- 1511）

《明史》卷二百八十六："徐祯卿，字昌谷，吴县人。资颖特，家不蓄一书，而无所不通。……祯卿少与祝允明、唐寅、文徵明齐名，号'吴中四才子'。其为诗，喜白居易、刘禹锡。既登第，与李梦阳、何景明游，悔其少作，改而趋汉、魏、盛唐，然故习犹在，梦阳讥其守而未化。卒，年三十有三。"

反骚赋

昔扬雄作《反骚》，论者多过之。余闵原之含忠陨郁，且复获谤，遂援笔慷慨，赋《反反骚》，词曰：

稽昂氏之攸肇兮，累楚均之遐僢。侯帝顼之流胤兮，承灵泽之汪濊。夙陈力于皇轨兮，歆仁朗之所庐仄。仰吾均之洁修兮，羌引躯以伏义。播昌烈之赫煜兮，集众芳之菲菲。愤遭世之眊浊兮，杂纷扬于江之汜。在炎汉之微季兮，孰临岷而悼均。投束藻之欲丽兮，何理屈而诽深。冤志而抑道兮，冀披诵而有明。唯帝监之孔严兮，敢党族而诬贞。爰均幼志于粹清兮，乃中情之独与。謇厉节以植身兮，憙浩荡之修誉。进亹亹于中行兮，恐日月之凋迈。准前修以共蹈兮，遑先时而逆败。约性行以赴榘兮，经五常以缀佩。灵修谓其允淑兮，目成欢而叶妃。夫均既沐其昵泽兮，又信言之哙哙。羌中路而迁好兮，宁余心之有介泛。光华之的皪兮，众睊睊而妒之。何有惧谗与招慝兮，排蛾眉而错之。扬蕙服之芬郁兮，遭纷娟而幽毁。宁遭幽以进斥兮，敢诡污而合秽。凤凰翔林而挂网兮，龙行陆而困蚁。为凤凰龙岂无知兮，亦处身之多虞。所贵贤者之韫玉兮，不迷邦而遐举。哀宗社之不长兮，比干皇皇而不忍去。世蔑复以相明兮，心耿耿以无从。涉湘波以南遡兮，昭均心之确忠。俗丛萧而鄗兰兮，实重华之所丑。效精白以殒躯兮，自先圣之所厚。奉灵氛之玄筵兮，申以巫咸之嘉告。览九州以求匹兮，宁闺容之有淑。测神占其未然兮，岂均曾好此诡疑。谂从人以辱义兮，不如赴身于淤泥。餐秀芬以介齿兮，竟河清之难俟。违苟生以保誉兮，夫何悔于九死。泛浮云之翳翳兮，晦沈茫其曷排。阳陵微而渝度兮，晨北风又雨霾。精徘徊而不去兮，凭拙诚其未爽。人情重于捐故兮，冀白日之回光。怀薜蘅与杜蘅兮，时不与其有芳。杂绲拉以扬波兮，馥烈烈其弥章。精气通于至清兮，神仿佛以凭虚。驾玉虬与云骖兮，访太素之旧庐。闻至道其可承兮，钦均诚之匪懈。舍佚游以自湛兮，夫何以诛其好怪。昔贞士之蒙佞兮，愤伏䯄而靡悔。务光沉于渊濑兮，将恶浮埃之霏霸。忠贤忉切以苦身兮，盖有隐于隳祚。䟦三仁之所裁兮，见叹誉于孔父。独耿耿而觏侮兮，曾吾均之所尤。曰昂翘之惟诐兮，骈执正于阳侯。（《迪功集》卷五，《四库》第1268册，第763—764页）

顾　治（?）

《毗陵人品记》卷八：“顾治字世叔，无锡人。少长纷华，心厌之，

避而之溧、之吴，时时寄居禅宫道院，敝衣破履，率意去来。对人非故知不出一语，性甚孝，居丧，哀毁庐墓，癯然骨立。能文词，所著有《梦言五亿》《九居士传》。”

再答仲达论二李（节录）

孔公号至圣，乃其《易系》《鲁论》，了无聱牙处。扬子云少作《解嘲》《校猎》诸篇，自是妙语。老不晓事，始悔雕虫末技，壮夫不为。规《易》以《太玄》，规《论》以《法言》，斤斤孔公咳唾，若编韦再绝而坛杏再花也者。《太玄》仆不解为何等书，自其时人已覆瓿视之。《法言》持论岂不最善，恐效颦里妇，只益丑西家无为也。(《明文海》卷一百五十七，《四库》第1454册，第645—646页)

［按］顾冶生卒年未详，今因《明文海》将是文编于徐祯卿文后，故本编亦将顾冶编于徐氏之下。

吕　楠 (1479—1542)

《明史》卷二百八十二：“吕柟，字仲木，高陵人，别号泾野，学者称泾野先生。正德三年登进士第一，授修撰。……仕三十余年，家无长物，终身未尝有惰容。时天下言学者，不归王守仁，则归湛若水，独守程、朱不变者，惟柟与罗钦顺云。所著有《四书因问》《易说翼》《书说要》《诗说序》《春秋说志》《礼问内外篇》《史约》《小学释》《寒暑经图解》《史馆献纳》《宋四子抄释》《南省奏稿》《泾野诗文集》。”

邦儒问：“程子曰：‘汉儒近似者三人：董仲舒、毛苌、扬雄。’夫苌视仲舒已不敢望矣，子云何足道?”曰：“《法言》《太玄》，其言似亦有可取者耳。但身已失矣，言辞说他怎的!”(《泾野子内篇》卷之十四，

中华书局1992年版，第138页）

汉儒如毛苌、董仲舒最得圣贤之意，然见道不甚分明，下此即至扬雄，规模狭。道即性也，言性已错，更何所得。

释：董仲舒似分明矣，然仲舒遇骄王而化，毛苌遇献王而行。扬雄当王莽而仕，其说性若不错，亦难与毛、董伦也。（吕楠《二程子钞释》卷一，《四库》第715册，第112页）

汉儒近似者三人，董仲舒、大毛公、扬雄。伊川语。

释：三人仲舒尤近似，毛公次之，雄何足道。（《二程子钞释》卷二，第133页）

扬雄去就不足观。如言明哲煌煌，旁烛无疆，此甚悔恨。不能先知，逊于不虞，以保天命，则是只欲全身也。若圣人先知，必不至于此。必不可奈何，天命亦何足保耶？问《太玄》之作如何？曰：是亦赘矣。必欲撰《玄》，不如明《易》。邵尧夫之数似《玄》而不同，数只是一般，但看人如何用之。虽作十《玄》，亦可况一《玄》乎。

释：雄未能立德而先立言，故文虽工，无用也。

荀卿才高，其过多；扬雄才短，其过少。韩子称其大醇，非也。若二子，可谓大驳矣。然韩子责人甚恕。

释：荀卿之过，言多于行；扬雄之过，行多于言。荀犹优乎？（以上《二程子钞释》卷四，第173页）

胡缵宗（1480—1560）

《明史》卷二百二：“胡缵宗，陕西秦安人。正德三年进士。由检讨出为嘉定判官。历山东巡抚，改河南。”

僭经仕莽*

扬雄僭经，谓之不知《易》可也。王通拟经，谓之不知《书》可也。然文中子自是儒者，若雄之仕莽，则学而仕，仕而叛经矣，不可以儒名矣。荀卿言虽有疵，然独尊孔子，故谓之大醇。若列御寇，若庄周，言皆出于老子，异端之杰然者欤，然与扬，其文皆不可及，而王更多格言。(《愿学编》卷上，《续修》第938册，第413页)

扬雄附莽*

莫不曰扬雄附莽，故曰莽大夫雄。然马融尝附冀矣，蔡邕尝附卓矣。夫融、邕皆工文学，而以儒称，是皆何心哉。然则杀李固、杜乔者，非融邪？而王允被谗于邕，亦不能无憾焉。但视融小有间尔。(《愿学编》卷下，第444页)

周　琦（1481进士）

《（雍正）广西通志》卷八十四："周琦字廷玺，马平人，成化辛丑进士。邃于问学，尝谓尧、舜、禹、汤、文、武、周公、孔、孟道之准的，周、程、张、朱道之羽镞，不审视其羽镞，安求准的。因著《东溪日谈》十八卷，又著《儒正篇》。"

扬子书

天地间无物无理，亦无物无数，其理与数，何尝外乎阴阳？若羲、文、周、孔以及周、张、程、朱，皆能发理之秘，而数亦无不该。后世子云之《太玄》、邵尧夫之《皇极经世》、蔡季通之《律吕新书》、蔡仲默之《洪范皇极》，皆祖伏羲之先天、文王之后天，以发乎数之秘，亦理无不该，而天下之事物兆焉。《太玄》则一而三，三而九，九而二十七，二十七而八十一。《洪范皇极》则一而三，三而九，九复九而八十一。《太玄》《洪范》各以九极其法，加三倍也。《易》则自一而二，二而四，四而八，八复八而六十四，其法则为加一倍焉。《太玄》《洪范》皆拟《易》而作，观此可见天地间无物无数，无数无理，随起而随合也。（《东溪日谈录》卷十二，《四库》第714册，第227—228页）

文词谈（节录）

世之称文词者曰扬雄，作《太玄》以准《易》，《法言》以准《论语》，作赋箴，皆有所准。班孟坚作《二京赋》拟《上林》《子虚》，左太冲作《三都赋》拟《二京》，屈原作《九章》而宋玉述《九辨》，枚乘作《七发》而曹子建述《七启》，张衡作《四愁》而王仲宣述《七哀》，陆士衡作《拟古》而江文通述《杂体》，华藻随时而体律相仿。李唐群英，唯韩文公之文，李太白之诗，务去陈言，多出新意。至于卢仝、贾岛辈效其颦，张籍、皇甫湜辈学其步，则怪且丑，僵且仆矣。然退之《南山诗》乃类杜甫之《北征》，《进学解》乃同子云之《解嘲》，《郓州溪堂之什》依于《国风》，《平淮西碑》之文近于《小雅》，则知其所本矣。近代欧公《醉翁亭记》步骤类《阿房赋》，《昼锦堂记》议论似《盘谷序》，东坡《黄鹤楼赋》气力同乎《晋问》，《赤壁赋》卓绝近于雄风，则知有自来矣。而《韩文公庙记》，《钟子翼哀词》，时出险怪，盖游戏三昧间一作之也。夫以文词比论文词，犹以枝叶较枝叶之荣瘁，根本不问也，则亦荆公讥昌黎诗之谓矣。（《东溪日谈录》卷十六，第266—267页）

郑　瑗（1481进士）

《四库全书总目》卷一百二十二："郑瑗字仲璧，成化辛丑进士，官至南京礼部郎中。朱彝尊《明诗综》亦载有其人，所著有《明省斋集》。"

评诸子*

仲舒本原处胜贾生，贾生用处却胜似仲舒，扬雄、韩愈体用俱欠，王通有体有用，但粗浅耳。董、贾之言却是从胸中流出，韩子力追古作，虽费力而不甚觉。扬氏《法言》，王氏《中说》，所谓刻木为鹄者也。（《井观琐言》卷一，《四库》第867册，第236页）

汉书得失*

《前汉书》凡《史记》所已具者，皆仍其辞而不变，但稍删润其重复而已，此班氏信而好古，不喜立异处，可以为万世法。老苏乃谓彼既言矣，申言之何益，则非也。至《司马迁》《扬雄》二传，亦仍其《自序》之文，而曲记其世系之详，则过矣。《货殖传》仍叙范蠡、子赣至巴寡妇清名，书曰汉而泛及异代之事，非例也。《古今人表》，亦不宜作。（《井观琐言》卷一，第238—239页）

论扬雄之说*

扬子云拟《论语》作《法言》，未须论其意义深浅，但考其辞语，亦足见其故为险难痕迹，不可掩矣。《论语》无意为文，而自粲然成文，故不厌语助字之多，如"女得人焉耳乎"六字为一句，而助字处其半，"夫子之求之也，其诸异乎人之求之与"十五字为二句，而助字处其九。而《法言》"乖离诸子图徽""蠢迪检押""弸中彪外""雉噫"等语，至不可属读。《论语》云“请问其目”，而《法言》但云“请条”。《论语》或问子产、问子西、问管仲，三问字繁而不杀，自是文理当如此。而《法言》中或问霍光、王翦、窦婴、灌夫、聂政、荆轲，但曰霍、曰翦、曰窦灌、曰政也轲也，岂复成文理哉？此类不可胜数，识者观之，不独《太玄》可覆瓿矣。其言曰“圣人之经不可使易知”，其意以为圣经亦只是欲使人难知耳，殊不知圣经明白易简，初岂有意为艰深之辞哉？其不易解者，特古今文体有不同耳。雄说陋矣。（《井观琐言》卷二，第244—245页）

张邦奇（1484- 1544）

《明史》卷二百一：“张邦奇，字常甫，鄞人。年十五，作《易解》及《释国语》。登弘治末年进士，改庶吉士，授检讨。出为湖广提学副使。下教曰：‘学不孔、颜，行不曾、闵，虽文如雄、褒，吾且斥之。’……邦奇之学以程、朱为宗。与王守仁友善，而语每不合。躬修力践，跬步必谨。昼之所为，夕必书于册。性笃孝，以养亲故，屡起辄退。其母后邦奇卒，寿至百岁。邦奇事寡嫂如事母。所著《学庸传》《五经说》及文集，粹然一出于正。”

读法言

扬子少好赋，已而寤之，曰壮夫不为也，于是乎撰《法言》。《法言》亦赋也而已矣，蹇浅其意，藻琢其词。或曰：扬子之虑在后世。曰：圣贤之虑后世也，以其道；扬子之虑后世也，以其名。藻琢其词，不亦宜乎。（《张文定公环碧堂集》卷十四，《续修》第1337册，第237页）

读至孝篇

扬雄其知汉氏之复兴乎？知王莽之将戮乎？观于《孝至》之篇可见矣。或曰：“曷为其不去莽也？”曰：“恶如莽，怼孰甚焉？当其时，虽得而食之不厌也，而尚奚讽为？雄之不能去莽也，则有由矣。”曰：“不犹愈于刘歆乎？”曰：“恶在其愈也。居乱邦，事逆贼，偷以全身，而犹说于人曰：‘吾尝刺之矣！’是奸人之雄也，诛之首也。”（《环碧堂集》卷十四，第237页）

咏　怀

嗟嗟扬子云，耿秉人莫知。草《玄》讥尚白，作赋徒瑰奇。人生各有怀，自信乃不迷。鹏飞入霄汉，斥鷃纷相嗤。物情固如此，眼底何足疑。知音应有作，千秋以为期。（《张文定公四友亭集》卷四，第441页）

季　本（1485- 1563）

《四库全书总目》卷七：“本字明德，山阴人，正德丁丑进士，官至长沙府知府。”

扬子云太玄

扬子云《太玄》，一玄生三方，三方生九州，九州生二十七部，二十七部生八十一家，以三起数，三三为九，而穷于九九八十一，为八十一首。首各有名，以拟《易》六十四卦。每首而系之方、州、部、家，如《中》之画为𝌆，《应》之画为𝌮，《失》之画为𝍂之数是也。于象于义初无所取，特不过以四画分之，有八十一样，借以识八十一首之名耳。朱子谓《易》中只有阴阳奇偶四象，扬子云见一二三四都被圣人说了，却杜撰就三上起数，谓之天地人，事事要分作三截。又曰看了《易》后去看那《玄》，不成个物事。只此数言，可以见《玄》之妄作矣。(《说理会编》卷十五杂术，《续修》第939册，第55页)

孙承恩 (1485- 1565)

《(崇祯)松江府志》卷三十九："孙承恩字贞甫，延平守衍子，年二十以儒士登科，举正德辛未进士，改庶吉士，授编修。"

吊屈原赋（节录）

后死者千余年，论大夫者孰得大夫之微衷？彼贾、柳二子犹未罄厥义兮，又何罪乎美新之扬雄？善乎紫阳氏之论也，人孰无过，大夫乃忠之过。人患无忠，大夫乃过于忠。是诚议拟之允迪兮，合人心之所同。(《文简集》卷十，《四库》第1271册，第150页)

扬子云

扬子好学，研精覃思。《法言》僻涩，《太玄》深奇。著述良勤，拟圣则缪。美新何为，名节斯疚。(《文简集》卷四十一，第511页)

杨　慎（1488- 1559）

《明史》卷一百九十二：“杨慎，字用修，新都人，少师廷和子也。年二十四，举正德六年殿试第一，授翰林修撰。……明世记诵之博，著作之富，推慎为第一。诗文外，杂著至一百余种，并行于世。”

称许有乃祖之风

老杜高自称许，有乃祖之风。上书明皇云：“臣之述作，沈郁顿挫，扬雄、枚皋，可企及也。”《壮游》诗则自比于崔、魏、班、扬。又云：“气劘屈贾垒，目短萧刘墙。”《赠韦左丞》则曰：“赋料扬雄敌，诗看子建亲。”甫以诗雄于世，自比诸人，诚未为过。至“窃比稷与契”，则过矣。史称甫“好论天下大事，高而不切”，岂自比稷、契而然邪？至云“上感九庙焚，下悯万民疮。斯时伏青蒲，廷争守御床”，其忠悫亦可嘉矣。（杨慎撰，王大厚笺证：《升庵诗话新笺证》卷八，中华书局2008年版，第389页）

［按］汉赋有司马相如、扬雄，唐诗有李白、杜甫。杜甫为“诗圣”，则扬雄为“赋圣”矣。然后世有称司马相如为“赋圣”者，实则就气质言，长卿应为“赋仙”，犹李白之称“诗仙”也。“赋圣”之名应归扬雄，正如“诗圣”非杜子美莫属也。

月窟日域

扬子云《长杨赋》：“西压月窟，东震日域。”服虔注以为月所生，恐非。李太白诗：“天马来出月氏窟。”月窟即指月氏之国。日域，指日逐单于也。盖借日月字以形容威服四夷之远耳。太白妙得其解矣。月氏，一作月氏，又作支。唐人侨置羁縻曰氏州，氏音支。《乐府》有《氏州第一》《氏州第二》，即此地也。并附著之。（杨慎撰，丰家骅校证：《丹铅总录校证》卷二，中华书局2019年版，第94—95页）

［按］明陈耀文《正杨》驳杨说之非，可参看。

法言论屈原相如

《文选》注引《法言》曰："或问屈原、相如之赋孰愈？曰：原也过以浮，如也过以虚。过浮者，蹈云天；过虚者，华无根。然原上援稽古，下引鸟兽，其著意于虚，长卿亮不可及。"今《法言》无此条。（《丹铅总录校证》卷十二，第463页）

论　性*

孟子之言性善，兴起人之善也，其蔽也或使人骄。荀子之言性恶，惩创人之恶，其蔽也或使人阻。孔子曰："性相近也，习相远也。""惟上智与下愚不移。"又曰："有教无类。"又曰："继之者善也，成之者性也。仁者见之谓之仁，知者见之谓之知。百姓日用而不知，故君子之道鲜矣。"未尝曰善以骄人之志也，未尝曰恶以阻人之进也，此所以为圣人之言，非贤人之所及也。曰："若是，则混与三品之说是乎？"曰："又非也。知孔子之言性，异乎孟、荀、扬、韩四子，始可与言性也已。"（《丹铅总录校证》卷十二，第508页）

太玄非拟易

孙明复曰："扬子云《太玄》非准《易》，乃明天人始终之理，君臣上下之分，盖疾莽而作也。"桓谭曰："是书也，可与《大易》准。"班固曰："经莫大于《易》，故作《太玄》。"使子云被僭经之名，二子之过也。（《升庵集》卷四十六，《四库》第1270册，第361页）

汉　文

汉兴，文章有数等。蒯通、隋何、陆贾、郦生游说之文，宗战国；

贾山、贾谊政事之文，宗管、晏、申、韩；司马相如、东方朔谲谏之文，宗楚辞；董仲舒、匡衡、刘向、扬雄说理之文，宗经传；李寻、京房术数之文，宗纬；司马迁纪事之文，宗《春秋》。呜呼盛矣！（《升庵集》卷四十七，第369—370页）

羊杨扬阳本一姓

晋有羊舌氏，叔向之子。伯石食邑于扬，曰扬食我。晋既灭羊舌氏，分羊舌氏之田为三县，曰平阳，曰杨氏，则羊也，杨也，阳也，同出一姓。扬子云自以为蜀无他扬，其扬字不从木，而杨修云“吾家子云”，亦同关西之杨。特子云好奇之过，独自标异耳。（《升庵集》卷五十，第424页）

黄省曾（1490—1540）

《明史》卷二百八十七：“黄省曾，字勉之。举乡试。从王守仁、湛若水游，又学诗于李梦阳。所著有《五岳山人集》。”

礼贫赋序

予读扬雄《逐贫赋》，末虽揭露反正，而憎戚厌苦，厥心当无释然。窃希仲尼不去而乐之义，作《礼贫赋》。（《五岳山人集》卷一，《存目》集部第94册，第552页）

自述赞六首并序（节录）

一夕梦游入大宅，榜曰四贤堂。升堂之顷，四人冉冉下迎，各通姓字，乃知汉司马迁、贾谊、扬雄、枚乘也。见予嘘唏流涕，若述其寓世倏忽之意。

踔绝马扬，佚荡前古。史凭孔轼，玄蹑羲武。贾豪枚隽，宏文烂吐。千载遐邈，一宵逅睹。相对吁嗟，握手如故。（《五岳山人集》卷三，第568页）

吴廷翰（1490？－1559）

《（乾隆）江南通志》卷一百六十七："吴廷翰字崧伯，无为人，正德进士。官至山西参议，被命采端溪砚，己不持一枚，其廉谨多类此。著《漫录业言》《椟记》《瓮记志略考》《湖山小稿》《苏原》诸集。"

太　玄

温公平生极喜扬雄，以为知道。其于《太玄》，既为之说，而复拟之曰，"《玄》以赞《易》"，"使圣人复生，视《玄》必释然而笑"。其论性，则曰："扬子以为人之性善恶混。混者，善恶杂处于身中之谓也。顾人择而习之何如耳。修其善则为善人，修其恶则为恶人，斯理也，岂不晓然明白哉！如孟子言性善，所为长善者也。扬子兼之矣。"据此，则雄者圣人之徒也。夫雄之言始未暇辨，独其为人谄事贼莽，乃名教之罪人。则其为《玄》也，适足以为奸谋之资，而其于性，其修其恶而为恶人者乎！温公而取斯人，诚不知其说也！（《椟记》卷上，《吴廷翰集》，中华书局1984年版，第156页）

荀　扬

荀、扬之学不同，而其害道以误天下，一也。老、庄、列子各立己

见，自异于圣人，而其言君子时有取焉。若二子者，名为圣人之徒，乃一切叛而去之，而使天下不知为圣人之道之真，盖乱之也。悲乎！吾圣人之道不明，而使此二子者得以冒其名以终身，而犹藉藉于后世，贤者不能无过焉！故康节亟称雄学，而司马公亦信而好之，不知其何说也？

古人多称六子。老子言道德虽别，然自是占高，欲与吾圣人争衡。若庄、列则因而放纵，虽不及老，然亦足以成一家言，往往有与吾道合者。若荀、扬二子，则窃圣人之学以自文，而深害于吾道。今人多罪庄、列而恕荀、扬，不知荀、扬之罪浮于庄、列，为其窃儒之名而人易惑也。（《棱记》卷上，第 158 页）

邵经邦（1491- 1565）

《明史》卷二百六："邵经邦，字仲德，仁和人。正德十六年进士。……经邦之戍所，闭户读书。与熙及同戍陈九川，时相讨论。居镇海三十七年卒。闽人立寓贤祠祀三人。隆庆初复官。"

学赋法*

读汉赋须分段数学，汉赋学《甘泉赋》起，如今人先不理会字学，不能有这许多连绵形容字样，所以出手都成俗笔。扬雄、左思何等字学，《三都》《两京》何等胸襟。若李、杜、韩、柳集中亦有赋，便不足观。《文选》内《籍田》《雪》《月》等赋，将与汉赋比，亦各不同，何况今世以后乎。（《弘艺录》卷首，《存目》集部第 77 册，第 322—323 页）

张　岳（1492- 1552）

《明儒学案》卷五十二："张岳字维乔，号净峰，福之惠安人，正德丁丑进士，授行人。邸寓僧舍，与陈琛、林希元闭户读书，出则徒步走市中，时称'泉州三狂'。"

太玄集注序

扬子《太玄》，自司马氏注出，而诸家之说尽废，然《玄》好者故少，今之学者岂惟不好，纵有好精力，亦无暇及，故岁久而讹脱愈甚。余始得是书，爱其文字奇古，又爱司马氏以其所自得之义理说《玄》，明畅详尽，因并读之。患无善本可以雠校，丙戌冬，使过广信，郡守张侯景周方图刻《玄》，乃出余本与张本参校之，得其讹谬可正者数处，而阙其疑，叙曰：

子云之为是书，将以拟《易》也。夫《易》于天地万物之理赜矣，岂待别有一书与之并行而能有所发明哉？自先天之学不传，吾夫子赞《易》，仅存其辞于《大传》中，而世之为丁、何、焦、京学者方蔽于传注，拘于术数，莫有能察其所由然者也。子云博极群籍，又好深湛之思，其于天地之运，阴阳二气之往来，盖见其机，缄之不容已者，于是考之于律，则十二管相生之气应；参之于历，则四时分至之候验；测之以乾象，则日月五纬之度合。独反而求之于《易》，不得其说，乃以为四圣亦有未备，必待己而后明也。于是奋而为《玄》，其数肇于一，参于三，成于九，而极于八十一。一者，阳之数也，积阳之极，轻清而运于上者为天，故八十一首以象周天之体。太阴五纬，俱丽乎天者也。迟留伏逆，参差不齐，惟日一日一度，无有余欠。日法既定，则太阴五纬所躔之度皆可考，故为七百二十九赞，以象日行一岁周天之度。气始于冬至，辰始于子，律始于黄钟，宿度始于牵牛，而疏布其节候分秒于八十一首七百二十九赞之中，终始迭运而不穷，与先天气运之序，真有相合者。而不知《易》已有之，以为待己而后明，则是于《易》学之未

深矣。

或谓子云善于模仿，是书仿《太初历》及京房卦气。夫《太初》，汉人本历，自当用之。房之书，惟互换卦序分卦直日，及四正六爻各主一气为牵合无取，若其十二辟卦次第，虽羲文未之易也，特房用之异尔。子云《玄》首颛言阴阳消息，而深致意于盛衰胜负之际，至其赞辞所断吉凶，又直以义理人事得失为言，不杂于占验小数，此其意正与房反。自刘向父子号为精达阴阳，视子云不知何如，而岂京氏之所敢拟哉？故余尝谓子云是书虽不得先天之数与象，而得其意，其他得失，先儒之论已备，学者择焉可也。

或曰：象数亦有二乎？曰：有理则有气，有象则有数，盈天地间皆象也。因象起数，皆可显造化之体。惟其所起有偏全，故其显于是者时有不神尔。譬之万物，皆得造化之气以生，而有正者、偏者、通者、塞者，谓偏且塞者，造化之气不在，是不可也。《易》之与《玄》，以是求之，斯得之矣。惠安张某维乔叙。（《小山类稿》卷十一，《四库》第1272册，第412—424页）

谢　榛（1495- 1575）

《明史》卷二百八十七："谢榛，字茂秦，临清人。眇一目。年十六，作乐府商调，少年争歌之。已，折节读书，刻意为歌诗。西游彰德，为赵康王所宾礼。"

题扬子云草玄图

蚕丛之国三秦西，千峰上与青天齐。栈道悬空历万险，巨竹修藤当昼迷。瀑布砰訇响不绝，阴壑直下垂虹霓。斑虎咆哮黑熊啼，飒沓风舞双鹍鸡。路出剑门沃野阔，锦江秋水明玻璃。蜀中文物古来盛，两汉名士特摽题。前有马卿后扬子，高才往往怀金闺。火德中衰世板荡，谁能皓首甘幽栖。枫树森森隐茅宇，荒凉门径无轮蹄。草《玄》拟《易》坐朝夕，冥心自得穷端倪。水有汀洲山有蹊，居然此道在盐齑。龙蛇知时蛰深窟，男儿志气何乖睽。校书阁下独遗恨，首阳二子光蒿藜。（《谢榛全集》卷二，齐鲁书社2000年版，第11页）

诗家直说（节录）

扬雄作《反骚》《广骚》，班彪作《悼骚》，梁悚亦作《悼骚》，挚虞作《愍骚》，应奉作《感骚》。汉、魏以来，作者缤纷，无出屈、宋之外。（《谢榛全集》卷二十一，第705页）

《法言》曰："尧、舜之道皇兮，夏、商、周之道将兮，而以延其光兮。"子云《法言》以准《论语》。学屈原且不及，况孔子哉?（《谢榛全集》卷二十二，第741页）

扬子云《逐贫赋》曰："人皆文绣，予褐不完。人皆稻粱，我独藜餐。贫无宝玩，予何为欢。"此作辞虽古老，意则鄙俗，其心急于富贵，所以终仕新莽，见笑于穷鬼多矣。韩昌黎作《送穷文》，其文势变化，辞气平婉，虽言送而复留。段成式所作，效韩之题，反扬之意，虽流于奇涩，而不失典雅，较之扬子，笔力不同。扬乃尺有所短，段乃寸有所长，惟韩子无得而议焉。（《谢榛全集》卷二十四，第803页）

[按]《明史》载"攀龙、王世贞辈结诗社，榛为长，攀龙次之"，故谢榛虽遭王世贞排挤，遂削名于七子之列，然其论诗文，亦崇汉唐。《明史》载："当七子结社之始，尚论有唐诸家，各有所重。榛曰：'取李、杜十四家最胜者，熟读之以会神气，歌咏之以求声调，玩味之以裒精华。得此三要，则浩乎浑沦，不必塑谪仙而画少陵也。'诸人心师其言，厥后虽合力摈榛，其称诗指要，实自榛发也。"故谢榛以为《送穷文》在《逐贫赋》之上，实即以论诗之法论赋。

周复俊（1496- 1574）

周复俊字子吁，昆山人，少与王同祖、顾梦圭齐名，称“昆山三隽”。嘉靖十一年进士，官至云南左政使，晋南京太仆寺卿，致仕。入滇，与杨升庵极相得。著有《泾林集》。

杨升庵集序（节录）

予少闻扬子云其人湛默自守，不欲矫然于世，意其中若无余者。及观《甘泉》《河东》《长杨》《解嘲》《解难》，厥辞渊溔，凌摩荡击，飘转流互，倏忽如神。至《太玄》《法言》，奥矣，又何所畅悬殊也？其慑桓生，屈侯芭，有以哉。皇明光岳气完，英贤云蒸，文道古雅，滇南戍史成都杨公慎兴焉，人皆云今之子云，其信然耶！（《明文海》卷二百四十七，《四库》第1455册，第744页）

陈　建（1497- 1567）

《（道光）广东通志》卷二百七十九：“陈建字廷肇，号清澜，太守恩季子，越、超、赴之弟也。嘉靖戊子领乡荐，究心国家因革治乱之迹，及道术邪正之分。两上春官，皆乙榜。以母老，选授侯官教谕。日勤陶铸，博学强记，谙于典故。”

驳荷亭辩论*

卢正夫《荷亭辩论》深非朱子解《易》主卜筮，深非朱子修《通鉴纲目》书“莽大夫扬雄死”。

愚按，《周易》卦爻列吉凶悔吝，利往无咎之象，无非为卜筮设。

《系辞》说卜筮者尚其占，说极数知来之谓占，说蓍之德圆而神，卦之德方以智，以定天下之业，以断天下之疑。说神以知来，知以藏往，是兴神物以前民用。由此观之，《易》非是为卜筮作而何？朱子解《易》，主卜筮何过？

扬雄仕汉，历事三朝。遭遇莽篡，既不能效龚胜之仗节，又不能效梅福之深遁，则亦已矣。何至作《剧秦美新》之文以谀莽希宠，欲为新室佐命之臣。程子谓光武之兴，使雄不死，能免于诛乎。则夫《纲目》书莽大夫书死以诛之，圣人复起不易矣。《荷亭辩论》乃左右扬雄，非诋朱子。吾不知其说。（《学蔀通辨》终编卷下，《续修》第939册，第728页）

简绍芳（1499？－？）

《（嘉庆）郫县志》卷二十八："简绍芳，西岔蒙人，盖楚才也，徙家蜀郫。尝至滇中，时杨用修谪戍永昌，从之游者十稔。著有《西岔蜀稿》，为用修序《黔滇集》。用修殁，又为之作《升庵年谱》。《蜀稿》逸，《年谱》具存。"

扬子云辩

志载《剧秦美新论》，称门下中郎大夫臣扬雄上。桓谭《新论》曰："扬雄作《甘泉赋》一首始成，梦肠出，收而内之，明日遂卒。"李善《甘泉赋》注引《汉书》永始四年正月成帝幸甘泉宫，雄从幸，还奏赋风之，遂卒。自永始四年至莽篡汉初始元年，则雄死二十年矣。《后汉书·桓谭传》曰谭数从扬辩析疑异，是谭亲炙于雄，其所纪可必信无疑。谭不阿光武谶纬之学，人品朴直，言议不党，益可信矣。《汉书》作于和帝时，固死，继成于曹大家。世将百年，耳目悬隔，濡染影响，

虚闻实蔑加之，疾忌何所不成。加前所称，虽以老莱之高，黔娄之介，不足伦拟，岂遂甘屈辱辄事奸莽。黄门给事之职，已擢于前，故无禄位之嘲。又见于后，言出一口，背驰两端，且称事莽难，曰寂寞仓皇，投阁不能更生，孱弱儒官，优游经术，无克敌之功，乏勋戚之典，绝无所恃，焉怨得侯。《大玄》《法言》，精奥古远，《剧秦美新》，肤藻扬厉。虽曰各种立论不同，宜亦辞气相类。今细玩穷校，略无彷佛，非出好事之手，必入数缘之笔。而新室谷永亦字子云，莽大夫之书，未必不误认也。《大玄》阿衡独劳之语，殆犹貂续狗尾，自不相入，徒躨附以佐其传也。嵇康《高士传》则以雄与董仲舒同科，刘知几曰《太玄》深奥，难以探颐。既绝窥窬，故致讥谤。杨诚斋曰：班固经术不如扬雄，则诬以阿莽。噫，援此数端，犹涉劳费。惟一死既先，百不容忏。余嘉靖癸丑春客成都，过犍为子云亭，赋诗吊之，恐二十八字不足以濯千载之污，并赘辩云。（杜应芳辑《补续全蜀艺文志》卷三十三，《续修》第1677册，第351—352页）

［按］简氏此文影响甚大，后世辨《剧秦美新》非扬雄所作，皆祖此文。

归有光（1506- 1571）

《明史》卷二百八十七："归有光，字熙甫，昆山人。九岁能属文，弱冠尽通《五经》、三史诸书，师事同邑魏校。嘉靖十九年举乡试，八上春官不第。徙居嘉定安亭江上，读书谈道。学徒常数百人，称为震川先生。"

送何氏二子序（节录）

昔扬子云作《太玄》，以示刘歆。歆号博极群书，予独怪其无一言论《玄》之是非，而直以后人覆瓿为忧。顾于歆之意何如耳，后之人奚暇论耶？至雄之弟子侯芭，独知好雄书。予非为雄之学者，而士之知与不知，则千载同此慨也。（《震川先生文集》卷九，上海古籍出版社 2007 年版，第 195 页）

策　问

问：扬子云《太玄》，惟弟子侯芭能知之，虽刘子骏、班孟坚盖莫能测也。然桓谭以为胜《老子》，张衡以拟《五经》，至范望之徒，皆以扬子云为圣人，抑岂无见而云然耶？则吴楚僭王之讥，吾未知其果然否也！至司马温公又谓："《玄》之书，要以赞《易》，非别为书以与《易》抗衡也。"然则今之学者，皆知读《易》而不能信《玄》，则其所谓学《易》者，亦毋乃无所得耶。夫侯芭者，诸士子之乡人也。故以《太玄》与诸士子论之。（《震川先生文集》别集卷三，第 795—796 页）

赵时春（1508- 1567）

《明史》卷二百："赵时春，字景仁，平凉人。幼与群儿嬉，辄列旗帜，部勒如兵法。年十四举于乡。逾四年为嘉靖五年，会试第一。选庶吉士。……时春读书善强记，文章豪肆，与唐顺之、王慎中齐名。诗伉浪自喜，类其为人。"

送雷楷审理序（节录）

昔扬了云著《法言》，以鲁之两生为大臣，具意曰：大臣而不臣，犹无臣也；书生而有大臣之行，乃真大臣也。（赵时春著，杜志强校笺：《赵时春文集校笺》卷六，天津古籍出版社 2012 年版，第 291 页）

观 玄

《易》以奇偶分阴阳而重爻，爻交而理数咸备。《玄》以方、州、部、家分首，而数自一至九，首皆雷同，方、州、部、家无与焉；首内辞义与一三为九之数无与焉，独合历数气候耳。如子云欲以历数为言，而因及三才之正变，可以范生民矣，奚拘拘模《易》哉！孔子赞《易》，《易》固尽道，不重模也。扬子云颇识奇字，拟赋自知其陋，重以模《易》，愈陋矣！世人常用之字，自《苍》《史》以来因时制用，随便立画，非有要道奇事也；偶见所未见，遂以为奇，又陋矣！王介甫字字讲衍，各各见道，袭子云之陋者也。司马温公天质忠厚，知非介甫，而乃贵雄，亦贱目贵耳矣！世人高于雄者，无取于《玄》，不如雄者，又不识《玄》，《玄》何足贵哉？孔子不仕，定公之初既仕，即隳三都。梅福以尉遁，卓茂以令免，龚胜之徒，或死或去，其用意玄矣！子云以莽大夫终身，文重谀之，又何玄哉！朱文公曰"莽大夫扬雄死"，奚其玄？然子云之学诚勤邃，汲汲名利弗能释，反以败名，虽以温公之褒，无救文公之讥，学者当远名而务实。（《赵时春文集校笺》卷九，第456页）

黄姬水（1509- 1574）

《明史》卷二百八十七载："子姬水，字淳父，有文名，学书于祝允明。"

杜山人诗序 （节录）

扬雄曰："诗赋小道，壮夫不为。"噫，斯言过矣。即如雄言，则今之称雄者，文章乎？抑清静寥寞也乎？雄言过矣。嗟乎，君子得时则见诸行事，不得时则托之空言。故言者，功之寓也。苟驾而无功，不若蓬累而有言也。（《黄淳父先生全集》卷十八，《存目》集部第186册，第442页）

含玄斋说（节录）

常闻古人之所谓玄矣，扬雄之玄，诡于体；老聃之玄，窒于用。（《含玄先生集》附录，明活字本）

冯惟敏（1511—1580）

《词林人物考》卷九："冯惟敏，字汝行，号海浮，少洲兄也。词虽逸而气未雄，律虽协而调少逊，然三伯仲俱以著作名家，冯氏信多贤哉。"按，惟敏与兄冯惟健、弟冯惟讷并皆名家。

思玄堂

寂寞子云亭，苍苍老客星。金门辞待诏，白首草《玄经》。（《冯惟敏全集》诗之部，齐鲁书社2007年版，第113页）

高　拱（1513—1578）

《明史》卷二百十三："高拱，字肃卿，新郑人。嘉靖二十年进士。选庶吉士。逾年授编修。"

后世无圣人*

问："孔子以前多圣人，而后乃无之，何也?"曰："有孔子为之断案，故古多圣人。扬雄有云：'伯夷、柳下惠，若无仲尼，则西山之饿夫与东国之黜臣，恶乎闻？岂惟夷惠，若无仲尼，则汤武之心迹难明，恶乎圣？启、箕之异同难定，恶乎仁？不知天下谓之何矣?'后世既无孔子，则虽有其人，其孰能识？又孰敢为之断案？夫是以未见有圣人也。且后人未得圣人之道，而好立言，其言一定，更不许人别有商量，乃却不免执著，迷圣人广大圆通之旨。有志之士，才说希圣，已即囿于其中而不能出，夫是以天下鲜圣学也。"（高拱著，流水点校：《本语》，中华书局1993年版，第19页）

论扬王*

扬雄不生新莽之时，王安石不居宰相之位，伟乎其儒也已。故金必火而后知其精与不精，刀必割而后知其利与不利。（《本语》，第20页）

论仕莽美新*

问："新莽之时，何独扬雄为《剧秦美新》文，贻讥万世?"曰："史称颂莽功德者，四百八十余万人，岂四百八十余万人者，皆亲至殿庭，以口说颂之而去哉？固皆形之文字也，但不传耳。雄有盛名，故其文独传，而后世遂以为独雄为之，其实不止雄也。"曰："然则不可罪欤?"曰："正不须责。古云：'放饭流歠，而问无齿决。'使雄能见几以去，不仕莽朝，而却为此文，则可以文罪之。雄仕莽，既失身矣，又何须责其文字？即无此文，犹夫失身也。譬之妇已失节，而乃责其言语、动止之不善，即言动皆善，犹夫失节也。噫！雄学圣人之道者也，我不意其学圣人之道，而乃与乱世之四百八十余万人伍也；我不意其学圣人

之道，而乃与丧节之妇伍也。噫!”（《本语》，第39页）

黎民表（1515- 1581）

《明史》卷二百八十七：“黎民表，字惟敬，从化人，御史贯子也。举乡试，久不第，授翰林孔目，迁吏部司务。执政知其能文，用为制敕房中书，供事内阁，加官至参议。”

和陶征君饮酒（其一）

子云不晓事，白首窥《玄经》。我昔弄柔翰，窃禄翼其成。岂谓兹道非，年齿已屡更。顾影守空堂，枳棘塞中庭。灵芝尚三秀，鹭鸶待一鸣。赖此慰迟暮，可齐达者情。（《瑶石山人稿》卷二，《四库》第1277册，第17页）

陈士元（1516- 1597）

史梦兰《止园笔谈》卷五：“陈士元字心叔，楚之应城人。所著诗文名《归云集》如干卷，外有《论语类考》二十卷，《孟子杂记》四卷，《易象汇解》四卷，《易象汇解》二十卷，《五经异文》十一卷，《姓汇》四卷，《姓觿》十卷，《名疑》四卷，《古俗字略》七卷，《梦占逸旨》八卷，《堤疾恒谈》十五卷，《楚故略》二十卷，《象教皮编》六卷，《楚绝书》二卷，《荒史》六卷，《世历》四卷，《江汉丛谈》二卷，《俚言解》二卷，《裔语音义》四卷，《岳纪》六卷。”

名疑（节录）

《听雨纪谈》云：“古人有小名必有小字。”尝见《宋进士同年录》皆书小名小字，犹存古意。然亦有不尽然者，如司马相如小名犬子，扬雄小字童乌，未闻相如小字，扬雄小名也。

［按］据《法言》所说，童乌乃扬雄之子，而此误作扬雄小字，不知何故。

班固本姓斑，扬雄本姓杨，字讹而姓亦因之。（以上《名疑》卷三，《四库》第952册，第647、655页）

扬

《汉书·扬雄传》云：“其先出自有周伯侨，以支庶食采于晋之扬，因氏。”《合璧类姓》云：“扬雄自序从手从易，则为扬。与从木从易之杨又为一族。”《千家姓》云：“天水族。”《氏族大全》有黄岩尉扬玉休，琼州人扬避举。（《姓觿》卷三，《存目》第179册，第623页）

孟子杂记二则*

孟子曰：“今之人性善，皆将丧失其性故也。”孟子曰：“人之学者，其性善也。”（《荀子·性恶篇》）元按，荀况性恶论盖愤疾之过也，乃以孟子性善之说为不合符验，坐而言之，起而不可设，张而不可施行，其学术之偏，岂但择不精、语不详，大醇而小疵云哉。又安得与扬雄氏并称邪！

孟子曰：“夫有意而不至者有矣，未有无意而至者也。”（扬子《法言·修身篇》）元按，扬子论仁义礼智信之用，而戒人自划也，故引孟子云云。司马光注云：“孟子无此语。”（以上《孟子杂记》卷二，《四库》第207册，第320—321页）

方弘静（1516- 1611）

万斯同《明史》卷三百十六："方弘静，字定之，歙人。嘉靖二十九年进士，授东平知州。……弘静沈厚笃实，居官介然有守，致仕归，年九十五卒，赠工部尚书。"

经解（节录）

一阴一阳之谓道，维天之命，于穆不已也。圣人继天立极，纯亦不已。纯则无妄，故曰善成性存，存自诚明谓之性，天人合矣。孟氏之道性善，此所由来欤。仁智之见，百姓之不知，不能尽其才，非才之罪也。孟子盖深于《易》矣，而扬子云犹曰："性者，所适善恶之马。"不知性则不知《易》，而草《玄》以拟《易》，无乃窃乎。（《千一录》卷四，《续修》第1126册，第169页）

子评（节录）

说家有云，子云投阁而毙。夫子云投阁耳，未死也，安得枉其年，信己之笔耶。余以是知夷齐毙，淑媛之言，好事者为之也。夷齐以饿，故采薇而食之耳，未必以饿死。若曰薇亦周之草木，因不食薇，此不情之言也。其为诬无疑也。

或言《剧秦美新》非子云作，作者刘棻耳。此言好子云者也，然不可文也。惟清净，作符命，自当时语，子云非干进者，特畏祸耳。龚生夭其天年，犹为老人所尤。子云不为符命，不过为龚耳。其为莽大夫，愧龚生远矣。士不远死生之分，何以为士哉。（《千一录》卷八，第222页）

客谈（节录）

司马相如之赋，汉武恨不与之同时。及狗监荐之，则不用也。汉武，英主也。其文虽工，其行无取，其材不足以经世也。而世悲其不遇，过矣。扬子云："壮夫不为。"其见道之言与。（《千一录》卷十五，第319页）

扬子云："孔氏之门如以赋，则贾谊升堂，相如入室矣。如其不用何。"夫相如无论也，如贾生者，使在洙泗，非升堂之徒与，扬子特以"壮夫不为"论其赋云尔也。夫扬子，能之而弗为，进于道者也，而椎鲁者借口于《法言》则俚矣。（《千一录》卷二十，第393页）

扬子云言貌不能动时人，而读其书者，千载如见君子，第耻过情之誉耳！何能势诸名卿哉。观子云书中，殆有不能平者。其曰："伏几袭裳而字仲尼，仲尼乎？羊质而见豺战矣。"盖恶伪之乱真也。虽然，子云既自信矣，而当时亦有知之如桓君山者，何为为莽大夫也。蜀严沈冥，非其乡人乎？或曰莽之无道也，彼以为道未诎诎其身焉。噫，是为之辞也。夫谓子云而不能去，不可也。去也，岂俟莽乎？莽之谋汉，岂一朝夕乎？《太玄》拟《易》而作者也，不知《易》，恶用拟。吾未能知《太玄》也，而知子云之不能知《易》也。

子云既不能为严君平矣，即不幸为龚君宾，朝闻道而夕可死，犹未失也。邴曼容知时事日非，为官不肯过六百石，虽未及严氏，庶几哲于保身矣。子云之《解嘲》，自鸣其位卑耳，不能为曼容，恶能为君平？不能为君平，恶能为君宾夫？此三子，皆子云所不能也，而徒以《法言》能《论语》，《太玄》能《易》耶？是亦伏几袭裳而字仲尼者也。（《千一录》卷二十，第394页）

陈元方著《陈子》三十余万言，惜今无传，无乃以言不务华，不为世所好耶。其曰事不虚设，必非无稽矣。言之无文，行而不远，自昔病之。扬子云是以深湛其思耶，若曰壮夫不为篆刻，而《太玄》《法言》

之辞，何以称艰也。（《千一录》卷二十一，第409—410页）

扬子云教人作赋，令读赋千首。意当时所传作者，几千人矣。今其传者，不能百，不知其何谁也，况其不传者乎。文章亦小技，杜子美知之矣，而语不惊人死不休，何其僻也。今乃倩人为文，或窃人所作，云百年后谁辩者，其汲汲于求名若是，不虞其覆瓿耳。（《千一录》卷二十二，第421页）

家训（节录）

文犹百卉之华也，夫百卉之华也，孰为之哉。而培之者，人事之弗齐，有上农中次之差焉。六经诸子，五车万卷，所以培之也。扬子云教人为赋，使读千首，此大匠之规矩也。如欲文之工，则无他术。（《千一录》卷二十三，第444—445页）

董仲舒对策若有神助，此自下帷不窥园得之。扬子云教人作赋，云熟读古赋千篇。杜子美云读书破万卷，又云须读五车书。自古文章宗工，更无别法。（《千一录》卷二十五，第468页）

徐师曾（1517- 1580）

《（乾隆）江南通志》卷一百六十三："徐师曾，字伯鲁，吴江人。嘉靖丁未进士，历官吏科给事中，移疾归里，辟书舍南湖上，讲诵如诸生。万历中屡诏起，辞不赴。益研究经学，撰《礼记集注》诸编，学者称鲁庵先生。"

赋（节录）

按，《诗》有六义，其二曰赋。所谓赋者，敷陈其事而直言之也。

古者诸侯卿大夫交接邻国，揖让之时，必称诗以喻意，以别贤不肖而观盛衰。如《春秋传》所载晋公子重耳亡之秦，秦穆公享之，赋《六月》。鲁文公如晋，晋襄公飨公，赋《菁菁者莪》。郑穆公与鲁文公宴于棐，子家赋《鸿雁》。鲁穆叔如晋，见中行献子，赋《圻父》之类。皆以吟咏性情，各从义类，故情形于辞则丽而可观，辞合于理则则而可法，使读之者有兴起之妙趣，有咏歌之遗音。扬雄所谓“诗人之赋丽以则”者是已，此赋之本义也。

春秋之后，聘问咏歌不行于列国，学诗之士逸在布衣，而贤士失志之赋作矣，即前所列《楚辞》是也。扬雄所谓“词人之赋丽以淫”者，正指此也。然自今而观，《楚辞》亦发乎情而用以为讽，实兼六义而时出之，辞虽太丽而义尚可则，故朱子不敢直以词人之赋目之，而雄之言如此，则已过矣。赵人荀况，游宦于楚，考其时，在屈原之前，所作五赋，工巧深刻，纯用隐语，若今人之揣谜，于《诗》六义，不啻天壤，君子盖无取焉。

两汉而下，作者继起，独贾生以命世之才，俯就骚律，非一时诸人所及。他如相如长于叙事，而或昧于情；扬雄长于说理，而或略于辞。至于班固，辞理俱失。若是者何？凡以不发乎情耳。然《上林》《甘泉》，极其铺张，而终归于讽谏，而风之义未泯；《两都》等赋，极其眩曜，终折以法度，而雅颂之义未泯；《长门》《自悼》等赋，缘情发义，托物兴词，咸有和平从容之意，而比兴之义未泯。故虽词人之赋，而君子犹有取焉，以其为古赋之流也。（《文体明辩》卷三，《存目》集部第310册，第554页）

解

按字书，解者，释也，因人有疑也解释之也。扬雄始作《解嘲》，世遂仿之。其文以辩释疑惑，解剥纷难为主，与论说议辩盖相通焉。其题曰解某，曰某解，则惟其人命之而已。雄文虽谐谑回环，见讥正士，而其词颇工，且以其为此体之祖也，故亦取焉。此外又有字解，则别附

名字说类，此不混列。（《文体明辩》卷四十三，《存目》集部第311册，第761页）

胡　直（1517- 1585）

《明史》卷二百四十三："泰和胡直，嘉靖中进士，官至福建按察使，师欧阳德、罗洪先，得王守仁之传。"

书郫县志后

往予阅及扬雄仕莽投阁、剧秦美新，而《纲目》书"莽大夫"，尝怪雄以彼其才而媚莽，心窃鄙之。后见程叔子取其"美厥灵根"之语，愕曰："雄乃有是语乎?"又韩退之、邵尧夫、司马君实诸君子咸称引其说，往来怵予心。已乃取《法言》读之，其细六经、翼孔颜，义甚深，又尝高饿显，下禄隐，虽不韪屈原，而屡斥公孙弘之容，且曰："如诎道信身，虽天下不可为也。"予则叹曰："世之论雄其然，岂其然乎?"终无以决于心。最后读《扬雄传》，称雄有大度，自守泊如，仕成帝、哀、平间，未言仕莽。独其赞谓雄仕莽作符命投阁，年七十一，天凤五年卒。余考雄至西京见成帝，年四十余矣，自成帝建始改元至天凤五年，计五十有二岁，以五十二合四十余，已近百年，则与所谓年七十一者又相抵矣。又考雄至京，大司马王音奇其文，而音薨永始初年，则雄来必在永始之前无疑，然则谓雄为延于莽年者妄也，其云媚莽，妄可知矣，盖予怀此久矣。

今年春，按部郫县，而雄郫人也，读其邑志，得予乡人简公绍芳辨证尤悉。简引桓谭《新语》曰："雄作《甘泉赋》一首，梦肠出，收而内之，明日遂卒。"而祠甘泉在永始四年，雄卒永始四年，去莽篡位尚远，而《剧秦美新》或出于谷子云。以予校之，莽自平帝元始间始号安

汉公，今《法言》称“汉公”，且云“汉兴二百一十载”，爰自高帝至平帝末，盖其数矣。而谓雄卒永始，亦未必然。计雄之终，或在平帝末，则其年正七十余矣。因雄历成、哀、平，故称三世不徙官。若复仕莽，又讵止三世哉？繇是知雄决无仕莽投阁美新之事。而简公谓班孟坚早世，曹大家辈传失其实，岂不然哉？当平帝末，莽已有都四海代汉室之形矣，而雄犹称汉道如日中天，力不能回莽，而假《法言》以讽切之，雄之意至矣，雄其媚莽者乎？谅乎叔子之言曰：“阁百尺，未必能投。”曰：“然则史不足信乎？”曰：“太史公记子贡、宰我，一以为游说，一以为叛乱，是亦足信乎？而孔子主痈疽，百里奚自鬻身，在当时之言比比也，何独雄哉？”予悲守道君子蒙诬逮千载，故因简公之言而毕其说。（《衡庐精舍藏稿》卷十八，《四库》第1287册，第436—437页）

姜　南（1519举人）

《（道光）济南府志》卷三十六：“姜南字明叔，浙江仁和人，举人，嘉靖二十三年知德平县博雅，著有《采风记》，历官工部员外郎。”

扬雄称王莽为圣人

唐自玄宗末年，禄山肇乱于河北，而思明继之滔天僭帝。唐之号令，由此不行于河北，以至于亡。然河北之人，习于叛逆，往往称安史为圣人，此众人之庸暗陋劣，不足讶也。扬雄为汉名儒，而尝谓王莽为圣人，故作《太玄》，作《剧秦美新》，皆盛称莽功德。至于作《元后诔》，有曰“勉进大圣，上下兼该”，又曰“历世运移，属在圣新”，是以莽为圣人，与河北之庸人何异？子云之罪，可胜诛哉。荷亭卢正夫尚为之辩事莽之是非，诚可哂也。（《蓉塘诗话》卷十九，《续修》第1696册，第48页）

徐　渭（1521- 1593）

《明史》卷二百八十八："徐渭，字文长，山阴人。十余岁仿扬雄《解嘲》作《释毁》，长师同里季本。为诸生，有盛名。……渭天才超轶，诗文绝出伦辈。善草书，工写花草竹石。尝自言：'吾书第一，诗次之，文次之，画又次之。'当嘉靖时，王、李倡七子社，谢榛以布衣被摈。渭愤其以轩冕压韦布，誓不入二人党。后二十年，公安袁宏道游越中，得渭残帙以示祭酒陶望龄，相与激赏，刻其集行世。"

芸阁校书篇

薄雾霭香筒，青缃走蠹虫，一梯陟刘向，万帙映扬雄。鸟下窥书古，花飞缀字红，他年在天禄，羞与俗人同。（《徐渭集》卷六，中华书局1983年版，第177页）

赠妇翁潘公序（节录）

（渭）九岁能为举子文，十二、三赋雪词，十六拟扬雄《解嘲》作《释毁》。（《徐渭集》卷十九，第546页）

田艺蘅（1524- ?）

《明史》卷二百八十七："（田汝成）子艺蘅，字子艺。十岁从父过采石，赋诗有警句。性放诞不羁，嗜酒任侠。以岁贡生为徽州训导，罢归。作诗有才调，为人所称。"

卖 文

扬雄家产不过十金，无担石之储。其作《法言》，蜀贾赍钱十万，愿载于书，子云却之，目为羊鹿。若段湛家贫，卖文为活，韩退之谀墓中人得金，视圈鹿阑羊何如也？故杜甫云“本卖文为活，翻令室倒悬”，有深意矣。（《留青日札》卷二，《续修》第1129册，第32页）

玉 女

《周书·王会图》所载，非宝异物，不过纪帝王祥瑞而已。至于沈约《宋书·符瑞志》则又可鄙笑，甚至不知玉女之名，乃训释之曰：“玉女，天赐妾也。”则又云汉之上有居民，而茫茫昊天亦有夫妻子女矣。既有玉女，必有金童，何不并列之，是录鬼魅之尤也。相如《大人赋》“排閶阖而入帝宫兮，载玉女而与之归”，张揖曰：“玉女，青要乘弋等也。”扬雄赋“玉女无所眺其清卢”，《灵光赋》“玉女窥窗而下视”，注：“刻玉女形于窗上。”李白诗“莫宿玉女窗”，《甘泉赋》“想西王母欣然而上寿兮，屏玉女而却宓妃”，《山海经》“玉山，西王母所居”，《神异经》“东荒中有大石室，东王公居之，常与玉女共投壶。华山上有玉女洗头盆。”（《留青日札》卷九，第80页）

东 坑

《甘泉赋》“陈众车于东坑”，《辨亡论》“陆公偏师三万，北据东坑，深沟高垒”，注：“东坑，东海也。”《说文》：“坑，阆也，虚壍也。”（《留青日札》卷十，第89页）

六　驾

《甘泉赋》"驷苍螭，六素虬"，《河东赋》"抚翠凤之驾，六先景之乘"，《校猎赋》"六白虎载灵舆"。《易》之六龙，即《书》之六马，天子之所御也。诸侯驷驾，四马也。太守五马，大夫骖乘，三马也，士骈驾，二马也。（《留青日札》卷二十三，第191页）

王世贞（1526- 1590）

《明史·文苑传》载："王世贞，字符美，太仓人，右都御史忬子也。生有异禀，书过目，终身不忘。……世贞始与李攀龙狎主文盟，攀龙殁，独操柄二十年。才最高，地望最显，声华意气笼盖海内。一时士大夫及山人、词客、衲子、羽流，莫不奔走门下。片言褒赏，声价骤起。其持论，文必西汉，诗必盛唐，大历以后书勿读，而藻饰太甚。晚年，攻者渐起，世贞顾渐造平淡。"

读扬子

余读扬氏《法言》，其称则先哲，畔道者寡矣。顾其文，割裂聱曲，暗忽洪涊，剽袭之迹纷如也。甚哉，其有意乎言之也。圣人之于文也，无意焉，以达其所本有而不容秘耳。故其辞浅言之而愈深也，深言之而不秘也。骤之而日星乎，徐之而大羹玄酒哉，乃其矩矱天就矣。世之病扬氏以道也，余之病扬氏以文也。虽然，文则又奚病焉。（《弇州四部稿》卷一百十二，《四库》第1280册，第759—760页）

刻扬雄太仆箴跋

子云意在修辞，故其语漫浪，不若圣规之切然。所谓虽驰虽驱，匪逸匪愆者，视骋容与踸万里，不大径庭哉。（《弇州四部稿》卷一百二十九）

书扬雄传后

自孟子殁而有荀卿氏，荀卿殁三百余年而有扬雄氏。中间若董仲舒之正，毛、伏以下之专，于其经术若有补焉，而未有立言以维持道统者。扬雄氏始准《周易》而为《太玄》，准《鲁论》而为《法言》。《法言》之所结撰，要在于尊周孔，辨术经治，一时已称述之，至昌黎氏而尊，涑水氏而信。涑水氏之于孟子不能信，而独信扬雄氏。扬雄氏之出处，其先亦未有訾之者，独不能不有微恨于《剧秦美新》。而紫阳氏之著《通鉴纲目》，直书之曰"莽大夫扬雄死"，盖举市国之褚渊、历姓之冯道所不加者而加之，于是雄之名遂溷人之齿颊，而其身毋所容于圣门之藩篱矣。

及考其传而推之，则事不必尽然，而情亦有大可原者。当雄之游京师而给事黄门也，成帝之世。与王莽、刘歆并，哀帝之初，复与董贤并。莽、贤皆至三公，负贵势所荐引立擢，而雄三世不徙官。及莽篡汉，刘歆辈皆用符命颂功德，而雄复不侯，以耆老久次转大夫。则其不附王莽可知。然所以濡滞而不去者，以去则莽必恨之，恨之则必追而戮之。即不恨，必且召，而有龚胜之事。雄见夫莽虽奸，然自唐虞以后所创有，而未尝称干戈以翦刘氏之社稷，而身又不当扞圉之任，如是而死，孔门之所不载。而微箕之懿戚，尚且受封于周而谓之仁。是以浮沉待尽，以存五世一线之息耳。至于《剧秦美新》，故不见本传。即有之，亦投阁之后不得已，冀以瓦全。且所剧者，秦耳，而不及汉；所美之新，美于秦耳，不美于汉也。不然，涑水氏能斥冯道，诎介甫，而独雄是恕乎哉？紫阳氏之深意，吾固已知之。即文中子之贤，尚议其僭，攻其瑕，而宋之统遂接孟子矣，何况区区一雄哉。（《读书后》卷二，《四库》第1285册，第23—24页）

读通书正蒙（节录）

秦汉以后，卓然欲绍孟子而追迹六经之后者，扬雄氏而已耳，王通氏而已耳，周、张二先生而已耳。《太玄》绍《易》者也，《法言》《中说》绍《论语》者也，《通书正蒙》绍《系辞》《中庸》者也。其所入有深浅，所造有纯驳，要之皆不能无意者也。（《读书后》卷四，第50页）

李　贽（1527- 1602）

《南屏净慈寺志》卷六："李贽字卓吾，闽中人。仕云南姚安太守，致政不欲归闽，侨寓楚之麻城，自度为僧。其学无所不窥，识见高迈，颇近于放，而尤精于禅学。"

反　骚

朱子曰："雄少好辞赋，慕司马相如之作，怪屈原文过相如，至不容，作《离骚》，自投江而死，悲其文，读之未常不流涕焉。以为君子得时则大行，不得则龙蛇，遇不遇命也，何必湛身哉！乃作书往往摭《骚》文而反之，自峄山投诸江以吊屈原云。"李生曰：《离骚》，离忧也；《反骚》，反其辞，以甚忧也，正为屈子翻愁结耳。彼以世不足愤，其愤世也益甚；以俗为不足嫉，其嫉俗愈深。以神龙之渊潜为懿，则其卑鄙世人，驴骡下上，视屈子为何物，而视世为何等乎？盖深以为可惜，又深以为可怜，痛原转加，而哭世转剧也。夫有伯夷之行，则以饿

死为快；有士师之冲，则以不见羞污为德：各从所好而已。若执夷之清而欲兼柳之和，有惠之和又欲并夷之清，则惠不成惠，夷不成夷，皆假焉耳。屈子者夷之伦，扬雄者惠之类，虽相反而实相知也，实未常不相痛念也。彼假人者岂但不知雄，而亦岂知屈乎？唐柳柳州有云："委故都以从利兮，吾知先生之不忍。立而视其巅覆兮，又岂先生之所志？穷与达其不渝兮，夫唯服道而守义。吁嗟先生之貌不可得兮，犹彷佛其文章。托遗编而叹喟兮，涣余涕其盈眶。哀今之人兮，庸有虑时之否臧？退默默以自服兮，曰吾言之而不行！"其伤今念古，亦可感也！独太史公《屈原传》最得之。（《焚书》卷五，中华书局2009年版，第197—198页）

莽大夫扬雄死

成帝之世，雄以奏赋为郎，与莽及刘秀并列。哀帝之初，又与董贤同官。莽、贤为三公，而雄三世不徙官。及莽篡汉，雄以耆老久次转为大夫。**何用**。欲以文章成名于后世，乃作《太玄》《法言》。刘秀子棻尝从雄学作奇字，及棻坐事诛，辞连及雄。时雄校书天禄阁上，使者来，欲收之。雄恐不能自免，乃从阁上自投下，**小人**。几死。莽闻之，以雄不知情，诏勿问。然雄所作《法言》卒章，盛称莽功德可比伊周，后又作《剧秦美新》之文以颂莽，**畜生**。君子病焉。（李贽评纂：《史纲评要》卷九，中华书局1974年版，第236—237页）

［按］文中黑体加粗字乃李贽评语。

扬子云

扬子撰《法言》，蜀有富人赍钱十万，愿载一名。子云曰：富人无义，正如圈中之鹿，栏中之牛，安得妄载乎。李卓曰：奇哉富人，恨子云老不晓事，致使姓名不传。（《李温陵集》卷十七，《续修》第1352册，第247页）

骆问礼（1527- 1608）

《（光绪）诸暨县志》卷二十九："骆问礼，字子本，号缵亭，嘉靖乙丑进士，除行人司行人……生平论学，尊朱左陆，以躬行实践为主，为海忠介高弟，功绩不及海，而学行过之。家故有万一楼圮，问礼复新之，度书数万卷，手订家礼，悉守朱子成规。居丧不作佛事，诫子孙世守家法。著有《续羊枣集》九卷，《万一楼集》六十一卷，《外集》十卷，又著《诸暨县志》二十卷，余姚孙矿服其精核。"

长歌行

著文感扬子云壮夫不为之语，因作。

丈夫有手不能擎天控日，整顿宇宙，斧劈千古图，常执毛锥，抽数黄白惭壮夫。丈夫有口不能代天敷命，吞吐造化，宣陈四海谟，常申喉舌辩问琐细，徒使乡闾孺子称狂奴。丈夫有足不能高举阔步，跄济殿陛，从容矩矱承明庐，常拖短履，残山剩水，追随风月，蹒跚如凫雏。纵尔目能识贤愚，耳能别淑蠹。胸中兀突罗今古，耿耿勃勃何所吐。公孙曲学三策迁，詹尹不卜三间居。霜清月落天万里，投笔把剑成长吁。（《万一楼集》卷十八，《禁毁》集部第174册，第273页）

剧秦美新辨

焦状元竑曰：子云古以比孟、荀，自宋人始訾议之。介甫、子固皆有辨，然其《剧秦美新》之作，未之有解也。惟泰和胡正甫辨正甚悉，吠声者当无所置喙矣。正甫之言曰：

往予阅扬雄仕莽投阁、剧秦美新，而《纲目》书莽大夫，怪雄以彼其才而媚莽，心窃鄙之。后见程叔子取其"美厥灵根"之语，愕曰雄乃有是语乎。又韩退之、邵尧夫、司马君实诸君子，咸称引其说，往往惕予心。已乃取《法言》读之，其绌六经，翊孔颜，义甚深。又尝高饿

显，下禄隐，虽不韪屈原而屡斥公孙宏之容，且曰如诎道信身，虽天下不可为也。予则叹曰：世之论雄其然，岂其然乎？终无以决于心。最后《读雄传》，称有大度，自守泊如。仕成帝哀平间，未言仕莽。独其赞谓雄仕莽作符命投阁，年七十一，天凤五年卒。余考雄至京见成帝，年四十余矣。自成帝建始改元至天凤五年，计五十有二岁。以五十二合四十余，已近百年。则与所谓年七十一者又相抵牾矣。又考雄至京，大司马王音奇其文，而音薨永始初年。则雄来必在永始之前无疑。然则谓雄为延于莽年者，妄也。其云颂莽，妄可知矣。盖予怀此久矣，今年春按部郫县，而雄，郫人也。读其邑志，得于人简公绍芳，辨证尤悉。简引桓谭《新语》曰："雄作《甘泉赋》一首，梦肠出，收而内之，明日遂卒。"而祠甘泉在永始四年，雄卒去莽篡尚远，而《剧秦美新》或出于谷子云。以予校之，莽自平帝元始间号安汉公，今《法言》称汉公，且云汉兴二百一十载，爰自高帝，至平帝末，盖其数矣。而谓雄卒永始，未必然。计雄之终，或在平帝末，则其年正七十余矣。因雄历成哀平，故称三世不徙官。若复仕莽，讵止三世哉。繇是知雄决无仕莽投阁美新之事。而简公谓班孟坚早世，曹大家辈传失其实，岂不然哉。当平帝末，莽已有都四海代汉室之形矣，而雄犹称汉道如日中天，力不能回莽，而假《法言》以讽切之。雄之意至矣。雄其媚莽者乎？谅乎叔子之言曰："阁百尺，未必能投。"然则史不足信乎？曰：太史公记子贡宰我，以为游说，以为叛乱，是亦足信乎？而孔子主痈疽，百里奚自鬻身，在当时之言比比也。何独雄哉？予悲守道君子，蒙诬逮千载，故因简公之言而毕其说。

礼按，此文读之甚可喜，但其狱已久，反之亦似不易。录之，示有道君子留心焉。（《万一楼集》卷五十五，第658—659页）

章 潢（1527- 1608）

《明史》卷二百八十三："潢，字本清，南昌人。居父丧，哀毁血溢。构此洗堂，联同志讲学。辑群书百二十七卷，曰《图书编》。又著《周易象义》《诗经原体》《书经原始》《春秋窃义》《礼记札言》《论语约言》诸书。从游者甚众。数被荐，从吏部侍郎杨时乔请，遥授顺天训导，如陈献章、来知德故事，有司月给米三石赡其家。卒于万历三十六年，年八十二。其乡人称潢自少迄老，口无非礼之言，身无非礼之行，交无非礼之友，目无非礼之书，乃私谥文德先生。自吴与弼后，元锡、元卿、潢并蒙荐辟，号'江右四君子'。"

京扬卦气直日图总叙

《易》卦之位，《震》东《离》南《兑》西《坎》北者为一说，十二辟卦分属十二辰者为一说，乃焦延寿、京房为卦气直日之法，合二说而一之，既以八卦之《震》《离》《兑》《坎》二十四爻直四时，又以十二辟卦直十二月，且分四十八卦为公侯卿大夫，而六日七分之说生焉。若以八卦为主，则十二卦之《乾》不当为已之辟，《坤》不当为亥之辟，《艮》不当侯于申酉，《巽》不当侯于戌亥。若以十二卦为主，则八卦之《乾》不当在西北，《坤》不当在西南，《艮》不当在东北，《巽》不当在东南。彼此二说，互相矛盾。且其分四十卦为公侯卿大夫，以附于十二辟卦，初无法象，不待论其减去四象卦二十四爻，而后可以见其失也。扬雄《太玄》次第全用焦法，其八十一首盖亦去其《震》《离》《兑》《坎》，而但拟其六十卦耳。诸家于八十一首多有作拟《震》《离》《坎》《兑》者，许翰始正其误。至立《踦》《赢》二赞，则止以七百二十九赞又不足乎六十卦六日七分之数，而加益之。恐不可反据其说以正焦氏之失也。（京房卦气直日图，省）

京房直日之说，以《坎》《离》《震》《兑》各主一方，以六十卦分主一岁。凡三百六十五日四分之一，卦得六日七分，其为算固周且悉

矣。然《坎》《离》《震》《兑》与《乾》《坤》诸卦一也，《坎》《离》《震》《兑》主二十四气，而《乾》《坤》诸卦主六日七分，何耶？合六十卦为日三百六十五四分之一，附之一岁则有余，而加之闰则不足，若之何其主一岁耶？一岁之中，赢缩余闰初无常时，而卦之所直则有定日，又乌能候温寒耶？且使夫六十四卦所配之日皆惟我所分，则何独六日七分而后可，吾将合六十四卦而以一岁三百五十四日均之，则一卦直五日四十二分五厘亦可也。吾将损四正而用六十卦，以当三百五十四日，则卦直五日七十二分亦可也。不然，惟用八卦以当三百五十四日，则卦直四十四日二十分，又谁曰不可？凡去取多寡，惟我之所制，则人皆可为矣，何取乎经。此房之非也。

京房、扬雄皆以卦配气候，谓之卦气。同是卦也，同是气候也，宜其所配有不可得而异者。然房以六十卦配之三百六十五日四分之一，而雄则以六十四卦配之，去取之异，何也？房以《兑》应大雪，而雄以《坎》；房以《兑》应秋分，而雄以《震》。节候之异，何也？房以《坎》《离》《震》《兑》各主日九十，而雄于四卦卦得四日有半；房以六十卦主六日七分，而雄亦以四日有半处之。多寡之异，何也？雄之《太玄》以二赞配一昼一夜，凡一首九赞，为四日有半，有以一首准一卦，则得四日半矣，而又以二首准一卦，则是卦又得九日也。雄之以卦配日，又自为异如此，何也？苟卦为有用，则阴阳之体有非人所能移者，而增损迁变惟二子之所私，何耶？自达者观之，其为谬妄，冰炭不言，冷热可知也。盖亦求二子之所同者，惟以卦气起于《中孚》则一耳。然卦气不自他卦始而独起于《中孚》，不知何义？复以一阳初生谓之冬至之候，犹有一说也。《屯》以一阳震动于《坎》《离》之中，谓之冬至之候，犹有说也。至于《中孚》以《兑》《巽》为卦而谓之冬至，则无一说而可。《太玄》以《中》准《中孚》，其辞曰："阳气潜萌于黄宫，信无不在其中。"盖谓《中孚》者，信也。夫以《中孚》为信，阳气必应于此，则是取其义而不取其气也。不取其气而取其孚信之义，则谓之起于《无妄》可也，何必《中孚》？雄之《太玄》乃亦效之，以首拟卦，岂以首与卦皆主是气而后拟之也？以《中》拟《中孚》，以《养》拟《颐》，以

《强》拟《乾》，以《视》拟《观》，以《止》拟《艮》，以《难》拟《蹇》，不过以其字之同义而取之。是知其所谓起《中孚》者，亦取其信也。其于所隶之节气何所取哉？使雄独以《太初历》于中起于冬至，起于牛之一度，则犹可也，而反以为起《中孚》。尝见宋咸著论，言卦气起《中孚》非圣人之旨，而朱氏难咸曰："《中孚》，十一月之卦也。以岁言之，阳起于冬至；以历言之，日始于牵牛；以日言之，昼起于夜半；以人言之，虑始于心思。咸谓何不起于他卦，真不知者也。"切谓朱氏言人之虑始于心思，故起于《中孚》，使《中孚》取心思之义，则起于《咸》可也，何必起于《中孚》而后可？朱氏又言岁始于冬至，历始于牵牛，日始于夜半，故必始于十一月。夫律历始于十一月是矣，而以《中孚》为十一月卦为何义？不此之解，而欲以折咸，殆不可也。使咸之说得行，房与雄之言皆可寝矣。（《图书编》卷八，《四库》第968册，第230—233页）

扬雄太玄方州部家八十一首图

（图略）

《太玄》以八十一首系之于方、部、州、家四画之下，于象与义初无所取，特不过以四画分之有八十一样，借以释八十一首之名。又有七百二十九赞，散之于八十一首之下。每首九赞，皆是初一、次二、次三、次四、次五、次六、次七、次八、上九，首首一样，更无分别。而七百二十九赞，亦与八十一首象与义皆无相关。以八十一首名强附于四画之下，以七百二十九赞又强附于八十一首之下。然以《中》之初一作冬至，第二日积起至《养》之上九，而一岁节气三百六十四日半一周。又加《踦》《赢》二赞，以足日之余分而起闰。又自冬至一日系之以牵牛之星第一，度日一日，躔星一度，至三百六十四日半而斗星二十五度半亦周。又以《踦》《赢》二赞系斗星余度，而一岁周天之日与星凑合恰好。《太玄》之要法，全在于此。其实自为历法一书，亦自可传，何必规规于《易》也。

（此段举《中》《应》《养》三首为例，说明《太玄》之义例。兹从略）

（此处有《太玄准易卦名图》，兹从略）

八十一首《太玄》之卦名也，不曰卦而曰首，以别于《易》卦也。《玄》以首名准《易》，若训字然。如《蒙》之为《童》，《随》之为《从》，《晋》之为《进》，《解》之为《释》，《讼》之为《争》，《革》之为《更》，《师》之为《众》，《比》之为《亲》，《乾》之为《疆》，《姤》之为《遇》，《丰》之为《大》，《损》之为《减》，《萃》之为《聚》，《观》之为《视》，《遯》之为《逃》，《益》之为《增》，《恒》之为《常》，《贲》之为《饰》，《困》之为《穷》，《艮》之为《止》，《蹇》之为《难》，《颐》之为《养》，《剥》之为《割》，《暌》之为《戾》，《升》之为《上》，《豫》之为《乐》，《夬》之为《断》，《大有》为《盛》，《鼎》之为《灶》，《涣》之为《文》，《履》之为《礼》，《明夷》为《晦》，《大畜》为《积》，《大过》为《失》，《小过》为《差》之类，只如解说《易》卦之名而已。至于重二十一卦以配八十一首之数，尤无意义。首有九赞，故一首之下列一、二、三、四、五、六、七、八、九位，每赞直半日，则九赞直四日半而为一首，九赞当四日半而曰五日者，以夜统于昼也。昼夜相配，则为一日矣。故于初赞即言至八十一首之九赞，当得三百六十四日半，而曰三百六十五日，以《踦》一之半日为夜，并言于昼也。又有《嬴》二半日之半，为四分度之一。则《踦》《嬴》二赞，在八十一首之外矣。夫扬雄所用固京房法也，房去《震》《离》《兑》《坎》四正卦，而用止六十卦，故卦直六日七分。雄虽去四正卦，而重二十一卦为八十一卦，则卦直四日半。是雄虽用京法，而亦以己意更改矣。以雄之法推算，亦合三百六十五日四分日之一。但此六日七分之法，牵强不整齐耳。虚谷方氏谓《太玄》精于卦气，特以其所纪日星气候比京稍详，而岂知增益《易》卦，以私见强排，乃朱子所谓工夫之拙者哉。

又一阴一阳者，《玄》相错之法也。故阳首数奇而主阳，谓之阳家；阴首数偶而主阴，谓之阴家。至于八十一首，交于初首则皆阳也。所余

《踦》《嬴》二赞，又附于末首之十末，则皆以阳数为主，而阴阳无相错之义矣。水、火、木、金、土者，《玄》相禅之法也。《玄》以九成数，故以五居生、成二数之中，五，土也。一二三四，生数，居五之前；六七八九，成数，居五之后。然五行各自为序，自九交初，亦未见其有相禅之义也。雄虽自谓准《易》，而不知《易》也。夫《易》本以一阴一阳之交而成八卦，自《复》而《升》，以至于《乾》，自《姤》而《降》，以至于《坤》。其流行之不已，固其对待之不偏者也。而雄则以一岁分而为三，自子中至辰中为天玄，自辰中至申中为地玄，自申中至子中为人玄，而于《易》中阴阳消息之序则既乱矣。盖本好奇之见，而非刚柔立本变通趋时之道也。可以谓之知《易》乎？雄为人深沉，颇能思索，故能略见天地之理，而于卦气之起《中孚》，则曰“阳气潜萌于黄宫，信无不在其中”，而其八十一首亦于一岁阴阳之气因以立义焉。故邵子称之曰：“扬雄知历法，又知历理。”其子伯温遂曰：“扬子云知《易》之本。”是亦即其所见之一斑而许之耳。徒守静虚，不得其正，故动必有咎欤。雄之书，宋时亦少有传者，故或者谓其用六十四卦，不去《震》《离》《兑》《坎》四正卦，与京法异，而四正卦在六十四卦之中，则又易置其位，以为房以《坎》应大雪，而雄以《兑》；房以《兑》应秋分，而雄以《坎》，则许翰既已辨之矣。（《图书编》卷八，第233—237页）

卦气起中孚

扬雄《太玄》谓卦气起《中孚》，尝思之不得其说。宋儒且谓扬与焦宏、京房皆偶以《中孚》起历数，于卦义全无当也。尝读《易·中孚》“豚鱼”，诸儒云：“豚，顽鱼，冥本无知之物，当至诚以感孚之。”且取感格鳄鱼为证。予谓古今惟此一事差近之，文王亦虚设此象耳。虽遍求之，不达其义久之。因以“江豚吹浪夜还风”之语，合而绌之、绎之，乃知豚鱼即江豚也，本兑泽中物，而得风之性者。泽物信风，一出天然，此所以利贞欤。又数年因遍阅诸家，有载正月鲨鳛至，二月鲤

至，三月鳜至，四月鲥至，八月黄鳝至，九月蟹至，仲冬豚鱼至，始知物至以其时，而仲冬豚鱼至，即《中孚》豚鱼之象也。可见圣人于各卦爻取象，皆时物之自然而然者。扬雄《中孚》卦气在古昔已然，汉儒尚有所传，匪后人杜撰者比也。缘观杂说，既通《易》象，且识卦气，深自愧心思未澈，睹闻浅鲜，不能博穷物理，何以穷经，何以窥古人著作也。后儒未悉其旨，反訾议汉儒，讵止兹一事为然哉。（《图书编》卷八，第238页）

［按］此说颇有新意，诚发前人所未发，可谓卓识！

太玄准易

《太玄》曰："夫作者贵其有循而体自然也。夫质干在乎自然，华藻在乎人事，故《玄》聘取天下之合而联之者也。"斯《太玄》之所由作欤？

今以其意求之，圣人作《易》，仰观象于天，俯观法于地。近取诸身，远取诸物，以通神明之德，以类万物之情。子云作《玄》，仰以观乎象，俯以视乎情，察性知命，原始见终，律则成物，历则编时，昼以好之，夜以丑之，斯准其意，一也。以其用求之，《易》将以指吉凶悔吝之途，《玄》将以辨君臣父子夫妇之道，斯准其用，二也。《易》之数，一生二，二生四，四生八，八生十六，十六生三十二，三十二生六十四；《太玄》之数，一生三，三生九，九生二十七，二十七生八十一。斯准其数，三也。《易》有贞悔六画，《玄》有方、州、部、家四重；《易》有《彖》，《玄》有《首》；《易》有爻，《玄》有赞；《易》有《象》，《玄》有《测》；《易》有《文言》，《玄》有《文辞》；《易》有《系辞》，《玄》有《摛》《莹》《图》《告》；《易》有《说卦》，《玄》有《数》；《易》有《序卦》，《玄》有《冲》；《易》有《杂卦》，《玄》有《错》；《易》有乾、元、亨、利、贞，《玄》有罔、直、蒙、酋、冥。及其定首之名，从《中》至《养》，皆拟从《中孚》至《颐》之卦，而曾无逾越尺寸。斯准其体，四也。《易》之揲法，大衍之数五十，其用四十有九，分二二挂一揲四归奇，是为一营，已则又然，凡十二营而成爻，七十二营而成卦。《玄》之揲法，天之策十有八，地之策十有八。地虚其三，次配三，犹大衍之五十虚一也。扐一以卦，中分其余，以三揲之，并余于扐，一扐之后而数其余，七为一画，八为二画，九为三画，凡四度画而成一首之位。斯准其揲，五也。《易》之占法，一卦之内，有初、二、三、四、五、上之爻，卦之既成，然后观其爻之变以定所占。《玄》之占法，一首之内有一、二、三、四、五、六、七、八、九之赞，首有阴、阳，赞有昼、夜，旦占用经，夕筮用纬，所用之赞，下为始，次为中，上为终，故曰观始中决从中终。又杂星时数乱而观之，从多为休，违多为咎。此准《易》之占，六也。

然《玄》之于《易》也，准其数而法则殊，准其体而名则别，准其揲而变亦异，准其占而考亦违，惟其所以明于天人之道，察于民物之故，以撷造化之幽玄，以指趋避之向方者，其致一焉。非不可异，不能异而已矣，此《太玄》之大方也。然尝以是而定其论，《玄》之形准夫《易》，而数准夫历，非《易》也。盖自分卦直日，而六日七分之说起于焦京矣。《太玄》祖之，而首起于中，尽于行，起于水，水尽于金，数起于下，尽乎上。上曰起牛宿一度，尽斗宿三十二度。月起于子尽于亥，节起于冬至尽于大雪，律中起于黄钟尽于夹钟。然《太玄》以七百二十九赞积二万一千二百四十四策为大积，每二赞为一昼一夜，七十二策为一日，凡三百六十四日有半，于是而不及周岁之数，益之以《踦》《嬴》二赞，以合岁之日而行律历焉。推自甲子至甲辰，自甲辰至甲申，还至甲子，而冬至皆无余分。十九岁为章，二十七章为会，三会为统，三统为元，以尽《玄》之道。班氏谓《玄》《太初历》相应，亦有《颛顼历》焉，此之谓也。故曰《玄》准历、准《易》也。非惟准历也，又准律。《律志》曰："太极元气，函三为一。（极），中也。元，始也。行于十二辰，始动于子。参之于丑，得三，参之于寅，得九，又参之于卯，得二十七，又参之于辰，得八十一。"是为九三之法，《玄》之所聘取也，故曰又准律也。然非独《玄》也，自汉以来，论律历者，皆推而附之于《易》。班氏《律历志》称自伏羲画八卦由数起，至黄帝作五声

十二律，九六相生是也。今推而致之，大衍之数增也。尧命羲和，历象日月星辰，岁三百有六旬有六日，以闰月定四时成岁是也。今以大衍参天九数二十有五，两地十数三十而乘之增之也。杜预曰："历者，顺天以求合，非求合以验天。"今以大衍算周天，是求合以验天也。夫《图》授于羲，《书》发于禹，律制于黄，历定于尧。古之圣人，各以事起而概为求合，虽有一二符契，然所乖误已十二矣。

或问：孔子谓《易》当期之日何如？曰：圣人所谓揲四象，时归奇象，闰乾坤，奇当期，曰象、曰当，适相应之辞耳。此乃观《易》于既画之妙，而非谓《易》之所由作者也。此其周天之数，尚有余赢。而经言三百六十，止举其概耳，岂适一一密合哉！若《太玄》者，为法以象天，象之不合，不得已而加《踦》《赢》二赞以完之，然亦勤矣。天体至圆动而不滞，元封七年日在建星，建星者，斗宿也，而《太玄》日在牵牛。考《太玄》以牵牛起《中》首，象《中孚》卦。然《中孚》实先于《复》，在历家所谓先天之候者，故起牵牛初度，意盖出此也。虽然，必以牵牛起冬至，上施往古则失之于玄枵，下施今兹则失之于龙尾，安在为？考之混元而玄已生，察之当今而玄非不行，穷之天地之委而玄不可亡耶！论者谓《易》极于六十四而变化无穷，《玄》极于八十一而其法不行，此非所以病《玄》。极《玄》之数，若律吕太极参之于亥，得十七万七千一百四十七，可也。论者又谓，天地之数，但有奇偶，自三而四，自四而八，扬子益为三事，且有气无朔，有日星无岁月，以是贬议，亦非也。老子谓一生二，二生三，三生万物。参天两地，皆足倚数九三之法，以积钟律是也。

余学术浅小，不足以评骘往匠，聊著所见，以开暇日，驳正之原，因疏所议于后。云非深于九九者，不足以穷大《易》之变。夫以刘歆历律之精奥，而笑为覆瓿，则《玄》且无当于律历矣，而况于《易》乎。然张平子妙识天文，称其特极理数，更仆难论阴阳之事，何哉？斯又不可测矣。近世邵尧夫作《正玄》，改四重为上下，减九赞为五赞，而蓍之三十三首之八十一不易焉，然则又可得增损耶？大抵《玄》之为书，可为卓然一家之言，未为天壤无弊之物也。学者以《易》象、历律读

《玄》可也，以求《易》象、历律不可也。卦气起《中孚》，《坎》《离》《震》《兑》各主一方，其余六十卦主周岁之日，而《坎》《离》《震》《兑》各一方为方伯之职，一爻主一候之日。《太玄》则《坎》《离》《震》《兑》与六十卦皆主日而不为方伯也。《太玄》八十一首以配六十四卦，所重者十七卦，或曰以象闰也。然考其书，有《踦》《嬴》二赞以象闰矣，而安用以重卦象闰乎？又其所重者，杂出而无序，何也？一阴一阳，《玄》相错之法也，然《养》为阳而《中》不为阴，水火木金土，《玄》相传之法也，然《猕》为金而《羡》不为土，皆未有明之者。涯《说玄》揲法所称“挂一之后，中分其余，以三揲之，并余于扐，又三数之，不中分”，盖误也。若尔，则终不成七分之数。李氏巽严以为“又当中分其余而三数之，但不复挂一”，若尔，亦不成七八之数矣，非也。姑阙以待辨。（《图书编》卷八，第238—241页）

焦赣京房扬雄卦图总论

《易》道广大悉备，变动无方，阖辟乎乾坤，化生乎万物。故圣人用之，中庸不可能也；术数得之，小道有可观焉。尝观汉儒焦赣、京房、扬雄，皆精于《易》占，其于六十四卦，或以己意增损之，而其占皆验，益信卦占在乎人心之诚否。故云有其诚则有其神，无其诚则无其神，而占不足以尽《易》也。试以数子卦图言之。

焦赣《易林》占法用六十卦直日用事，一爻主一日，六十卦主三百六十日。余《震》《兑》《坎》《离》四卦，为方伯监司之官，分列二至二分，专主四时节候。又以《复》《临》《泰》《大壮》《夬》《乾》《姤》《遯》《否》《观》《剥》《坤》为辟君之象，以各统一月，而公卿大夫佐之。然每岁凡三百六十五日四分之一。继三子者，如关朗之《洞极》，司马之《潜虚》，蔡氏之《洪范皇极》，各本之《河》《洛》，以己意列图，实于《易》卦尢与。惟于《先天圆图》六十四卦，出于邵康节所传，而玉斋胡氏因邵诗“冬至子之半”推之，以卦分配节候，由《复》卦冬至子之半，至《乾》交夏至午之半，三十二卦为阳。由《姤》卦夏

至午之半，至《坤》交冬至子之半，三十二卦为阴。卦爻自然与天地之节候相吻合，未尝以己意添乎其间，殆出汉三子之右矣。但焦、京、扬、邵之图，以之推卦气、算历数、占候，得失虽有不同，皆活法也。后世阴阳家，用以按节候、择日时，是或一说。而堪舆家乃假数图以定方向、配卦位，分金布气，其亦未知分数多寡悉由焦氏所分派者，乃可据以为定向乎！噫，周天三百六十五度四分度之一，此一定不可易者。诸家分列十二宫、二十八宿，且多寡靡定，又何有于分金之定向也。因论诸子卦图，故并及之。（《图书编》卷八，第242页）

太玄拟卦

子云覃思浑天，三摹而四分之，极于八十一首。旁则摹三九据，极之七百二十九赞。当期之日，又为《踦》《嬴》二赞以尽余分之数。其用自天玄推二昼一夜，阴阳、数度、星日之纪，与《泰初历》相应。其取数似与《易》异矣，其为书则欲自成一家，初无意于赞《易》也，考诸《解难》之文可见矣。夫《易》之六十四卦，八卦相错而成也。《玄》之有方部家，则各有分域矣，不可相错也。故一而三之，自三而九，又三之为二十七，终于八十一，而《玄》之首毕矣。八十一家又离为三，以极三玄之数。方州部各三之为九，又三之为二十七家，此一玄之数也。以次比之，不可相易。赞辞自一至九，配丽五行，而日星节换分布其间，皆有成数。恐其书特《易》中之一事，与《易经》不尽相涉也。世之治历者，守成法而已，非知历也。自汉迄今，历法之更，不知其几人，未有不知历理而能创法也。求《玄》于历法理之内，亦恐未足以尽《玄》之妙。（《图书编》卷二十七，《四库》第969册，第498—499页）

历象申余太玄拟卦日星节候卦气总论

《连山》六十四卦，《坎》《离》《震》《兑》分御四仲，以主二十四气，其周流三百六十五度四分度之一，以成一岁之功，纪以章会统元，而有四千六百一十七岁，以成一元之易者，六十卦之用也。盖闰有大小之余，月有小大之尽，日一日躔一度，月一日一十三度十九分度之七，以月之疾及日之舒，是以二十九日五十刻有奇而会朔，故一岁之日三百五十有四而余一十一日四分度之一，积其余而置闰，故五岁再闰，一十九年为一章而闰分尽。又积五百一十三年为一会，而日月交会之数尽。自天统甲子朔旦冬至无余分，积一千五百三十九年为地统，而十一月甲辰朔旦冬至无余分尽。又积一千五百三十年为人统，而十一月甲申朔旦冬至无余分。又积一千五百三十九年合，合前四千六百一十七年，复得十一月甲子朔旦冬至无余分为天统，而六甲尽。是谓一元之数，《易》之用也，实统于斯。故自天统起算，一爻主十二年九月二十七日，一卦主七十六年十一月一十二日，二十卦主一千五百三十九年为一统，六十卦主四千六百一十七年为一元，而《易》之蕴尽矣。故一元之易为甲子，七十有七而岁少三焉。又积二十元得九万二千三百四十岁为一纪元，而六甲之岁亦尽矣。《玄》之所以为《玄》，《虚》之所以为《虚》，不能外乎是也。特《易》以一爻尸一度，而周天三百六十五度四分度之一，以六十卦三百六十爻配之，犹余五日四分度之一。以一日为八十分，五日四分度之一为四百二十分，均之六十卦，率一卦得七分，而六日得七分之说，不可以不知也。《玄》以一赞准昼，一赞准夜，故以三百六十五度四分度之一而两之，得七百三十有一，为一玄之赞数。以三赞为一表，三表为一家，三家为一部，三部为一州，而州管九家，二十七章为一会，得日月交会之数。三州为一方，而方管二十七家。八十一章为一统，而得朔分尽之数。三方为一玄，管八十一家二百四十三章，而得六甲尽之数，与《易》之数如合契矣。然《玄》一家九赞，积八十一家七百二十九赞尔，故有《踦》《嬴》之二赞。以其家外有二赞，而均其数于一玄之间，故每赞主六年三月二十有六日，一家主五十六年十月二十四日，一部主一百七十年八月一十二日，一州主五百一十二年一月六日，一方主一千五百三十六年三月一十八日，八十一家主四千六百八年十月二十四日，加《踦》赞六年三月二十六日，又加《嬴》赞一年九月一十日，而四千六百一十七年之数无遗策矣。《虚》有五十二图，

图有七变，《元》《余》无变而《齐》无位，五十二图计三百六十四变，加《元》《余》之二数，亦当周天之度矣。故一变主一十二年七月二十日，一图主八十八年五月二十日，五十二图主四千六百年六月二十日，加《元》之数一十二年七月二十日，又加《余》之数三年九月二十日，通四千六百一十七年为一虚，与《玄》之年亦契合矣。是知圣贤之作以明天道，岂苟然哉。（《图书编》卷二十七，第499—500页）

张凤翼（1527- 1613）

《续书史会要》："张凤翼字伯起，吴郡人，中乡试，不上公车行，径似陈公甫，风流蕴藉，掩映一时。著有《处实堂集》数十卷。又以豪侠之气，寄诸传奇，行草纯用偏锋，严整古淡，自为一体。"

扬子云二首

栖栖哂扬子，咄咄复何为。剧美终投阁，逢迎炫识奇。守《玄》应爰静，执戟却忘疲。岂若桐江叟，烟波理钓丝。（《处实堂集》卷二，《续修》第1353册，第239页）

《玄》草徒为尔，青蝇已失身。西山虽未饿，北海可垂纶。率土咸思汉，谀词独美新。宁知投阁者，即是解嘲人。（《处实堂集》后集卷一，第576页）

张九功（1528- 1565）

焦竑《国朝献征录》卷七十二："太仆寺少卿张九功，字叙之，河南陕州人，成化十四年进士，改翰林院庶吉士，授户科给事中，升礼科右给事中、户科都给事中，转吏科，弘治五年升太仆寺少卿。丁父忧，服阕，复除太仆寺。至十年六月卒，赐祭。大功性简直寡合，居言职，能先其所重。弘治初上疏请正祀典，下礼官详考。其他建自多见采纳，未竟其施而卒，人多惜之。”

裨补名教疏（节录）

臣惟孔子之道，与天地相为悠久，删述六经，以教万世，其功无穷。是以有国者莫不尊崇而奉祀之，以报其功于万一。当时及门弟子得正泒而分余波者，皆得与焉。后世儒者有能践履真实，学术纯正，希踪前哲，有功来学者，亦得从祀于庙庑，用表当时崇儒重道之意。此典于名教所关甚大，岂可苟哉！

臣尝观国学及郡县从祀儒先有当黜者，而今之真儒有当入者，若兰陵伯荀况，言或近于黄、老，术实杂于申、韩。身托黄歇，不羞悖乱之人；学传李斯，遂基坑焚之祸。以性为恶，以礼为伪，以尧、舜为矫饰，以子思、孟子为乱天下者。是以程子讥其甚偏驳，而朱子书为兰陵令，乃系之以楚，以深鄙之也。扶风伯马融髡徒秽士，糟粕陋儒。党附梁冀，害忠良而不顾；自比毛遂，其轻贱而不羞。既失于西第之作颂，何补东观之校书。高堂绛帐，沉酣女乐，逞豪门骄奢之风，破纯儒庄雅之矩，是以当时正直羞称，而深见斥于赵岐也。偃师伯王弼，唱和何、邓，祖述老庄。遗落世事，以万物为天下之粗迹；崇尚虚无，谓六经为圣人之糟粕。清谈之弊，流荡人心，伤败风俗，卒使国家随以沦丧而不可救者，此辈也。成都伯扬雄，以“善恶混”论性，学识舛错，以安汉公比伊、周，志向昏谀。雕虫之技，于道何关？覆酱之物，于世何补？贪生畏死，宁免投阁之嘲；臣事新室，难逃逆节之党。是亦朱子莽大夫之笔，大书为纲，昭垂后世也。之数子学失大本，身亏大节，有玷名教，得罪圣门。昔龟山杨时建议斥王安石，不使配享孔庙，而今儒臣亦有欲黜扬雄辈者。夫如是，则此数子岂宜列诸从祀哉！（倪岳《青溪漫

稿》卷十一，清《武林往哲遗著》本）

熊　过（1529进士）

《明史》卷二百八十七："熊过，字叔仁，富顺人。（任）瀚同年进士。累官祠祭郎中，坐事贬秩，复除名为民。"

扬　雄

《艺文志》载《剧秦美新》，论称门下中郎大夫臣扬雄上云尔。按，《桓君山传》称谭数从扬雄辨疑异，今所著《新论》具在也，然云雄作《甘泉赋》一首始成，梦肠出，收而内之，明日遂卒。与史文不同。《汉书》永始四年正月，成帝幸甘泉宫，雄从幸。还，奏赋风之。李善《甘泉赋注》连引而增其文曰：乃卒。然则《汉书》所载《甘泉》已后讹舛实多，善岂非有证于《新论》耶？子云识古文奇字，而思深湛。《法言》《太玄》，渊奥奇涩，教其体裁辞气区别，乌有所谓同功异曲者乎。谷子云最称笔札，两子云同时，谷稍后。谷子云者，永也。岂大家续书采撷未精，误谷为扬乎？

初，雄被荐待诏承明之庭，庭在未央宫。《霍光传》太后驾幸未央宫承明殿，罪状昌邑王，则其必严重矣。按，《翼奉传》连言前殿、曲台、渐台、温室、承明，则承明当近前殿稍南。《解嘲》云"登金马，上玉堂"，按《后汉·舆服志》，盖黄门东有所铸宛马势，故曰金马。雄时待诏承明，故得由金马入。宦者，黄门之直，上达玉堂。《翼奉传》曰待诏宦者之署。雄之给事黄门，亦谓此也。晋灼以黄屋非人臣所宜居，因曰庐于门，失犹未远。张晏以为直于石渠阁，不亦远乎。石渠者，本南引沧水，下流转北为渠，阁在石渠之外，祗役趋命，势相辽远。若其校书，则石渠有萧何图籍在焉。假使石渠有直庐之便，乃舍之而校书天禄阁，则于情理似又可疑。天禄、石渠二阁，虽并在沧地水北，于沧地水益北又别为明光桂宫，中间不言天禄，又在明光桂宫之北矣。人情地势，不亦迂远乎。然则雄不寓黄门，且不应直于石渠阁，又乌得远直天禄而有投阁之事也。汉自惠帝始居未央，非若高帝以前居长乐。故今就未央言之也。

其从阁自陨，岂有生理。既云位侍郎给事黄门，又何为官之拓落？不观非圣之书，何为复作符命？前后自相诋误。永始四年王商秉政，初不与丁、傅同时。课其生年，雄卒丙辰，未尝得事哀帝。下至丁丑二十二年莽乃篡汉，为莽大夫校书投阁者，果何人耶？虽然，误与诬未可必也。稽康传高士，雄本与董仲舒同科，康耻事二姓者，而肯以莽大夫为高士乎？刘知几曰：《太玄》深奥，难以探赜，既绝窥窬，故致时人讥谤。子云独悲《太玄》之不遇耳，假说托依谤以厚诬雄。《法言》比莽于阿衡者皆是也。悲夫，杨廷秀有言，班固经术不如扬雄，则诬之以阿莽。嗟夫，固岂特诬雄。固书所叙，与典籍不合者，衡条上之。惜哉，衡所条者不可见也，雄书，衡尊以为经，其必不使雄受诬明矣。惜哉，衡所条者不悉也。

或曰：刘向何以校书天禄也？曰：不同也。汉元帝北阙，上书奏事谒见之所，公车司马在焉。汉以光禄大夫为中朝，而天禄在北，趋北阙为近。向为护左都水使者、光禄大夫，正中朝官，故可就天禄校书。雄本待诏承明，止应于苍龙东阁，出入无缘，却转而北。予尝疑《汉书》之地有二，待诏金马者，校石渠；列中朝者，乃校天禄。如此，则子云无殒身天禄之理，不有明验乎。（《南沙先生文集》卷八，《存目》集部第91册，第703—704页）

［按］熊胤刻本自“子云独悲太”下缺页，今据黄宗羲编《明文海》卷一百十二所录补足。又按，明人郑贤所编《人物论》卷十二亦录此文，无结尾“或曰”一段而已，而题目作“扬雄论”，署明人张元汴作，不知何据。

沈一贯（1531- 1615）

《明史》卷二百十八："沈一贯，字肩吾，鄞人。隆庆二年进士。选庶吉士，授检讨，充日讲官。……辅政十有三年，当国者四年。枝拄清议，好同恶异，与前后诸臣同。"

扬雄论

莽大夫扬雄死，特笔也。诛何甚？凡罪止于其当，过则深。张廷尉曰："假令盗长陵一杯土，加何法乎？"杨、墨之罪，未至如禽兽，而孟子比之于禽兽，恶其为嚆矢也。倘诛雄之意，亦恐后之人借口乎？君子曰终，小人曰死，雄未必小人，亦可怜矣。雄尝曰："在门墙则麾之，在夷狄则进之。"今亦以其门墙而麾之乎。如以律，则雄当流，歆当死。坐雄以死，无律以处歆矣。凡特之为言，皆意轻重之辞。史者，万世平衡之书。意轻重不若付之、衡之平也。吾于统蜀死雄，皆未首肯。张释之曰"陛下当时杀之则已"，岂以帝可特乎。而尚或非之，特之不可训也。如是，赵盾弑其君，太史特笔，有为也。激盾讨贼，而终不之讨，则此坐不虚。藉能讨贼，复何诛焉？仲尼曰"越境乃免"，越境则身无讨贼之权，故免暂尔。越境而终复其位，是犹不免。吾谓雄可怜者，亦谓雄无讨贼之权耳，奚不去也。莽于天下贤士，犹将罗而囚之，肯令其去？不去则惟有死，犹爱其死，宜其及矣。（《喙鸣诗文集》卷七，《续修》第1357册，第239—240页）

詹景凤（1532- 1602）

《（道光）休宁县志》卷十二："詹景凤，字东图，流塘人。性豁达，负豪侠，侃侃好谈论，壮举于乡，授南丰教谕。……雅好恢谐，抵掌古今成败，历历可数。人言癖古如倪元镇，博洽如桑民怿，书法如祝希哲，绘画如文征仲。所著有《西游稿》《詹氏性理小辩》《书苑》《字苑》诸书。”

摛藻中 （节录）

唐以书取士，于是有干禄书，而晋之书法亡；以赋设科，于是有干禄赋，而古之赋体失。是赋亡，自唐始也。赋家之圣，则有宋玉、司马相如。扬雄《与桓谭书》云：“长卿赋不似从人间来，其神化所至邪！大谛能读千赋，则能为之。”走诚不足以知，窃谓赋如宋、马，殆天授也，岂人力哉？而谓“读千赋，则能为之”，子云何不便读千篇，作长卿邪？虽云“伏习众神，巧者不过习者之门”，固必习而能也，然亦有终身习之而不能至者，何也？

扬雄习而不及，固是天限。即彼所习，原自不如一解相如之言，曰：“合綦组以成文，列锦绣而为质。一经一纬，一宫一商，此赋之迹也。赋家之心，包括宇宙，总览人物，致乃得之于内，不可得而传。”子云唯不知求之于内，是以其赋饶佳，终似外面构合而成，与长卿所撰，便有天人之辨。友人金陵盛时泰仲交，以十日作《两京赋》成，属予叙之。予谓仲交弟固非玄晏先生，然兄此赋愿且勿示人，请兄归而闭户，以三年细咀古今群籍，以三年一志凝心养气，然后议之。仲交默然，不悦而去。

王司寇元美云：“子云伏膺长卿，研摩白首，不能逮，乃谩言欺人云，‘雕虫之技，壮夫不为’，遂开千古藏拙之端，为宋人门户。”然予读子云《法言》《太玄》，岂藏拙也，而以为藏拙何也？（《詹氏性理小辨》卷三十七，《存目》子部第112册，第497—498页）

摛藻下 （节录）

文如坡公，《赤壁》二赋，文之盛也。盛，故见者嫉妒，是以其时

有厉禁，而今则日月矣。彼妒者乌在？谚曰“大丈夫宁为人妒”，固也。知道君子，岂其罔谙趋避而昧冒蒙妒于世？士如抱志，诚宜反己静修，有作，何必今日示甲而明日示乙也。惟顾吾有可必传者在，但用自娱可尔。曰何也？知音世稀，从古所叹。世态眉睫，相物嫉妒。又本时人之心，以嫉妒之心论人，其何能公？以眉睫观人，则忽之矣。

昔扬子云著书，刘歆一时名儒，岂不能知，而犹然嗤薄之曰：“空自苦，吾恐后人用覆酱瓿也。”即严尤，亦疑焉。当时天下惟桓谭一人知之，严尤谓谭：“子常称扬雄书，岂能传于后世乎？”谭曰：“必传。顾君与谭不及见也。凡人贱近而贵远，亲见扬子云禄位容貌不能动人，故轻其书。昔老聃著虚无之言两篇，薄仁义，非礼学。然后世好之者，尚以为过于《五经》。自汉文、景之君，及司马迁皆有是言。今扬子之书，文义至深，而论不诡于圣人。若使遭遇时君，更阅贤智，为所称善，则必度越诸子矣。”雄后四十余年，书果大行。至东汉崔、张辈，遂指以为圣人，曰：“吾观《太玄》，方知子云妙极道数，乃与《五经》相拟，非徒传记之属，使人难论阴阳之事。汉家得天下二百年之书也。复二百岁，殆将终乎。所以作者之数，必显一世，常然之符也。汉四百岁，《玄》其兴矣。”由兹而谈，子云固不世出，桓谭又岂世出？走以为谭尤难遇尔，不然，古人奚以叹焉。然则抱志者，亦奚必皇皇汲汲，以其学求知当时之人，而枉罹其妒以速戾于躬。即使求知而得其知，传又不系此也。我苟未有可以必传者，人知奚益？彼声名躁彼一时，死而寂然斩然人不复道者，何可胜数？则传与不传之故，可坐定也。而文人往往未之了，故三覆申言于末简云。（《詹氏性理小辨》卷三十八，第519—520页）

袁　黄（1533- 1606）

徐允禄《思勉斋集》卷九：“袁黄字了凡，浙江嘉兴府嘉善县人，万历丙戌科进士，官至兵部员外郎。了凡甫成进士，中外望若宿老巨人，盖其知名天下久矣。出仕不久，无所建明施设，独喜攻击朱传，讲究制科。”

扬雄不仕王莽辩

扬子云盖荀之流亚也，汉唐以来甚尊之，至宋儒始訾议排摈，书之《纲目》而曰莽大夫，由是遂负大垢而不容于世矣。其《剧秦美新》之作，尤为众喙所斥。近泰和胡正甫辩谬甚悉，其言曰：

往予阅扬雄仕莽投阁、剧秦美新，窃怪魁奇如雄而媚莽。后见程叔子取其“美厥灵根”之语，愕然曰：“雄乃有是语乎？”又韩退之、邵尧夫、司马君实诸君子咸称其说，往往怵予心。已乃取《法言》读之，其细六经，翊孔颜，义甚深。又常禄隐，不求显位，而深斥公孙弘之容，且曰如诎道信身，虽天下可为也。予则叹曰：“世之论雄其然，岂其然乎？”终无以决于心。最后读《雄传》，称雄有大度，自守泊如。仕成帝哀平间，未言仕莽。独其赞为雄仕莽作符命投阁，年七十一，天凤五年卒。余考雄至京见成帝，年四十余矣。自成帝建始改元，至天凤五年，计五十有二岁。以五十二合四十余，已近百年。则于所谓年七十一者，又相抵牾矣。又考雄至京，大司马音奇其文，而音薨于永始初年。则雄来必在永始之前无疑。然则谓雄存于莽年者，妄也。其云媚莽妄，可知矣。予怀此已久。今年春，按部郫县，而雄郫人也。读其邑志，得其乡人简公绍芳辨证尤悉。简引桓谭《新语》曰：雄作《甘泉赋》，梦肠出，收而内，明日遂卒。而祠甘泉在永始四年，雄卒永始四年，去莽尚远。而《剧秦美新》乃出于谷子云，以其字之同而误污之。班史亦不能详考，以予校之，莽自平帝元始元处号安汉公，今《法言》称汉公，且云汉兴二百一十载，爰自高帝至平帝，适合其数也。而谓雄卒永始，亦未必然。计雄之终，当在平帝初，则其年正七十余矣。因雄历成平哀，故称三世不徙官。若复仕莽，讵止三世哉。由是知雄决无仕莽投阁美新之事。而简公谓班孟坚早世，而曹大家辈传讹，岂不信哉。当哀帝末，莽

已有都四海代汉室之形矣，而雄犹称汉道如日中天，力不能回莽，而假《法言》以讽切之。雄之意深矣。谅乎，程叔子之言曰：阁百未必能投。曰：然则史不足信乎？曰：太史公记子贡宰我一以为游说，一以为叛乱，是亦可信乎？而孔子主痈疽百里自鬻，当时之言喧甚也，奚独雄哉？予悲守道君子蒙诬千载，故因简公之言而毕其说。（黄宗羲编《明文海》卷一百十五辩，清涵芬楼钞本）

沈懋孝（1537- 1612）

《（天启）平湖县志》卷十五：“沈懋孝，字幼真。……嘉靖乙卯浙榜第七人，壬戌会榜第十三人，以侍养归。戊辰奉廷对二甲，改庶吉士，授编修，升修撰。……纂辑甚富，颇多散佚。”

扬子云轶事

《艺文志》载《剧秦美新》，论称门下中郎大夫臣扬雄上云尔。按《桓君山传》称谭数从扬雄辨疑，今所著《新论》具在，然云雄作《甘泉赋》一首始成，梦肠出，收而内之，明日遂卒。此与史文不同。《汉书》永始四年正月，成帝幸甘泉，雄从。还，奏赋上之。李善《甘泉赋注》增其文曰：明日乃卒。岂非未证于《新论》乎？子云识古文奇字，好深湛之思。《法言》《太玄》，渊奥遒古，详之赋体，辞气区别，乌有所谓同功异曲者耶。谷子云最称笔札，两子云同时，谷稍后。谷子云者，永字也。岂大家续书采撷未精，误谷为扬耶？

初，雄被荐待诏承明之庭，庭在未央宫。《霍光传》太后驾幸未央宫承明殿，则地必严重矣。《翼奉传》连言前殿、曲台、渐台、温室、承明，则承明当近前殿稍南。《解嘲》云登金马，上玉堂。按《后汉·舆服志》盖黄门东有所铸宛马状，故曰金马。雄时待诏承明，故得由金马人。宦者，黄门之直，上达玉堂。《翼奉传》曰待诏宦者之署。雄之给事黄门，亦谓此耳。晋灼以黄屋非人臣所宜居，改为直石渠阁，已远矣。石渠者，本南引沧水，下流转北为渠，阁在石渠外，祇役趋命，地甚辽远。若其校书，则石渠有萧何图籍在焉。假使石渠有直庐之便，乃舍之而校书天禄阁，于情理似又可疑矣。天禄石渠二阁，虽并在沧池北。然沧池又北别为明光桂宫，中间不言天禄，必在明光桂宫之北矣。然则雄不寓黄门，且不应直于石渠，又乌得远直天禄，有投阁之事也。汉自惠帝始居未央，非若高帝以前居长乐。今就未央言之耳。

永始四年王商秉政，初不与丁传同时。课其生年，雄卒丙辰，未尝得事哀帝。下至丁丑，二十二年莽乃篡汉。今云为莽大夫校书投阁，此何人哉，亦失论矣。嵇康传高士，雄本与董仲舒同科，康耻事二姓，肯以莽大夫为高士乎？刘知几曰："《太玄》深奥，难以探赜，既绝窥踰，故致时人讥谤。"寥寂扬子，宅门无卿相舆，后人传谤诬污乃至此。余甚惜焉。杨廷秀有言，班固经术不如杨雄，则诬之以阿莽。嗟夫，固岂特诬雄。固书所叙，与典籍不合者，张衡条上之。衡所条者不可见，然雄之书，衡尊以为经，其必不使雄受诬明矣。嗟乎，古之贤杰既不遇于当年，复受蔑于书史，此达人所为恨恨者也。聊与博雅一评焉。(《长水先生文钞》长水先生四余编，《禁毁》第159册，第558—559页)

唐伯元(1540- 1597)

《明史》卷二百八十二："唐伯元，字仁卿，澄海人。万历二年进士。历知万年、泰和二县，并有惠政，民生祠之。迁南京户部主事，进郎中。……伯元清苦淡薄，人所不堪，甘之自如，为岭海士大夫仪表。"

诸子解（节录）

扬子云《美新论》，刘静修《渡江赋》，为千古不白之疑。或曰逊

言，或曰伪作，或曰以秦美新而甚之也，渡江时不能违也，要之违心焉耳矣。详其语气大段，二子故难语伪。虽然，凡售伪未有不假真者。伪乎？伪乎？吾以二子之生平信之也。（《明儒学案》卷四十二，中华书局2008年版，第1013页）

经解凡四

经者，学之具也。学以明道，而《易》具矣；学以理性情，化天下，而《诗》具矣；学以为帝者师，为王者佐，而《书》具矣；学以修身齐家，措之天下，而《礼》具矣；学以验天应人，明微维分，而《春秋》具矣。其理相通，其义各别。乐无经，非失也，有《诗》在也。乐章存，而器数犹可考也。

经，圣经也。惟圣解圣，惟经解经，羲之画，文之《彖》，周公《爻辞》，孔子《十翼》是也。惟贤知圣，惟贤知经，子思之《大学》《中庸》，孟子之七篇，程伯淳之《语录》，凡所引是也。解字者，得少而失亦少，注疏是也；解意者，得不偿失，今之章句、大全是也。拟经者，劳且僭，而无益于发明，《太玄》《元经》是也。诬经者，淫妖怪诞，侮圣逆天，《己易》《传习录》是也。

解经以传，不如解经以经。合而解则明，折而解则晦。故经有一事而前后互发者，有一义而彼此互见者，尽去其传注，而身体之，口拟之，不得则姑置之，而从他处求之，讽咏千周，恍然触类矣。

无圣人之志，不可解经；读世俗之书，不可解经。韩子曰："非三代、两汉之书不敢观，非圣人之志不敢存。"可为读经之法。两汉近三代，若董仲舒、杨雄、刘向、郑玄、徐干，皆其杰然者，其绪论往往可采也。（《醉经楼集》卷二，中华书局2014年版，第41—42页）

卷十

扬 雄 研 究 史 料 汇 编

焦 竑（1540—1620）

《明史》卷二百八十八："焦竑，字弱侯，江宁人。为诸生，有盛名。从督学御史耿定向学，复质疑于罗汝芳。举嘉靖四十三年乡试，下第还。定向遴十四郡名士读书崇正书院，以竑为之长。及定向里居，复往从之。万历十七年，始以殿试第一人官翰林修撰，益讨习国朝典章。……竑博极群书，自经史至稗官、杂说，无不淹贯。善为古文，典正驯雅，卓然名家。集名澹园，竑所自号也。讲学以汝芳为宗，而善定向兄弟及李贽，时颇以禅学讥之。万历四十八年卒，年八十。"

扬子云始末辩

子云，古以比孟、荀，自宋人始訾议之，介甫、子固皆有辩。然其《剧秦美新》之作，未有以解也。近泰和胡正甫辨证甚悉，吠声者当无所置喙矣。正甫之言曰：

往予阅扬雄仕莽投阁，《剧秦美新》，而《纲目》书"莽大夫"，怪雄以彼其才而媚莽，心窃鄙之。后见程叔子取其"美厥灵根"之语，愕曰："雄乃有是语乎?"又韩退之、邵尧夫、司马君实诸君子咸称引其说，往往怵予心。已乃取《法言》读之，其绌《六经》，翊孔、颜，义甚深。又尝高饿显，下禄隐，虽不韪屈原，而屡斥公孙宏之吝，且曰："如诎道信身，虽天下不可为也。"予则叹曰："世之论雄，其然岂其然乎!"终无以决于心。最后读《雄传》，称雄有大度，自守泊如，仕成帝、哀、平间，未言仕莽。独其赞谓雄仕莽，作符命，投阁，年七十一，天凤五年卒。余考雄至京见成帝，年四十余矣。自成帝建始改元至天凤五年，计五十有二岁。以五十二合四十余，已近百年，则与所谓年七十一者，又相抵牾矣。又考雄至京，大司马王音奇其文。而音薨永始初年，则雄来必在永始之前无疑。然则谓雄为延于莽年者，妄也。其云媚莽，妄可知矣。盖予怀此久矣，今年春，按部郫县，而雄郫人也，读其邑志，得于乡人简公绍芳，辨证尤悉。简引桓谭《新语》曰："雄作

《甘泉赋》一首，梦肠出，收而内之，明日遂卒。而祠甘泉在永始四年，雄卒永始四年，去莽篡尚远。而《剧秦美新》或出于谷子云。”

以予校之，莽自平帝元始间始号安汉公，今《法言》称汉公，且云汉兴二百一十四载，爰自高帝至平帝末，盖其数矣，而谓雄卒永始，亦未必然。计雄之终，或在乎帝末，则其年正七十余矣。因雄历成、哀、平，故称三世不徒官。若复仕莽，讵止三世哉？繇是知雄决无仕莽投阁美新之事。而简公谓班孟坚早世，曹大家辈传失其实，岂不然哉！当平帝末，莽已有都四海、代汉室之形矣，而雄犹称汉道如日中天，力不能回莽，而假《法言》以讽切之，雄之意至矣。雄其媚莽者乎？

谅乎叔子之言曰：阁百尺未必能投。曰：然则史不足信乎？曰：太史公记子贡、宰我，一以为游说，一以为叛乱，是亦足信乎？而孔子主痈疽，百里奚自鬻身，在当时之言比比也，何独雄哉？予悲守道君子蒙诬逮千载，故因简公之言而毕其说。(《焦氏笔乘》卷二，中华书局2008年版，第91—92页)

玉树青葱

左思《三都赋序》讥扬雄赋《甘泉》不当言“玉树青葱”。或言玉树者，武帝所作，集众宝为之，以娱神，非谓自然生之，犹下句言“马犀”“金人”也。此说亦非。按王褒《云阳宫记》《三辅黄图》并言：“甘泉宫北有槐树，今为玉槐树。根干盘峙，三二百年木也。耆旧相传，即子云所谓‘玉树青葱’者。”据此，则何必巧为解邪？(《焦氏笔乘》卷三，第132页)

与友人论文（节录）

汉世蒯通、随何、郦生、陆贾，游说之文也，而宗战国；晁错、贾谊，经济之文也，而宗申、韩、管、晏；司马相如、东方朔、吾丘寿王，谲谏之文也，而宗《楚词》；董仲舒、匡衡、扬雄、刘向，说理之

文也，而宗《六经》；司马迁、班固、荀悦，纪载之文也，而宗《春秋左氏》：其词与法可谓盛矣，而华实相副，犹为近古，至于今称焉。唐之文，实不胜法；宋之文，法不胜词，盖去古远矣，而总之实未澌尽也。（《澹园集》卷十二，中华书局 1999 年版，第 93 页）

邹思明（1542- ?）

《四库全书总目》一百九十一："思明字见吾，归安人，始末未详。前有韩敬序，其私印已称庚戌会状两元，则万历后人也。"按，邹氏《文选尤》乃《文选》评点史上重要著作之一，今摘其论扬雄作品之语于兹。

评甘泉赋*

此赋瑰玮踔属，奔逸绝尘。炼字炼句炼词，离奇变化，烨烨煌煌。炼首炼炁炼神，峻奥沉郁，浑浑穆穆。（《文选尤》卷一，《存目》集部第 286 册，第 414 页）

评长杨赋*

焦弱侯曰：千古讽谏之妙，惟司马长卿得之；司马长卿之法，惟扬子云追之。此赋特创辞旨，不袭长卿，故范奇诡变，幻洞心骇，目驰霄练于霜镡，绚朝虹于璧渚，可想此文境界。（《文选尤》卷二，第 431 页）

［按］焦弱侯即焦竑。

评解嘲*

杨升庵曰："春山艳冶，夏山苍翠，秋山明净，冬山惨淡。"是文兼有四时山色，而深奥沉郁之致，可想而不可言。（《文选尤》卷九，第607页）

郭子章（1543- 1618）

《（雍正）江西通志》卷七十九："郭子章，字相奎，泰和人，隆庆进士。初为建宁府推官，入为南工部主事，出为湖州知府，督学四川，历浙江参政、山西按察使……子章天才卓越，于书无所不读，著述几于汗牛，燕、闽、晋、粤、蜀、浙、吴、楚所历，皆有草。有《蠙衣集》等书行世。"按，草，谓书稿，如《黔草》《粤草》之类。

汉扬雄墓记

予入郫，进诸生，问扬子云亭。对曰：扬子故有亭，已改为书院，祀扬子其中。已，复改为学宫，移扬子，祀乡贤，无复亭矣。问扬子裔。对曰：郫无复扬子者。予曰：扬子五世俱独传一子，宜不蕃。今海内亦鲜扬姓者，微独郫也。问扬子墓。对曰：墓在邑西二十里，芜秽不治，里中儿樵牧其上，行道嗟怜。予曰：是即非侯芭所名玄冢者，疑衣冠葬也，不宜尽销灭。乃檄有司封之土，周遭树以柏，下令禁樵牧。成都守耿子健暨郫令李某题其墓石，予题之曰：汉扬法玄先生之墓。子健手书之，付郫令勒之石。郫人而后乃今知死士垄贵矣。

夫法，何也，《法言》也。夫玄，何也，《太玄》也。扬子著书繁富，如《反骚》《广骚》《畔牢愁》《甘泉》《羽猎》等篇，至老而悔之，

独《法》与《玄》，其大者。蔡中郎题太丘曰文范，颜延之题元亮曰靖节，皆其大也。嗟乎，世之訾扬子者，訾其不死汉而臣莽。予师胡庐山先生为扬子辩未仕莽累千言，顾亦未有确据。《美新》《安汉》二篇，即扬子百喙无以自解。予谓《美新》不剧汉而剧秦，《法言》不曰继汉而曰安汉，扬子之心盖亦有大不得已焉者。且古今国亡而死者，度不死无为也。其不死者，忍其死将有为也。殷亡矣，箕《范》未衍，箕子何以死。子纠亡矣，春秋未一匡，《四称》《八观》诸书未就，管仲何以死。司马迁辱矣，《史记》未竟，迁何以死。故曰死有重于泰山，又恶知《法言》《太玄》二书，不就于汉亡之后邪。又恶知扬子之不死，不为是邪。予因题扬子墓而系之《法》《玄》，明不死意也。嗟乎，李令伯嗤汉为伪朝，予过彭山冢，岳岳若封。谯周劝后主降魏，而千年一丘，坐据充国之堂，又何于扬子过之深邪，而不一剪其松区也。（黄廷桂等修：《四川通志》卷四十四艺文，《四库》第561册，第525—526页）

［按］明《新修成都府志》卷三有“扬雄墓”条云：“郫县西二十里，土人呼为子云亭。提学郭子章为题‘汉法玄先生扬子云墓’，知府耿定力书，今存。”桓谭《新论》谓扬雄卒后，弟子侯芭等葬之于长安，则成都所谓“扬雄墓”，盖衣冠冢乎。

姚舜牧（1543- 1622）

《（道光）肇庆府志》卷十六：“姚舜牧，字牧之，乌程人，万历间由举人知新兴县。禀质聪明，遇事敏练，悉心以访民隐，厘弊清蠹，案牍无留，发粟赈饥，区画得所。里甲向苦差役，为立月头，仿雇役法，行之无弊。修志书，作《五经疑问》。”

莽大夫扬雄死

扬雄作《太玄》《法言》，从人学作奇字矣，乃盛称莽功德可比伊周。又作《剧秦美新》之文，颂莽，竟投天禄阁下几死。其视龚胜、陈咸辈大相径庭矣。史称莽大夫扬雄死，何取于《法言》哉。（《来恩堂草》卷十一，《禁毁》集部第107册，第171页）

杨起元（1547-1599）

《明儒学案》卷三十四："杨起元，字贞复，号复所，广东归善人。万历丁丑进士，授翰林院编修，历国子监祭酒，礼部侍郎，最后召为吏部侍郎兼侍读学士，未上而卒，年五十三。"

读扬子法言说

孔子曰："不得中行，必也狂狷。若乡愿，则德之贼也。"后世学术不明，昧中行之致，类以循循然有规矩者当之。夫以循循然有规矩为中行，此乡愿得窃其似以为乱也。《复》之六四不云乎："中行独复。"《象》曰："中行独复，以从道也。"四居群阴之中，而独与初阳为应，有中立不倚之操，其复也独，其从也道，此其刚毅奋迅宜何如者，岂循循然有规矩之谓哉？彼乡愿者，以忠信廉洁媚于乡人，非之无举，刺之无刺，流俗共以为贤，而鄙儒亦遂中行之，率群盲而归誉焉。盖至是然后乡愿得成其贼以乱天下，则扬雄之于王莽是也。

雄病庄、列之徒诋訾圣人而作《法言》，以推尊孔子。不知其所见者，正孔子所谓德之贼，拒之惟恐其入室者也。夫窃钩者诛，窃国者为诸侯。窃圣智之法以守其盗贼之身，庄子所以为此贼发愤也。由此观之，庄、列之徒能为孔子祛贼，而雄反引贼以入我室也。庄、列于孔子，犹药石也。而雄之推尊，反为恙疚，其毒滋多。庄、列即不得为中行，犹不失为狂。而雄则愚而入于乡愿之党，遂至以莽之德胜于伊、周。雄，汉儒之望也，而归誉如此。莽之能移汉祚，雄有力焉。

人谓《剧秦美新》之文非雄所为，吾征之于《法言》矣，其《孝至篇》曰："子有含菽蕴絮而致滋美其亲，将以求孝也。人曰伪，如之何？曰：假儒衣书，服而读之，三月不归，孰曰非儒也。或曰：何以处伪？曰：有人则作之，无人则辍之之谓伪。观人者，审其作、辍而已矣。"据雄之意，以前所答者合于孟子"服尧之服，诵尧之言，是尧而已"之说，以后所答者合于孔子"视其所以，观其所由，察其所安"之说，而不知其乃所以似是而非也。故莽假周公而不辍，雄则周公之假阿衡而不辍，雄亦阿衡之。彼不辍者，乃有大辍存焉，而雄不知也。《美新》之文，非雄之作而谁之作？

盖人终身趣操定于学术之际，犹适燕越者自发足始。故《大学》之教必先于致知。知之不审而遂欲求其善，有不为乱贼之徒者鲜矣！予读雄书，凛凛乎为学术畏。故著之，使后世学者毋以循循然有规矩求中行，而以可非可刺者弃狂狷，是吾道之幸也！（《证学编》卷四，上海古籍出版社2016年版，第229—231页）

［按］杨起元又编有《诸经品节》二十卷，其中第七、八卷为《太玄经》，据范望本录文，兼存范注，杨氏时加评语于每页天头处。《四库全书总目》云："明是编删纂道释二家之书，道家凡《阴符经》《道德经》《南华经》《太玄经》《文始经》《洞古经》《天通经》《定观经》《玉枢经》《心印经》《五厨经》《护命经》《胎息经》《龙虎经》《洞灵经》《黄庭经》十六种，释家凡《楞严经》《维摩经》《心经》《金刚经》《六祖坛经》《圆觉经》《楞伽经》《药师经》《法华经》《无量经》《弥陀经》《盂兰经》十二种。扬雄《太玄》本为拟《易》，诸史皆著录于儒家，此引之道家，殆晋人《老》《易》归一之旨。至《列子》《冲虚经》删而不载，又不明其故矣。起元传良知之学，遂浸淫入于二氏，已不可训。至平生读书为儒，登会试第一，官跻九列，所谓国之大臣，民之表也，而是书卷首乃自题曰比丘，尤可骇怪矣。"

冯时可（1547? - 1623?）

《经义考》卷五十七："冯时可，字符成，华亭人，隆庆辛未进士，官至湖广布政使参议。"

西京之儒术，衰于扬雄为利禄也。东京之经师，衰于马融为奢淫也。经术衰而节行振矣，节行摧而清谈起矣。世变之移，人实为之。（《雨航杂录》卷上，《四库》第867册，第330页）

［按］扬子若饰儒术以干利禄，不当贫困若此，冯氏之言，颇不不察。

黄克缵（1550- 1634）

《明史》卷二百五十六："黄克缵，字绍夫，晋江人。万历八年进士。……克缵历官中外，清强有执。持议与争'三案'者异，攻击纷起。自是群小排东林，创要典，率推克缵为首功。时东林方盛，克缵移疾。诏加太子太傅，乘传归。四年十二月，魏忠贤尽逐东林，召克缵为工部尚书。视事数月，复移疾归。三殿成，加太子太师。崇祯元年起南京吏部尚书。有劾之者，不就，卒于家。"

驳胡正甫为扬子云辩诬文

黄克缵曰：《春秋》之法，厚道以待君子，直道以待小人。厚于待君子，故善未著而必褒；直于待小人，故恶已彰而必贬。凡《春秋》所书，有为尊者讳，为亲者讳，为贤者讳，未闻有为小人讳者。况不惟讳之，且为之委曲以逃其罪乎？

扬雄为莽大夫，《剧秦美新》载在史册，使雄有孝子慈孙，必且羞以为祖，而近世胡直必欲为之解，且曰：《汉书·雄传》称雄仕成帝哀

平间，未尝仕莽。赞谓雄仕莽作符命投阁，年七十一，天凤五年卒。盖班孟坚早逝，曹大家辈传失其实。雄至京见成帝，年已四十余矣。自成帝建始改元，至天凤五年，五十有二岁。以五十二岁合四十余，已近百年，则与年七十一者相抵。又考雄至京，大司马王音奇其文，而音薨永始初年，则雄来必在永始之前。然则谓雄近于莽年者也。《剧秦美新》或出于谷子云，至悲雄为守道君子千载蒙诬。

呜呼，必若胡氏之言，当令自古史传记载尽付烈火，岁月漫无考据，乃可为雄辞罪；又当尽愚人心，使昧黑白，乃可为雄左袒。不然，吾恐天下后世不可尽诬也。余不暇远引，就胡氏之言折之，按《汉书》及《纲目》编年，成帝即位，已丑改元建始，五年癸巳改元河平，九年丁酉改元阳朔，十一年已亥八月，大司马、大将军王凤卒，以王音为大司马、车骑将军，十三年辛丑改元鸿嘉，十七年乙巳改元永始，明年丙午，大司马、车骑将军音卒。史称雄为大司马王音所奇，音为大司马在永始间，则雄入京在永始之前，信矣。二十一年已酉改元元延，二十五年癸丑改元绥和，明年甲寅春三月，帝崩，哀帝立，元年乙卯改称建平，五年己未改元元寿，六年庚申，帝崩，平帝立，元年辛酉改元元始，五年乙丑，莽弑帝，立孺子婴，元年丙寅改称居摄，三年戊辰改元初始，冬十二月，莽篡位，更国号曰“新”，称始建国元年，以十二月为岁首，二年庚午，莽杀刘棻、甄寻等数百人，以棻从雄作奇字，使者来收雄，雄恐不免，从阁上自投下，几死。莽以雄素不与外事，诏勿问。五年癸酉春二月，太皇太后王氏崩，六年甲戌改称天凤，又五年戊寅，莽大夫扬雄死，年七十一，由王莽戊寅上遡成帝永始元年乙巳，共三十有四年，则雄入京时，年盖三十有七矣，以三十四合三十七，实年七十一，彼胡氏乃谓自成帝建始改元至天凤五年计五十有二岁，以五十二合四十余，已近百年者，果何所据耶？胡不以编年计之也。

胡氏又引其乡人简绍芳所引桓谭《新语》，谓雄作《甘泉赋》，梦肠出，收而内之，明日遂卒，盖在永始四年。考《汉书》，是年戊申春正月，帝如甘泉郊泰畤，三月如河东祠后土，雄献《甘泉赋》，又三年辛亥，帝较猎长杨射熊馆，雄献《长杨赋》，雄既死矣，而《长杨赋》又谁作耶？雄在哀帝时，丁、傅、董贤用事，诸附离之者，或起家至二千石，时雄方草《太玄》，有以自守，故作《解嘲》以自遣。必谓雄卒于成帝永始间，则哀帝时作《解嘲》者又谁耶？新室文母崩，莽诏雄作诔曰："太阴之精，沙麓之灵，作合于汉，配元生成。"雄既先莽死矣，斯诔也，又谁作耶？大都雄之仕莽，史传所载，斑斑可考，胡氏直爱《太玄》《法言》文字奇谲，不忍其人有"莽大夫"之讥，故为之委曲覆匿，所谓爱而不知其恶者也。至以《剧秦美新》为谷子云所作，则尤大谬。夫谷子云阿附王凤，直攻成帝，视雄不相甲乙。然永当成帝元延元年为北地太守，时灾异数见，上使淳于长受所欲言对奏，天子感其言，寻征入为大司农，卒，是谷子云死在成帝末，又安得至莽时复有谷子云乎？班氏父子距西京不远，其记事之详，虽一姓一字亦不苟也，与雄同时者有陈遵，字孟公，而列侯中有陈孟公者，班氏别为"陈惊座"，千载之下，以为谈柄，奚至以谷子云所作诬扬子云，何独详于孟公而略于子云耶？《汉书》又载桓谭对王邑、严尤称雄书必传，凡人贵近而贱远，彼亲见子云，禄位容貌不能动人，故轻其书。邑、尤皆莽时人，而桓谭与之论雄若此，乃引《新语》所载妖梦，谓雄卒于成帝永始中，彼时雄《太玄》尚未作也，桓谭谓其必传者，果何书耶？不征于信史，而征于《新语》，抑又惑矣。

呜呼，三代以后，道学不明，功利溺人。以莽操为揖逊，以反君事仇为当然。不惟忍耻北面，且为之出死力以驱除焉。如翟义、徐敬。（《数马集》卷二十七，《禁毁》集部第180册，第338—340页）

董传策（1550进士）

《国朝列卿记》卷一百四十五："董传策，字原汉，直隶上海县人，嘉靖庚戌进士，任刑部主事。以论辅臣，谪戍。隆庆元年，起吏部考功司主事，升稽勋员外郎，转验封司郎中、太仆寺少卿，二年升太仆寺

卿，给假省亲。三年十二月，补南京光禄寺卿。四年升大理寺卿，五年升南京大理寺卿。”

汨罗词

余渡潇湘，经屈子故所游处，读《离骚经》，旁及扬雄《反骚》。伤亡七之流离，感占人知心之难，因代灵均解嘲。

新沐必弹冠，新浴必散衣。举世寡识真，吾当谁与归。谗人罔极，交乱宗国。予怀之悲，予将畴依。伤灵修之弥远，岂昔是而今非。既中道而改辙，忧悄悄其堪挥。众婵媛以相詈，恐日月之攸徂。峣峣者易缺，皎皎者易污。嗟予好此修姱兮，虑所往之迷涂。苟予身其信好婉兮，又何必离此故都。予其自靖献于先王兮，郁侘傺而长驱。彼有殷之父师少师，庶几其获此心兮，予将掇众芳而仰与为徒。

余观殷三人之私相与语，益信屈原所遭时不异云。或乃惜其忠而过抑浅之乎？知原矣！（《采薇集》亨册，《存目》集部第122册，第327页）

咏扬子云

扬雄好博古，荐者匹相如。一朝献《长杨》，待诏承明庐。白头官执戟，岁华宴居诸。贵游方附丽，冠盖摇琼琚。气势已三窟，澹泊空五车。规讽苦不投，闭门草《玄》书。寥寥称绝伦，美新何狡狙。明哲良不辰，旁烛昧衣袽。嗟哉莽大夫，紫阳有遗书。介石不终日，千载标二疏。（《幽贞集》中册，《存目》第122册，第382页）

胡应麟（1551- 1602）

《明史·文苑传》载：“胡应麟，幼能诗。万历四年举于乡，久不第，筑室山中，构书四万余卷，手自编次，多所撰著。携诗谒世贞，世贞喜而激赏之，归益自负。所著《诗薮》二十卷，大抵奉世贞《卮言》为律令，而敷衍其说，谓诗家之有世贞，集大成之尼父也。其贡谀如此。”按，王世贞奖掖标榜之“末五子”，胡氏居其一焉。观胡氏之论扬雄，多与王世贞之说同，究其实，多为王氏之注脚耳。

读通鉴纲目（节选）

莽大夫扬雄死，紫阳特笔也。其意则偏恶子云，其义则责备贤者也。后人求之而过，有谓因贬见褒者。而紫阳之序《反骚》《边箭》，皆深斥子云，贬而褒，非其旨也。有谓罪之，使弗与于道者。而雄之于道，醇疵之间，有亡之际，非若曾、孟之继体宣尼也。且罪雄而荀、董、王、韩辈又胡可以一一罪也。夫紫阳之有功圣门，过周、程、邵、张远。而皆极口推毂之，非护前者也。雄身为汉臣，莽篡而不死，可也。而犹仕，何也？紫阳特而笔之，假雄以明《春秋》之义也。而非雄，则紫阳固未暇笔也。总之，责备贤者也，求之而过者，皆非也。(《少室山房集》卷一百一，《四库》第 1290 册，第 740 页)

读淮南子

汉世记事之博，莫过《太史公》；立言之博，无出《淮南子》。故扬雄以《淮南》《太史》并论，又以为《淮南》之用弗如《太史公》，知言哉。《淮南》盖效《吕览》而作者，其文词奇丽宏放，瑰目璨心，谓挟风霜之气，良自不诬。而诡辞邪说，坌溢篇中。自战国庄、列、二邹，纵谭宇宙，茅靡澜倒，举世若狂。汉兴，董、贾诸人，渐趋淳朴，一代文章，垂复古始。《淮南》又群集浮华，网罗淫僻，渊渟泽汇，萃为此编。自以极天下之观，而不知好大喜夸之弊，不亡国杀身有不已者。余读《淮南》，既奇其才，悲其遇，又重惜其未闻君子之大道也。因题简末云。(《少室山房集》卷一百三，第 749—750 页)

拟　经*

六经之后拟作者，世但知扬、王一二，然不止是也。《（乐）书》亡逸，故后无述焉。今稍类列于篇。

拟《易》者，扬雄《太玄经》，关朗《洞极真经》，卫元嵩《元包》，张志和《太易》，张弧《素履子》，司马光《潜虚》，又杨泉《太玄经》。

拟《书》者，孔衍《汉尚书》《后汉尚书》《魏尚书》，王通《续书》，陈正卿《续尚书》，崔良佐《尚书演范》，宋韩氏《续尚书》。

拟《诗》者，束皙《补亡》，王通《续诗》。

拟《春秋》者，王通《元经》之类。

拟《论语》者，扬雄《法言》，张融《家语》，梁武帝《孔子正言》，王通《中说》，王勃《次论语》，宋薛据《孔子集语》，盖亦正言之类。

拟《孝经》者，马融《忠经》，徐浩《广孝经》，张上儒《演孝经》。

兵书往往有拟六经者，郭良辅有《武孝经》，员半千有《临戎孝经》，无名氏有《兵春秋》《兵家论语》。农家又有贾充道《大农孝经》。又刘炫《酒孝经》，皆溷亵圣典，可罪也。（《少室山房笔丛》卷三，《四库》第886册，第196—197页）

［按］胡氏鄙薄拟经之举，其《诗薮》论之云："大则僭冒之诛，小亦赘疣之诮，果何益哉！"

历代注玄诸家*

扬子云撰《太玄》，惟桓谭以绝伦必传尔。后学中微，儒者动资笑噱，然晋唐间注此书者殆至数十家，故不甚落莫也。今据诸家书目，备录此。

宋衷《太玄经》注九卷，陆绩《太玄经注》十二卷，虞翻《太玄经注》十四卷，范望《太玄经注》十二卷，章詧《太玄经讲疏》四十六卷，又《太玄经发隐》三卷，王涯《说玄》一卷，又《太玄经注》，六卷宋维干《太玄经注》十卷，林瑀《太玄经注》十卷，又《太玄经释文》一卷，徐庸《玄颐》一卷，又《太玄经解》十卷，杜元凯《太玄经传》三卷，郭元亨《太玄经疏》十八卷，陈渐《演玄》十卷，范谔昌《补正太玄经》十卷，程贲《太玄经手音》一卷，冯玄《太玄音训》一卷，林共《太玄图》一卷，孙胄《太玄正义》一卷，又《太玄叩键》一卷，王长文《通玄》十卷，张揆《太玄渊旨》一卷，吴秘《太玄释文》一卷，许翰《玄解》四卷，《玄历》一卷，司马光《太玄经集注》十卷，晁氏《星纪图》一卷。又陆凯《太玄经注》，王肃《太玄经注》，并见《隋志》中。又邵雍《太玄准易图》，见《通考》晁氏论中。今传者尚十余家，凡《玄》之得失，自前人论之已详第。此书本名《太玄》，其称经者，班氏文致之词，后世因遂尊之，非实也。(《少室山房笔丛》卷十二，第296页)

论扬三札*

扬子云《反离骚》，盖深悼三闾之沦没，非爱原极切，不至有斯文。长沙、龙门先已并有此意，班孟坚独载此于《雄传》，其义可知。第子云命名太过，又莽世不能远引，故为后人所持藉。如贾生赋《吊屈原》，子云但以此命名，亦何不可？本其情出于慕说伤痛，岂熏莸岐趣者。紫阳之抨击，似亦未悉其由。今随班逐例，学明经语言，三尺童子尽解办，此豪杰士，要自当有独觉。若前人已悉，则不必过求也。紫阳虽诮雄《反骚》，至论屈，卒不能异其说也。

按《雄传》有《广骚》《畔牢愁》等篇，意率与《反离骚》亡异。以班氏刊落，今皆不传。当时子云第目《反离骚》为《广骚》，则后人决不攻之如彼。惟其好立异名，故纷纷人口不已。昔人谓子云老不解事，信然。《反骚》，亦赘也。

扬子云《反离骚》，似反原而实爱原，与女媭之詈同。庄子休叙道术，似尊孔而实外孔，与楚仆之棰异，何也？子云赋家，子休道家也。知义玄、文偃之呵佛，与小白、重耳之尊王，乃得之。

《剧秦美新》，或以为谷子云者，近之《焦氏笔乘》载其辩甚详，不备录。当时杜子夏有《归藏易》，后世遂讹为卜子夏，安知《剧秦美新》非此类耶。（《诗薮》杂编一，《存目》集部第418册，第3—4页）

彭大翼（1552- 1643）

《（乾隆）江南通志》卷一百六十六：“彭大翼，字一鹤，通州人，以岁荐，通判梧州。归，日事翻阅，积四十年著成类书曰《山堂肆考》。”

三代不徙

汉扬雄，成帝时，王音荐为待诏。岁余，拜给事黄门侍郎。历成哀平三世不徙官。及莽篡位，雄始以耆老久次转大夫。一说三世，谓历哀、平、孺子婴也。（《山堂肆考》卷六十，《四库》第975册，第188页）

扬雄颂莽

汉扬雄作《法言》，卒章称王莽功德可比伊周。又作《剧秦美新》之论以颂莽，君子病焉。注云：剧，甚也。言秦王无道之甚，而美新莽之德也。（《山堂肆考》卷一百三十一，《四库》第976册，第542页）

张　萱（1553- 1636）

张萱，博罗人，字孟奇，号九岳，别号西园。万历中举于乡，官至平越知府。好学博识，经史百氏靡不淹通，能画书，各体皆工。有《汇雅》，又《西园闻见录》。

许　由

张茂先《博物志》称，司马迁云无尧让许由事，扬子云亦云夸大者为之。《高士传》尧召许由为九州长，则知庄周谓尧以天下让者，乃文饰过当耳，而雄遂以为全无许由，故杨诚斋有诗云："子云到老不晓事，不信人间有许由。"余谓雄非不信有许由也。许由当尧之时，尚不屑为九州长，而扬雄当王莽之时，乃以莽大夫终，其不信有许由也，欲以自掩也。（《疑耀》卷一，《四库》第856册，第177页）

太玄潜虚

《易》之为书，广大精微，天地古今万物万事无一不备，无一不彻。扬雄之《太玄》，司马光之《潜虚》，皆《易》之所已详者也。夫《玄》与《虚》得无赘乎？噫，乳出酪，酪出酥，酥出醍醐。若雄、光辈之所作，是又从醍醐中觅酥，从酥中觅乳也。（《疑耀》卷三，第224页）

上林羽猎二赋

司马相如《上林》，扬雄《羽猎》二赋，脍炙千古。北齐杨斐谓离系以隤，墙填壑乱，以枚置落网而言，无补于风规，只足昭其愆戾。亦是名言。（《疑耀》卷四，第240页）

弱　翰

扬子云《答刘歆书》：雄尝把三寸弱翰笔，赍白素三尺，问异语，此作《方言》也。余尝疑既称弱翰，又称笔，是笔有名弱翰者，因悟今京师中寒冱南来之笔多败，京师有名水笔者，掾史家多用之，其毫甚弱，蘸一墨即可书数行，携之出，第须饱墨，不必复蘸。子云作《方言》时，正携此笔以行，有得辄书，不复蘸墨者，即今水笔也。（《疑耀》卷六，第278—279页）

娄　坚（1554- 1631）

《（光绪）嘉定县志》卷十九："娄坚字子柔，一字歇庵。曾祖纲自长洲徙江东，后徙城南。坚从归有光游，融会师说，成一家言。和平安雅，能以真朴胜人，诗律在元和、长庆间，古风尤胜，书法妙天下，尺蹏寸简，人争传购。万历丙辰岁贡，崇祯辛未卒，年七十八。"

手书东方客难篇后题

岁辛丑季夏，雨凉如秋，方枯坐忧岁，聊以笔砚可亲，无风燥日炎之乖，漫写东方《答客难》篇。盖自曼倩创为此文，而《解嘲》《答宾戏》《达旨》《应间》之篇纷纷继作，然独子云可以追配，崔班而下，不无靡矣。至唐韩退之始变其音节而为之，体气高妙，非东汉以后可得而同也。而世俗瞶瞶，犹以时代论古人之文，亦陋甚矣。予书此文，盖重其始，然味其词旨，如所谓修学敏行及自得云，庶几能知道者。至客之设难，止援苏、张，而曰泽及后世，盖轻世肆志之旨有在言之外矣。此虽扬子之广肆，或未必与之齐也。（《学古绪言》卷二十三，《四库》第

1295册，第271页）

张懋修（1555- 1634）

《（光绪）江陵县志》卷二十七："张懋修字斗枢，居正第四子，万历庚辰进士，殿试第一，授翰林修撰。积书好古，清约如寒素。宵小遘难，怨愤投井，不死，不食者累日，又不死，遂脱屣一切，日抱其父奏对尺牍诸手迹，每有感触，则呜咽哭不成声。后公论昭雪，始搜其散亡梓之。年八十，卒。著有《墨卿谭乘》《太史诗略》。"

扬 雄

《华阳国志》传扬子云，姓从才不从木，常璩以蜀人谈蜀故，必有所据。必扬家子孙世传之字。班固之书原从才，观者忽之耳。《后汉书》于《杨震传》注内有杨雄从才之说。（《墨卿谈乘》卷九，《未收》第3辑第28册，第139页）

董其昌（1555- 1636）

《明史》卷二百八十八："董其昌，字玄宰，松江华亭人。举万历十七年进士，改庶吉士。……其昌天才俊逸，少负重名。……始以宋米芾为宗。后自成一家，名闻外国。其画集宋、元诸家之长，行以己意，潇洒生动，非人力所及也。四方金石之刻，得其制作手书，以为二绝。造请无虚日，尺素短札，流布人间，争购宝之。精于品题，收藏家得词组只字以为重。性和易，通禅理，萧闲吐纳，终日无俗语。人拟之米芾、

赵孟頫云。同时以善书名者，临邑邢侗、顺天米万钟、晋江张瑞图，时人谓邢、张、米、董，又曰南董、北米。然三人者，不逮其昌远甚。”

罗文庄公合集序（节录）

昔扬子云著书，若《法言》《训纂》《州箴》、骚、赋皆丽以则，闳以肆，而其所自喜者惟《太玄》。然玄学不大显，而世所传者，乃其所悔为雕虫小道者也。先生居承明著作之廷，薄文人不为。而大雅之音，舂容平淡；记序之文，赡而有体；铭赞之文，质而不夸；奏对之文，谠而不激。而书牍数卷，所与诸君子论难往复，尤当辅语录而行，所谓造道之言，有德之言，并立而双美者也。先生且追典、诰而翼之，何敝敝焉规摹秦汉哉！（罗钦顺《困知记》附录，中华书局 2013 年版，第 260 页）

书品（节录）

昔人以《剧秦美新》为后人赝作，此《太玄赋》又是辨诬公案，故书之。（《容台集》别集卷二，《禁毁》集部第 32 册，第 451 页）

冯从吾（1556- 1627）

《明史》卷二百四十三：“冯从吾，字仲好，长安人。万历十七年进士。改庶吉士，授御史。……从吾生而纯悫，长志濂、洛之学，受业许孚远。罢官归，杜门谢客，取先正格言，体验身心，造诣益邃。”

董扬王韩优劣馆课

儒者立言，所以明道也。有得于道，虽浅言之而常合，无得于道，虽深言之而常离。如此，而董、扬、王、韩优劣辨矣。

昔仲舒时，道术混淆。仲舒下帷发愤，潜心大业，其识已高。且进退容止，非礼不行。学士皆师尊之，自博士时已然。其行又何卓也。汉承秦后，仲尼之道蔑如。武帝袭文景业，一切制度尚多阙略。仲舒对策，推明孔氏，抑黜百家，立学校之官，郡举茂才孝廉，皆自仲舒发之，此其议论凿凿，可见诸行，真足羽翼道术，裨益世教者。文辞云乎哉，著书立言，虽平易亡奇，要之与道合也。真西山谓西汉儒者，惟仲舒一人。余以为知言。

扬雄制作允称深奥，而行事似不副之。如《太玄》果玄也，众人不好，与《玄》何损。而汲汲于《解难》之作，比之天地未已也，而又比之典谟。比之《雅》《颂》未已也，而又比之《箫》《韶》。夫雕虫之技，既曰壮夫不为，而又不胜其夸张得意之态，深于养者如是乎？屈原虽过于忠，而耿耿一念，诚可以愧世之为人臣而怀二心者。何物子云，敢作《反骚》以驳之，原亦附离丁、董者等邪？雄之出处大节，君臣大义，岂待《剧秦美新》而后决白黑哉？《反骚》一篇，可反观矣。纵其言高出苍天，大含元气，与道术世教何补？雄也不过词人之雄耳，其于道尚，可在离合间论哉。

两汉以降，历魏晋六朝，而吾道益陵夷不可振。王仲淹起隋之末造，当众口哓哓中，慨然以著述为己任。其立言指事，一禀于仲尼，故曰通于夫子受罔极之恩。即此一言，而通之人品学术可知矣。桓文借名尊周，夫子然且予之，况通之于仲尼？何后世耳食之夫，猥以吴楚狱通。不知于老庄辈，又执何辞以声罪致讨乎？或又以太平十二策姗通出处，不知开皇孰与新莽？若以雄而律通，则与惩羹吹齑何异。况献策不报，即翻然赋《东征》之歌，退而讲道河汾，且屡征不起，此其于出处间岂不大有可观哉。明道称其极有格言，考亭称其循规蹈矩，诚谓其与道合耳。

通之后越百余年而得韩愈氏。愈之文，天下宗之。而不知因文见道，盖亦有足多者。唐以诗赋取士，故学者不得不取材于诸子百家，而孔孟之传不绝如线。愈独举尧舜以来之统，归之孔孟，此非有独得之见

者能之乎？佛氏之教浸淫人心，牢不可破，而愈上表陈言。虽蒙窜斥，而其志不隳，其有功于吾道何如。许由、龙逢、伯夷，皆特立独行之士，皆可以维纲常而扶宇宙。愈作《通解》，惓惓于三师之教，其有功于世教又何如？愈之为文，岂颛颛刻画于词句间哉。第上书及门，其出处之际，尚有遗议。愈于吾道，盖合者多而离者少也。程子谓愈亦近世之豪杰，谅矣。

噫，三子之为文也浅，而于道也合。雄之为文也深，而于道也离。此董、扬、王、韩优劣之辨也。然则三子又孰优乎？曰：余又有取于董子正谊不谋利，明道不计功之说。（《少墟集》卷十六，《四库》第1293册，第281—282页）

范　涞（1560—1610）

《理学备考》卷二十五："范涞字原易，南直休宁人，万历甲戌进士，授南城知县。……所著有《范子咙言》《晞阳文集》及《朱子语录纂述》，行于世。"

新修扬子云草玄堂记

蜀自蚕丛立国，神明之胄，辄有鸿裁。今所传诗四章，质雅道真，实宝惟德，厥训远矣。故代有发藻阐奇如王子渊、司马长卿以下，畴非艺林赤帜哉。要之，簪文龙虎，各以词胜，于道真无与焉。维时扬子云氏，深沉圣学，体撰契神。其《大人》《长杨》诸赋，尚土苴一斑勿论，论其大者，为《法言》，又为《太玄经》，三摹九据，悉根于性命天道，泄羲文周孔所未泄，即中原稷下群儒，瞠乎其后，猥云雕虫能之乎？说者犹疵其拟《易》，殆浅之乎口耳窥也。甚至以仕莽相蒙，投阁美新，讹传口实，举天下之大不韪，身自为之，虽紫阳文公，尚未暇呼其枉，矧琐琐者耶？不敏稽古证今，知子云必不仕莽者，为说有五。

古者拟人必于其伦，扬子比孟、荀所从来久矣。孟子何如人，并驾推尊，则扬可知也。史称郫县大司空何君公，新繁大中大夫张公濡，中郎侯直孟，皆以不附莽见杀。此三君者，子云之臭味也。先后同时，州县同地，而时论以名流领袖。但推子云仕莽之事，三君且不屑，谓子云屑之乎。此以理而知之。

《法言》品藻汉兴以来将相名臣，独不及莽，时莽已专汉政，伊周自哆，乃简衺一卒，爰于千金，是何落落也。恚丁、傅、董贤用事，托志于《解嘲》，知玄知默，惟寂惟寞。又屡斥公孙弘之容，而曰如诎道信身，虽天下不可为。夫既以咳唾为华衮，讵肯以出处为沟壑。且素羞比于嬖宠，又岂失身于篡朝。此以其言而知之。

子云始为郎给事黄门，与莽、贤等相颉颃。夫夫者后皆为三公，权倾人主，所荐莫不拔擢，而子云历成、哀、平三世不徙官，姜桂之性愈老愈烈，即反面事其所不屑，莽安肯信之。况莽篡逆时，诸文学以符命获封爵者甚众，即位之后，欲绝其原，以神前事，而丰子寻、歆子棻复有所献。莽遂诛寻棻，投诸四裔。子云固同官于莽，而素不附莽者也。若先时乘其大逆而倾身以殉，则可骤贵加封爵之荣。若后时复美新触其厌讳，则莽必借之泄怒以示天下，而有棻寻之戮。两者子云无一焉，此以其行而知之。

尝读子云本传，称雄有大度，自守泊如。亹亹数千言，未言仕莽。读赞谓其受莽官，作符命，投阁，年七十一，天凤五年卒。考子云赴京见成帝，年已四十余矣。自成帝建始改元岁己丑，至莽篡位建国元年己巳，相去四十一年。建国至天凤五年戊寅，又十年。则子云近百岁，与七十一之数何其抵牾也？即始建国元年遂仕莽，岁亦八十余。子云无耄耋寿，安能起白骨而肉之仕之乎。再考桓谭《新语》，雄作《甘泉赋》一首，梦肠出，收而内之，明日遂卒。祠甘泉在成帝永始四年戊申，去莽篡位远，即未必卒于永始，断亦不出于平帝末年。盖其岁正与七十余者合也。乃云媚莽受爵，不大谬乎。此以历年图而知之。

前代名家为扬子忠臣者甚伙。其在蜀疑以桑梓，故姑不引。若陆公

绩之《述玄》也，迺王邑、严尤、桓谭、张平子诸人所崇尚而继之，曰：雄受气纯和，韬真含道，建立《玄经》，虽周公系《大易》，孔子修《春秋》不能是过。考之古今，宜曰圣人。司马君实之《法言注》也，力辩扬子安恬，非求媚而思富贵。赞美伊周，讽莽北面。曾子固《答王深甫之论雄书》也，比于箕子之明夷，又拟于孔子之坚白。惜其于雄之事有所不通，且求其意而未明辩事莽之非，殆抱遗憾。然尤有所互证者。大醇小疵，则称于韩退之。《玄经》首则“美厥灵根”，虽程叔子深有取焉。邵尧夫、王介甫亦每尊信其说，而叔子又谓阁百尺，未必能投。介甫直以投阁为妄。皆可为断案。近世胡正甫、焦弱侯、刘元丙具有《始末辩》《美新辩》，且曰扬雄、谷永并字子云，《剧秦美新》乃永文非雄文，犹史载子我仕陈恒，孔子耻之，指为宰予，而不知阚止亦字子我也。叙赞之词，传失其实。盖孟坚早世，曹大家辈别有所闻而附益之。不然，孟坚述雄书，极叹子云文谊至深，论不诡于圣人。若使遭遇时君，更阅贤智，为所称善，则必度越诸子矣。述事若此，叙赞若彼，不几自矛盾乎？此又以汉唐宋诸儒之论，核而知之。

然则子云之谤何以致？此世之憸壬立心稔毒者何限，盛名之下，借附滋多。夫人欲速其功者借伊尹，主嬖幸为捷径者借孔子。五威将军班符命四十有八类，当时名高者所为，安知不忌子云之轧己也。而借之以自文，且依稀懿烁，炳炳麟麟，袭其毫吻，噫，险矣哉。

不敏官豫章，尝欲与友人著《古今平反录》一书，首白子云，而力未逮。岁丙申，承乏参蜀藩，询子云故里，在署武担山南。复阅旧志，宋庆历间，何涉《记墨池》有准《易》堂绘子云像，池心筑台其上，有解嘲亭，宴会之所，有吐凤轩，今皆失其处。独街旁碑石一片，镌“墨池”二大字，乃耿中丞子健囊守郡时立者。字出米元章笔，点画风致，而墨池遗迹，混于贾区，芜秽潢污，寄足无地。因檄成都，施令所学，按籍求之。会左伯程公叔明已先下其议，施令遂商之华阳张令，旋共闻之郡守，协心力以应左伯。又请之蜀国主，乐捐池北店十一架，地纵十一丈有奇，横二丈有奇。池左地纵丈同，横得二之一。居民业近池畔愿售者，给其值，亦得地十丈有奇。时观察使沈公，大参董公，学宪王公，巡宪刘公，少参黄公，阃司徐公、淡公，游击刘公，各以薪镘助。复有右伯刘公、观察兼军驿吴公，以公事旋助亦如之。而一切经画，悉受成于左伯督理。于施令构材，必择巨丽者。石理瓦甓，必择坚致者。卜吉兴事，抱坎面离，北为草《玄》堂六楹，轸轩敞豁，黝垩绚采。称是堂前为平台，台前即墨池。浚辟逾于旧址，甃石以方之。池前为西蜀子云亭，堂后开隙地，植阴木纳凉。堂左右为庖，湢两翼，两翼之南为碑亭二。又南各绕池为栏，砌绵亘相望，可莳杂卉奇葩，列文石，映清波，以憩以游，谈学娱宾，无适而非适。锦城胜迹，蔑有右之者。堂东为仪门，外为大门，缭垣盖覆，完密一周。总计亭堂池地广一百二十六尺，袤倍之；二门地袤六十余尺，广半之；垣围共八十六丈四尺。工创于丁酉仲夏，竣于戊戌孟冬。所费缗以五百计。诸司道前后二郡守、二邑令所助得二百余缗外，皆左伯约己积赢以济之。上不烦官帑，下为贫民食其力。落成，诸公以迁擢行者六七人，独左伯学宪偕不敏，暨兹岁继至右伯周公、观察使王公、前郡守转今巡宪陈公，共登堂。融泄移日，徘徊吊古，聚散兴思，各溢于题咏之外。酒酣耳热，左伯复举爵揖不敏："予每闻子愤扬氏覆盆，今有其地矣。表章先哲，范兹来许，监司者事也，请属词。"不敏愧无文，而夙昔私蓄，欲借手以雪。又忆庆历《墨池记》，亭堂诸制，皆当时枢密程公敦尚名义，取材辨方，乃致底绩。历今六百年，复鼎新于程左伯。声应气求，远相符合，数岂偶然哉。爰述子云本实，并创构岁月，著于篇，且使天下后世有抱道好修者，知浮议不能掩其光，虽千载而下，犹有知己，何损之有？而污蔑高良，自谓得计者，知愈久愈干公论，何益之有？兹役也，其于世教人心，庶万一有补焉。（陈本礼《太玄阐秘》外编，《续修》第1048册，第350—352页）

李长春（?）

［按］李氏事迹无考。此文末段所云范公应指范涞，所说程公应即范涞《新修扬子云草玄堂记》中之程左伯。

扬子云投阁辩

古今所诋訾扬子云者有二，仕莽也，投阁也。盖振暴自班孟坚始矣。尔蜀左伯程公有墨池、玄亭之建，而参知范公撊然为子云辩仕莽之冤，语在七尺碑中。其辞详核精严，如汉廷老吏谳狱，所为平反当矣。独投阁之诬，犹未颂言之也。余请续其说。

史称莽既以符命自立，即位之后，欲绝其原，以神前事。而甄丰子寻、刘歆子棻，复献之。莽诛丰父子，投棻四裔。辞所连及，便收不请。时子云校书天禄阁上，治狱使者来，欲收之。子云恐不能免，乃从阁上自投下，几死。莽诏勿问。京师为之语曰："惟寂寞，自投阁；爰清静，作符命。"按，汉石渠、天禄二阁，皆藏秘书之所，并在未央宫北第，由石渠而进，尚有明光桂宫间之，则天禄更在其北矣。子云初被荐待诏承明，据《三辅黄图》云未央宫有承明殿，著述之所。翼奉又言汉初独有前殿、曲台、渐台、宣室、温室、承明。则承明当近前殿稍南矣，于石渠已甚逴远，况天禄乎。据子云《解嘲》自言登金马，上玉堂，而史又称其给事黄门。夫金马门，乃宦者署。武帝得大宛马，以铜铸像，立于署门，因以为名。子云时待诏承明，故由金马入黄门以达玉堂，曷尝僇直天禄乎。籍令以校雠为业，彼石渠所贮鄭候图籍，与直庐皆在，子云不此之寓，而乃径赴天禄，于事理亦未顺矣。繇斯以谈，子云所直者，承明之庐，于石渠且不相关涉，恶得阑入天禄，而有投阁之事乎。然则异时刘向校书天禄者，又何也？余考汉玄武北阙，上画奏事谒见之所，公车司马在焉。时以光禄大夫为中朝官，而天禄在比，趋北阙甚近，向方为护左都水使者光禄大夫，正中朝官，故可就校天禄耳。

子云既待诏承明，宜从苍龙东关出入，胡由曲折而北乎。独怪孟坚何其忌子云之深也。子云本遐方孤生，无所根抵，徒以文似被荐，一旦与长卿齐名，然位不过侍郎，擢才给事黄门，恒有拓落之叹。于时椒房肺腑之亲，热焰熏灼，谁不捧手以炙，而子云独玄白自守，唾丹朱之毂，而不屑所为。劲挺抗厉之操，自登朝时已然矣。贞女束发姱修，白首而改，世宁有是理哉？孟坚自以世绾兰台史柄，为当代宗，而子云经术词赋名誉悉居其前，有不胜其懞忮者，故以此重诬之耳。余观《太玄》《法言》成，刘歆则笑以覆酱瓿，诸儒则讥以吴楚僭称王。子云为世侧目甚矣，讵知没后操衮钺者，尤忍污蔑之，使抱沉冤于千古哉。

嗟夫，子云有言，师旷之调钟，竢知音者之在后也。若谓举世落穆，无一知我者，而意付之所不知者何人耳。余不佞，曷敢自附于知音。庶几借程、范两公表章成绪，以致向崇乡先哲之意云尔。辩成而右伯沅陵张公见之，谬许为笃论也。遂镵石而置之亭中。（杜应芳辑《补续全蜀艺文志》卷三十三，《续修》第1677册，第354—356页）

赵之节（?）

［按］赵氏生平事迹多不可考，惟据《嘉靖辛酉科山东乡试目录》，知其乡试中第九名，济南府滨州增生，军籍。

读扬子法言集注跋

初，家君命小子读扬子《法言》，小子退而读之，执卷懵然茫乎不知其畔岸也，浩乎不知其津涯也。乃叹曰：扬子之言，何其远且难哉。既而家君以所为集注授之，小子退而读焉，开卷了然，若昼而睹日之光也，若夜而睹月之明也。乃复叹曰：扬子之言，何其简且易哉。昔扬子以其书当世无能知之者，自谓后世必有子云。噫，其家君之谓乎！嘉靖四十一年，岁在壬戌四月之朔辛酉亚魁，不孝男赵之节顿首谨跋。

［按］赵之节生卒年不详，因其跋尾云嘉靖四十一年，故系于此。之节父赵大纲曾集注《法言》，现有明嘉靖四十一年刊本，存卷七至卷十。

高攀龙（1562—1626）

《明史》卷二百四十三："高攀龙，字存之，无锡人。少读书，辄有志程、朱之学。举万历十七年进士，授行人。……与顾宪成同讲学东林书院，以静为主。操履笃实，粹然一出于正，为一时儒者之宗。海内士大夫，识与不识，称高、顾无异词。"

明哲保身*

有友问"明哲保身"，先生曰："此身是千古之身，保得方成千古。'危邦不入，乱邦不居'、'邦有道则见，无道则隐'，皆'明哲保身'也。若有封疆之责，便以保封疆为'明哲保身'矣。死于其职，又以死职为'明哲保身'矣。若不顾名节，便丧其千古之身，偷生几年，终归一死，何曾保身？殷之三仁，是三样'明哲保身'。扬雄者，错认了这一句。《纲目》书'莽大夫扬雄死'，是真死矣。"（《东林书院志》卷五，中华书局2004年版，第103—104页）

顾起元（1565—1628）

《（乾隆）江南通志》卷一百六十三："顾起元字邻初，国辅子，万历戊戌试第一，殿试第三，由编修历吏部左侍郎。当轴欲引以大拜，起元避居遁园，七征不起。友人题其小筑曰'七召亭'。学问该博，凡古今成败，人物贤否，诸曹掌故，无不通晓。居家绝迹公府，惟地方利弊不恤身任而力争之，后卒，谥文庄。”

史别（节录）

传称扬雄有大度，自守泊如，仕成帝哀平间，末言仕莽作符命投阁。年七十一，天凤五年卒。考雄至京见成帝年四十余矣，自成帝建始改元至天凤五年计五十有二岁，以五十二合四十余，已近百年。则与所谓年七十一者又相抵牾矣。又考雄至京，大司马王音奇其文，而音薨永始初年。则雄来必在永始之前无疑。然则谓雄为延于莽年者，妄也。其云媚莽，妄可知矣。此泰和胡正甫所辩也。以子云有“美厥灵根”语，为伊川所取，信其决非媚莽者。此自贤者微显阐幽之意，抑子云又言“大明煌煌，旁烛亡疆，逊于不虞，以保天常”，岂浮湛乱，世危行孙，言别有指邪？

然以余考之，正甫言自成帝建始改元至天凤五年计五十有二岁，以五十二合雄初至京年四十余，已近百年，谓传所云七十一岁者相抵牾，是谓雄至京师在成帝即位之始也。今以《汉书》《汉纪》《子云文集》反复参校，成帝元延二年行幸甘泉河东，至王莽建国二年符命事发，雄投阁之岁，计二十年。王音薨于永始二年正月，至建国二年，计二十四年，至天凤五年，计三十五年。传言雄年七十一，以是年卒。逆推而上，至奏《甘泉赋》时，雄年四十一矣。王音前是阳朔三年，九月以王凤荐为大司马。传云雄至京师，音奇其文。则雄之至京师在阳朔，历鸿嘉至永始二年之八年中，是时雄年尚未四十也。成帝以即位初年作长安南北郊，罢甘泉汾阴祀，至永始三年，皇太后诏有司复甘泉泰畤、汾阴后土、雍五畤、陈仓陈宝祠，是时赵飞燕姊妹方大幸。四年正月行幸甘泉，元延二年正月幸甘泉郊泰畤，三月行幸河东，祠后土。冬行幸长杨宫，从胡客大校猎。明年上将大夸胡人以多禽兽，命右扶风等载输长杨射熊馆。雄时从行，此雄上《河东》《甘泉》《羽猎》《长杨》四赋之繇也。成帝即位初，改元建始，时雄年二十岁，未必是年即至京师也。哀

帝元寿二年春，单于将来朝，公卿议勿许。雄为黄门郎，上书谏帝召匈奴使而许之，赐雄帛五十匹，黄金十斤。《解嘲》作于哀帝时，传所称三世不迁官，盖合成哀平三世而言之耳。今若以献赋时雄年四十一，以是年至京师，至天凤五年卒，正与传七十一而卒之数合。而又与传所言雄年四十余自蜀来游，至京师，大司马车骑将军王音奇其文雅，召以为门下史，荐雄待诏。岁余，奏《羽猎赋》者不合矣。盖以天凤五年上至音卒之年，雄年当三十有七，非四十余。其不合一也。若音在日，雄至京，荐为待诏。至奏赋时，已五六年。音死亦五年矣。不应言音荐雄待诏，岁余奏赋也。其不合二也。既云雄至京四十余，王音荐之，则自永始二年音在日，至天凤五年，凡三十五年。以雄年四十余，合三十五年，当得年七十五六岁矣。不应言七十一而卒。果七十一而卒，则卒宜在天凤元年之一年前，以建国八年而卒矣。不应言天凤五年。其不合三也。盖正甫所以攻《汉书》者，言辩而未尽事理。而本传实自相抵牾，难以为据。

正甫又引《郫县志》简公绍芳援桓谭《新论》曰：雄作《甘泉赋》一首，梦肠出而内之，明日遂卒。且曰祠甘泉在永始四年。按祠甘泉在元延二年，纪传载之甚明。雄先奏《甘泉赋》，后奏《河东赋》，后又奏《羽猎赋》，后又奏《长杨赋》。哀帝中，又上《谏不受单于朝书》。此云赋甘泉明日而卒者，果可为的据邪？简公以班孟坚早逝，曹大家传失其实，而必执以子云死在成帝永始四年。正甫又以为子云来京师在建始初，死当在平帝末年。如此，则以七十一岁而卒之逆推，至成帝即位初，雄年方三十五，亦未得为四十余也。传与二公之言，校之多有不合。简又以《剧秦美新》或出于谷子云。按《汉书》，谷永元帝建昭中举为太常丞，成帝建始三年，日蚀，地震，为阳城侯刘庆忠举，待诏公车对策。至王莽篡位时，已四十五六年矣。年七十者自可延至此时，乃按《百官表》，永以成帝元延四年由北地太守为大司农，一年免。本传言永病三月，有司奏请免。故事，公卿病，辄赐告。至永，独即时免。数月，卒于家。谷子云之死，明白如此。且其死，去莽篡位时十有七年。千载而下，乃以美新事悬坐之，恐九泉有知，亦不肯甘受也。余

《说略》中截取正甫之言，因为备考诸书之同异如此。（《说略》卷八，《四库》第964册，第490—492页）

谢肇淛（1567- 1624）

《明史》卷二百八十六："肇淛，字在杭。万历三十年进士。官工部郎中，视河张秋，作《北河纪略》，具载河流原委及历代治河利病。终广西右布政使。"

蔡　邕

扬子云剧秦美新，《法言》曰"自周公以来未若汉公之懿也"，至今文士皆为口实。余读《蔡中郎集》，有《表太尉董公为相国》一表，词甚详切，谓卓"生应期运，气禀山岳，黜废顽凶，爰立圣哲，而辞疾让位，乖群生仰望之心，宜益隆委任，责以相业之成"。此等议论，与子云无异。使邕不为此表，犯卓之怒不过死，死卓与死允等耳。惧势畏死，乃卒不免身名俱殒，悲夫。（《文海披沙》卷一，《续修》第1130册，第246页）

［按］"表太尉董公可相国"原作"袁太尉董公为相国"，今据《蔡中郎集》卷八改正。

苗而不秀

扬子云之子乌童，九龄而与《玄》文，可谓夙慧。然卒苗而不秀，竟无一语可传。杜子美子宗武以诗示阮兵曹，兵曹答以斧一具，曰告子斫断其手，不然天下诗名尽在杜家矣。然宗武之诗，人间未尝见也，斯亦苗而不秀者乎，抑虚名之爽实也？冯履谦七岁读书数万言，九岁能属

文；宋蔡伯希、吕嗣兴皆四岁举神童，而卒无文名。国朝如戴大宾、刘子钦，皆以髫龀取高第，自负才名而皆无成。大材晚成，固非虚语。（《文海披沙》卷二，第254页）

江应晓（?）

《（乾隆）江南通志》卷一百六十七："江应晓字觉卿，歙人。入成均，就判涪州。耽吟咏，厌苦簿书。归，就驻跸山麓筑室，博览群籍。所著有《对问编》《罴罴集》，学者称'山城先生'。"

典籍三易

古今典籍凡三易，周秦而上竹简，汉唐纸录，五代而后板摹矣。亦有未尽了者，伏生口授《尚书》，书之竹简矣。王褒书削代牍，迨汉宣时犹然。杨子云仕成哀间，去宣帝才间世耳。刘歆见《太玄》，曰恐后人覆瓿，有纸矣。据《东汉书》，蔡伦为和帝宦官，始以树肤麻头之属作纸，则纸非成哀时有也。瓿果何覆耶？王仲任后子云百年，生与伦同时，比著《论衡》日，尚户牖间置刀笔，岂伦制未广耶？或谓伦前以缣为纸，然缣贵重，贫士不多得，子云所书，刘歆所覆，果是物耶？或者用蒲写书，则路温舒截蒲是也。蒲可覆瓿乎？冯道雕印《九经》，毋昭裔版镂《文选》，世谓摹板自五代始。然柳玭，唐昭宗时人，自云阅蜀四书，率雕印，则不始于五代也。《隋书》文帝敕，废像遗经，悉令雕撰，又不始于唐也。审尔苏子瞻去隋五百年矣，仍见先辈手抄《史记》《汉书》，岂雕撰未广耶？大都愈便愈烦，愈烦愈敝。如《尚书》古文得之壁中，向非竹策，不与坑灰同冷乎？唐人艰于手录，以故诵读既精，校勘亦审。宋世摹板大行，而学究束书高阁，雕撰日夥矣。简便之敝若此（《对问编》卷三，《存目》子部第104册，第26页）

扬子云

扬子云覃思群典，潜心庶汇，乃摅其所长，实从其所好也。迨其老也，则谓雕虫小技，壮夫不为，寻复悔之，岂其本心哉。三世不徙，有激而言也。《解嘲》《解难》，志意见矣。非要好于后世子云也，顾后世自有若人耳。尝笑刘歆同子云给事黄门，且子棻受学奇字，知非不素也，至诮其覆瓿。严光非有一接之欢，推其书在老聃上。甚矣，君子贵知言也。光惟知言，故风节为东汉最，迄今尚激顽起懦。歆惟不知，卒献赋以成莽逆，于今羞称之。光之言曰："凡人贱近贵远，子云禄位容貌不能动人，故轻其书。"乃今古达病也。光其免夫。世谓扬子云为书痴，皇甫士安为书淫。子云之草《玄》也，或嘲其尚白则《解难》。士安以著述为务，自号玄晏，或劝其广交，则论《守玄》。或劝之应辟，则论《释劝》。不谓之痴、淫不可也。及子云卒，而《法言》《太玄》大行，士安没而《高士》《列女》等书并传于世，非痴、淫之绩乎？晋之有吴也，杜武库之功居多。《左传》癖何负于人国哉。（《对问编》卷六，第54—55页）

［按］据《汉书·扬雄传》，"严光"应作"严尤"，盖形近而讹。又所引严尤语，实为桓谭语，盖江氏误记也。

徐　𤊹（1570—1645）

《四库全书总目》卷六十二："𤊹初字惟起，更字兴公，闽县人。聚书数万卷，并手自丹黄。以博洽名一时，竟终于布衣。"

奇　字

《汉书》云："刘棻从扬雄学作奇字。"而雄素贫嗜酒，时有好事者

载酒从游，则载酒学奇字，奇字乃大篆也。六书，一曰古文，二曰奇字，三曰篆书，四曰佐书，五曰缪篆，六曰鸟书，非奇僻之字也明矣。（《笔精》卷六，福建人民出版社 1997 年版，第 228 页）

钟　惺（1574- 1625）

《明史》卷二百八十八："惺，字伯敬，竟陵人。万历三十八年进士。……惺貌寝，羸不胜衣，为人严冷，不喜接俗客，由此得谢人事。官南都，僦秦淮水阁读史，恒至丙夜，有所见即笔之，名曰《史怀》。晚逃于禅以卒。自宏道矫王、李诗之弊，倡以清真，惺复矫其弊，变而为幽深孤峭。与同里谭元春评选唐人之诗为《唐诗归》，又评选隋以前诗为《古诗归》。钟、谭之名满天下，谓之'竟陵体'。然两人学不甚富，其识解多僻，大为通人所讥。"

扬雄传

子云《反离骚》，自是深好屈原而悲其遇，恨不能设身处地，告以自全之道，故为此无可奈何之事，与《广骚》同意。俗儒纷纷作异同之辨，痴甚矣。自岷江投诸江流以吊屈原，是何等异想。有此胸中方可谕骚雅，非异人真有性情者，乌能知之？

作文章以求名于后世，是极危不可必之事。读桓谭"凡人贱近贵远，亲见扬子云禄位容貌不能动人，故轻其书"数语，为千古著作人寒心。雄《解嘲》篇云："深者入黄泉，高者出苍天。大者含元气，细者入无伦。"四句极力写出《太玄》之妙，知后人决不能看到此，故代言之，此作者苦心也。然文章之传，传于精神。精神者，诚也。雄之传，盖精神为之。于何处得其精神，寂寞清净是也。（《史怀》卷十二，《存目》史部第 287 册，第 540 页）

张 燮（1574- 1640）

《闽中理学渊源考》卷八十三："张燮字绍和，廷榜之子，万历甲午举人。聪明敏慧，博极群书。结社芝山之麓，与蒋孟育、高克正、林茂桂、王志远、郑怀魁、陈翼飞称七才子，与黄道周尤称交好，道周尝云文章不如张燮。一时远近巨公，咸造庐式访。校书万石，山中刻有《七十二家文选》行世。"

扬子云

扬子探微言，甘心栖寂寞。时出《解嘲》篇，任多问奇酌。雕虫薄不为，吐凤雅有作。未借来祀传，吾玄亮可托。（《霏云居集》卷二，《张燮集》第1册，中华书局2015年版，第32页）

扬子云玄亭

凤吐五千文，问奇纷载酒。千金求署名，主人但摇手。（《群玉楼集》卷二十七，《张燮集》第3册，中华书局2015年版，第528页）

重纂扬侍郎集题辞

子云赋祖长卿，当时称其文似，其曰："子虚似不从人间来，神化所至。"盖自况也。夫《玄》之拟《易》也，《法言》之拟《论语》也，《方言》之拟《尔雅》也，古今不无异同。至赋手文锋，未有不心折之者。老而自厌，乃更目为雕虫。譬之怀间盈尺，自以为非宝，而别求文鮿之孕，过矣，过矣。子云当汉之季，《甘泉》《河东》《长杨》《羽猎》，动存规讽，不虑忤时。比在"紫色蛙声"之朝，翻传《美新》，自贻伊哂，岂众嘲难解，佹托龙蛇，时提醒反骚意耶。班氏《扬雄传》，是述雄自序之文。故后来行径尚未终局，班氏于赞补发之。颜师古《汉书》

注甚明，后人误以为史笔，故集俱不载。今为拈出，三复诸篇，而后信动人者，终不在禄位容貌也。（《群玉楼集》卷八十，《张燮集》第4册，第1341页）

朱荃宰（？－1643）

《（乾隆）黄州府志》卷一一："朱荃宰，字咸一，崇祯己卯辟举，授武康知县，以最召赴京，道卒。著《大学权衡》《中庸权衡》《周易内外图说》《礼记会通》《毛诗类考》《孟子年表》《文通》《诗通》《词通》《曲通》《乐通》诸书，曾经奏御，发礼部颁行。"

符　命

《春秋演孔图》曰：天子皆五帝之精宝，各有题序，以次运相据，起，必有神灵符纪，使开阶立遂。

《春秋潜潭巴》曰：里社鸣，此里有圣人出，其呴则百姓归之。

徐伯鲁曰：符命者，称述帝王受命之符也。夫帝王之兴，固有天命，而所谓天命者，实不在乎祥瑞图谶之间。故大电、大虹、白狼、白鱼之属，不见于经，而见于史，史其可尽信邪？后世不察其伪，一闻怪诞，遂以为符，而封禅以答之，亦惑之甚也。自其说昉于管仲，其事行于始皇，其文肇于相如，而千载之惑，胶固而不可破。于是扬雄《美新》、班固《典引》、邯郸淳《受命述》，相继而作，而《文选》遂立"符命"一类以列之。夫《美新》之文，遗秽万世，淳亦次之，固不足道；而马、班所作，君子亦无取焉。唯柳氏《贞符》以仁立说，颇协于理，然苏长公犹以为非，则知斯文不作可也。驰骋文艺者，当知所惩戒，庶不蹈刘勰"劳深绩寡"之诮云。（《文通》卷十一，《存目》集部第418册，第497页）

连　珠

《雕龙》曰：扬雄覃思文阁，业深综述，碎文琐语，肇为连珠。其辞虽小而明润矣。拟者间出，杜笃、贾逵之曹，刘珍、潘勖之辈，欲穿明珠，多贯鱼目，可谓寿陵匍匐，非复邯郸之步，里丑捧心，不关西施之颦矣。唯士衡运思，理新文敏，而裁章置句，广于旧篇，岂慕珠仲四寸之珰乎。夫文小易周，思闲可赡，足使义明而词净，事圆而音泽，磊磊自转，可称珠耳。

傅玄曰：其文辞丽而言约，不指说事情，必假喻以达其旨，而贤者微悟，合于古诗讽兴之义，欲使历历如贯珠易睹而可悦，故谓之连珠也。沈约曰：连珠放《易》象《论》，动模经诰。连珠者，谓辞句连续，互相发明，若珠之排结也。班固谕美词壮，文体宏丽，最得其体。蔡邕言质辞碎，然其旨笃矣。贾达儒而不艳，傅毅文而不典。

按，西汉扬雄，已有《连珠》，班固《拟连珠》，非始于固也。嗣后潘勖《拟连珠》，魏王粲有《仿连珠》，晋陆机有《演连珠》，宋颜延之有《范连珠》，齐王俭有《畅连珠》，梁刘孝仪《探物作艳体连珠》，傅玄乃云“兴于汉章之世”，误矣。（《文通》卷十一，第500页）

解

《解嘲》，扬雄作。解者，释也。解释结滞，征事以对，因人有疑而解释之也。其文以辨释疑惑，解剥纷难为主，与论说议辨盖相通焉。其题曰解某、曰某解，则为其命之而已。雄文虽谐谑回环，见讥正士，而其词颇工。此外又有字解，则别从名字说类。（《文通》卷十一，第501页）

箴

箴，汉扬雄依《虞箴》作《十二州、二十五官箴》。箴者，规戒以御过也。义尚切劘，文须确至。陆士衡《文赋》曰：“箴顿挫而清壮。”

箴者，所以攻疾防患，喻针石也。斯文之兴，盛于三代。夏、商二箴，余句颇存。及周之辛甲《百官箴》一篇，义体备焉。迄至春秋，微而未绝。故魏绛讽君于后羿，楚子训民于“在勤”。战代已来，弃德务功，铭辞代兴，箴文委绝。至扬雄稽古，始范《虞箴》，卿尹、州牧廿五篇。及崔、胡补缀，总称《百官》，指事配位，鞶鉴可征，信所谓追清风于前古，攀辛甲于后代也。至于潘勖《符节》，要而失浅；温峤《傅臣》，博而患繁；王济《国子》，引广事杂；潘尼《乘舆》，义正体芜：凡斯继作，鲜有克衷。至于王朗《杂箴》，乃置巾、履，得其戒慎，而失其所施。观其约文举要，宪章戒铭，而水火井灶，繁辞不已，志有偏也。夫箴颂于官，铭题于器，名目虽异，而警戒实同。箴全御过，故文资确切；铭兼褒赞，故体贵弘润。其取事也必核以辨，其摛文也必简而深，此其大要也。然矢言之道盖阙，庸器之制久沦，所以箴铭异用，罕施于代。惟秉文君子，宜酌其远大焉。

“箴者，诫也。”盖医者以箴石刺病，故有所讽刺而救其失，后之作者，亦用以自箴。其品有二：曰官箴，曰私箴。文用韵语，而反复古今兴衰理乱之变以垂警戒，使人惕然有不自宁之心耳。（《文通》卷十二，第 513 页）

曹学佺（1574- 1646）

《明史》卷二百八十八：“曹学佺，字能始，侯官人。弱冠举万历二十三年进士，授户部主事。中察典，调南京添注大理左寺正。居冗散七年，肆力于学。……家居二十年，著书所居石仓园中，为《石仓十二代诗选》，盛行于世。”

阅蜀通鉴因作怀古诗六首（其一）

秦亡如约入关中，天汉高名属沛公。歌舞不离渝水上，云山偏向渭陵东。文翁倡学风犹在，武帝开边事已终。千古美新冤不白，浪传投阁是扬雄。（《石仓诗稿》卷二十，《禁毁》集部第143册，第413页）

扬雄草玄堂

成都子云宅，寂寞草《玄》时。《玄》成待后世，后世无人知。雕虫君所薄，何事动深悲。（《石仓诗稿》卷二十，第415页）

扬子法言十三卷

晁氏曰：汉扬雄撰，晋祠部郎中李轨注。雄好古学，见诸子各以其知舛驳，不与圣人同，是非颇谬于经，故人时有问雄者，常用法言应之。撰此以象《论语》，号曰《法言》。每篇复为序赞，以发其大意。然雄之学自得者少，其言务拟圣人，靳靳然若影之守形，既鲜所发明，又往往违其本指，正古人所谓画者谨毛而失貌者也。（《蜀中广记》卷九十四，《四库》第592册，第525页）

殊言十五卷

《宋·经籍志》作"《方言》十四卷"。雄《答刘歆书》："又敕以《殊言》十五卷，君何由知之？谨归诚底里，不敢违信。雄少不师章句，亦于五经之训所不解。常闻先代輶轩之使奏籍之书，皆藏于周秦之室。及其破也，遗弃无见之者。独蜀郡有严君平，临邛林闾翁孺者，深好训

诂，犹见輶轩之使所奏言。翁孺与雄外家牵连之亲，又君平过误，有以私遇少而与雄也。君平财有千言耳，翁孺梗概之法略有。翁孺往数岁死，妇蜀郡掌氏子，无子而去。而雄始能草文，先作《县邸铭》《玉珥颂》《阶闼铭》及《成都城四隅铭》。蜀人有杨庄者为郎，诵之于成帝，成帝好之，以为似相如，雄遂以此得外见。此数者，皆都水君常见，故不复奏。雄为郎之岁，自奏少不得学，而心好沈博绝丽之文，愿不受三岁之奉，且休脱直事之繇，得肆心广意以自克就。有诏不可夺奉，令尚书赐笔墨钱六万，得观书于石渠。如是后一岁，作《绣补》《灵节》《龙骨》之铭诗三章。成帝好之，遂得尽意。故天下上计孝廉，及内郡卫率会者，雄常把三寸弱翰，赍油素四尺以问其异语，归即以铅摘次之于椠，二十七岁于今矣。而语言或交错相反复，方论思详悉集之，燕其疑。张伯松不好雄赋颂之文，然亦有以奇之，常为雄道，言其父及其先君喜典训，属雄以此篇目颇示其成者。伯松曰："是县诸日月不刊之书也。"又言："恐雄为《太玄经》由坻之与牛场也，如其用，则实五稼、饱邦民，否则为抵粪弃之于道矣。"而雄献之。伯松与雄独何德慧，而君与雄独何谮隙，而当匿乎？其不劳戎马高车，令人君坐帏幙之中，知绝遐异俗之语，典流于昆嗣，言列于汉籍，诚雄心之所志极，至精之所想遘也。仗圣朝远照之明，使君求此契君之意，诚雄散之会也。死之日，则今之荣也。不敢有贰，不敢有爱。少而不以行立于乡里，长而不以功显于县官者，训此于帝籍，但言词情览，翰墨为士，诚欲崇而就之，不可以遗，不可以忘。即君必欲胁之以威，陵之以武，欲令入之于此，此又未定，未可以见。今君又终之，则缢死以从命也。且宽假延期，必不敢有爱。雄之所为，得使君辅贡于明朝，则雄无恨，何敢有匿？唯执事图之，谨因还使，雄叩头叩头。（《蜀中广记》卷九十四，第525—527页）

［按］扬雄《答刘歆书》见于《方言》《古文苑》《艺文类聚》等，《蜀中广记》所录，与诸本基本相同，然亦偶有异文，如"有诏不可夺奉"，或作"有诏可不夺奉"等。

太玄经三卷

《汉书》扬雄作《太玄》，覃思浑天，参摹而四分之，极于八十一，旁则三摹九据，极之七百二十九赞，亦自然之道也。故观《易》者，见其卦而名之；观《玄》者，数其画而定之。《玄》首四重者，非卦也，数也。其用自天元推一夜阴阳数度律历之纪，九九大运，与天终始。故《玄》三方九州二十七部八十一家二百四十三表七百二十九赞，分为三卷。卷首有陆绩《述玄》一篇。（《蜀中广记》卷九十四，第527页）

太玄指归

三国涪人李譔著。爵里见前。北齐司马膺之好读《太玄经》，注扬雄《蜀都赋》，每云“我欲与扬子云周旋”。（《蜀中广记》卷九十四，第527页）

太玄发隐三篇

巽岩李氏曰：章詧撰。詧有《太玄讲疏》四十九卷，其说甚备。《发隐》之作，盖在讲疏以前。（《蜀中广记》卷九十四，第527页）

章氏太玄经注十四卷讲疏三十卷

《东坡志林》云：詧本闽人迁于蜀者，数世遂为成都人。博通五经，尤长《易》与《太玄》。王素、赵抃守蜀，皆宾礼之。赐号“冲退处士”，素所请也。詧将死，其乡人梦詧以小童自随，投谒告别曰：“此间嚣尘，非修行地，吾归阆苑矣。”詧盖明术数得道者云。（《蜀中广记》卷九十四，第527页）

太玄经疏十八卷

晁氏曰：郭元亨撰。元亨谓雄之作《玄》传于侯芭，后独有张衡、桓谭、张华见而称叹，吴郡邹伯岐求本不能得，宋衷为训，陆绩为解，范叔明、王涯亦注之，皆未明白。元亨在蜀，自淳化末迄于祥符八年，仅三十年撰成。今疏又云：《太玄》润色于君平，未知何所据而然。孙明复曰：扬子云《太玄》非准《易》，乃明天人始终之理，君臣上下之分，盖疾莽而作也。桓谭曰：是书也，可与大《易》准。班固曰：经莫大于《易》，故作《太玄》。使子云被僭经之名，二子之过也。出《丹铅录》。（《蜀中广记》卷九十四，第 527—528 页）

王长文通玄经四卷

《晋书》：长文字德叡，广汉郪人。著书四卷，拟《易》，名曰《通玄经》，有《文言》《卦象》可用卜筮，时人比之《太玄》。同郡马秀曰：扬雄作《太玄》，惟桓谭以为必传，后世晚遭陆绩，《玄》道遂名。长文《通玄经》，未遭公纪君山耳。（《蜀中广记》卷九十四，第 528 页）

陈渐演玄十五篇

《宋史》：渐字鸿渐，尧佐从子也。少以文学知名，淳化中与其父尧封皆以进士试廷中，擢第不就，愿让其父，太宗许之。好《太玄经》，著书十五篇，号《演玄》。（《蜀中广记》卷九十四，第 528 页）

潜　虚

司马光著。自序曰：《玄》以准《易》，《虚》以拟《玄》，《玄》且覆瓿，而况《虚》乎？其弃必矣。然子云曰“后世复有扬子云，必知

《玄》”。吾于子云，虽未能知固好之矣，安知后世复无司马君实乎？（《蜀中广记》卷九十四，第528页）

姚希孟（1579—1636）

《明史》卷二百十六：“姚希孟，字孟长，吴县人。生十月而孤，母文氏励志鞠之。稍长，与舅文震孟同学，并负时名。举万历四十七年进士，改庶吉士。”

读扬子法言

子云之辞多艰窒，非好为艰窒也，以文其不足也。凡坚其膜挫其响而后出之者，理将枯矣。潆潏如庄，枭杰如管，劖镂如韩非，析之砉如也，味之蠹如也。《盘庚》《大诰》诸篇，匪不聱牙棘喉，然其思深而会文绵邈，若夫褒衣所习谈，弱觚所习摘，而务为巅谲激壮，以取新而角奇。文章之道，从此卑矣。《法言》十卷，其瑰词精义可缕而数也。周羊秦狼，方斧方肉之类，质言如此，乌得不文以艰窒哉。子云，浅人也，而附于儒。十篇之乱，归美汉公，千载而下，当以《玄》文掩面，尚哆言渊骞矣。异哉！今日何读其书者之多也。丁卯六月三日书。（《松瘿集》卷一杂著，《禁毁》集部第179册，第222—223页）

钱谦益（1582—1664）

《清史稿》卷四百八十四：“钱谦益，字受之，常熟人。明万历中进士，授编修。博学工词章，名隶东林党。……谦益为文博赡，谙悉朝

典，诗尤擅其胜。明季王、李号称复古，文体日下，谦益起而力振之。家富藏书，晚岁绛云楼火，惟一佛像不烬，遂归心释教，著《楞严经蒙钞》。其自为诗文，曰《牧斋集》，曰《初学集》《有学集》。”

复吴江潘力田书（节录）

少年时，观刘子骏与扬子云书，从取《方书》入录，贡之县官，而子云答书曰：“君不欲胁之以威，凌之以武，则缢死以从命。”私心窃怪其过当。由今言之，古人矜重著作，不受要迫，可谓子云老不晓事哉！（《牧斋有学集》卷三十九，《续修》第1391册，第395页）

跋方言

余旧藏子云《方言》，正是此本，而纸墨尤精好。纸皆是南宋枢府诸公交承启札，翰墨灿然，于今思之，更有东京梦华之感。（《牧斋有学集》卷四十六，第448页）

跋扬子法言

宋御府刻扬子《法言》，卷末署名韩琦、曾公亮在中书，欧阳修、赵概在政府。以编年考之，韩、曾并以嘉祐二年拜昭文集贤相，治平元年闰五月，韩自门下侍郎兼兵部尚书同平章事、昭文馆大学士、魏国公加尚书右仆射；曾加中书侍郎；《欧阳公年谱》治平元年二月自金紫光禄大夫行尚书户部侍郎、参知政事，特授行尚书吏部侍郎；赵升授亦同。观四公署衔，则知此书之刻正在治平元二间，亦必在元年闰月已后，二年十月已前。先此，则韩公未加仆射；后此，则二年十一月欧公又进加光禄大夫兼上柱国，不如此结衔矣。有宋隆平盛际，群贤当国，人文化成，于此可以想见。靖康板荡，图籍北迁，此本尚留传人间，真希世之宝也。为泫肰涕流者久之。（《牧斋有学集》卷四十六，第448—

449页）

［按］钱氏据官员题衔考证刻书时间，良是。余曾撰《宋刊典籍中所见题衔考略》（载《文献》2019年第2期），亦据题衔考证《法言》刊刻时间，自以为独得之见。今观钱氏跋语，始知余所言者，古人早已先我而言之矣。

孙奇逢（1584-1675）

《清史稿》卷四百八十："孙奇逢，字启泰，又字钟元，容城人。少倜傥，好奇节，而内行笃修。负经世之学，欲以功业自著。年十七，举明万历二十八年顺天乡试。……奇逢之学，原本象山、阳明，以慎独为宗，以体认天理为要，以日用伦常为实际。其治身务自刻厉。人无贤愚，苟问学，必开以性之所近，使自力于庸行。其与人无町畦，虽武夫捍卒、野夫牧竖，必以诚意接之。用此名在天下而人无忌嫉。著《读易大旨》五卷。"

知己说

仆平生鲜嗜好，独以性命托友朋，是所乐也。然闻虞翻之言"一人知己足不恨"，窃疑之。又闻史迁"交游莫救，视左右亲近不为一言"，愈疑之。宇宙寥阔，岂遂乏人？而两人者，皆倜傥非常之士，知己之难何至如此！静言思之，我智自不敢望愚者之知，我贤自不敢望不肖者之知，我圣自不敢望贤智者之知。春秋之时，更无两孔子，故曰："莫我知也夫。""知我者其天乎"！扬子云一词章之士，且以待之后世必有知子云者，又何怪乎虞翻、史迁之言也。（《夏峰先生集》卷八，中华书局2004年版，第302页）

语诸子

士为知己用，为知己死，此最有肝胆之人。吾独惜以一片肝胆误投于匪人，却深为千古诟病。汉史称杜钦深博有谋，优游不仕，以寿终。钦何求于大将军凤，乃阴为王氏取汉，不过感王氏之知己，而甘以其身为桀犬耳。若郄超者，更苦矣。为桓氏谋主，以父愔忠于王室，不令之知至不爱其身以报所知，不爱其名以报所生，此岂庸流。惜不知学，遂至比匪。古今影样，不可尽述。卓中郎、莽大夫尚不自惜，而况其下焉者乎。（《孙征君日谱录存》卷十二，《续修》第558册，第819页）

所贵乎学者*

所贵乎学者，立身固不宜苟，立言亦不宜苟。特立独行，足以洗濯污习，即语言文字未必尽传，亦复何恨。苟一篇撰述得罪名教，著述充栋，将焉用之。后世之所以薄扬子云者，以其献《美新》之文也。（《孙征君日谱录存》卷二十二，《续修》第559册，第188页）

陈龙正（1585- 1645）

《明史》卷二百五十八："陈龙正，字惕龙，嘉善人。父于王，福建按察使。龙正游高攀龙门。崇祯七年成进士，授中书舍人。"

朱文公最重忠义

忠义二字，至朱文公始大著。孔子虽有求生害仁之戒，然仁比干，亦仁微、箕，仁孤竹，又仁管仲。同异低昂之间，浅学者莫测其微权，而顾借口明哲也。扬子云恬淡深沉，类有道者，然大节已夺，余不足观。程子谓其出处之际难言，犹有为贤者讳之意。文公独反积案，表章汨罗，严诛投阁，至抉其《反离骚》之心事在讪前哲以自文，则彼著书立言，皆有可诛之心，然后天下万世知失节忘君者，虽平生高致绝伦，词章莫得而盖也。或疑文公注释《楚辞》，逐末已甚。嗟乎，岂知屈、扬一案，固援千秋以感慨当代，激扬后禩乎！（《幾亭外书》卷二，《续修》第1133册，第287页）

黄道周（1585- 1646）

《明史》卷二百五十五："黄道周，字幼平，漳浦人。天启二年进士。改庶吉士，授编修，为经筵展书官。……道周学贯古今，所至学者云集。铜山在孤岛中，有石室，道周自幼坐卧其中，故学者称为石斋先生。精天文历数皇极诸书。所著《易象正》《三易洞玑》及《太函经》，学者穷年不能通其说，而道周用以推验治乱。"

扬子云不读书*

唐伯玉因问：人生世上，总有贫富、贵贱、死生三端不能自主，执而较之，富贵可割，生死难齐。有一等人始念只是怕死，后来流为贪著富贵，如李斯辈是。又一等人贪著富贵，到底要死亦无富贵，如扬雄辈是。千载下知羞李斯，反为扬雄回护，何故？

某云：李斯初念亦不是怕死，扬雄初念亦不是贪著富贵，只是不曾读书。

伯玉云：李斯学于荀卿，扬雄友于仲元，如何不曾读书？

某云：两公说性字不明，便无读书资质，所以流浪渐与仁远。焦漪园诸公极与扬雄开脱，正如德祖所云"老不晓事耳"。汉家有两人怕死，

流为贪著富贵，如马融就聘于邓骘，中郎应召于董公。两人皆颇知学，但未尝在仁字站足。宋家有两人贪著富贵，流为怕死。如王子明以天书固相死请为僧，张天觉力诋温公，舍家奉佛。此两人亦颇知学，却未尝在仁字问途。如识仁者，中间岂有欲恶取舍，岂有富贵贫贱，岂有终食造次巅沛。故说必于是。是者与仁同骨，不与仁同髓。如说必于仁者，犹于是处看不通透也。（《榕坛问业》卷七，《四库》第717册，第346页）

答许尔翼问*

许尔翼问：蔡氏《皇极内篇》与《太玄》《潜虚》孰为优劣？

某云：《太玄》如《左氏》，《潜虚》如《公羊》，《皇极》如《穀梁》。《左氏》博深，岂复《公》《穀》可及？然以揆于《春秋》，亦犹云甥之于外祖矣。

尔翼云：王通续经，与扬雄拟《易》均之僭妄，其罪孰为轩轾？

某云：河汾夫子，当无王之时，有德无位，作为《元经》以绍绝统，始于金墉之年，卒于陈亡之岁，上稽天道，下应德符，何过之有？循环中论，言简而精，意博而达。桓生之叹《法言》，君实之服尧夫，仲尼而降，何可多匹乎？

尔翼又云：或谓河汾牵引王魏，疑是后嗣之书，窃比仲尼，犹有优孟之意。

某云：孟轲自学孔子，后世共宗。仲淹私淑仲尼，何遽为僭乎？如使王、扬并辜，则柳下、西山难与元圣同辈，冉求、季路不在俎豆之班矣。后人读书，更有何用。（《榕坛问业》卷十二，第432页）

董斯张（1586- 1628）

《（乾隆）乌程县志》卷六："董斯张字遐周，份孙，少负隽才，善病，喀喀呕血，犹伏床枕书，年未四十卒。"

拟　经*

扬雄七十三岁拟经。

扬信字子乌，雄第二子。幼而聪慧，雄著《玄》经不会，子乌令作九数而复之。雄又拟《易》羝羊触藩，弥日不就。子乌曰：大人何不云荷戟入榛。（出《刘向别传》，《广博物志》卷二十六，《四库》第981册，第25页）

怨家增益法言*

扬子云恬淡寡营，以卖文自赡，文不虚美，人多恶之。及卒，怨家取《法言》，援笔益之曰"周公以来，未有汉公之懿也。勤劳则过于阿衡"云云，缮写多行于世，至今无有白其心迹者。（《广博物志》卷二十九，第73页）

逯中立（1589进士）

《明史》卷二百三十："逯中立，字与权，聊城人。万历十七年进士。由行人擢吏科给事中。遇事敢言。……贬中立陕西按察司知事。引疾归，家居二十年卒。熹宗时，赠光禄少卿。"

复卦札记（节录）

卦气起《中孚》，故《离》《坎》《震》《兑》各主一方，其余六十卦，卦有六爻，爻主一日，凡主三百六十日，余五日四分日之一。每日分为八十分，五日分为四百分。四分日之一又为二十分，是四百二十分。六十卦分之，六七四十二，卦别各得七分，是每卦得六日七分。举成数言之，故曰七日。此《易纬》之说也，扬雄祖之以作《玄》，特极阴阳之数。故张衡曰："《玄》四百岁其兴乎，竭已精思以揆其义，更使人难论阴阳之事。"（《周易札记》卷一，《四库》第34册，第25页）

祁光宗（？－1630）

《（民国）滑县县志》卷六："祁公名光宗，字伯裕，别号念东，滑县人。晚避庙讳，遂以伯裕字行。……年未弱冠，淹通经史，为名诸生。而性好诗赋古文辞，尤工书法。时邑令为钟龙源先生，负人文鉴，独奇公，戊子荐乡书，丁两尊人艰，戊戌成进士。……平生著述多不存，稿仅有《余清馆诗》《甘肃奏议》《陵墓记》《明文存雅》数种藏于家。"

扬雄墓

扬子云仕王莽，剧秦美新，贻讥千古。及死，乃有负土作坟若侯巴者，冢号曰"玄冢"，今犹存，在咸阳东北安陵阪上。（《关中陵墓志》，《续修》第720册，第23页）

茅元仪（1594- 1640）

《（光绪）归安县志》卷三十六："茅元仪，字止生，号石民，归安人，国缙子。少孤，雄杰异常儿……元仪自负经奇，恃气凌人，诗文才气蠭涌，摇笔千言立就，而志之所存，在乎筹进，取论匡复，画地聚米，决策制胜，有《石民四十集》。"

扬雄未作符命*

读书不详，古人通病，故建论弹驳，互争甲乙，俱在梦寐。如疑狱翻案，虽屡经谳决，生死殊轨，然皆不察初情，徒滋口舌。如扬子云之符命，亦一事也。子云符命，后世以此讥之，至宋儒直称为莽大夫。为之颂不平者，言亦累累，然亦尝察其初乎。国史曰："初，王莽既以符命自立，及即位，欲绝其源，以神前事。而刘歆子棻复献之。莽怒投棻四裔，词连及雄。雄方校书天禄阁，治狱使者来，收雄。雄惧不得脱，乃从阁上自投下，几死。请其故，则棻尝从雄学作奇字也。有诏勿问。京师为之语曰：'惟寂寞，自投阁；爰清静，作符命。'"如此，则作符命者刘棻也。棻不过从雄学作奇字耳，雄未尝与符命之事也。故罗织如莽，置之勿问。其谓雄作符命者，一时讹传轻薄之语，乃不此之论，而至被讥，疑无扬子云，何其读书不详也。（《野航史话》卷一，《续修》第1133册，第567页）

谈　迁（1594- 1657）

《清史稿》卷五百一："谈迁，字孺木，原名以训，海宁人。……迁肆力经史百家言，尤注心于明朝典故。……访崇祯十七年邸报，补其缺文，成书，名曰《国榷》。"

谷子云作美新*

谈迁曰：扬雄仕莽，作符命投阁，年七十一，天凤五年卒。按桓谭《新语》云："雄作《甘泉赋》一首，梦肠出，收而内之。明日遂卒。"而祠甘泉在永始四年，雄卒去莽篡尚远。《剧秦美新》，或出谷子云，非雄也。（《国榷》卷十，中华书局1958年版，第765页）

宋世士风*

谈迁曰：忠逆本于士心，即教官何能为。宋士习坏于王介甫新说。今士习之坏，自晋江李贽始。相矜以权术，目坑焚为救时，诋濂洛为积腐，宜扬雄、冯道之流，踵接于世也。（《国榷》卷一百，第6023页）

王道书壁杂帖

顺渠子曰："吾于古人有四恨焉。孔子曾见老子，而孟子不得见庄子，此一恨也。孟子得见子思子，而荀卿不及见孟子，又从而非之，此二恨也。扬子云与郑子真、严君平同时同处，且知二人之贤，而不能相随以隐，此三恨也。二程亲见康节，而不能传其先天之学，此四恨也。宇宙间有此四大欠事，而古今人皆未尝说破，若以为当然者，然此又恨外之一端也。"（《枣林杂俎·圣集》，《续修》第11334册，第834页）

郑　朴（?）

［按］郑朴，或又作"郑璞"，除刊刻《扬子云集》外，还曾重刊吕大临《别本博古图》十卷。其余事迹，皆不可考。《扬子云集原序》末题"万历乙

未九月”，知刊刻于万历二十三年（1595），故系于此。

扬子云集原序

郑朴曰：呜呼，自莽大夫之言信，而子云罪案不可解矣。迩者解以泰和胡正甫，阐以秣陵焦弱侯，投阁之悲，美新之诟，一一经湔祓，便成名儒，此余汇集意也。

客有献疑者曰：请征之班固与颜之推。固《典引》云扬雄《美新》典而无实，之推《文章篇》云《剧秦美新》妄投于阁。二子去雄未远，宁俟宋乎？余曰：固也，夫正甫之证子云也，以其仕与殁之年季且相左，他可知耳。而更例以宰我、子贡，则论人于史者之衡也。其有浮马，千里一士，有如比肩，《春秋》传信法亦传疑。居子云于疑，而存秦汉以来一有行之文人，抗节之伟者，客过信邪？过疑耶？子云尝耻雕虫矣，故去而为《法》《玄》，为《训纂》。学士大夫轶所称雕虫而上之，凡几唾其疑与信半之事，而醜然逊其不必置疑之文。夷考其行，或将忍剧汉与？又奚但剧也。故子云之可传，不必以美新投阁掩也，而矧其诋马者乎？此余汇集意也。若其拟《论》拟《易》之非僭也，拟者不僭，僭者不拟，犹列眉然，不具论，论其世如此。万历乙未九月朔。（《扬子云集》卷首，《四库》第1063册，第3—4页）

戴 锦（?）

《（嘉靖）天长县志》卷四：“戴锦字伯絅，号絅庵，四川长寿人，举进士，为户部主事。以事与中贵人相诘，罢官，贫不能归，郝侯延至授诸生学。锦行方辞厉，足迹未尝轻至公门。锦初姓卢，归复本姓。”

扬 雄

雄谓“藏心于渊”，噫，心藏矣，而身独不藏乎？食新禄而投阁，心果不在于身乎？莽之篡，其来也渐矣，曾不以《太玄》卜之，而择夫闃乎不可见者藏之，誓不使莽涎垂鼎而污我之檠乎？然禄薄而官也，累岁不迁，殆以贫故，至祸已迫而不能去乎？论其世，文高而行朴，视孟氏焉，醇大而疵小也。议者概以投阁藐之，亦过矣。苟处其地，何如而藏焉曰豫。

云岭矗玉笔，锦江洄练文。山川发灵气，蜀郡生子云。寂寞性所忍，雄谈坐不闻。墨池染奇字，可但书八分。《法言》准《论语》，《太玄》索羲文。始也食汉禄，骎骎近妖氛。天械脱已晚，投阁非其君。愧乏太乙杖，吹嘘纵殲焚。执是论出处，幽兰断奇芬。临风重太息，俗辙何纷纷。（周复俊编《全蜀艺文志》卷十五，《四库》第1381册，第153—154页）

费经虞（1599—1671）

《（康熙）扬州府志》卷二十六：“费经虞，字仲若，新繁人。弱冠肆力经史，崇祯己卯举四川乡试，授昆明令……卒于江都，门人私谥‘孝贞先生’。所著有《毛诗广义》二十卷，《四书字义》一卷，《雅伦》三十卷，《临池懿训》三卷，《注周易参同契》三卷，《古今方书》若干卷。”

格式（节录）

王逸所传《楚词》，本出刘向。晁无咎以不尽古今词赋之美，因录

《续骚》《变骚》二书。自原之后，作者继起，而宋玉、贾谊、司马相如、扬雄为之冠。宋、马辞有余而理不足，长于颂美而短于规过。雄文摹拟掇拾，斧凿呈露。独贾太傅卓然命世，英杰之材，非一时诸人所及。（《雅伦》卷三，《续修》第1697册，第48页）

论扬雄赋*

《甘泉赋》篇中有单句有长句。

《长杨赋》纯用散文，与宋玉赋又不同，中多排也。

《逐贫赋》纯用四言，本于屈宋，柳宗元取为《乞巧文》。（以上俱见《雅伦》卷五，第78—81页）

朱舜水（1600- 1682）

《清史稿》卷五百："朱之瑜，字鲁玙，号舜水，余姚人，寄籍松江。少有志概，九岁丧父，哀毁逾礼。及长，精研六经，特通《毛诗》。……之瑜严毅刚直，动必以礼。平居不苟言笑，唯言及国难，常切齿流涕。鲁王敕书，奉持随身，未尝示人，殁后始出，人皆服其深密谨厚云。著有《文集》二十五卷，《释奠仪注》一卷，《阳九述略》一卷，《安南供役纪事》一卷。"

答桐山知儿书（节录）

汉世学业近古称大儒者，惟董仲舒一人。其余若贾太傅、司马龙门、刘向、扬雄之徒，博雅闳肆，典奥渊深，至矣，极矣，而俱有疵焉。岂非以大儒者，学与德兼焉者！（《朱舜水集》卷五，中华书局1981年版，第87页）

与小宅生顺书（节录）

歌曲传奇，可用方言调侃，记志亦有之。作文不宜用方言奇字，屈平、扬雄，终不得埒于经也。佶屈聱牙，以文其浅陋，岂是大手笔?（《朱舜水集》卷九，第299页）

笔语（节录）

问：蜀汉自古有英杰出焉。扬雄、司马氏鸣汉家，眉山三苏及陆游等鸣宋家，不知今亦有如此人哉?

答：国朝有宰相之子杨升庵讳慎者，探花陈秋涛讳子壮者，或负奇才如子云，或显忠节于胜国，亦自有人。（《朱舜水集》卷二十三，第405页）

批《说苑》十八条（其一）

曾南丰《说苑序》。子政以贵戚之卿，当恭显擅朝播虐，岂容坐视，至乃以枉已诎之，大不然矣。独不曰禹稷颜子易地，则皆然乎?况乎屈平三黜，而君子不非其吁。自沉而死，而君子卒怜其忠。子固是非颇谬，大概可知也矣。无怪乎其登进《剧秦美新》之扬雄而不疑也哉。（《朱舜水集》卷二十四，第522页）

刘世教（1600进士）

《（光绪）嘉兴府志》卷五十七："刘世教字少彝，伉爽不屑屑，溪刻自苦，于书无所不窥，慕义急人难。万历庚子举北闱，选授闽清令，事悉治办。病卒。世教诗极秀出，文仿六朝，兼工行草尺牍，有集十二卷。”

扬子云

子云耽寂寞，雅好属简册。俦侣遍要津，皓首用执戟。献赋希清瞩，为《玄》乃成白。时俗乏远鉴，贤者遭轻斥。其骨一以朽，其言始相惜。（《研宝斋遗稿》卷一，《未收》第6辑第25册，第217页）

宋存标（1601- 1666）

《（嘉庆）松江府志》卷五十六：“宋存标，字子建，华亭人，尧武孙。明崇祯十五年副贡，注选翰林孔目。甲申后，隐居东田。尝作西北祠以祀列代忠烈。生平以扬扢风雅为事，刻几社古文为《壬申文选》。著有《棣萼新词》《国策本论》十六卷。”

扬雄传

西蜀有扬子云，固旷世一士也。默而湛思，非圣哲之书不好。作《太玄》以象《易》，作《州箴》以象《书》，作《训纂》以象《礼》，作《反骚》以象《诗》，作《法言》以象《春秋》，称好古乐道不虚耳。其所著《甘泉》诸赋，蜀波之锦不足为其汗漫，蜀姬之美不足为其艳丽，青泥九折之盘屈不足为其幽绝，金马碧鸡之幻性不足为其变化。以配长卿、子渊，真西蜀三杰哉。而吾独于《剧秦美新》一事，不能无辨。

永始四年，王商秉政，初不与丁、傅同时。课其生年，雄卒丙辰，未尝得事哀帝。《桓君山传》亦载雄作《甘泉赋》一首始成，梦腹出，收而内之，明日遂卒。此在成帝时事耳。王莽篡汉在丁丑二十二年，安

所得校书投阁为者。嵇康传高士，推雄与董仲舒同科，其人品趋向可知矣。若使肯用符命称功颂德，莽必收雄以为人望，又何为官之拓落也。且既欲美新，何不直剧汉而剧秦？君子得时则大行，不得时则龙蛇，遇不遇命也。雄肯为此湛身苟容之事哉？汉有两子云，谷子云最称笔札，计其时，于雄稍后，应是谷子云所作，而大家续书，采撷未精，误谷为扬耳。天下宁有议论学业不诡于圣人而肯为篡贼作符命？又宁有恬于势利而肯署莽大夫？欲以文章成名后世而先作论从谀？就班掾所载，已自抵牾不合矣。刘知几曰：《太玄》深奥，难以探赜。既绝窥窬，故致讥谤。子云之受诬，有自来矣。嗟乎，以雄之才，千古叹服者，止一桓谭。凡人贱近而贵远，禄位容貌其可忽乎哉。（《秋士史疑》卷二，《存目》史部第288册，第297页）

张　溥（1602- 1641）

《明史》卷二百八十八："张溥，字天如，太仓人。伯父辅之，南京工部尚书。溥幼嗜学。所读书必手钞，钞已朗诵一过，即焚之，又钞，如是者六七始已。右手握管处，指掌成茧。冬日手皲，日沃汤数次。后名读书之斋曰'七录'，以此也。……溥诗文敏捷。四方征索者，不起草，对客挥毫，俄顷立就，以故名高一时。卒时，年止四十。"

扬侍郎集题辞

《剧秦美新》，谀文也，后世劝进九锡皆权舆焉。《元后诔》哀思文母，盛誉宰衡，犹然美新，岂有周人申后之思乎？予尝疑子云耆老清净，王莽之世，身向日景，何爱一官，自夺玄守。班史作传，亦未显訾其符命之作。传闻真伪，尚在龙蛇间。或者莽善诳耀，颂功德者遍海内，莫不高三皇魏五帝。子云《美新》犹颇酝藉鲜丑，孟坚读而不怪也。《法言》世贵，《太玄》复显，并辅六经而行。《河东》《甘泉》《长杨》《羽猎》四赋绝伦，自比讽谏，相如不死。《逐贫赋》长于《解嘲》，《释愁》《送穷》，文士调脱，多原于此。《十二州二十五官箴》，《虞书》《鲁颂》之遗也。《酒箴》滑稽，陈遵见而拊掌，宁让淳于髡说酒哉。（张溥萧，殷孟伦注：《汉魏六朝百三家集题辞注》，中华书局 2007 年版，第 30 页）

郑明选（?）

《（光绪）归安县志》卷三十八："郑明选字候升，号春寰，归安人，万历十七年进士，知安仁县……结庐横山之阳，饮酒赋诗以终。"

扬杨一姓

《氏族大全》，扬雄扬字从手，杨修杨字从木。《汉书·扬雄传》云："其先出自有周伯侨者，以支庶初食采晋之扬，因氏焉。扬在河汾之间，周衰而扬氏或称侯，号曰扬侯。"注云："扬，今河东扬县。"雄《反离骚》云："灵宗初谍伯侨兮，流于末之扬侯。"此扬姓从手也。《后汉书·杨修传》，修乃杨震五世孙。《世说》云，修九岁，孔君平诣其父，设杨梅，孔曰"此君家果"，此杨姓从木也。及观《玉海·急就章补注》云，汉有杨敞，亦作扬。汉有扬雄，而杨修答临淄侯笺亦云"修家子云老不晓事"，乃以扬雄为先世。潘岳作《杨荆州肇诔》，云族始伯侨氏，出扬侯，又以伯侨扬侯为肇先世。是皆扬、杨为一姓。《氏族大全》过于分析矣。（《郑侯升集》卷四十，《禁毁》集部第 75 册，第 648 页）

冯 班（1604- 1671）

《清史稿》卷四百八十四："冯班，字定远，常熟人。淹雅善持论，顾性不谐俗。说诗力抵严羽，尤不取江西宗派，出入义山、牧之、飞卿之间。书四体皆精。著《钝吟集》。"

读古浅说（节录）

太史公之于道，吾未之审也，此公自是一代贤者。只不消得开卷便苦口指摘，须不比杨墨，吾于此甚不平。于扬子云只是妒他，如诋词赋为童子之为，亦是妒相如。

扬子云曰："淮南，圣人无取焉。"斯言过矣。刍荛之言，圣人择焉。君子不以人废言，如云"淡泊明志，宁静致远"，斯言也，诸葛孔明尝取之矣。

扬子云引天下之文字归之六经，有功于圣人之门，变于苏氏父子，至近代王弇州、李于鳞而扫地无余矣。

太史公云："诸家言黄帝多不雅驯，缙绅先生难言之。"其不好奇明矣。扬子云不知何见，讥以"好奇"。如子云作《蜀本纪》，其书虽不传，然所言上古蚕丛已来奇事，颇有存于他书者，皆非六艺所述，恐太史公不必信也。《伯夷传》云：学者载籍极博，必取信于六艺。此一言也，郑渔仲、苏子由皆不知。观子由《古史》，直似未尝全读《史记》者，可怪也。

《太史公书》，班固论之极当，其所云抵牾疏漏，注家已详，后人不当洗垢索瘢，更加锻炼，以求其过。然孟坚云"先黄老而后六经"，便是合父子之论而一之。扬子云更不研审，过矣。太史谈在文、景时，故尚黄老；太史迁在武帝时，故重儒：亦随时而已。然子长不为无心于儒学。（以上《钝吟杂录》卷四，中华书局 2013 年版，第 57—69 页）

遗言（节录）

汉初文字驳杂，至扬子云压之以《五经》，驱天下之文，尽归之于孔孟。后之文人不敢乱说，扬子之功也。韩退之、曾南丰皆极重之，是也；儒者颇讥之。吾以为此人有心于圣学，但其人文士，于圣人立身行己之道，讲之不尽，止知“惟寂惟寞”，不汲汲于富贵，便谓了事，此其所短也。比之孟子则过矣；直以为有罪无功，亦未平。

观战国文字，圣人之道绝矣，惟词赋尚有诗人之遗。扬子云云：“童子雕虫篆刻，壮夫不为。”班孟坚则云：“相如之文，与诗人之讽刺不异。”请与知者论之。子云云长卿“文丽用寡”，则是矣；并言贾谊，则甚矣。

儒者以六艺为法，经传以千万数，不如老子之约，司马谈之言也。司马迁之书，继《春秋》而作，子长盖儒者也。子云言之不分别，班固亦然，何也？谈生汉景之世，时尚黄老，故其言如此；子长在武帝时，则不然矣。孔子作世家，老子与韩非同传，列国世家书孔子卒，不“先黄老而后六经”，明甚。（以上《钝吟杂录》卷八，第121—122页）

贺贻孙（1605- 1688）

《清史稿》卷四百八十四：“贺贻孙，字子翼，永新人……著有《易触》《诗触》《诗筏》《骚筏》，又著《水田居激书》。”

扬雄论一

大凡学圣贤之学者，必有豪杰之识，而后可以章志明教于天下。苟无豪杰之识，而徒以语言文辞学圣贤之学，此其人非欺世盗名之小人，

即同流合污之乡愿而已矣。

昔者扬雄作《大玄》以准《易》，作《法言》以准《论语》，岂非以语言文字学圣贤之学者哉。及其作《解嘲》则曰“自守泊如”，而汉史亦言雄清净无为，不汲汲于富贵，不戚戚于贫贱。当王莽时，不得封侯，仅以耆旧为中大夫。又言雄作《法言》，卒章称颂莽德，且作《剧秦美新》之文以颂莽。夫既自守泊如矣，而《剧秦美新》胡为也哉？雄盖无豪杰之识，而欲学圣贤之学者也。学圣贤之学，故自守泊如以养望。无豪杰之识，故《剧秦美新》以取容。然则雄之《剧秦美新》，即其所为自守泊如也。何也？新莽之初，阿附者拔擢矣，忤恨者摧伏矣。雄于此时，将违世独立，如龚胜、陈咸、薛方诸人乎？雄不能也。将佐成篡逆，如甄丰、甄邯诸人乎？雄不忍也。雄之为人，不嗜进，亦不勇退。不争得，亦不乐失。奔竞所嫌也，正直亦非所尚也。奸邪所羞也，忠贞亦非所慕也。故虽不汲汲于富贵而不辞富贵，不戚戚于贫贱而不耽贫贱，不称功颂德于莽未篡之先，而不敢不称功颂德于莽既篡之后。始而三世不徙官，泊如而已，不求徙也。既而以耆旧为中大夫，不得封侯，泊如而已。不求封侯也，终而为《剧秦美新》之文以顺时，泊如而已。不求三公与四转也，彼所谓泊如者，非能贫约以终老也，特异于汲汲戚戚者云尔。汲汲戚戚者，鄙俗之行。不汲汲戚戚者，圣贤之貌也。学圣贤之貌而不至穷约终老者，行已清浊之间，斟酌污隆之际，以为吾既以语言文字学圣贤之学矣，圣贤之学因时通变，圣贤之身丰厚蔼吉。其体好静，不能不借宫室舆马以舒展吾筋骸。其神好恬，不能不借仕宦禄俸以休养吾荣卫。其性情好文采辞赋，不能不借秾郁美好以润泽吾胸臆而秀发吾天怀。于是内度其身，外度其势，欲为伯夷之清，而难其隘；欲为柳下惠之和，而难其不恭；欲为汲黯之方，而难其戆；欲为东方朔之圆，而难其达。不夷不惠，不黯不朔，无可奈何，俯仰浮沉，是则扬雄而已。

嗟夫，古今此辈所以敢于学圣贤，而不敢于为豪杰者，特以圣贤易假，而豪杰难假云尔。不知豪杰既真，则圣贤非假，不能为真豪杰，而欲为假圣贤，分论昭然，安在其能假哉。然则彼所谓自守泊如者，安在

其能自守泊如也。(《水田居文集》卷二,《存目》集部第208册,第56页)

[按] 贺起云:“其词严,其意冷,其辨断步步逼紧,却令假道学置身无地。族孙贺起谨识。”

扬雄论二

苏子瞻鄙扬雄《大玄》为终身雕虫,而张平子独耽好之,谓与《五经》相拟,且以为阴阳之事,汉家得天下二百岁之书。复二百岁,汉其终乎。作者之数,必显一世,汉四百岁,《玄》其兴矣!平子固精于天文,明于历算五行者也。其言岂尽无据?

然吾谓雄之《玄》学未尽精也。使雄果知汉祚之未绝,则必知新莽之无成。夫既仕莽而谀以创亿兆规万世矣,又安能知复二百年汉乃终乎。雄尝惧莽收己,投阁几危。当雄草创《大玄》时,岂不自谓旁烛无疆哉?今既不知莽之无成,又不知己之不死。彼所谓九九大运者,其数已不验于厥躬矣,安在《玄》之能兴也。郭璞为王敦作卦,言敦必败。敦怒曰:“卿寿几何?”璞对曰:“命尽日中。”璞之学《易》,不过卜筮,而能抗直守道,杀身以信其言。而雄乃以不信之言,斟酌《大初》《颛顼》之历,而欲以《玄》拟《易》,使后人奉其书筮而卜之,其不见笑于郭璞者几希矣。且夫圣人作《易》,本以明其道,其所称如神者,知几而已。所称知几者,不谄不渎而已。如是,虽不言《易》,而阴阳消长之理已具。虽不言卜筮,而吉凶悔吝之理已包矣。今《玄》之准《易》,能知几耶?否耶?能不谄不渎耶?否耶?汉儒治《易》,如焦贡、京房,其言数法,每多奇验,而言《春秋》灾异及《尚书》《洪范五行》者,亦复不爽。盖六经之书,道数备焉。大儒言道不言数,而尝因道以明数。小儒言数不言道,而尝因数以明道。道与数 也,而本末精粗异焉。故曰形而上者谓之道,形而下者谓之器。然则雄所谓覃思浑天,参摹而四分之者,道之粗迹,形而下者之言也。剧秦美新,道尽丧矣。道丧则并《易》中刚柔得失、进退存亡之几而昧之,而数亦不可凭矣。吾

故曰，雄之《玄》学未尽精也。嗟乎，八十一数，其文既已不显四百余年，其《玄》亦不复兴，反不如焦贡、京房之术，犹得以卜筮见也。谓之雕虫，不亦宜乎。(《水田居文集》卷二，第57页)

［按］贺起云："前后攻击，令无活路。子云见之，自当心服。"

朱鹤龄(1606- 1683)

《清史稿》卷四百八十："朱鹤龄，字长孺，吴江人。明诸生。颖敏嗜学，尝笺注杜甫、李商隐诗，盛行于世。鼎革后，屏居著述。晨夕一编，行不识途路，坐不知寒暑。人或谓之愚，遂自号愚庵。"

扬雄论

西京儒者，自董江都、刘中垒下，必推扬子云。子云著述，桓君山称为度越诸子，抱朴子方之仲尼，韩退之与孟、荀并列，司马君实至作《潜虚》以拟《太玄》，独苏子瞻讥其好为艰深以文浅易。自朱子《纲目》特笔书莽大夫扬雄死，而子云之论遂定。余尝考其生平，凡三变焉。当成帝时，赋《甘泉》，陈《羽猎》，则词章之士也。及哀平间，甘落拓，草《太玄》，则经术之儒也。迨乎靦颜事莽，浮湛天禄，则又与甄丰、王舜为徒者也。学者或耽其文辞，而护其逆节，则为之说曰：子云年数与莽不相及，投阁恐谷永事，永亦字子云也。或又据李善《甘泉赋》注引《汉书》云王音荐雄待诏，岁余为郎中给事黄门，卒。桓谭《新论》云："雄作《甘泉赋》始成，梦肠出，收而内之，明日遂卒。"谭亲炙于雄，所纪必实。或又引孙明复云：《太玄》明阴阳，推历度，盖疾莽而作也。《美新》不剧汉而剧秦，《法言》不曰继汉而曰安汉，其微指可见。以愚核之，皆瞽说也。《七略》引《子云家牒》云：雄以甘露元年生，天凤五年卒，葬安陵坂上，侯芭负土作坟，号"玄冢"。按天凤五年为王莽篡汉之九年，自宣帝甘露元年戊辰至莽天凤五年戊寅，止七十一载，与《汉书》本传正合。何得云不相及？谷永为大司农岁余卒，未见莽革命，何得以投阁加之乎？雄在哀帝时，官黄门侍郎，其《剧秦美新》称诸吏中散大夫臣雄稽首再拜上，《汉书》亦云久次转为大夫，何得谓以黄门侍郎终乎？《西京杂记》云雄著《太玄经》，梦吐凤凰，集《玄》之上，俄顷而灭，此与纳肠之说皆好事者为之，岂足据乎？紫色鼃声，俶扰天纪，始建天凤之间，此何等时也？而撊然立于其朝。今日颂阿衡，明日上符命，谓之疾莽、风莽，其谁信乎？疾之、风之，曷若优游玄亭，返其初服，远而去之之为愈乎？

然则雄何以剌谬若此？余曰：雄，伪儒也。所云清静寂寞，皆求以成名，而非真有得于内者也。雄为郎中，本大司马王音所荐，其沾丐五侯之门，盖有日矣。给事黄门侍郎，汉制掌侍从左右，关通中外玉堂金马，官非冗散，何清静寂寞之云乎？雄虽三世不徙官，然哀平短祚不过十年，其时同谷永、刘歆辈接迹金华，占风紫禁，安知其不以清静为荣梯，以寂寞为誉饵者，一旦国鼎潜移，符瑞大作，而雄遂翱翔显秩，与四辅五威相颉颃，以为清静寂寞，其效固如此矣。不然，雄之好学深思，夫岂不明于理乱之数，君臣之分与出处进退之宜者，何以始则居贤莽之间，噤不一语。既则从舜秀之后，恬不知羞。吾故曰雄伪儒也。巧于沽名，而非真有得于内者也。

吾尝论西汉之文景以黄老致治，其后乃以周公孔子，亡非黄老治而周孔乱也。则真与伪之别也，王莽以周公伪者也，起明堂，复井田，藏《金縢》，作《大诰》，无事不托周公，当世亦以周公信之，而其实乃汉之大贼。扬雄以孔子伪者也，称典谟，述雅颂，《太玄》拟《易》，《法言》拟《论语》，无事不效孔子。后世犹以孔子疑之，而其实乃贼莽之佐命元臣而已矣。使其没于居摄以前，人岂得推见其伪，而比其书于吴楚僭称王，且加之以乱臣贼子之诛哉？是以君子宁宝寸巩苍璧，而不爱寻尺之碔砆，宁收才人负俗之累，而无取缘饰古义嗷嗷为名高者，诚惧之也，诚耻之也。（《愚庵小集》卷十一，《四库》第1319册，第127—129页）

［按］钱础日曰："只将考亭《纲目》作断案，便可尽情翻剥。直令子云无处躲闪，周公孔子一段，尤为妙论解颐。"

邓伯羔（?）

《（康熙）镇江府志》卷三十七："邓伯羔字孺孝，金坛人。少即谢去诸生，隐天湖之铜马池，博学洽闻，撰著甚富。……综述文史，上下古今，笔无停涉。有《天荒馆诗草》二卷，《修宿稿》一卷，《卧游集》三卷，藏于家。其《古易诠》二十九卷，《今易诠》二十四卷，已行世。"

扬杨二姓

扬雄，其先出自周伯侨，以支庶初食采于晋之扬，因氏焉。《汉书》有杨敞、杨恽、杨仆、杨王孙诸人，俱不为著所出，于雄独云然，可见雄扬从才，与他杨从木异矣。东汉太尉震，震子秉，秉子赐，赐子彪，彪子修，系亦不详于史。第修《答临淄侯笺》曰："吾家子云，老不晓事。"似应从才旁之扬也。今世扬姓不复见，唯杨多望耳。汤义《仍送赵舍人守永昌追忆杨用修太史诗》"家家能说子云《玄》"，胡孟弢《别杨懋功北上诗》"最爱杨云偏寂寞"，《偕雩社诸子饮杨祠部宅诗》"探奇聊得《太玄经》"，《饮杨祠部岫云亭诗》"《玄》草图书四壁开"，李于鳞《寄赠汉阳杨明府诗》"满朝谁不荐雄文"，《送杨山人诗》"白头不厌《太玄经》"，王元美《答汝南周令尝师事杨用修诗》"弟子能师蜀国《玄》"，《故少司马杨师邀游城南诗》"寂寞谁当问守《玄》"，凡此皆扬、杨杂用，不复识别，足为学古之累。（《艺彀》卷上，《四库》第856册，第5—6页）

陈 绛（?）

《（乾隆）绍兴府志》卷五十四："陈绛字金罍，上虞人，嘉靖甲辰进士，仕至应天府尹。读书金罍山，博览群书，集《山堂随抄》数十余卷。陶望龄以其言近于子，改名《金罍子》。"

扬雄之姓*

扬雄之扬字，从材。杨修关西之后，乃云修家子云，是且自不识其姓矣。慈湖云：自古挑才扬，暨汉多书木，才、木所不同，一音贯吴蜀大道无异同，奚自析耳目。苟恶姓氏之析耳目，则圣王别生分姓，诚赘矣。（《金罍子》下篇卷二，《存目》子部第85册，第273页）

古人误混姓氏*

晁错之晁，亦作朝。袁盎之袁，亦作爰。扬雄之扬，非杨也。杨震之杨，非扬也。震孙修乃曰家子云，是不识雄姓也。苻坚之苻，非符也。符融后汉之符，非苻也。颜真卿云从草为鸡，从竹为印，是不识融姓也。（《金罍子》下篇卷二，第273页）

卷十一

傅　山（1607- 1684）

《（乾隆）汾州府志》卷十二："傅山字青主，阳曲人，与汾阳胡庭友善，其书法篆隶及诗古文辞一时珍贵之。康熙戊午举博学鸿辞，授内阁中书，未仕。"

韩文公

北斗泰山，起衰八代，人无间然。知公彪以文论诸道兵不堪用，佐晋公时，入汴说韩弘协力廷凑之变，慨然入镇，数语动悍藩，复使命，可仅目以文章士乎？肤论之士，辄与扬雄并称，殊非伦。即公亦每称雄，何也？世之人不知文章生于气节，见名雕虫者多败行，至以为文、行为两，不知彼其之所谓文，非其文也。（《霜红龛集》卷二十七，《续修》第1395册，第630页）

太玄经*

扬子云《太玄经》，邵康节以为是，吾不得而知之也。朱文公以为非，吾不得而知之也。然而康节以数言数，文公以理衡数也。（《霜红龛集》卷三十六，第692页）

李　雯（1608- 1647）

《（光绪）南汇县志》卷十四："李雯字舒章，逢申子诸生，与陈子龙、夏允彝齐名。……京内院诸大臣怜雯孝，且奇其才，荐授宏文院撰文，中书高文典册，咸出雯手。"

反逐贫赋序

昔扬子云逐贫，贫不得去。至于《剧秦美新》，突梯伪朝，窃其升斗，几于投阁沉命。悲夫，子云不能逐贫，贫更逐子云矣。雯生长素族，少负大志，不事家人产，三辱诸生，薄田四顷，食指三百，雀鼠之耗，复去其三。是以突烟屡断，或呼于爨，黔娄、原宪，爰旌目之，鬼居其中堂，招宾以来，厥类甚众。客告余曰：子贫势已盛，其来无方，若用剑盾相加，彼皆贤者，不可以攻。若微文诋诃，彼又甚口，不可得屈。独可以好言慰说之，顺适其意，彼或怜而赦之耳。李子曰：善，作《反逐贫赋》。（《蓼斋集》卷一，《禁毁》集部111册，第198页）

黄宗羲（1610—1695）

《清史稿》四百八十："黄宗羲，字太冲，余姚人，明御史黄尊素长子。……宗羲之学，出于蕺山，闻诚意慎独之说，缜密平实。尝谓明人讲学，袭语录之糟粕，不以六经为根柢，束书而从事于游谈。故问学者必先穷经，经术所以经世。不为迂儒，必兼读史。读史不多，无以证理之变化；多而不求于心，则为俗学。故上下古今，穿穴群言，自天官、地志、九流百家之教，无不精研。"

纳　音

六十甲子纳音亦从纳甲而生，一律纳五音，十二律纳六十音也。纳音虽同，而立法有三。其本之《内经》者，五音始于金，传火传木传水传土，其叙也。（《乾》纳甲，《坤》纳癸，为之始终，故纳始于《乾》金，终于《坤》土。）同位娶妻，隔八生子。甲子金之仲，（三元：首

仲、次孟、次季。）娶乙丑下生壬申，金之孟；娶癸酉上生庚辰，金之季。娶辛巳下生戊子，火自戊子、己丑转丙申、丁酉，转甲辰、乙巳，火之仲、孟、季毕焉。自壬子、癸丑转庚申、辛酉，转戊辰、己巳，木之仲、孟、季毕焉。自丙子、丁丑转甲申、乙酉，转壬辰、癸巳，水之仲、孟、季毕焉。自庚子、辛丑转戊申、己酉，转丙辰、丁巳，土之仲、孟、季毕焉。以上为阳律。起甲午、乙未，转壬寅、癸卯，转庚戌、辛亥，皆金也。戊午、己未转丙寅、丁卯，转甲戌、乙亥，皆火也。壬午、癸未转庚寅、辛卯，转戊戌、己亥，皆木也。丙午、丁未转甲寅、乙卯，转壬戌、癸亥，皆水也。庚午、辛未转戊寅、己卯，转丙戌、丁亥，皆土也。以上为阴吕。此一法也。

葛稚川曰："子午属庚，（纳甲《震》初爻庚子、庚午。）丑未属辛，（《巽》初爻纳辛丑、辛未。）寅申属戊，（《坎》初爻纳戊寅、戊申。）卯酉属己，（《离》初爻纳己卯、己酉。）辰戌属丙，（《艮》初爻纳丙辰、丙戌。）巳亥属丁。（《兑》初爻纳丁巳、丁亥。）一言得之者宫与土，（所属者即是一言而得。）三言得之者徵与火，（如戊子、戊午，戊之去庚，数之有三也。余准此。）五言得之者羽与水，（如丙子、丙午，丙之去庚为数五也。）七言得之者商与金，（如甲子、甲午，甲之去庚为数七。）九言得之者角与木。"此一法也。

"子午之数九，（九者黄钟之数。子为十一月，其律黄钟。午为子冲，故其数同。）丑未八，（丑十二月，故杀子九。）寅申七，卯酉六，辰戌五，巳亥四。""甲己之数九，（甲为子干，己为甲妃，其数同。）乙庚八，丙辛七，丁壬六，戊癸五。"扬子云《太玄》之数。其推纳音，以火、土、木、金、水为序。甲子、乙丑金者，甲九子九乙八丑八，积三十四，以五除之余四，故为金。丙寅、丁卯火者，丙七寅七丁六卯六，积二十六，以五除之余一，故为火。余准此。此一法也。

按《律书》，同位娶妻，如黄钟与大吕同位为妻。隔八生子，黄钟三分损一，隔八生林钟为子。今甲子黄钟与乙丑大吕同位，谓之娶妻是矣。而甲子之隔八为辛未林钟，何以甲子不能生之也？蔡邕云："阳生阴为下生，阴生阳为上生。"今阳不能生，是但有上生而无下生也。以甲子为上，癸亥为下，则又皆下生而上生无十之一二也。《内经》之法与《律书》不尽合矣。稚川言："中央总黄天之气一，南方丹天之气三，北方玄天之气五，西方素天之气七，东方苍天之气九。"皆奇数而无偶数，而一之属土，三之属火，五之属水，七之属金，九之属木，亦不知其何义也。扬子云谓"子之数九，从黄钟之管"，则丑当从林钟而六，寅当从太簇而八。十二月各有其律，何以有从有不从耶？是故必欲定纳音之法，当以京房六十律与甲子分配，以之上生下生，始无敝耳。

内经纳音图

甲子乙丑金　丙寅丁卯火

戊辰己巳木　庚午辛未土

壬申癸酉金　甲戌乙亥火

阳　阴

丙子丁丑水　戊寅己卯土

庚辰辛巳金　壬午癸未木

甲申乙酉水　丙戌丁亥土

戊子己丑火　庚寅辛卯木

壬辰癸巳水　甲午乙未金

丙申丁酉火　戊戌己亥木

庚子辛丑土　壬寅癸卯金

甲辰乙巳火　丙午丁未水

律　吕

戊申己酉土　庚戌辛亥金

壬子癸丑木　甲寅乙卯木

丙辰丁巳土　戊午己未火

庚申辛酉木　壬戌癸亥水

葛稚川纳音图

一言宫属土　庚子庚午　辛丑辛未　戊寅戊申　己卯己酉　丙辰丙戌　丁巳丁亥

三言徵属火　戊子戊午　己丑己未　丙寅丙申　丁卯丁酉　甲辰甲

戌　乙巳乙亥

五言羽属水　丙子丙午　丁丑丁未　甲寅甲申　乙卯乙酉　壬辰壬戌　癸巳癸亥

七言商属金　甲子甲午　乙丑乙未　壬寅壬申　癸卯癸酉　庚辰庚戌　辛巳辛亥

九言角属木　壬子壬午　癸丑癸未　庚寅庚申　辛卯辛酉　戊辰戊戌　己巳己亥

扬子云积数纳音图

甲子乙丑三十四　甲申乙酉三十　甲辰乙巳二十六

丙寅丁卯二十六　丙戌丁亥二十二　丙午丁未三十

戊辰己巳二十三　戊子己丑三十一　戊申己申二十七

庚午辛未三十二　庚寅辛卯二十八　庚戌辛亥二十四

壬申癸酉二十四　壬辰癸巳二十　壬子癸丑二十八

甲戌乙亥二十六　甲午乙未三十四　甲寅乙卯三十

丙子丁丑三十　丙申丁酉二十六　丙辰丁巳二十二

戊寅己卯二十七　戊戌己亥二十三　戊午己未三十一

庚辰辛巳二十四　庚子辛丑三十二　庚申辛酉二十八

壬午癸未二十八　壬寅癸卯二十四　壬戌癸亥二十（《易学象数论》卷一，中华书局 2010 年版，第 41—46 页）

太　玄

扬子云《太玄》以两赞当一日，七百二十九赞以当一岁三百六十四日半，于岁法三百六十有五日四分日之一，尚不及四分日之三也。立《踦》《嬴》二赞以补之，例以两赞当一日，则过四分日之一矣。故苏明允谓："四分而加一，是四岁而加一日，千载之后，恐大冬之为大夏也。欲以一百八分为日率，四分之，每分得二十七，三之为八十一。每首加一，尽八十一首，而四分日之三者无过不及之患矣。"然余以为，《玄》之所以准日者，赞也。加一分于首，赞之不及如故，是失所以立赞之意。既以《踦》《嬴》名赞，不与他赞为伍，则亦不援两赞一日之例，即以四分之三当之，无不可矣。第《踦》以虚而言，《嬴》以盈而言，犹之所谓气盈朔虚也。合气盈朔虚，十日有奇，则《踦》《嬴》当得二十余赞。今以二赞仅寄其名，余皆浑于七百二十九赞之中，此则不可谓之合于历也。明允言："圣人以六日七分言《易》，而卦爻未尝及之。雄以三百六十五日四之一言玄，而首赞拟之，失其所以为书之意。"余以为，《易》未尝有六日七分之说，加之起于后世。子云准历以作《玄》，苟不相似，则又何以为书？是故子云之短不在局历以失《玄》，在不能牵《玄》以入历也。历以一定之法御其至变，而后可以传之久远。苟不得其至变，即不可谓之定法也。《玄》之《中》首，起牛一度。今未二千年，冬至在箕四度，星之属水者已属木矣。其从、违亦异。此《玄》失之较然者也。明允加一分以合四分之一，不知四分之一者亦有消长，则又不如《踦》《嬴》之以不齐齐之也。(《易学象数论》卷四，第144—145页)

太玄蓍法

令曰：假《太玄》，假《太玄》孚贞，爰质所疑于神于灵。休则逢阳，星时数辞从；咎则逢阴，星时数辞违。

以上命筮之辞。

凡筮有道：不精不筮，不疑不筮，不轨不筮，不以其占不若不筮。神灵之，神灵之曜曾越卓。

去此四者而筮，则神听之矣。此言为筮之道。双湖胡氏连上文为命筮，非也。

三十有六而筴视焉。

蓍之数三十有六。

天以三分，终于六成，故十有八策。

以下明蓍三十六之故。"三分"者，参天之数。"六成"者，一二三之积数。"十有八"者，三六之乘数。

天不施，地不成，因而倍之。

天施地成故地数亦十有八，合之为三十六。

地则虚三，以扮天十八也。

阳饶阴乏，地则虚三，故揲用三十三。

别一挂于左手之小指。

三十三策之中，取一以挂，挂而后分也。

中分其余，以三搜之，并余于艻。

分为二刻。三搜左刻，置其余或一、或二、或三。次三搜右刻，置其余如前。数其余数，不二即五，挂策在外。

左二则右必三，左三则右必二，左一则右亦一。以上初揲，在《易》为再扐，在《玄》为一艻之半。次除前余数，复合其见存之策，或三十、或二十七。不挂，分、搜如前法。其余数不三即六。

左一则右必二，左二则右必一，左三则右亦三。以上为再揲。再揲之余，并之于艻，是为一艻。艻即所挂之一也。《王制》："祭用数之仂。"郑注："什一。"挂先别于正数，故名艻。盖再揲未竟，余数未并，再揲竟，则余数并入挂内。此所谓余，乃不用之数，与上下分数之余异。

一扐之后而数其余，七为一，八为二，九为三。

再揲止一挂，故曰一艻。余数既并，置之不用，而数其所得之正策，七其三为一画⚊，八其三为二画⚋，九其三为三画⚋⚋，以成一方之位。如是每再揲而成位，自家而方，四位通计八揲，然后首名定也。老泉苏氏曰："一挂一扐之多，不过乎六。既六而其余二十七者，可以为九而不可以为八、七。况夫不至于六哉?"于是改为"再扐而三数其余，八扐而四位成"。羲按，《易》"再扐而后挂"之义，揲左手竟而扐之，揲右手竟而又扐，谓之再扐。苏氏以初揲为一扐，故加一扐于《玄》，不知《玄》之以挂为艻也。若准《易》之例，四位凡十六扐焉。

六算而策道穷也。

一扐止于再揲，可以为七、八、九，而不可以为六。范注曰："谓余得七则下一算，得八则下二算，得九则下三算。一、二、三凡六揲，三十三止得六算，故言穷也。穷则揲以成四位，不出七八九也。”

七为一。

挂一，不用余数十一。

八为二。

挂一，不用余数八。

九为三。

挂一，不用余数五。

逢有下中上，下思也，中福也，上祸也。思、祸、福各有下中上。

九赞之位，一思内，二思中，三思外；四福小，五福中，六福大；七祸生，八祸中，九祸极。

以昼夜别其休咎焉。

首有阴阳，一阳二阴，终九起一。阳首以一、三、五、七、九为昼，二、四、六、八为夜。阴首以二、四、六、八为昼，一、三、五、七、九为夜。筮者逢昼为休，逢夜为咎。

一从二从三从，是谓大休。

旦筮用一五七为一表，夕筮用三四八为一表，日中、夜中筮用二六九为一表。一五七逢阳首，则皆昼，为从；逢阴首，则皆夜，为违。三四八逢阳首，则一昼两夜；逢阴首，则一夜两昼。二六九逢阳首，则两夜一昼；逢阴首，则两昼一夜。三从者，旦筮逢阳首也。

一从二从三违，始中休，终咎。

中筮逢阴首。

一从二违三违，始休，中终咎。

夕筮逢阳首。

一违二从三从，始咎，中终休。

夕筮逢阴首。一违二违三从，始中咎，终休。

中筮逢阳首。

一违二违三违，是谓大咎。

旦筮逢阴首。

占有四：或星，

首五行，一水二火三木四金五土，六水七火八木九金，终九首复一。星五行，角亢氐房心尾箕东方，属木；奎娄胃昴毕觜参西方，属金；井鬼柳星张翼轸南方，属火；斗牛女虚危室壁北方，属水。星与首同德是从，与首背德是违。

或时，冬至筮，逢十月以前首为违，冬至以后首为从。夏至筮，逢四月以前首为违，夏至以后首为从。

或数，即九赞昼夜之数。

或辞。

赞辞。

旦则用经，夕则用纬。

南北为经，东西为纬。一六水在北，二七火在南，五土在中，故一二五六七为经。三八木在东，四九金在西，故三四八九为纬。旦筮一五七，是用经也。夕筮三四八，是用纬也。中筮二六九，经纬杂用之也。

观始中，决从终。

范注："凡筮或先违而后从，先从而后违，或三皆从，或三皆违，决之者从终辞也。"

推玄算：

筮所得首，于八十一中次第何居，推其算也。

家一置一，二置二，三置三。

随家所得之位置算。

部一勿增，二增三，三增六。

部位得一不置算，得二置三算，得三置六算。

州一勿增，二增九，三增十八。方一勿增，二增二十七，三增五十四。

四位积算，是首之次第也。如筮得乐首，一方三州二部三家，方一不置算，州三置十八算，部二置三算，家三置三算，积二十四算，是《乐》去《中》之数也。

求表之赞，

赞七百二十九分为二百四十三表，筮所得次第之数。

置玄姓去太始策数，

玄姓，筮所得之首。太始，中为群首之始。去太始策数，即玄算也。

减而九之，

减所得之首一算，以九乘之。每首九赞故九之。

增赞。

增所得首之赞于乘数。如《乐》首二十四减一，以九乘得二百有七，增入所得赞，是去太始赞数也。又如《乐》首二十四减一，以三乘得六十有九，增入所得表，即是表数也。

去玄数半之，则得赞去冬至日数矣。

《玄》以七百二十九赞加《踦》《嬴》配三百六十五日四分日之一，二赞而为一日，故半之即得去冬至日数矣。如《乐》首二百有七增二赞，半之是一百五日。

偶为所得日之夜，奇为所得明日之昼也。

二赞一昼一夜，率一首而四日有半。奇首之次九，为偶首初一之昼。此言奇偶，统七百二十九赞也。如《乐》首增一赞二百有八则偶，乃是《夷》首次九之夜，增二赞则奇，为明日之昼。

求星：从牵牛始，除算尽则是其日也。

冬至日在牛一度，《中首》之初一也。日行一度，已得日数依星度除之，则得。如《乐》首一百五日，从牛一度除之尽，是为胃五度。

星度：牛八　女十二　虚十　危十七　室十六　壁九　奎十六　娄十二　胃十四　昴十一　毕十六　觜二　参九　井三十一　鬼四　柳十五　星七　张十八　翼十八　轸十七　角十二　亢九　氐十五　房五　心五　尾十八　箕十一　斗二十六

《玄图》曰："泰积之要，始于十有八策，终于五十有四。"

天地人各十八，并之五十四。

并始终策数，半之为泰中。并五十四于十八为七十二。

泰中之数三十有六策，以律七百二十九赞，凡二万六千二百四十四策，为泰积。

犹《易》二篇之策也。每赞三十有六，乘之得太积策数。

七十二策为一日，凡三百六十四日有半，踦满焉，以合岁之日而律历行。

一岁三百六十五日四分日之一。七十二策，二赞昼夜之数也。太积策数于岁日不及四分日之三，应增五十四策，此《踦》《嬴》所繇作也。

王涯揲蓍法

三十六策虚三，挂一，中分左右，以三数左，置余；以三数右，置余。合左右正策数之，为三者七，而后一一数之，及八以为二，及九以为三，不及八不及九，从三三之数，而以三七为一。老泉苏氏曰："是苟以牵合乎一扐之言，而不知夫八者，须挂一、扐三而后成，而扐终不可以三也。"羲按，左右一揲之余，其挂扐之数不三即六。三者，得三十策，三七之余为九；六者，得二十七策，三七之余为六；更无得二十九策可以为八也。然王氏虽谬，不以余策而论，犹为未失其传也。

胡双湖揲蓍法

三揲有余一、余二、余三，而无余七、余八、余九之理。解者甚多，皆不通意者。子云之法以余一准七，余二准八，余三准九，只余一二三，则七八九自定矣。故曰："余七为一，八为二，九为三。"只倒用一字，故难解。若作余一为七，二为八，三为九，人无不晓矣。羲按，胡氏舍正策而论余数，失之远矣。南宋以后，揲蓍者皆尚简便，而置正策，不独《太玄》也。然《易》之余数，与正策相合，故论之不为失。《太玄》余数，直置之不用者，无可推之理。假如胡氏所言，一刻有余一、余二、余三，连挂则不得有余一而有余四；二刻连挂则有余三、余六，而不得有余一、余二。然则三固准九，六亦准九，《玄》之四位皆三而已，岂可通哉！

季彭山揲蓍法

《太玄》揲法，注家多不能通其说。老泉以为传之失者，得其意矣。盖《玄》之虚三，地之所以配天也。而挂一于左手之策，则天之所以运行乎地也。其曰"挂一"，非谓所用三十三策之中，而挂其一也。所用三十三策之中而挂其一，则归余者与七八九之数不合矣。故"挂一"

者，十策之中而挂其一也。是三十三策之中分之为三，而各挂一策，所用实止三十策也。范叔明曰："十取出一，名以为扐。"谓之扐者，盖以识三十蓍之数也。如此则当其中分左右也，止揲左策，以其所余者或一、或二、或三，以合于所虚之三、所挂之三，则得一者为七，得二者为八，得三者为九，而右策亦不必揲矣。故不再扐也。意其传之者失此法耳。所幸范注略发此意，尚得以寻其绪焉。羲按，季氏牵合余数，故转展愈误也。扬子之虚三，老泉尚议之，又从而挂其三乎？据所引者范注，而范云："扐犹成也。合之为十，取一以识之为扐。中分其余于左手之二，以三搜之，其所余者，并之于左手两指间，以识揲蓍之数也。凡一挂、再扐以成一方之位。"然则范之所谓艻者，余数也，为从余数可以识正策之数。季氏用之证挂，不亦疏乎？《玄数》曰："别一以挂于左手之小指，中分其余，以三搜之，并余于扐。"季氏曰挂三，止搜左策，不亦尽背之乎？

《太玄》方州部家八十一首图（略）（《易学象数论》卷四，第145—158页）

方以智（1611- 1671）

《清史稿》卷五百："方以智，字密之，桐城人。……以智生有异禀，年十五，群经、子、史，略能背诵。博涉多通，自天文、舆地、礼乐、律数、声音、文字、书画、医药、技勇之属，皆能考其源流，析其旨趣。著书数十万言，惟《通雅》《物理小识》二书盛行于世。"

为扬雄与桓谭书

余尝悲以雄之好古，遂无知者。徒慨千载下有子云耳，当时独桓谭以为绝伦。想其对王邑、严尤曰："必传，顾君与谭不及见也。凡人贱

近而贵远，亲见扬子云禄位容貌，不能动人，故轻其书。”嗟乎，书遂以禄位容貌重乎。

雄再拜君山足下，雄不佞偃蹇且老，自惟终世无知我者，顾足下不以为谫劣而好之，遂以为绝伦。仆何修而得此。时以足下好我，欲与足下一述生平。阙然未有报，请略言之。辄自谓何其遇之穷，又未尝不自笑其为人也。雄少故鲁，家贫，世世业农桑。雄又不喜事事，顾独耆书。饔飧不赡斗酒，弹琴自歌而和之。颇以为此乐，它人不如。长复佚荡无备，不好龌龊，以故无乡里之誉。惟志博览古今，明圣哲之指归，求所自见，有所得，默而湛思之。亦不为章句小儒，徼名当世。

年四十，自蜀来游京师，奏《羽猎》《甘泉》《河东》《长杨》诸赋，除给事黄门，得不乏饔飧足矣。嗟乎，世之所为尊宠者，诡世取容，粥粥以自通，蒲服幕府，俯首戚里，下车趋门，传呼宠甚，苟得所当，即为人庸使以求簪袅何惜焉。是故乡里朴遬，扶訾索能，皆绾印穀。论说不根之士慧，有口皆得超迁。大者起徒步，至宰相封侯。而徙倚私门，肺胕阿邑，荐擢以显者，比比为卿大夫，享厚禄不可胜数。然且鄙攻苦食淡者，何乃不肯录录为也。斯吾固显受其鄙耳。

所拳拳者，体天地之撰，明圣人之中道，此必不容自已者也。经莫大于《易》，故作《太玄》。传莫大于《论语》，作《法言》。史篇莫善于《仓颉》，作《训纂》。箴莫大于《虞箴》，作《州箴》。赋莫深于《离骚》，反而广之。辞莫丽于相如，作四赋。而其所自得者，在《太玄》《法言》。《法言》以时有问者，用法应之。《易藏》参天于两地而人无会通者，故特阐其参焉，此《太玄》之所以作也。

夫声之眇者不可闻于众人之耳，形之美者不可混世俗之目，辞之衍者不可齐于庸人之听。今琴而高张急徽，追趋逐耆，则坐者不期而附矣。试为施《咸池》，揄《六茎》，发《箫韶》，咏《九成》，则莫有和者也。呜乎，当今之世，舍足下谁归与？此固难为俗人陈解也。即怀材之士，范君、刘君，亦尝见礼。然子骏观《玄》曰：“空自苦，恐后人用覆酱瓿也。”贵知我者希，老聃之遗言，岂不亦信然乎。知之矣，诚毋足惟耳。好古乐道，古圣人之所尚。仆固有以自守泊如也，又不自幸幸得足下。仆复何恨？至于位卑履空，不能取高官尊宠，此非仆之所恨也。仆老惫，世日涵浊，又何郁郁。独念君山不实，谨再拜。（《浮山文集》前编卷二《稽古堂二集》上，《禁毁》集部第113册，第477页）

扬自非杨

升庵曰："晋有羊舌氏，叔向子伯石食邑于扬，曰扬食我。晋既灭羊舌氏，分其田为三县，曰平阳，曰杨氏，则羊也、阳也、杨也，同出一姓。杨子云自以为蜀无他扬，字不从木。而杨修曰'吾家子云'，特子云好奇耳。"智以姓亦何奇之有？古今渺莽，姓谱皆附会，其说不一，子云自云姓扬甚明，杨修少年聪颖之笔，考究未深。且古人凡事假借诙谐，故曰吾家子云。今乃欲改子云之姓，则何不改扬州为杨乎？赵凡夫亦以子云为木旁杨，皆坐此故。（《通雅》卷二十，《四库》第857册，第424—423页）

陆世仪（1611- 1672）

《清史稿》卷四百八十："陆世仪，字道威，太仓州人。少从刘宗周讲学。归而凿池十亩，筑亭其中，不通宾客，自号桴亭。……著《思辨录》，分小学、大学、立志、居敬、格致、诚正、修齐、治平、天道、人道、诸儒异学、经、子、史籍十四门。世仪之学，主于敦守礼法，不虚谈诚敬之旨，施行实政，不空为心性之功。于近代讲学诸家，最为笃实。"

思辨录（节录）

昔人谓《易》经四圣而象著，然羲、文、周俱是作《易》，惟孔子

是学《易》。吾人学《易》学孔子而已。扬雄、关朗之流，皆思作《易》，真是不知分量。惟周程朱乃是学《易》。（《思辨录辑要》卷二十三，《四库》第724册，第197页）

曹晖吉问："性不可离，气质之说确不可易，但与荀卿、扬雄、韩愈诸子之说作何分别?"予曰："孟子言性善，于气质之中道其常也。《书》所谓恒性也。荀卿言性恶，于气质之中道其变也。扬雄、韩愈言性善恶混，言性有三品，不知气质之有常变而概言之也。若知恒性，则虽荀卿、扬雄、韩愈亦恍然于性之皆善，而必不至于多赘矣。"（《思辨录辑要》卷二十六，第243页）

扬雄不特立身败坏，即文字亦不成文字，乃后世列之为儒者，何也？得无为《太玄》《法言》所骇耶？甚至有爱其人而并为之讳投阁者，谓世有两扬雄，亦可谓阿私所好矣。

荀况视扬雄较有本领，但驳杂耳。（《思辨录辑要》卷二十九，第274—275页）

问："昔人荀、扬并称，莫是扬雄之学与荀子同否?"曰："扬雄只是文人，更无实际。其《太玄经》只是模拟《易经》，拣难的说，以惊世钓名。然描头刻角，画虎不成，不必美新而后知其不济。"

扬雄亦是学黄老，故其言曰："老子之言道德，吾有取焉。"然老子却有实际，扬雄只是学其语言而已。一遇王莽，便手脚多乱，成甚老子之学。（《思辨录辑要》卷三十二，第302—303页）

自《易》《书》以后，扬雄之《太玄》，关朗之《洞极》，司马光之《潜虚》，与康节之《皇极经世》，皆拟《易》者也。然《太玄》之八十一首，《洞极》之七十二象，《潜虚》之五十二行，皆穿凿无本。若康节，则原用《易》数，其自一一而之八八，皆《易》卦之本数也。故左之右之，无不宜之。（《思辨录辑要》卷三十三，第312页）

张履祥（1611- 1674）

《清史稿》卷四百八十："张履祥，字考夫，桐乡人。明诸生。世居杨园村，学者称为杨园先生。……著有《愿学记》《读易笔记》《读史偶记》《言行见闻录》《经正录》《初学备忘》《近古录》《训子语》《补农书》《丧葬杂录》《训门人语》及《文集》四十五卷。同治十年，从祀文庙。"

书马融忠经后

愚按：此书当削去"经"字，列之汉文中，与《繁露》《法言》诸书并行，要不为于世无裨。若以之上拟《孝经》，正名定分，即有僭伪干统之罪矣。不若易之以"训"，所全为多。独疑康成为其弟子，而不能正之，何也？

子疾病，子路使门人为臣，子曰："我谁欺？欺天乎？"曾子曰："君子之爱人也以德，细人之爱人也以姑息。"弟子之欲尊其师，而拟非其分，鲜不失之细人之爱者也。孔子弟子便不如是。孟子所称"宰我、子贡、有若，知足以知圣人，污不至阿其所好"，盖阿其所好，即自己亦不免于污下也。大都汉儒多有妄自尊大，如扬子云作《太玄》便以拟《易》，作《法言》便以拟《论语》之类是也。（《杨园先生全集》卷二十四，中华书局 2002 年版，第 684 页）

周亮工（1612- 1672）

《（康熙）扬州府志》卷二十二："周亮工字符亮，河南祥符籍，江西金溪人，进士。顺治二年王师下江南，命以御史招抚两淮，寻授盐法运使行道臣事……亮工文章名世，著作等身。历官所至，有异政。"

论扬雄作经*

苏长公讥扬雄好为艰深之辞，以文浅易之见，极中其膏肓。而重人者，至谓其以《太玄》拟《易》，以《法言》拟《论语》，有僭经之罪，亦不足以服其心。夫圣人之言偶成一体，乖之后世，何妨为诵法者所效仿。《左传》本之《尚书》，四言本之三百。后人之文，因前人规模者何限？若夫辞有繁简，制有多歧，则踵事而渐增者耳。即如尊经翼圣，莫如朱紫阳，而《纲目》一书，全拟《春秋》，且以托始威烈为直接麟经之嫡统者，又何以解乎？故曰不足以服其心也。若以规规摹袭，略无生韵，开后世拟托之滥觞，为子云嘲笑则可耳。罪之僭经，知平反艺苑者，当必为之末减矣。彼《易林》亦属拟《易》，而文辞奥异，为后世所推重，亦未闻其以僭经罪也。（《因树屋书影》卷一，《续修》第1134册，第304—305页）

扬子云法言*

扬子云恬澹寡营，不兢时名，以卖文自赡，文不虚美，人多恶之。及卒，其怨家取《法言》援笔益之曰："周公以来，未有汉公之懿也，勤劳则过于阿衡。"云云。缮写行世，至今靡有白其心迹者。见《潜居录》。此说与其疑也，宁信，《美新》可知矣。冯元成以《美新》为刘棻作。（《因树屋书影》卷二，第313页）

扬雄不作美新

蜀秦宓《与王商书》："如扬子云潜心著述，有补于世，泥蟠不滓，行参圣师，于今海内谈咏厥辞，邦有斯人，以耀四远，怪子替兹不立祠堂。"于司马相如云：虽有王孙之累，犹孔子大齐桓之霸，公羊贤叔术之让云云。使《美新》果出子云，则宓亦当云：虽有《美新》之累矣。

何以称行参圣师耶？焦澹园为子云辨证甚明，似可引此为助。（《因树屋书影》卷三，第342页）

五经钩沉*

扬雄《五经钩沉》曰："圣人之生，必资于阴阳。阴阳之理，即圣人所尽。但尽阴阳之理，则元照之本自见。此谓不求于自知，而理尽自然知者。"按，此则扬雄又有《五经钩沉》。（《因树屋书影》卷四，第344页）

［按］《五经钩沉》实为晋人杨方所作，见《晋书》卷六十八《杨方传》。

扬雄无子

《西京杂记》载卓文君为相如作诔，梁刘孝威诗"君平子云阒不嗣，江汉英灵信已衰"。余按《史记·相如传》，天子访相如遗书，其妻对曰：长卿固未尝有书也。相如似是无子，故妻为之对耳。以此证之，相如、君平、子云皆弗嗣矣。子云姓扬，后世无有扬姓之人，亦是一证。杨用修云宋扬补之，子云之后，字从才不从木，与刘孝威诗异矣。（《因树屋书影》卷九，第441页）

扬雄未投阁

扬子云投阁之事，宋孙明复曰：《太玄》一书，乃明天人始终之理，君臣上下之分，盖疾莽而作也。王介甫诸家以年数考之，谓子云与莽不相及。及上符命投阁，恐系谷子云事。凿凿有据，是何世人忍于污蔑贤者如此。李本宁在川西，以此段刻之墨池上，乃与同时意见不合，后竟入弹章。不但贤者被诬，即代辩诬之人亦被祸矣哉。（《因树屋书影》卷九，第442页）

顾炎武（1613- 1682）

《清史稿》卷四百八十一："顾炎武，字宁人，原名绛，昆山人。明诸生。生而双瞳，中白边黑。读书目十行下。见明季多故，讲求经世之学。……清初称学有根柢者，以炎武为最，学者称为亭林先生。"

乡　原

老氏之学所以异乎孔子者，和其光，同其尘，此所谓似是而非也。《卜居》《渔父》二篇尽之矣。非不知其言之可从也，而义有所不当为也。子云而知此义也，《反离骚》其可不作矣！寻其大指，生斯世也，为斯世也，善斯可矣。此其所以为莽大夫与?《卜居》《渔父》，"法语之言"也；《离骚》《九歌》，"放言"也。（顾炎武撰，黄汝成集释《日知录集释》卷十三，《续修》第1144册，第191页）

文人摹仿之病

近代文章之病，全在摹仿。即使逼肖古人，已非极诣，况遗其神理而得其皮毛者乎？且古人作文，时有利钝。梁简文《与湘东王书》云："今人有效谢康乐、裴鸿胪文者，学谢则不届其精华，但得其冗长；师裴则蔑弃其所长，惟得其所短。"宋苏子瞻云："今人学杜甫诗，得其粗俗而已。"（叶水心言：庆历嘉祐以来，天下以杜甫为师，始绌唐人之学，谓之江西宗派）金元裕之诗云："少陵自有速城璧，争奈微之识碔砆。"夫文章一道，犹儒者之末事，乃欲如陆士衡所谓"谢朝华于已披，启夕秀于未振"者，今且未见其人，进此而窥著述之林，益难之矣。

效《楚辞》者必不如《楚辞》，效《七发》者必不如《七发》，盖其意中先有一人在前，既恐失之，而其笔力复不能自遂，此寿陵余子学步邯郸之说也。洪氏《容斋随笔》曰："枚乘作《七发》，创意造端，丽辞腴旨，上薄骚些，故为可喜。其后继之者，如傅毅《七激》，张衡《七辩》，崔骃《七依》，马融《七广》，曹植《七启》，王粲《七释》，张协《七命》之类，规仿太切，了无新意。傅玄又集之以为《七林》，使人读未终篇，往往弃之几格。柳子厚《晋问》，乃用其体而超然别立机杼，激越清壮。汉晋诸文士之弊，于是一洗矣。东方朔《答客难》，自是文中杰出。扬雄拟之为《解嘲》，尚有驰骋自得之妙。至于崔骃《达旨》，班固《宾戏》，张衡《应间》，皆章摹句写，其病与《七林》同。及韩退之《进学解》出，于是一洗矣。”其言甚当，然此以辞之工拙论尔。若其意，则总不能出于古人范围之外也。如扬雄拟《易》而作《太玄》，王莽依《周书》而作《大诰》，皆心劳而日拙者矣。（《世说》王隐论扬雄《大玄》虽妙，非益也，古人谓之屋下架屋。）《曲礼》之训："毋剿说，毋雷同。"此古人立言之本。（《日知录集释》卷十九，第295—296页）

氏族相传之讹（节录）

杨氏，《汉书·扬雄传》曰：其先出自有周伯侨者，以支庶食采于晋之扬，因氏焉。扬在河汾之间，周衰而扬氏或称侯，号曰扬侯。会晋六卿争权，韩、魏、赵兴，而范中行知伯弊。当是时，逼扬侯。扬侯逃于楚巫山，因家焉。此误以杨侯与杨食我为一人也。《唐书宰相世系表》曰：杨氏出自姬姓。周宣王子尚父，封为扬侯。又云：晋之公族，食邑于羊舌，凡三县，一曰铜鞮，二曰杨氏，三曰平阳。羊舌四族，叔向食采杨氏，其地平阳杨氏县是也。及晋灭羊舌氏，而叔向子孙逃于华山仙谷，遂居华阴。用修据此以杨、阳、扬、羊四姓为一，尤误。按，杨城即今之洪洞县，本杨侯国。《左氏》女叔侯所云霍、杨、韩、魏，皆姬姓也。而子云《反离骚》亦云：有周氏之婵嫣兮，或鼻祖于汾隅。灵宗初谍伯侨兮，流于末之扬侯。不知其字何以为扬。及其火于晋，而为大夫羊舌氏邑，则食我始见于传。而杨朱与老子同时，又非羊舌之族也。阳氏则以国为氏，以邑为氏，皆不可知。晋有阳处父，乃在叔向之前。而楚之阳丐，鲁之阳虎，非一阳也。宋之羊斟，郑之羊罗，非一羊也。

安得谓阳为平阳，羊为羊舌，而并附之叔向乎？（《日知录集释》卷二十三，第355页）

玉树青葱*

扬雄《甘泉赋》曰："翠玉木之青葱兮，璧马犀之璘瑞。"左思讥之曰："果木生非其壤，于义虚而无证也。"李善引《汉武故事》则曰："上起神屋，前庭植玉木，珊瑚为枝，碧玉为叶。"若如所言，则是木也，盖用珊瑚、碧玉装饰为之。其谓翠而青葱，皆状碧玉之色而已，非真有是木根著其地也。至《黄图》则又有异矣，曰："甘泉谷北岸有槐，今为玉木，根干盘峙，三二百年木也。"《十道志》所记亦同。杨震《关辅古语》云："耆老相传，咸以为此木即扬雄之谓玉木青葱者也。"详此二说，又直谓木本槐也，而名之以为玉木焉耳。

予即本赋上下文求之，则雄指殆可类推也。曰"璧马犀之璘瑞"，则非有真马、真犀也。真以璧玉刻为其形焉耳。世固无璧马、璧犀也。又曰"金人屹以承虡"者，虡钟也，则比木虡加珍矣。故夸之以见其盛也。于是合三者言之，则玉也、璧也、金也，实非土毛而皆假物为之，则《汉武故事》所著大为可据也。若指其木以为槐，亦自一时所见。然槐叶望秋先零，不贯四时，其碧不长，恐非雄之所夸也。（《天下郡国利病书·陕西上》，《续修》第596册，第572页）

邱维屏（1614- 1679）

《清史稿》卷四百八十四："邱维屏，字邦士，宁都人，三魏姊婿也。明诸生。为人高简率穆。读书多玄悟，禧尝从之学。晚为历数、《易》学及泰西算法。……著有《周易剿说》十二卷、《松下集》十二卷、《邦士文集》十八卷。"按，"三魏"，即魏禧，及禧兄魏际瑞、弟魏礼。

评剧秦新文

予尝疑扬雄者，韩退之自孟子后数之，以为大醇。而司马君实、曾子固皆宗其学。君实至疑孟子，而论性一本扬雄。其苏子瞻，徒以文字与己不合非之耳。朱子乃独书为莽大夫，不已过与。然又每疑《剧秦》一篇，则非他氏所能托。雄文之陋，在一意摹仿司马相如，然特雕缀字句，增饰辞色，为六朝俗陋文字之祖。惟其摹仿相如，而相如飘飘凌云之气，益见非雄以下至六朝人梦见所能及。与雄之《法言》《太玄》，惟妄拟《论语》《周易》，而多见其俗陋者，正相似也。且雄《剧秦美新》，为发其中心所自有。盖雄之罪秦，不著其狙诈暴虐，而只以灭古文改制度为秦罪。方又以违古袭制度为汉之阙，而五爵三壤，经田免役，方刑匡马，遂谓新室宜作帝典。于莽废孺子改汉祚事，若皆已遗忘不复及者。此雄所以作《法言》为《论语》，作《太玄》为《周易》，其所学识，固与王莽为同类，故不能不发而为是文也。

是《纲目》莽大夫一句，确注引证。(自评)(《邱邦士文集》卷三，《禁毁》集部第52册，第298页)

黄宗炎(1616- 1686)

黄宗炎传(节录)

宗炎，字晦木。与兄宗羲、弟宗会俱从宗周游。其学术大略与宗羲等。著有《周易象辞》三十一卷，《寻门余论》二卷，《图书辨惑》一卷，力辟陈抟之学。谓《周易》未经秦火，不应独禁其图，至为道家藏匿二千年始出。又著《六书会通》，以正小学。谓扬雄但知识奇字，不

知识常字，不知常字乃奇字所自出也。（《清史稿》卷四百八十，第13106页）

魏裔介（1616- 1704）

《清史稿》卷二百六十二："魏裔介，字石生，直隶柏乡人。顺治三年进士，选庶吉士。……裔介居言路最久，疏至百余上，敷陈剀切，多见施行。生平笃诚，信程、朱之学，以见知闻知述圣学之统。著述凡百余卷，大指原本儒先，并及经世之学。"

两汉欣赏集序（节录）

文章自《六经》而外，《左》《国》尚矣。然两汉风气庞厚，议论腾踔，无纤靡险仄之习，雕琢斧斫之痕。诏令则温文尔雅，奏议则昌明博大，策论书檄则剀切详明。西汉如贾谊、董仲舒、司马相如、东方朔、扬雄，东汉如班彪、崔实、蔡邕、孔融，皆一代之杰于文者。司马迁、班固之史，麟麟炳炳，尤卓乎不可及。迁网罗百代，裁断出以己意，而识足以济之；固因迁之迹，潜精积思，成汉家一代之典。此二书者，固纪载之精华，编摩之奥府也。晔之后汉，体大思精，意亦近之。（《兼济堂文集》卷三，中华书局2007年版，第77—78页）

严既方先生嗜退庵语存序（节录）

学者读书怀古，咸欲致身华膴，树功业于当世，而时命艰于一遇，托空文以自见，如司马相如、扬雄之著为赋，谢灵运、李白之咏为诗，以瑰丽隽爽，犹足以蜚声誉传不朽，而况好学深思秉德不回之君子乎！（《兼济堂文集》卷四，第93页）

战国四公子论

古帝王盛时，所以养士之典甚备，故国有学，州有校，党有庠，术有序，教之以穷理尽性、修己治人之道，是以七年小成，九年大成。其畿甸之士，天子自用之，而列国之诸侯，亦莫不贡士于天子，天子以此为赏罚进退，法至善也。其时之号为士者，亦岂有奔走四方游说列国之事哉！自春秋、战国以来，养士之法坏，而魁硕奇伟星眸河口之士，乃蹑跻担簦，抵掌于华屋文石之间，或片言致富贵，立谈取卿相者有之。若四公子之徒，养士各二三千人，计其饮食衣服庐舍刍秣之资，日费千金。即有汤沐封邑，食有鱼，出有车，又焉能人人遍给也？噫，剥民膏脂，以养虚名无益之人，盖有之矣。扬子《法言》曰：“或问信陵、平原、孟尝、春申益乎！上失其政，奸臣窃国命，何其益乎？”司马温公《通鉴》载雄此言，不为无见。愚则以为，四公子之人品不同，心术各异，而忠邪功罪，亦自了然，未可以一言概毁之也。

孟尝君门下，鸡鸣狗盗，仅脱函关之难，王安石之论得矣。其与闵王有隙，坐视齐国沦亡而不之恤，殆不仁之人也，覆灭良宜。春申君始与太子同质于秦，画策归楚，以身待命，何其忠也。其后听李园奸谋，效吕不韦穿窬，盗国杀身，为世姗笑，又何疑也。平原君宽厚明敏，爱人下士，邯郸之围，微公子则赵亡，不待王迁杀李牧之日矣。司马迁以平原君受上党之地，利令智昏，此亦成败论人耳。使赵受上党，而以廉颇守之，虽十白起，何能为？若信陵君锐意合从，惓念宗国，走王龁于邯郸，败蒙骜于河外，强秦震动，六国吐气。自五霸以来，功未有及公子者也。使魏王用之，则魏日以霸，秦日以削，何至社稷为墟哉！乃听秦反间，疑之不用。公子不忍坐视沦亡，酒色自娱而死，亦可悲已。今读其上魏王书，犹令人慷慨泣下。汉高祖过大梁，每令人奉祀不绝。此诚百代殊绝人物，可谓知人能得士，而岂孟尝、春申、平原之可拟哉！

扬子云曲士也，概曰“奸臣窃命”，司马温公不察而取其说，是使安国辅世之奇英，埋没于腐儒三寸之舌也，何以为千古定论哉！余故不

可不别其是非，以见公子之贤，与春申、孟尝、平原三子者，未可同日而语焉。（《兼济堂文集》卷十四，第370—371页）

演连珠（节录）

盖闻心逸日休，心劳日拙。故扬雄为莽大夫，甘作符命以投阁；陶潜为晋处士，不向督邮而折腰。（《兼济堂文集》卷十六，康熙三十九年刻本）

扬雄著法言

王莽天凤五年。按，雄之好学深思，汉名儒也。《剧秦美新》见讥于君子，惜哉。（《兼济堂文集》卷二十二，康熙三十九年刻本）

［按］此条原见魏氏《鉴语经世编》卷五，中华整理本《文集》未收入。康熙三十九年刻本收入后删去本事，仅留论断之语，今亦从后者录出，不复赘录本事。又《鉴语经世编》卷五有评扬雄《谏勿许单于朝见疏》云："子云文士，其谕列边事详核乃尔，虽晁、贾不能过也。"《文集》不录，今特为表出。

胡安国论程颐学术纯正

高宗绍兴七年。按，陈公辅为吏部员外郎，言今日之祸，实由公卿大夫无气节忠义，不能维持天下国家。平时既无忠言直道，缓急讵肯仗节死义，岂非王安石学术坏之耶。安石政事坏人才，学术坏人心。《三经》字《说》诋诬圣人，破碎大道，非一端也。《春秋》正名分，定褒贬，俾乱臣贼子惧，安石使学者不治《春秋》。《史》《汉》载成败安危、存亡理乱，为世龟鉴，安石使学者不通《史》《汉》。扬雄不死王莽之篡，而著《剧秦美新》之文，安石乃曰"合于孔子无可无不可之义"；冯道事四姓八君，安石乃曰"善避难以存身"。使公卿皆师安石之言，宜其无气节忠义也。公辅又上疏言，今世取程颐之说，谓之伊川之学。相率从之，倡为大言。谓尧舜文武之道传之仲尼，仲尼传之孟轲，孟轲传之颐，颐死遂无传焉。狂言怪语，淫说鄙论，曰此伊川之文也。幅巾大袖，高视阔步，曰此伊川之行也。师伊川之文，行伊川之行，则为贤士大夫，舍此皆非也。乞禁止之。

夫公辅知王安石之为非，则当知程伊川之为正，乃并举而讥之，何哉？由其见理不明，中心摇惑而未能审所趋也。此胡安国所以力辩之与。（《兼济堂文集》卷二十四，康熙三十九年刻本）

［按］陈公辅论王安石，见本编陈公辅条。

施闰章（1618- 1683）

《清史稿》卷四百八十四：“施闰章，字尚白，号愚山，宣城人。……从沈寿民游，博综群籍，善诗古文辞。顺治六年进士，授刑部主事，以员外郎试高等。……著有《学余堂集》《矩斋杂记》《蠖斋诗话》，都八十余卷。”

吃　赋

元晏先生咀茹百家，尚友曩喆，穷论殚思，倦而假寐，若有见焉。董仲舒、贾谊、刘向、马迁、扬雄、司马相如、班固、张衡不谋斯集，坐定，田骈、慎到之徒披帷直入，不俟咨度，发难骋辨，谈天炙毂，飙驰云起。元晏先生耳不周聆，口不给应，于是董、贾诸贤，谈言解纷；班、张接袂，寓辞托讽；相如、扬雄，矫首卷舌，褎如塞听。元晏先生听然曰：“诸君子皆不世出之英，文辨之士也。两先生独墨墨，岂不足君所耶？窃闻两先生口吃，沉默好著书，多博丽之辞，盍请为《吃赋》?”马、扬避席，固辞交让，扬举手属马曰：“公，雄之先进也。夫

何辞。”相如始受简含毫，有顷而赋，曰：

“物无郁而不宣，人无噤而不言。伊辨呐之殊分，亶天授之自然。或发声若洪钟，或大笑如苍蝇，或举舌如悬河，或出口如不胜。乃有非喑非哑，药石罔治。产非鸩舌，言近侏儒。掀唇顿颊，叠韵重词。语未吐而颜赪，声欲急而逾迟。骇中断而不续，且语竟而终疑。诵诗则宫徵失谐，论事则宾从匿笑。讵三缄之是规，将郁伊而莫告。已而宾退体闲，散带开襟，图书在列，清飙在林。抽我秘册，操我素琴。沉吟朗咏，山高水深。牙期倾耳，夔旷停音。尔乃包罗天地，采撷万汇，作为词赋，笔雕楮绘。气凌云而若飞，才掞天而不匮。言欢而雪谷华敷，叙悲而春林霜悴。托讽谏于君王，时比物以连类，不俟淳于之滑稽，何假东方之游戏。且鲁恭苦吃，位列汉藩；李广呐口，战称飞将。韩非说难以悟秦，周昌强谏于骑项，此皆流声史册者也。夫何嗛嗛以吃怏怏。”

扬子云曰：“美哉，其犹未既也。子不见夫枋榆斥鷃，肆饮啄以从容。黄鹂百舌，独坐闭乎樊笼。信如簧之阶厉，哀尚口之必穷。惩邦家之倾覆，唯佞幸之是庸。吾固知百鸟之啧啧，不如孤凤之喈喈。且夫风假物以成籁，天垂象而无声。雷出蛰而偶震，水潭静而滩鸣。所积者深厚，所发者难名。试因謇而缓言，善藏其短。苟难辨而守嘿，用寡厥尤艰，寒暄于猝遇。或工入座之应酬，涩言辞于客座，或详奏对以如流。多言生垢，维口启羞。行将谢辩士、讨遗编，驰情象表，邈思物先。挥斥坚白，草吾《太玄》。千言波委，仪秦结气。单辞抉奥，羲孔比肩。俾言立而行远，冀书成以有待。锵金石以写心，曾啸歌之不废。嗟韩、周之二美，犹逡巡于吾辈。彼窃笑而旁讥，埒虫声与鸟喙。愍郦生之何辜，横就烹于游说，又何羡乎啬夫之喋喋便给哉。”

广川子曰：“两先生之言盛矣，而未免乎夸也。夫吐辞成经，多寡咸宜。吉人罕躁，语默以时。吃固非病，夸亦奚施?”乃歌曰：“谗夫张兮贝锦怨，箴扪舌兮白圭善。天与默兮守吾中，宁自安夫拙謇时。”坐客皆太息而罢，元晏先生瞿然寤，喟然叹曰：“伟哉！江都言约而富。”起而削牍，书为《吃赋》。（《学余堂文集》卷一，《四库》第1313册，第11—12页）

蜀道诗序（节录）

蜀自王褒、扬雄、司马相如、苏氏父子诸人，擅恢丽博奥之才，鹰扬中土，文存简册；而杜子美以羁旅转徙之客，作为诗歌，顾使巴蜀川岩，形见势出。后之好事者磨岩镵石，照耀无垠，殆自蚕丛开国以来所仅有。（《学余堂文集》卷五，第54页）

李朗仙江淮草序（节录）

天下山川形势之险，蜀为最。自汉以来工文辞，如司马相如、王褒、扬雄、李白、苏轼诸人，尤最多。（《学余堂文集》卷六，第67页）

尤　侗（1618- 1704）

《清史稿》卷四百八十四："尤侗，字展成，长洲人。少补诸生，以贡谒选。除永平推官，守法不挠。坐挞旗丁镌级归。侗天才富赡，诗文多新警之思，杂以谐谑，每一篇出，传诵遍人口。康熙十八年，试鸿博列二等，授检讨，与修《明史》。……著《西堂集》《鹤栖堂集》，凡百余卷。"

莽大夫扬雄死*

莽大夫扬雄死。后人或为之辨，谓莽篡汉时，雄已前死。然史书死在天凤五年，则已入新矣。且雄媚莽在未篡之前，《法言》卒章，盛称莽功德可比伊尹、周公。又作《剧秦美新》，京师为之语曰："惟寂寞，自投阁；爰清静，作符命。"班固立传，备载其《骚赋》《嘲》《难》诸

篇，而不及《剧秦美新》，岂为之讳与?《文选》乃揭而著之，在昭明选此文固为无识，而雄之罪因此而彰矣。（《看鉴偶评》卷二，中华书局1992年版，第231页）

《纲目》书法之善，无如莽大夫扬雄死、晋处士陶潜卒。（《看鉴偶评》卷三，第265页）

人与言之不相合者，无如扬雄之《法言》《太玄》，而为莽大夫也。其次马融之事窦宪，蔡邕之从董卓。六经、《论语》之注，《劝学》《释诲》之篇，岂能听其言信其行乎。（《艮斋杂说》卷三，中华书局1992年版，第45页）

王夫之（1619—1692）

《清史稿》卷四百八十："王夫之，字而农，衡阳人。……明亡，益自韬晦。归衡阳之石船山，筑土室曰观生居，晨夕杜门，学者称船山先生。所著书三百二十卷，其著录于《四库》者，曰《周易稗疏、考异》，《尚书稗疏》，《诗稗疏、考异》，《春秋稗疏》。存目者，曰《尚书引义》《春秋家说》。"

论文赋（节录）*

夫文赋亦非必为道之所贱也，其源始于《楚骚》，忠爱积而悱恻生，以摇荡性情而伸其隐志，君子所乐尚焉。流及于司马相如、扬雄，而讽谏亦行乎其间。六代之衰，操觚者始取青妃白，移宫换羽，而为不实之华；然而《雅》《郑》相杂，其不诡于贞者，亦不绝于世。（《读通鉴论》卷八，中华书局2002年版，第220页）

论借文（节录）*

呜呼！苟有文焉，人思借之矣，遑恤其道之所宜与志之所守乎？班固之《典引》，幸也；扬雄之《美新》，不幸也；汉明之欲借固，与王莽之欲借扬雄，一也。李白《永王东巡之歌》，永王借之也，陆游《平原园林之记》，韩侂胄借之也，不幸也；蔡邕之于郭有道，苏轼之于司马温公，幸也；然苟借焉，幸不幸存乎人，而焉能自必哉！君子之有文，以言道也，以言志也，以承天尽己而匡天下之邪淫者也。守己严，待物以正，勿以谀人、勿以悦人、为天下侮，奚足为累，而效不才之梼为？（《读通鉴论》卷十二，第318页）

系辞上传第四章（节录）

乃其尤倍者，则莫剧于《玄》焉。其所仰观，四分历粗率之天文也。其所俯察，王莽所置方、州、部、家之地理也。进退以为鬼神，而不知神短而鬼长。寒暑以为生死，而不知冬生而夏杀。方有定而定神于其方，体有限而限《易》以其体。则亦王莽学周公之故智。新美雄而雄美新，固其宜矣。（《周易外传》卷五，中华书局1977年版，第174页）

论鹤鸣

“鱼潜在渊，或在于渚”，时也；“鱼在于渚，或潜在渊”，亦时也。夫天下之万变，时而已矣；君子之贞一，时而已矣。变以万，与变俱万而要之以时，故曰：“随时之义大矣哉！”大无不括，斯一也。

时之变，不可知也。欲知其不可知，意者其游情以测之乎？君子所恶于测道者，无有甚于游者也。老子曰：“反者道之动”，游也。于其在渊，而测其于渚；于其于渚，而测其在渊也。庄周曰：“缘督以为经”，游也。不迎之渊，则不失之渚；不随之渚，则不失之渊也。呜呼！与道俱动，则

岂有能及道者哉！逐道俱动，而恒蹑其末尘，亦穷年而未窥道之际矣。

故君子之时，君子之一也。“学以聚之，问以辨之，宽以居之，仁以行之”，括天下之变而一之以时，则时乎渊而我得之渊，时乎渚而我得之渚矣，恶乎游而不归，恶乎动而不静哉！是故君子之与道相及也，一者全而万者不迷也；其次，专一而已矣。期之于渊，虽或于渚而不恤也，然而又已潜于渊，则得之也；期之于渚，虽或在渊而不虑也，然而又已在于渚，则得之也。

故伯夷以清为渊，伊尹以任为渚，曾子以忠为渚，仲弓以敬为渊，胥得也。善学孔子者，学四子而已。扬雄、王通游圣人于渊渚之间，没世而不得也，宜矣夫！尝见求鱼之子，旦于渊，夕于渚，方于渚，旋于渊，惑于其所偶在而与之相逐，有不为天下笑者哉？何居乎！聃、周、雄、通之不寤也！（《诗广传》卷三，中华书局 1964 版，第 85 页）

论鲁颂（节录）

扬雄曰：“正考父尝睎尹吉甫矣，公子奚斯尝睎正考父矣，如欲睎之，孰御焉？”雄不知道，不信其不可睎，故以影取圣人、而迷以终世。圣人之大，可张而冒之乎？圣人之深，可浚而至之乎？圣人之于天，可以气相迎随乎？圣人之于人，可以情相比合乎？

周公之颂，天则清明也，人则肃雝也，大则躬与乎武王之功也，深则亲授乎文王之学也，如手携之，如口咀之，质而已矣。故曰：文者昭质者也。是以约言之而广，忌言之而昌，见其所不见而色艴然，闻其所不闻而声喤然，远引而近综之、其绪萦然。呜呼！奚斯尔何知！严光曰：“卖菜乎，求益也。”多采葑菲之下体而以拟苹藻乎？溯其事如史，而不足以史也。为其容如图，而不足以图也。陈其物如籍，而不足以籍也。祝其福如巫，而不足以巫也。侈其功如礼至之铭、孔悝之鼎、而不足以掩其恶也。淮咸之左次，因人为功而不惭也。嬖母艳妻淫于祀、荒于会、而不惩也。质之不足与昭，何怪乎如扣木筑土之喧耳而无与兴哉？

故哭之无涕者，哀之非哀也；笑之无欢者，乐之非乐也；歌之无感者，弗足与于长言嗟叹、而割拾以属词也。周公而下，无已、其唐山之房中乎！贤于奚斯之颂远矣。

呜呼！圣人而可以似似也，天亦可以登登也。日不睎天而光充于天，水不睎地而流浃于地，心有警，物有应，气有牖，声有绪，莫之澄而清，莫之导而长，莫之放而弘，莫之钻而入，莫之凝而聚，莫之叙而均，莫之敷而荣，莫之抑扬敛纵而叶。文者道之显事也，而载藏以出，不可掩焉矣。况圣人之洗心而藏密者无迹，而奚其仿佛哉？（《诗广传》卷五，第167—168页）

王弘撰（1622- 1702）

《清史稿》卷五百一："王弘撰，字无异，号山史，华阴人。明诸生。博雅能古文，嗜金石，藏古书画金石最富。又通濂、洛、关、闽之学，好《易》，精图象。学者翕然宗之，关中人士领袖也。……著有《易象图说》《山志》《砥斋集》。"

汉隋二子述序

自秦汉以来，儒者之学，能出乎一世之上而无愧于孔孟之道者，五人焉，曰董仲舒、扬雄、诸葛亮、王通、韩愈而已。董与韩之学，规模正大；扬与王之学，兼议精微；诸葛之学，则又以忠节奇勋掩。然董之《天人三策》，家传户诵；诸葛之《出师》二表，论者谓可与《伊训》议命相表里；而韩之诗文峻伟，操觚家师法，至有泰山北斗之仰。独扬以仕莽为《纲目》所不与，王之献策见讥于不知者，后人无特识，随声附和，二子之书，遂置之不读者众矣。吾窃叹焉。山居之暇，手录成帙，稍去其不切要者，汇为一集，题曰《汉隋二子述》。学者读之，能尽二

子之学，则亦可以得孔孟之传也夫。（《砥斋集》卷一下，《续修》第1404册，第391页）

法言序

汉儒能传孔子之道者，董仲舒后则有扬雄。仲舒之学见于《天人三策》，其《春秋繁露》犹纯驳参半。雄以莽大夫为《纲目》所贬，以此见黜于从祀。吾尝观焦竑所述诸为雄辨始末者，历历有据，则《纲目》之笔，亦未可定为实录。而《法言》一书，见道之言，即仲舒有弗及者，乌可废哉！程子最不轻许人，独云汉儒之中吾必以扬子云为贤，盖有以也。《反骚》《解嘲》，文之末技，而《太玄》之作，无当于《易》，乃后世独矜重之，则又吾之所未解者矣。（《砥斋集》卷一下，第391页）

寄王阮亭祭酒

相别计已五年，思之无一日忘也。从子宜章在都门承教爱，不弃昭穆之义，永矢勿谖矣。顷于邸报中读《正祀典大疏》，可为空谷之音，为之欣跃。

愚尝谓汉儒能尊孔子之道者，前有董仲舒，后有扬雄。先俱从祀两庑，而扬以事莽美新为《纲目》所不与，一黜于洪武，再黜于嘉靖。近世简绍芳、焦竑辨其诬，皆历历可据。王安石云当时有两扬雄，《美新》之作，或谓出自谷永。永亦字子云，岂一时传讹邪？既已举之，以疑案而废，殊非《春秋》之义，则扬之从祀，宜在所复。又诸葛亮之学行，三代以来，不可再得者，故人称为王佐之才。筑台集群儒，表章圣学，有功于道统不细，则诸葛之从祀，亦宜在所议。前万历时有上疏举应从祀者吕楠，而崇祯时亦有议及冯从吾者。愚谓事关典礼，非草野所宜言，然事即未可遽行，其论则不可不存也。或亦大司成之所欲闻乎。（《砥斋集》卷八上，第478页）

文庙木主（节录）

予尝取简绍芳之言，辨扬雄之事。后见王荆公疑当时有两扬雄，尚属臆说。而王勉夫记姓名相同者，云："南宫适、伏子贱、朱买臣、孔安国、张长公、扬雄、龚遂之徒，皆不止一人。"则有实据。荆公之言，未为无理。予又疑谷永亦字子云。昔人云《剧秦美新》之文，或出于谷永。得无以其字同而传之讹乎？姑存其说。（《山志》初集卷六，中华书局1999年版，第136页）

［按］王氏取简绍芳之言辨扬雄之事，为《四库》馆臣所批评，详见《四库全书总目提要》。

毛奇龄（1623- 1716）

《清史稿》四百八十一："毛奇龄，字大可，又名甡，萧山人。……门人蒋枢编辑遗集，分经集、文集二部，经集自《仲氏易》以下凡五十种，文集合诗、赋、序、记及他杂著凡二百三十四卷。《四库全书》收奇龄所著书目多至四十余部。奇龄辨正图、书，排击异学，尤有功于经义。"

律吕合时日卦气

扬子云作《太玄》，原有声生日律生辰之说，而《易纬·乾凿度》亦曰日十者五音也，辰十二者，六律也。然总以时日卦气分配律吕，不过数学之偶合者。宋儒竟以六十卦配六十律，图绘盘旋非不可观，而绌赢伸缩，揉直矫枉，极其劳瘁，而究于《易》象、于律吕俱无当焉，则何益矣。夫律有二变谓之七律，以七律乘十二，当有八十四律。而以七

声始，以五声终，其为六十律之说，原自不通，况明明六十四卦而去四以合其数，其谓之何？（《竟山乐录》卷二，《四库》第220册，第309页）

太玄数*

扬子《太玄》分大衍之数，以三八为木，四九为金，二七为火，一六为水，五五为土，此即郑氏大衍之注所由昉。但郑氏一六合水，二七合火，三八合木，四九合金，五十合土，一生一成，俱全举其数，而《太玄》五五生成兼并在五，则有名而欠其实，在十则得实而亡其名。盖以生数之极，即成数之本，故六七八九俱从五数重累之，如五加一则为六，故六与一合，以六即一也；五加二则为七，故七与二合，以七即二也。至加三为八，加四为九皆然。则五加五为十，不必言十而十在其中，以五五即十也。亦不必言五而五在其中，以五五为十，则一五为五也。故夫子言大衍之数，明知为五十有五而实指其数，然又阙五数而曰五十，则正以生成全数本末交互处概言之，以合之揲蓍之策已耳。若太乙下九宫法，今之冒称《洛书》者，谓太乙不再居中宫而有五无十，则又失大衍数矣。扬子五五，正与夫子说有合。而予作《仲氏易》时，仍不用之者，以五位相得，本文自具，必欲暴白其阙五之故，恐圣言亦无是耳。（《易小帖》卷三，《四库》第41册，第579—580页）

魏　禧（1624- 1681）

《清史稿》卷四百八十四："魏禧，字冰叔，宁都人。父兆凤，诸生。明亡，号哭不食，翦发为头陀，隐居翠微峰。是冬，筮《离》之《乾》，遂名其堂为易堂。……著有《文集》二十二卷、《日录》三卷、《诗》八卷、《左传经世》十卷。"

赋 引

诗之变而赋也，始于屈、荀乎？司马长卿、扬子云磅礴奥衍，漶漫亡津涯矣。劝百而惩一，吾无取焉。（《魏叔子文集》外篇卷二十一，中华书局 2003 年版，第 1024 页）

汪 琬（1624- 1691）

《清史稿》卷四百八十四："汪琬，字苕文，长洲人。少孤，自奋于学，锐意为古文辞。于《易》《诗》《书》《春秋》《三礼》《丧服》咸有发明。性狷介。深叹古今文家好名寡实，鲜自重特立，故务为经世有用之学。其于当世人物，褒讥不少宽假。……尝自辑诗文为《类稿》《续稿》各数十卷，又简其尤精者，嘱门人林佶缮刻之。"

跋汉书扬雄传

吾吴杨庄简公，尝参政于四川，作《郫县扬子云祠堂记》，历引郫人简氏、吉人胡氏之说，辨子云未尝仕莽，而胡氏说尤详。大略谓传言雄作符命投阁年七十一，天凤五年卒，考雄至西京年四十余，自成帝建始改元至天凤五年，计五十年，以五十合四十余，不将百年乎。则传言七十一者，恐误。据桓谭《新语》雄作《甘泉赋》，梦肠出，收而纳之，明日遂卒。成帝祠甘泉在永始四年，谓雄卒是时，恐亦未然。就《法言》考之，莽之号安汉公也，在平帝元始间。《法言》称汉公，且云汉兴二百一十载，自高帝至平帝正值其数，则雄年七十一卒，当在平帝末。雄仕历成、哀、平，故称三世不徙官。若复仕莽，又讵止三世哉。由是知雄决无为莽大夫及投阁美新之事，其说可谓辨而核矣。但班孟坚

去子云时已远，其传讹固宜。桓谭亲见子云，何以差谬乃尔，殆不可解也。庄简又引《法言》曰："君子在治若凤，在乱若凤，何以故？曰：治则见，乱则隐。"子云之言如此，其无仕莽事可见云云。

庄简公讳成，嘉靖丙辰进士，累官太子少保，南京兵部尚书。有文集四卷，不行于世，予故表此记，出之以书《扬雄传》后，俟再考云。（《尧峰文钞》卷三十九，《四库》第1315册，第611—612页）

张元徵（?）

《（康熙）钱塘县志》卷二十二："张元徵，字梦珠。元徵生时，母梦龙含一珠授之，遂字梦珠。生而颖异，更折节读书。早岁丧母，从父远学，昼夜参悟，豁然有得，遂与郑之惠齐名。北面受业者益众，武林屈指，经明行修之儒无不以二家为标的。"

太玄经序

或曰："扬子以《法言》拟传，《玄》拟《易》，邻于僭乎？"余曰："否。诸子家言，率恣胸臆，谲诡侮圣，其意欲跆籍六经而据其上。第阅《法言·学行》《吾子》诸篇，言言尊孔，无不要本仲尼，辄证为说，珍书肆是，且不敢争孔坛片席，何论座□?"

或曰："《易》之教，否群不乱，遁尾则灾，爰寂寞，自投阁，于《易》有何居乎？"余曰："否。初雄与莽共给事黄门，后莽为三公，所荐皆尊显，而雄三世不徙官。莽篡位，颂功德者皆封爵，而雄仅以耆老久次转为大夫。及莽罪逮复言符命者，丰甄父子辈窜逐且死，而雄卒免于难。噫嘻，雄盖得《乾》之初焉。浮沉仕隐，不激不随，知白守黑，道固委蛇，非龙德，其孰能兴于此。雄尝谓东方生秽德若隐，殆自喻也。今其著作具在，高出深入，曾有一言诡圣道否？"

余惟六经之文，日月也，溟渤也，而雄亦不失为五纬四渎。可笑当时盲人瞽竖，丑为覆瓿。而今天下人人一君山。余友赵浚之、王昭平、朱尧心氏，耽精嗜古，尤沉酣是书，行并《法言》，手自雠校付梓。曩云玄亭寂寞，今玄亭所著正千古不寂寞矣。天启丙寅元日，钱塘张元徵梦珠父书于远阁。（《扬子太玄经》卷首，明天启丙寅武林赵世楷读书坊刻本）

［按］张元徵生卒年不详，因上文末题“天启丙寅（1626年）”，故系于此。

赵世楷（?）

太玄经凡例

本传称子云度越诸子，《太玄》文意深奥，可为晓者传，诸儒讥雄拟经与诋作覆瓿者，不知草《玄》心独苦也。

《太玄》注向称晋范氏本、宋司马氏本为善，但范简而司马繁，我明叶氏本亦多重复。兹刻互证诸家，句栉字比，精晰详备，以此为定。

史称扬子好奇，故其经中用字甚多奇僻。兹于章内疑难，注之句下，其切韵句字，另刻载篇首，以便览者。

是书旧无批点全本，惟见之诸子选中，皆诸儒评定，广搜博采，汇集成帙，会心者读之了然。若夫圈点，宁靳如金玉，以便著眼。

本坊向刻《韩非子》《董子繁露》，流传海内，已为名家鉴赏。续刻《扬子太玄》《晏子春秋》二书，随有数子，汇为九种，皆足羽翼经术，有裨举子业者，与他刻诡僻迥别。谨附言于末，以纪其成。武林赵世楷绳美父识。（《扬子太玄经》卷首，明天启丙寅武林赵世楷读书坊刻本）

［按］赵氏事迹待考，今因读书坊刻本《太玄经》刻成于天启丙寅，故系于此。

魏　礼（1628- 1693）

《清史稿》卷四百八十四：：“礼，字和公，禧弟。少鲁钝，受业于禧。……礼寡言，急然诺，喜任难事，以郁郁不得志，乃益事远游。所至必交其贤豪，物色穷岩遗佚之士。……著有诗文集十六卷。”

与甘健斋论曾文定公书

礼向不喜曾子固文，每读不能终篇，顷病，中覆取读之，意思法度称古作者无疑。子固于论事上书之文，每漶漫阔迂不足动听，闻其可施于事实者亦少，特所为序记则卓尔为不可及。盖其论旨不独原本六经，而辞气深厚尔雅，有有道儒者之容，宜晦翁之独嗜之也。近代道学之士，既以文章为玩物丧志，又不肯为汪洋倜傥奇崛之言如韩苏诸人者，则亦务为子固之文而可矣。子固屏绝百家，自扳跻于圣人之徒。其为文虽祖刘向，而所以自处者，当比董仲舒。然礼以为非真有得于六经之学者也。所谓原本六经，不过存其纲维，取其郛郭，以不坠圣人之言已耳。

尝读子固《与王深甫论扬雄书》，纰缪乖离，叛道害义，莫甚于此，不必智者而后知。盖子固好雄文，得力于其书，遂至以雄仕莽为合箕子之明夷，《美新》之文非可已而不已。呜呼，抑何甚也！原壤之母死，登其木而歌，使曾参、闵子骞见之，以为有合于大舜之号泣，则曾、闵尚得为孝子乎哉？曾、闵而取壤，则曾、闵必无当于孝。曾、闵而孝，则必不以壤之登木歌为可取。呜呼，子固言本六经，自附于圣人之徒，而顾反复辨论为此言，以为真有得于六经，则固无是也。子固性孝友，奉继母，抚四弟九妹，不遗余力，是其行义最高。而吕公著常告神宗，以巩行义不如政事，政事不如文章，公著盖非妨贤而毁巩者明矣。吾由美扬雄推之，则子固为人，其表里之间，盖未必洞然无遗憾于公著者。子贡曰，君子一言以为知，一言以为不知。公羊高以祭仲逐君为行权，吾以为必无得于《春秋》。子固以扬雄合箕子之明夷，王安石以雄之仕合孔子无可无不可之义，吾以为必无得于六经。邱浚以秦桧于宋有再造功，岳武穆虽见委用，终不能克金以全宋，吾以为必无得于《大学》。而董仲舒，汉之大儒，于祭仲亦附会其师说，此又与子固之好雄书而强饰其过者相似。

人著书立论以传后世，其议论间有一出于此，则生平文章尽可投之水火而不足惜。士君子立言，盖不可不慎如此。足下生子固之乡，又尝序《文定公文集》，故敢布其愚，以与有道相正焉。（《魏季子文集》卷八，清道光二十五年宁都《三魏文集》本）

示儿辈（节录）

汝曹坐书屋中，所读书要当于古人有发明。其最上者，能辨古人之诬，勿使终陷墨兵。或考核辟谬，或从章句外有洗发其本，在于精心研讨，乃开疑境，疑乃生悟，疑悟相环转不休，益乃无穷。于是博学详据以实之，又勿偏喜立异以取妄谬也。吾偶阅昔人书，及吾偶有见，便录一二以寄汝。

紫阳《纲目》书“莽大夫扬雄死”，盖举褚渊、冯道所未尝加者而加之。按，雄至京见成帝年四十余矣，自成帝建始改元至天凤五年，计五十有二岁，以五十二合四十余，已近百年，则与所谓年七十一者相抵牾矣。又考雄至京，大司马王音奇其文，而音薨永始初年，则雄来必在永始之前无疑。然则谓雄为延于莽年者妄也。雄，郫县人。郫人简绍芳辨证尤悉，引桓谭《新语》云，“雄作《甘泉赋》一首，梦肠出，收而内之，明日遂卒”。而祠甘泉在永始四年，去莽篡尚远，《剧秦美新》，或出于谷子云。然考之《法言》云“汉兴二百一十载”，自高帝至平帝末，盖其数矣。而谓雄卒永始，亦未必然。计雄之终，或在平帝末，则其年正七十余矣。因雄历成、哀、平，故称三世不徙官。若复仕莽，岂止三世哉。又《潜居录》谓雄卖文自赡，文不虚美，人多恶之，及卒，其怨家取《法言》为窜益云云。冯元成以《美新》为刘棻作。（《魏季子文集》卷九）

林云铭（1628- 1697）

《（民国）闽侯县志》卷七十一："林云铭字道昭，号西仲……顺治戊戌成进士，授徽州推官……云铭于诸子百家率浏览成诵，旁及二氏，莫不搜抉奥蕴，而能言其所以然。其为文周规折矩，动合古人。所著有《损斋焚余》《西仲文集》《庄子因》《楚辞灯》《韩文起》《吴山觳音》等书，及《评选古文析义》，前后二集皆行于世。"

楚辞灯凡例 （节录）

《楚辞》原本，皆有续《离骚》诸作，缀附末卷，大约无屈子之志而袭其文，犹不哀而哭、不病而吟，词虽工，非其质矣。甚至以莽大夫之《反离骚》，侈口狂诋，亦列于内，岂非辱极！余止知注屈，不知屈之外尚有人能续、尚有人敢续者。况变风变雅，实起于创，即有学步邯郸，断无后来居上。今一概从删，即前此注《庄》，痛斥拟《庄》诸篇之意也。（《楚辞灯》卷首，华东师范大学出版社 2012 年版，第 4 页）

吕留良（1629- 1683）

《清史稿》卷二百九十一："吕留良，浙江石门诸生，康熙初讲学负盛名。"留良子公忠所撰《行略》云："先君讳留良，字庄生，又讳光轮，字用晦，号晚村。"

宋人苛论*

人每怪宋人苛论古无完人，以为好讥弹，非也。宋诸子论古之严正，是为己求精，亦以爱天下后世耳。即如扬子云未尝不称其好学而贤，然使不为莽大夫，不更贤乎？好讥弹者，私也，恶也，辨析研穷以求至善，使后世可法，此公也，善也，此之谓能论世知人，此之谓能尚友。友善者，以友求善也，非私其相好，亦非周旋古今也。（吕留良撰，俞国林编：《吕晚村先生四书讲义》卷三十九，中华书局 2015 年版，第 674 页）

钱　曾（1629- 1701）

《（同治）苏州府志》卷一百："钱曾字遵王，少学于族祖谦益，谦益谓能绍其绪，撰《吾炙集》，标曾诗为首。绛云楼烬余书籍及诗文稿悉付藏弃。其注《初学》《有学集》诗，探索群书，发皇幽渺，海内诗人多称之。述古堂藏书多善本，撰《读书敏求记》，识其源委。"

李轨注法言十三卷音义一卷

《法言》十三篇，篇各有序，总附之卷末，同乎班固之叙传然也。宋咸升序于篇首，殊失汉人著述体裁。李轨仍其旧而不更，唐以前学人卓识如此。轨字洪范，东晋尚书郎、都亭侯，所著书见《隋书·经籍志》。此本后附《音义》一卷，撰之者不知何人，是又洪范之桓君山矣。（钱曾原著，管庭芬、章钰校证，傅增湘批注，冯惠民整理：《藏园批注读书敏求记校证》卷三，中华书局 2012 年版，第 231 页）

［按］"同乎班固之叙传"下，章钰曰："《书》序、《诗》序以来，体例如是，不始班固。详《困学纪闻》注。"此说甚是。

司马温公潜虚一卷张敦实潜虚发微论一卷

万物祖于虚，生于气，故有气图。气以成体，体以受性，故有体

图、性图。性以辨名，名以立行，故有名图、行图。行以俟命，故以命图终焉。张敦实曰："子云作《太玄》以明《易》，温公作《潜虚》以明《玄》。《易》之所谓人道者，不过乎仁义；《玄》之所谓大训者，不过乎忠孝；《虚》之所谓人之务者，不过乎五十五行。其立辞命意，左右前后，横斜曲直，皆有成理。因即其图，各为总论。庶几学者易览耳。"淳熙中，陈应行苦此书建阳书肆本脱略不可读，邵武本繇词多阙，从文正公曾孙得家藏稿本，附以张氏《发微论》校刊之，洵称完善矣。(《藏园批注读书敏求记校证》卷三，第236—237页)

章钰案：《四库提要》云，朱子跋张氏《潜虚图》曰："范仲彪炳文家多藏司马公遗墨，示予《潜虚》别本，其阙文甚多，云温公晚著此书，未竟而薨，故所传止此。近见泉州刻本，乃无一字之阙。读至数行乃释然曰：此赝本也。"其说与公武合。此本首尾完具，当即朱子所谓泉州本，非光之旧也。

朱彝尊(1629—1709)

《清史稿》卷四百八十四："朱彝尊，字锡鬯，秀水人，明大学士国祚曾孙。生有异秉，书经目不遗。……当时王士祯工诗，汪琬工文，毛奇龄工考据，独彝尊兼有众长。著《经义考》《日下旧闻》《曝书亭集》。又尝选《明诗综》，或因人录诗，或因诗存人，铨次为最当。"

扬雄论

以言取人，伪之所从出也。昔者太公诛任裔华仕于齐，子产诛邓析于郑，孔子诛少正卯于鲁。圣贤所以彰刑罚大权者，岂好为已甚哉？无他，深恶其言之不实，而伪学之足以欺世也。扬雄之书，诵法孔子，自周秦以降，折衷圣人，而纯于道德者，莫有过焉者也。抑知其尽出于伪哉？王莽将篡汉，恭俭以下士。雄之澹泊自守，若无荣利动其中。其初盖欲悦莽之心，及久未见用，躁不能禁，乃为《剧秦美新》之文，以献媚前之所为。唐尊之柴车，瓦器也。后之所为哀章，刘秀之符命也。其独不得柄用者，莽尝与雄同为郎，莽之伪，雄知之。雄之伪，莽亦习知之也。莽作《金縢》《大诰》以自拟于周公，雄作《太玄》《法言》以自比《周易》《论语》，相率而为伪焉尔矣。投阁之事，已为当世所笑，后之君子，顾或有取于雄者，徒以其言之不诡于圣人也。夫安居而诵习周孔，乡曲之士能之。迫事变猝，至临难而不失其正者，希矣。世之儒者，幸生太平无事之日，饱食暖衣，无纤毫之忧患，匡坐而谈性命之学。及其既没，门人弟子矜其迂阔腐烂之说，峭然配食于孔氏之庭，非是则俎豆不与焉。噫，吾能必其言之不出于伪也邪！（《曝书亭集》卷五十九，《四库》第1318册，第312页）

屈大均（1630- 1696）

《清史稿》四百八十四："大均，字介子，番禺人。初名绍隆，遇变为僧，中年返初服。工诗，高浑兀奡，有《翁山诗文集》。"

书反离骚后

《反离骚》者，悲愤之深，故反而言之，非敢于讪前哲以自文也。女媭之申申以詈，斯亦反言。言之有正而浅、反而深者，正者在言之内，反者在言之外，不可不于其外深思之。朱子言屈平之忠忠而过，屈平之过过于忠，亦反言也。过在于不过之中，不过在于过之中，无可奈何而姑为是反言，以深寄其悲痛焉耳。（《翁山文外》卷十，《续修》第1412册，第156页）

陆　棻（1630- 1699）

《清史稿》卷四百八十四："陆棻，字次友，平湖人。……康熙六年进士，管内秘书院典籍。再试鸿博，授编修，分纂《明史》，命直南书房。……棻性孝友，兄南雄知府世楷前卒，棻教养遗孤，俾成立，有名于时。年七十，卒。著《雅坪诗文稿》。"

评羽猎赋

大意规仿《上林》，而前后起结另出手笔，虽云文似，才力自张。（《历朝赋格》卷之上三，《存目》集部第399册，第424页）

评甘泉赋

《三辅黄图》云：甘泉宫在云阳县甘泉山，秦始皇所筑，汉武增广之，非成帝所造，故曰欲谏则非时也。昭仪姊娣并宠，祸水方张，而逆厘祈嗣，神何以格。雄作此为讽，可谓丽而不失乎则矣。（《历朝赋格》卷之中二，第550页）

郑　瑄（1631进士）

《（民国）闽侯县志》卷六十七："郑瑄字汉奉，崇祯辛未进士，由户部郎知嘉兴府，政务简静，兴革顺民，浚城河，筑官塘，民尤赖之。郡人祀之，以配前五贤守，称六贤祠。累官应天巡抚。"按，郑氏著有《昨非庵日纂》《仪礼纂通》《蛙鸣集》等。

内省 （节录）

草《太玄》者，乃作《逐贫赋》，不耐贫而欲逐，便非守《玄》矣。谏佛骨者，乃作《送穷文》，不堪穷而欲送，便是脆骨矣。（《昨非庵日纂》卷十三，《续修》第1193册，第146页）

徐嘉炎（1631- 1703）

《清史稿》卷四百八十四："徐嘉炎，字胜力，秀水人，明兵部尚书必达曾孙。幼警敏，强记绝人。既试鸿博，授检讨。……累擢内阁学士，兼礼部侍郎，充《三朝国史》及《会典》《一统志》副总裁。有《抱经斋集》。"

汉书扬雄传赞辩

扬子云，汉之儒者也。所著《法言》十三篇，推尊仲尼，以为众论之折衷。盖自战国以来，迄西汉二百年，能知尊孔子之学而不杂乎他歧者，独此一人。董子以经术杂灾异，子长崇道家于儒之上者，不如扬之大醇也。《太玄》之学，深沉简奥，后儒谓可以赞《易》，则所谓立言之君子，而为圣人之徒者，非子云其谁与归？

子云友谷口郑子真，蜀严君平、李仲元，皆高尚君子，不知其人视其友，观于数君子而子云之人可知矣。后世称述子云者实繁，有徒如韩退之、司马君实、曾子固、王介甫其最著者也，而昌黎、涑水尊尚尤至。惟苏长公则訾笑之，至紫阳文公《纲目》且以"莽大夫死"斥之矣。《纲目》之书，据班史传赞也。按，《班史·扬雄本传》不言仕莽，惟赞有之。然言其投阁，亦不言其作《美新》。余按《文选·甘泉赋》

注引桓谭《新论》，云“子云作《甘泉赋》成，梦肠出，收而内之，明日遂卒”。谭之《新论》，在唐尚有全书，其篇目见于章怀之注，故李善亦引之。谭与子云同时，有师友之谊，且极称述其著作，其纪载子云之事必可信无疑也。而世之苛论者，顾必据班史之说，掊击子云，不少假借。呜呼！不信谭而信固，何其不乐成人之美如是哉。《新论》人不多见，而孟坚之书人人能读之。人能读之而不能尽考其抵牾之失，无惑乎其信固而疑谭也。

余之不信固而信谭者，则以固之于子云，虽阳浮誉之，而阴实恣毁之。且其传与赞之抵牾，盖迹有可寻矣。《传》称：孝成帝时客有荐雄文似相如者，上方郊祠甘泉泰畤、汾阴后土，以求继嗣，召雄待诏承明之庭。从上甘泉，作《甘泉赋》。而《赞》乃云：雄自蜀游京师，大司马车骑将军王音召以为门下吏，荐雄待诏。岁余，奏赋除为郎，给事黄门。同一荐雄也，《传》则曰客，《赞》则曰王音。客姓名盖杨庄也。按子云《答刘歆书》述成帝知遇，略云：尝为铭颂之文，蜀人杨庄诵之于成帝，成帝好之，以为似相如，雄遂以此得外见（外见当谓见于外朝，或自外召见也）。为郎之岁，自奏少不得学而心好沉博绝丽之文，愿不受三岁奉，休脱直事之繇，得肆心广意以自克就。有诏可，无夺奉，令尚书赐笔墨钱，得观书于石渠。后一岁，乃作《绣补》《灵节》《龙骨》之铭，成帝好之。盖其自述如此，初无所谓王音之荐也。是时五侯最为权要，雄苟出其门，何以为自守泊如乎。是知王音云者，乃谤词，非实录。此《传》与《赞》之抵牾者，一也。

又《传》称：正月从上甘泉，奏《甘泉赋》以风。其三月，上祭后土于汾阴，渺然思唐虞之治。雄还，上《河东赋》以劝。其十二月羽猎，雄从，乃奏《羽猎赋》。明年，上《长扬赋》。是雄赋《羽猎》在甘泉之后，成帝复甘泉诸祠在永始三年丁未，其祠甘泉在四年戊申，距王音之卒已二年矣。而赞乃云：音荐，待诏岁余，奏《羽猎赋》，除为郎。又在作《甘泉赋》之前。虽与桓谭肠出之言少合，而事实无稽。此《传》与《赞》之抵牾者又一也。

《赞》又云：年四十余，至京师。王音奇其文雅，召为门下吏。荐之，待诏岁余云云。是王音荐后又岁余也。王音辅政八年，始于阳朔三年己亥之冬十月，卒于永始二年丙午之正月。据子云至京师年四十余，或近五十未可知，今未有明文。姑就其最少者，以四十一为断。音之论荐，或在八年之初未可知，今亦未有明文。姑就其近者，以鸿嘉四年甲辰岁为断。今云年七十一，以天凤五年戊寅卒。鸿嘉甲辰距天凤戊寅三十五年，当七十五岁而乃云七十一，是赞中语自相抵牾者又一也。

《传》称待诏承明之庭，承明在未央宫。据《黄图》所纪，距天禄阁甚远。既云三世不徙官，则当久直承明矣。而所投者乃天禄，何也？（详李长春《投阁辨》）是《赞》中语自相抵牾者又一也。

《赞》又称：莽欲绝符命之原，以神前事。诛寻而窜棻。雄方校书天禄阁，收者来，惧不免，投阁几死。莽闻之曰，雄素不与事，何故在此？诏勿问。然京师为之语曰，惟寂寞，自投阁；爰清静，作符命。是符命之说，莽且知其不与，而孟坚终欲污之。且莽既以为大夫，乃又有何故在此之问，是赞中语自相抵牾者又一也。

借矛刺盾，闪烁无稽。孟坚复生，何能解免。夫以孟坚之赡而不秽，详而有体，其序子云何独如是？我以诛意之法推其用心，盖诚小人矣。夫孟坚时之窦宪，犹子云时之王音、王莽也。子云与莽同官，未尝因之以图富贵。而固出入权门，以宪荐为中郎将，握兵权，子弟骄横，京师人皆以畏宪，故莫敢与争。其视清静寂寞之品已悬殊矣。而子云之文章，则又其心慕手追而以自拟者，适会王莽好谀之后，颂功述美，相习如狂。当建武、永平间，未必无伪托子云之文，并妄撰其事以传于数十年之后者。孟坚以其贬屈平、讥子长之忮性，一旦得之，辄书于策。其言始为王音召致，已属重诬。且又言其仕莽第，皆不敢正以为传，而姑著于赞词若外篇者，盖将援附子云以掩其比窦氏之失。固不暇为子云惜，且亦何暇慎核其事而整齐其文也哉。此其所以抵牾也。

或曰：然则桓谭之记必可信乎？曰：《春秋》经传之例，所见异辞，所闻异辞，所传闻异辞。君山之于子云，所见者也。建武、永平之人，所闻者也。若孟坚，则所传闻者也。奈何不信所见者而信所传闻者乎？君山之书，篇籍渐亡矣。幸李善取以为注，得存至今。善其为扬子讼冤

之首功乎？

曰：其文之著在哀、平、王莽间者，何以解之？曰：《甘泉》《羽猎》之篇皆著孝成帝，《解嘲》著哀帝时，此皆后人之所附益，非子云之旧也。岂有当其时而有谥可称哉？既云附益，则随其窜入耳，又奚惑焉。《答刘歆书》而曰成帝，亦后人臆改。如《太史公书》之称《孝武本纪》云尔。史称雄之《自叙》云者，指《法言》《太玄》篇目而言，非指《传》。《传》文多称述语，非自撰也。《剧秦美新》之篇，前人辩之详矣。夫其以蚓窍狐嗥之声而为撄鳞撩须之险，以秦喻莽，仅乃过之，岂不致菜寻之祸耶。《元后之诔》亦伪托其名也。孟坚既称其仕莽，而不敢载《美新》之文，盖其中亦有不忍诬者焉。《元后诔》止载十六字，盖亦得之于传闻也。然吾既信子云前此之死，则此等皆不足辩矣。

余读子云之书，论列其行事，庶几兄事孟、荀，弟畜河汾、昌黎，于刑名黄老日月曀霾之时，表章圣学有茂绩焉。而惜其以莽大夫辱，故不惮娓娓而明辨之。亦叹紫阳之未及详考，而眉山之诋为轻率也。虽然，岂余之私言哉！伊川先生云，世多疑子云投阁之事，以《法言》观之，殆未必有。阁高百尺，宜不可投。而杨诚斋亦云，孟坚经术不如扬雄，则诬以阿莽。伊川有取于《法言》而致疑于投阁，诚斋深重其经术而重责乎孟坚。呜呼，人心之公，岂异喙所能掩哉！近世简君绍芳、范君涞、李君长春、郭君子章，皆有辨诬之篇。虽词意有同异，而皆可以阐幽。特恭录之，以备稽考。并胡正甫、焦弱侯、刘元丙、杨庄简公成，皆有《始末辨》《投阁辨》等篇，俟获其本，当并志之。且广为搜辑，以作《子云辩诬录》。（《抱经斋文集》，《存目》集部第250册，第547—549页）

方中德（1632- 1708?）

方中德，字田伯，号依岩，清初安徽桐城凤仪里（今枞阳县浮山）

人。方以智之子，承继乃父史学，著有《古事比》。

著述（节录）

陆贾有《新语》，顾谭亦有《新语》。贾谊有《新书》，虞喜亦有《新书》。桓谭有《新论》，夏侯湛、华谭、刘昼，各有《新论》。崔实有《政论》，王肃亦有《政论》。仲长统有《昌言》，王滂亦有《昌言》。贾山有《至言》，崔灵亦有《至言》。六朝好学汉类如此。沈约撰《宋书》，裴子野更删为《宋略》。江淹有《齐志》，萧子显更为《齐书》。著《吴越春秋》者，汉赵晔、晋杨方也。著《西京杂记》者，晋葛洪、齐萧贲也。汉刘熙作《释名》，吴韦昭作《辨释名》。汉刘向作《说苑》，唐刘贶作《续说苑》。《偶记》董胶西、陶彭泽，皆著《士不遇赋》。崔子玉、白乐天、李至，皆有《座右铭》。作《苍蝇赋》者，元顺、元勰，永叔盖仿之。扬雄作《反骚》，皮日休作《反招魂》。

綦毋民、成公绥、鲁褒著《钱神论》，萧综著《钱愚论》。东方朔《答客难》，班固《宾戏》，扬雄《解嘲》，张衡《应间》，崔骃《达旨》，蔡邕《释诲》，郭璞《客傲》，夏侯湛《抵疑》。文虽不同，体裁则一。子夏《客讥》，子嵩《客咨》，陈思《客问》，数见不鲜矣。

拟古人者：扬雄以经莫大于《易》，故作《太玄》；传莫大于《论语》，作《法言》；史篇莫善于《苍颉》，作《训纂》；箴莫善于《虞箴》，作《州箴》；赋莫深于《离骚》，反而广之；辞莫丽于相如，故作四赋。

晋陆喜自序云："刘向省《新语》，而作《新序》；桓谭咏《新序》，而作《新论》。余感子云之《法言》，而作《言道》；睹贾子之美才，而作《访论》；观子政《洪范》，而作《古今历》；览蒋子通《万机》，而作《审机》；读《幽通》《思玄》《四愁》，而作《娱宾》《九思》。真所谓忍愧者也。"

王通准《论语》而作《中说》，准《春秋》而作《元经》。林幹著《渊通》四十八篇，以仿《道德经》；著《覃思》十三篇，以仿《法言》。张庆之拟《太玄》，作《测灵》。王长文拟《易》，名曰《通玄经》。（同

郡马秀曰："《太玄》晚遭陆绩，玄道遂明；《通玄经》未遭陆绩、君山耳。"）学不及古人而妄拟，尚不免于訾，何况进比圣经，岂能止柳开之叱乎？（胡旦造《春秋编书》，发明凡例，窃侔圣作，邀柳开于金山观之，颇自矜。开仗剑叱曰："丘明以下，公、穀、邢、郑数子，止迹传述，尔何敢窃圣经之名？"旦急投旧舰，锋几及之。）

文人蹈袭：黄鲁直云："《解嘲》拟《答客难》，《进学解》拟《解嘲》，《晋问》拟《七发》。追逐前人，不能出其范围。虽班孟坚之《宾戏》，崔伯度之《达旨》，蔡伯喈之《释诲》，仅可观焉，况下者乎？"洪景卢曰："自屈原假为渔父、日者问答之后，作者悉相规仿。司马相如《子虚》《上林赋》，以子虚、乌有先生亡是公。扬子云《长杨赋》，以翰林主人子墨客卿；班孟坚《两都赋》，以西都宾、东都主人；张平子《两都赋》，以凭虚公子、安处先生；左太冲《三都赋》，以西蜀公子、东吴王孙、魏国先生。皆蹈袭一律。晋人成公绥《啸赋》，无所宾主，必假逸群公子，乃能遣辞。枚皋《七发》，只以楚太子、吴客为言；而曹子建《七启》，遂有玄微子、镜机子。张景阳《七命》，有冲漠公子、徇华大夫之名，言语非不工也，而此习未之或改。"

子厚《贞符》，拟子云《剧秦美新》。黄鲁直《跛奚奴》文，拟王子渊《僮约》。李华《吊古战场》文，本于庾信《哀江南赋》。韩愈《送穷文》，本于扬雄《逐贫赋》。（唐宣宗时，有王振自称紫逻山人《送穷辞》，引韩吏部为说。段成式有《送穷文》。）李白《大鹏赋》，本于司马相如《大人赋》。皮日休《桃花赋》，殆出于舒元舆《牡丹赋》。柳宗元《乞巧文》，刘禹锡《问大钧》，则同时而暗合也。……

扬子云作《法言》，蜀富人赍十万钱，愿载于书，不听也。穆伯长作《庙记》，亳豪士遗五百金，求载名，不许也。裴均子以万缗求韦贯之铭，不屑也。南昌富人奉钞五百，求虞伯生铭，不从也。近时文士，贾人进十金，则谀墓矣。……

以文事为佞：扬雄《剧秦美新》，陈子昂有《周受禅颂》，燕公以《五君咏》佞许公，崔骃上《四巡颂》以称汉德。（《古事比》卷二十八，黄山书社 1998 年版，第 631—636 页）

赞邪（节录）

扬雄剧秦美新，《法言》曰："自周公以来，未若汉公之懿也。"蔡中郎有《表太尉董公为相国》一表，谓："卓生应期运，气禀山岳，默废顽凶，爰立圣哲，而辞疾让位，宜益隆委任。"此与子云无异。使邕不为此表犯卓之怒，不过死，死卓与死允一耳。惧势畏死，乃卒不免，身名俱殒。悲夫！……

有王莽之篡弑，则有扬雄之《美新》；有曹操之禅代，则有潘勖之《九锡》。故乱之所由生也，犯上者，为之魁；巧言者，为之辅。（《古事比》卷三十五，第802—803页）

胡　渭（1633- 1714）

《清史稿》卷四百八十一："胡渭，初名渭生，字朏明，德清人。渭年十二而孤，母沈，携之避乱山谷间。十五为县学生，入太学，笃志经义，尤精舆地之学。……渭经术湛深，学有根柢，故所论一轨于正。汉儒傅会之谈，宋儒变乱之论，扫而除焉。"

先天古易（节录）

按：《太玄》方、州、部、家、表、赞，皆自三数推之，全从"三生万物"得来，不待清静寂寞等语，而始知其为老氏之学也。《易》之为书广大悉备，天象历数之理皆包括其中。然伏羲作《易》之本，夫子"仰观俯察"数语尽之，天象历数非其本也。雄因覃思浑天，而作《太玄》以拟之，与《太初历》相应。《易》太极生两，两生四，四生八；《玄》太极函三为一，一生二，二生三，三生万物。其所据者固老氏之

《易》，而非圣人之《易》矣。《列子》言《太易》自一而七而九，亦皆奇数，却不言三。夫子所言自一而两而四而八，皆偶数，故康节用加一倍法。子云之乘法以参，康节之倍数以两，故蔡季通云："使康节为之，定是四公、八辟、十六侯、三十二卿、六十四大夫，都是加倍法也。"子云草《玄》，自丑至午得七百二十九而止，《玄》其所自造，任意可也。康节著《先天图》，自两至八，《易》之所有也；自八而为十六、三十二、六十四，以至于百千万亿而无穷，又岂《易》之所有乎？是亦邵子之数学，而非古圣人之《易》矣。朱子尝云："康节之学似扬子云。"又云："康节数学源流于陈希夷，希夷，老氏之徒也，不啻若子云之小疵。"朱子斥《太玄》学本老氏，而顾以出自希夷者为圣人之《易》，独何与？嗟乎！仲尼没而微言绝，七十子丧而大义乖，汉世崇尚黄、老，至谓《老子》两篇过于《五经》，子云拟《易》，所以堕其《玄》中也。魏、晋诸人，皆以《老》《易》混称，历唐、宋而未艾。伊川始辟异端，专宗《十翼》，《易》道昌明如日月之中天矣，而希夷之徒以象数自鸣，复从而乱之。盖自孔子赞《易》之后二千年间，其不以老氏之《易》为圣人之《易》者无几。迨宋末元初，《启蒙》之说盛行，以至于今，则反谓文王、周公、孔子之《易》非伏羲之《易》，而老、列、希夷、康节之《易》乃真伏羲之《易》矣，晦盲否塞五百余年，非屏绝先天诸图，而专宗程氏《易》，不可得而明也。（《易图明辨》卷六，中华书局2008年版，第137—138页）

颜茂猷（1634进士）

［按］颜茂猷，明人，崇祯甲戌（1634）进士，故系于此。《明史》卷七十《选举志》载："七年甲戌，知贡举礼部侍郎林焊言，举人颜茂猷文兼《五经》，作《二十三义》。帝念其该洽，许送内帘。茂猷中副榜，特赐进士，以其名另为一行，刻于试录第一名之前。《五经》中式者，自此接迹矣。"

刘歆扬雄共附王莽投阁身死

刘向，汉宗室，恐王氏代汉，常反复奏疏，为帝言之，莽终不能加害。至其子歆，反附莽颂功德。莽荐为侍中，典领《五经》，封为嘉新公。莽篡位，歆以谋劫降汉，事泄自杀。

有扬雄者，亦以文章经术名世。莽篡位，以耆旧转官，作《剧秦美新》文以媚莽。弟子刘棻坐事连及雄，使者收之。雄惧，自投天禄阁下，几死，莽赦之。《纲目》书“莽大夫扬雄”，深病其以儒术饰媚也。使二子脱屣鸡肋，为汉纯臣，不亦身名俱泰哉。义利两字，俱弄不成，只为千古笑柄。（《廸吉录》卷二，《存目》子部第150册，第389页）

江 闿（1634-1701）

《（乾隆）益阳县志》卷十三：“江闿字辰六，江南新安人，贵州贵阳籍，康熙癸卯举人。”按，江氏著有《江辰六文集》二十四卷，辑有《友声集》《众香词》等。

书扬子云集后

升庵、澹园诸君，多为子云辨美新事莽，谓谷永同时亦字子云，遂而疑之。余考《永传》，永初名并，改名永，成帝元延元年为北地太守，岁余，王根为票骑将军，荐永为大司农。岁余，永病免。又数月，卒于家，是死于莽未篡之先。成帝时，更考王根秉政四年病免，莽始为大司马。永死于王根秉政之初，不独莽犹未篡，且未为大司马也。及考《雄传》，莽以符命自立，即位后，欲绝其原，以神前事，甄寻、刘棻复以是献，莽怒，投棻四裔，辞连及雄。治狱者收雄，雄恐不免，时在天禄

阁，自上投下，几死。寻有诏勿问，京师语曰："惟寂寞，自投阁；爰清静，作符命。"时以病免，复召为大夫。年七十一，天凤五年卒。及检雄《解嘲》有"爰清爰静，惟寂惟寞"之句，与京师语合。且作《元后诔》曰"新室文母太后"，又《美新文》有云"诸吏中散大夫臣雄稽首"，又曰"臣雄再拜稽首以闻"，永虽非端人，安能代雄受过。（《江辰六文集》卷二十，《禁毁》集部第130册，第570页）

王士禛（1634- 1711）

《清史稿》卷二百六十六："王士禛，字贻上，山东新城人。幼慧，即能诗，举于乡，年十八。顺治十二年，成进士。……明季文敝，诸言诗者，习袁宗道兄弟，则失之俚俗；宗钟惺、谭友夏，则失之纤仄；学陈子龙、李雯，轨辙正矣，则又失之肤廓。士禛姿禀既高，学问极博，与兄士禄、士祜并致力于诗，独以神韵为宗。"

法言语

《法言》"春木之芚兮，援我手之鹑兮"二语，全仿《原壤歌》"狸首之斑然，执女手之卷然。"（《池北偶谈》卷十九，中华书局1982年版，第452页）

珑　玲

刘节之孔和有诗云："虚堂微月影竛娉，茗粥筵中解静听。已许来年仍小泊，未须催晓唱珑玲。"珑玲二字，出扬子《法言》"珑其声者，其质玉乎。"则商玲珑作商珑玲，亦何不可之有。（《池北偶谈》卷十九，第452—453页）

论剧秦美新*

罗大经《鹤林玉露》一条论扬雄云：莽之行如狗彘，三尺童子知恶之，雄岂肯附之。《剧秦美新》，不过言孙以免祸耳。予鄙之，判其侧云：危言既不可，不言庸何伤。（《居易录》卷十五，齐鲁书社 2007 年版，第 3967 页）

石介怪说*

石守道作《怪说》三篇，毁杨文公，予尝驳之矣。又读其《救说》一首，最悖于理，如云“汉祚微，王莽篡，道大坏，扬雄存之。五代之乱，冯瀛王存之。”数语蛊世道人心不浅。而篇终又云：“天下国家有难患，以死殉之，忠臣之节”云云。何又自相矛盾之甚，守道持论率僻谬如此！（《居易录》卷三十二，第 4338 页）

扬雄墨池

子云拒富人，风义凛当世。何物国师儿，乃许问奇字。墨池久荒凉，四赋空巨丽。（《蚕尾续诗集》卷四《雍益集》，齐鲁书社 2007 年版，第 1270 页）

李　贽

余素不喜李贽之学，其《藏书》《续藏书》未尝寓目。近偶观之，其最害道者莫如《论狂狷》一篇。其言谓放勋狂而帝，文王狂而王，泰伯狂而伯，皆狂也。舜也、禹也、汤、武也、太公、周、召，皆狂也。汉高帝，狂之神；文帝，狂之圣也。此等谬论，正如醉梦中呓语，而当时诸名士极推尊之，何哉？若以李斯、桑弘羊、吕不韦、李园、贾诩、

董昭为名臣，温峤为逆贼，所谓好恶拂人之性者也。以扬雄、胡广、谯周、冯道为吏隐外臣，亦大谬。(《古夫于亭杂录》卷六，中华书局1988年版，第138页)

陆次云(1635? - 1690)

《己未词科录》卷六："陆次云字云士，浙江钱塘人。拔贡生，授河南郏县知县。丁忧，起复补江南江阴县知县。著有《尚论持平》二卷，《析疑待正》二卷，《事文标异》一卷，《八纮释史》四卷，《纪余》四卷，《八纮荒史》一卷，《峒溪纤志》三卷，《志余》一卷，《澄江集》十卷，《皇清诗选》六十卷，《玉山词》六卷，《北墅绪言》五卷，《湖壖杂记》一卷。"

司马迁先黄老而后六经

晁无咎云："班固讥史迁论大道先黄老而后六经，谓其是非谬于圣人，不知史迁以武帝之世表章儒术，宜乎大治，而因奢侈而致凋弊，反不如文景尚黄老时天下饶裕也。"愚谓不特此也。当汉时法严刻，人臣晋爵有受吊不受贺之言，往往不得其死，非黄老之学不足以存。即己蚕室之刑，亦不能遵守黄老所致，盖感愤而为此言也。至其作《孔子世家》，极表其景仰向往之心。于黄帝不载乘龙上天之事，于老子极其流弊，使与申韩同传。先黄老耶？后六经耶？孟坚之言，驷不及舌矣。(《尚论持平》卷二，《存目》子部第115册，第248页)

司马迁序游侠而进奸雄

世有游侠，武人中之狂狷也，与奸雄异。奸雄尚利，游侠尚义。一言投合，国士相知，则不惜以性命相徇，为知己报。所谓“感君义气为君死，泰山一掷轻鸿毛”，烈丈夫之所为。如荆轲、豫让之流，亦天地间不可少之人也。雄固雄矣，奸何有耶？而班史非之，说者谓迁叹时无朱家之伦，不能脱己于祸，故感慨而传之，此或有之。然如朱家其人可勿传耶？且未有《史记》之先，《国策》中叙述诸人，如见当年生气。迁作史而可没之耶？谓之奸雄，一字之诛，未可以污义士也。（《尚论持平》卷二，第248—249页）

司马迁崇势利而羞贫贱

班固讥司马迁述货殖崇势利而羞贫贱，读《货殖传》之言曰：“贪贾三之，廉贾五之。贪贾宜多而反少，以其仅知利也。廉贾宜少而反多，以其兼知义也。”由三五之言推之，龙门之立意深矣。即小可以见大，若薄货殖而不言，《大学》平天下章何以言生财乎？生财之道，廉者得之则于众寡疾舒皆可絜矩而悟矣。或为之说曰：以其伤于处贫，无赀自赎，故有贫贱之羞。此或不然，其文具在，可绎思而知其旨也。（《尚论持平》卷二，第249页）

［按］以上三篇所论，扬雄《法言》皆有论及，故录之于此。

扬　雄

司马温公、王荆公、曾南丰最推扬雄，以为不在孟子之下。朱文公作《纲目》，恶其《剧秦美新》，直书之曰莽大夫。一字之诛，威于铁钺矣。或为之原曰：剧美之言，不过言孙以免祸耳。愚谓此非孙言，盖危言也。夫秦最无道，《剧秦美新》谓其稍愈于秦耳。若欲尊新，何不剧汉？不剧汉而剧秦，是剧新美汉矣。有人焉，谓其美于尧舜，可谓之美；谓其美于桀纣，得谓之美乎？幸莽不觉，得以苟全。然既为大夫，莽之一字不可辞矣。尚得以之拟孟子耶。（《尚论持平》卷二，第262页）

熊赐履（1635- 1709）

《清史稿》卷二百六十二："熊赐履，字敬修，湖北孝感人。顺治十五年进士，选庶吉士，授检讨。典顺天乡试，迁国子监司业，进弘文院侍读。……赐履论学，以默识笃行为旨，其言曰：'圣贤之道，不外乎庸，庸乃所以为神也。'著《闲道录》，尝进上，命备省览。雍正间，祀贤良祠。"

附统按语（节录）

夫学也者，学为人臣，学为人子而已，若戴圣、刘向、扬雄、贾逵、马融、何休之徒，非不晔然闻人也，并以操履有缺，贻玷宫墙，不得与于斯文之列，往往为尚论者所共惜，然则学者之于行谊，果何如其重哉！（《学统》卷三十七，凤凰出版社 2011 年版，第 341 页）

扬　子

程子曰："林希尝谓扬雄为禄隐。扬雄，后人只为见他著书，便须要做他是，怎生做得是？"因问："如《剧秦》文，莫不当作？"曰："或云非是美之，乃讥之也。然王莽将来族诛之，亦未足道，又何足讥？讥之济得甚事？或云且以免死，然已自不知明哲煌煌之义，何足以保身？作《太玄》本要明《易》，其实无益，真屋下架屋，床上叠床。他只是于《易》中得一数为之，于法虽有合，只是无益。"问："《太玄》之作如何？"程子曰："是亦赘矣，必欲择《玄》，不如明《易》。邵尧夫之数似《玄》而不同，数只是一般，但看人如何用之。虽作十《玄》亦可，况一《玄》乎？汉儒之中，吾必以扬子云为贤，然于出处之际，不能无过也。其言曰：'明哲煌煌，傍烛无疆，孙于不虞，以保天命。'孙于不虞则有之，傍烛无疆则未也。光武之兴，使雄不死，能免诛乎？观于朱泚之事，可见矣。古之所谓言逊者，迫不得已，如《剧秦美新》之类，非得已者乎?”又曰:“扬子云‘明哲煌煌,傍烛无疆’,悔其蹈乱,无先知之明也。其曰‘孙于不虞,以保天命’,欲以苟容为全身之道也,使彼知圣贤见几而作,其及是乎?”又曰:“世之议子云者,多疑其投阁之事,以《法言》观之,盖未必有。又天禄阁,世传以为高百尺,宜不可投,然子云之罪,特不在此。黾勉于莽贤之间,畏死而不敢去,是安得为大丈夫哉!”又曰:“扬子云仕莽,谓之‘旁烛无疆’,可乎?隐可也,仕不可也。”又曰:“扬子无自得者也,故其言蔓衍而不断,优柔而不决,其论性,则曰‘人之性也,善恶混。修其善则为善人,修其恶则为恶人’。扬子性已不识,更说甚道。”又曰:“扬子谓老子言:‘道德则有取,至于捶提仁义,绝灭礼乐,则无取。’若以‘剖斗折衡,圣人不死,大盗不止’,为救时反本之言为可取,却尚可恕。如言‘失道而后德,失德而后仁,失仁而后义,失义而后礼’,则自不识道,已不成言语,却言其言道德有取,此自是扬子不见道处。又谓学行之上也,名誉以崇之,皆扬子之失。”

龟山杨氏曰:“扬雄云‘多闻则守之以约,多见则守之以卓’。其言终有病,不如孟子言‘博学而详说之,将以反说约也’,为无病。盖博学详说,所以趋约,至于约则其道得矣,谓之守以约卓于多闻多见之中,将何守?见得此理分明,然后知孟子之后,其道不传,知孟子所谓‘天下可运于掌’为不妄。”又曰:“扬子云作《太玄》,只据他立名,便不是。既定却三方、九州、二十七部、八十一家,不知如何相错得?八卦所以可变而为六十四者,只为相错,故可变尔。惟相错,则其变出于自然也。”

朱子曰:“扬子云出处非是,当时善去,亦何不可?”问:“扬子避碍通诸理之说是否?”朱子曰:“大概也似,只是言语有病。”问:“莫是避字有病否?”曰:“然。少间处事不看道理当如何,便先有个依违闪避之心矣。”又曰:“雄之学似出于老子,如《太玄》曰‘潜心于渊,美厥灵根’,《测》曰‘潜心于渊,神不昧也’,乃老氏说话。”又曰:“扬子说到深处,止是走入老、庄窠窟里去,如清净寂寞之说皆是也。”又曰:“某尝说扬雄最无用,他到急处只是投黄、老,如反《离骚》,并老子

《道德》之言可见。这人自身命也，奈何不下，如何理会得别事。如《法言》一卷，议论不明快，不了决，如其为人。”又曰：“天地间只有个奇偶，奇是阳，偶是阴。自二而四，自四而八，只恁推去，都走不得，而扬子却添两作三，谓之天地人，事事要分作三截，恐不是道理。如孟子既说性善，荀子既说性恶，他无可得说。只得说个善恶混。若有个三底道理，圣人想自说了，不等后人说矣。看他里面推得辛苦，却就上面说些道理，亦不透彻，看来其学似本于老氏，如‘惟清惟静，惟渊惟默’之语，皆是老子意思。”又曰：“扬子善恶混之说，所见仅足以比告子。”问：“《太玄》分赞于三百六十六日下，不足者乃益以‘《踦》《赢》’，固不是。如《易》中卦气如何?”朱子曰：“此出于京房，亦难晓。如《太玄》中推之，盖有气而无朔矣。”问：“伊川亦取雄《太玄》中语，如何?”曰：“不是取他，言他地位至此尔。”问：“《太玄》如何?”朱子曰：“圣人说‘天一地二，天三地四，天五地六，天七地八，天九地十’，甚简易。今《太玄》说得却支离，《太玄》如他立八十一首，却是分阴阳，中间一首，半是阴，半是阳，若看了《易》后去看那《玄》，不成物事。”又问：“扬雄也是学焦延寿推卦气。”曰：“焦延寿《易》也不成物事。今人说焦延寿卦气不好，是取《太玄》，不知《太玄》却是学他。”又曰：“天地间只有阴阳二者而已，便会有消长。今《太玄》有三个了，如冬至是天元，到三月便是地元，七月便是人元，夏至却在地元之中，都不成物事，”又曰：“《太玄》甚拙，岁是方底物。，他以三数乘之，皆算不著。”又曰：“《太玄》纪日而不纪月，无弦望晦朔。”又曰：“《太玄》中高处只是黄、老，故其言曰‘老子之言道德，吾有取焉’。”又曰：“《太玄》之说，只是老、庄，康节深取之者，以其书亦挨傍阴阳消长来说道理。”

或问：“《易》与《太玄》数有何不同?”潜室陈氏曰：“《易》是加一倍法，《太玄》加三倍法，《易》卦六十四，《太玄》卦八十一。《太玄》模仿《周易》，只起数不同尔。先儒谓将《易》变作十部，《太玄》亦得，但无用尔。”

临川吴氏曰：“扬子云拟《易》以作《太玄》，《易》自一而二，二而四，四而八，八而十六，十六而三十二，三十二而六十四；《太玄》则自一而三，三而九，九而二十七，二十七而八十一。《易》之数，乃天地造化之自然，一毫智力无所与于其间也。异世而同符，惟邵子《皇极经世》一书而已。至若焦延寿《易林》、魏伯阳《参同契》之属，虽流而入于伎术，尚不能外乎《易》之为数。子云《太玄》名为拟《易》而实则非《易》矣。其起数之法，既非天地之正，又强求合于历之日，每首九赞，二赞当一昼夜，合八十一首之赞凡七百二十九仅足以当三百六十四日有半，外增一《踦》赞以当半日，又立一《嬴》赞以当四分日之一。吁！亦劳且拙矣。"

敬轩薛氏曰："扬子《法言》意实浅，而饰以短涩奇古之词，何耶?"又曰："《法言》涩而晦。"又曰："程子曰'扬子不识性，更说甚道'。盖道者，率性之谓。不识性，更说甚道。"又曰："扬雄年四十余，自蜀来游京师，大司马车骑将军王音奇其文，召以为门下史，荐雄待诏。岁余，奏赋为郎，给事黄门，与王莽并。其后卒为莽臣，而死于其世，是其进也以王氏，终也以王氏，大节之亏，有自来矣。"

敬斋胡氏曰："扬子云之言沉晦，见道不明也。辞不厉，所守不确也。"

艾千子曰："扬子《太玄》乃剿取《太初历法》，铢两尺寸，阴用其实，而别为名以新之。其文如孺子学语，号嗄未成，先儒谓其以艰深之词，文浅易之说，虽使雄而复生，无以自解矣。"

愚按：扬雄，热中人也。生平溺志于词章，濡迹于乱贼，又僭拟圣经，不知妄作。笃学体道者，固如是乎？史称"雄嘿而好深湛之思，恬于势利，好古而乐道"，吾未之信也。脱有之，亦必外示淡静，而中怀躁竞，若老氏将取固与之术是也。昌黎、温公、伊川、康节诸子皆于雄节取，有恕辞，独潘氏断之曰"心劳日拙"，其殆切骨之论与！（《学统》卷之四十四《杂统》，第463—466页）

史称扬子云少嗜欲，不爱富贵，顾颇好词赋。夫词赋，文章之富贵者也。天下岂有溺词章而淡荣利者哉。卒为莽大夫，著《美新论》，生

平本色尽露矣。故学者必以存理遏欲为本。（《下学堂札记》卷三，《续修》第947册，第181页）

阎若璩（1636- 1704）

《清史稿》卷四百八十一："阎若璩，字百诗，太原人。世业盐筴，侨寓淮安。父修龄，以诗名家。若璩幼多病，读书暗记不出声，年十五，以商籍补山阳县学生员。研究经史，深造自得。"

言今皋陶谟益稷本一别有弃稷篇见扬子（节录）

刘理先生字超宗，尝告予曰：二典为一，三谟去二，子著《疏证》，诚不可不加意。予曰：然，今试取《皋陶谟》《益稷》读之，语势相接，首尾相应，其为一篇，即蔡氏犹知之。但谓古者以编简重大，故厘而二之，非有意于其间，则非通论也。自"曰若稽古皋陶"至"往钦哉"凡九百六十九字，比《禹贡》尚少二百二十五字，《洪范》少七十三字，何彼二篇不惮其重大，而独于《皋陶谟》厘而二乎？说不可得通矣。且《益稷》，据《书序》，原名《弃稷》。马、郑、王三家本皆然，盖别为逸书中多载后稷之言，或契之言，是以扬子云亲见之，著《法言·孝至篇》："或问忠言嘉谟，曰言合稷契之谓忠，谟合皋陶之谓嘉。"不然如今之《虞书》五篇，皋陶矢谟固多矣，而稷与契会无一话一言流传于代，子云岂凿空者耶！胡轻立此论？盖当子云时，《酒诰》偶亡，故谓《酒诰》之篇俄空焉，今亡失。赖刘向以中古文校，今篇籍具存。当子云时，《弃稷》见存，故谓言合稷契之谓忠，以篇名无谟字，仅以谟贴皋陶。惜永嘉之乱亡失，今遂不知中作何语。凡古人事或存或亡，无不历历有稽如此。（《尚书古文疏证》卷五，上海古籍出版社1987年版，第390—392页）

古人三多*

曾戏语古人生平有三多，扬子云多却一莽大夫，吴草庐多却咸淳间举进士，与李易安多一张汝舟，均为终身疵。不然，此二大儒者，第取以言功于圣门，在汉胜董仲舒，元胜许鲁斋，孰得而撤其俎豆两庑之席哉？（《尚书古文疏证》卷八，第353页）

万斯同（1638- 1702）

《清史稿》卷四百八十四："万斯同，字季野，鄞县人。父泰，生八子，斯同其季也。兄斯大，儒林有传。性强记，八岁，客坐中能背诵扬子《法言》。后从黄宗羲游，得闻蕺山刘氏学说，以慎独为宗。以读书励名节与同志相劘切，月有会讲。博通诸史，尤熟明代掌故。康熙十七年，荐鸿博，辞不就。"

戏为绝句之扬子云

山河万里已归新，执戟黄门官也贫。但道剧秦非剧汉，扬雄尚是有心人。（《石园文集》卷一，《续修》第1415册，第456—457页）

陈廷敬（1638- 1712）

《清史稿》卷二百六十七："陈廷敬，初名敬，字子端，山西泽州人。顺治十五年进士，选庶吉士。……修辑《三朝圣训》《政治典训》

《方略》《一统志》《明史》，廷敬并充总裁官。累调户、吏二部。”

十翼说

古之为传训者，皆别为书。三传之文不与经连，石经书《公羊传》无经文，《艺文志》载《毛诗故训传》，亦与经别，而夫子之《十翼》其初别行，未与上下经参列也。故吕氏谓《彖》《象》不连经文者，十二卷之古经传也。注连之者，郑氏之注具载本经而附以《彖》《象》，如马融之《周礼》也。融为《周礼》注云：欲省学者两读，就经为注，盖犹是诂训之体尔，未便如今之经传并列，大书特书者也。晁氏以为始变于费直，既大乱于王弼，不知费、王以《彖》《象》《文言》错互入经时，犹是诂训之体欤？抑遂如今之与正经并列而书焉者欤？孔子尝曰："述而不作"，又曰：加我数年，卒以学《易》，可以无大过。夫子天纵至圣，不敢居作者之名，惟曰学焉而已。《诗》云："以引以翼"，是则十翼者以为羽翼之云尔，岂遂自以为经乎？如扬雄之《太玄》，王通之《续经》，皆辄自命为经，而靦颜蒙耻，不以为怪妄，此朱子所谓自纳于吴楚僭王之诛者也，得罪于圣人矣。（《午亭文编》卷二十一，三晋出版社 2015 年版，第 396—397 页）

讲筵奏对录（节录）

五月初九日，讲初九："明夷于飞，垂其翼，君子于行，三日不食，有攸往，主人有言。"《象》曰："君子于行，义不食也。"奏对言：《传》曰枉已者，未有能正人者也。古之人所以严于去就之义者，非爱其身，正爱其道耳。故士君子必有难进易退之节，而后有匡王定国之勋，此明夷之君子所以守不食之义也。又奏对言：薛方，王莽时人。莽以安车迎方，方谢曰："尧舜在上，下有巢由。今明主方隆唐虞之德，小臣欲守巢由之节。"莽悦其言，遂不强致。故曰薛方保身而自全。扬雄为莽大夫，莽恶刘棻等符命之说，置于法。棻尝从扬雄学作奇字，治狱使者欲收，雄时校书天禄阁，恐不免，乃从阁上自投下。故曰扬雄投阁而不免也。士君子观薛方、扬雄之事，可以得处明夷之道矣。（《午亭文编》卷二十九，第512页）

陈子昂仕武后论

昔扬雄仕莽，君子耻之。唐武后以一妇人窃天下威柄，屠灭宗子，贼杀忠正之士，奸谋革命，荡覆唐室，此古今之异变，视莽为何如也。当此时，其小人靦颜事之无论矣，其贤者则谓之何哉？尝观陈子昂氏，以言事武后数召见，今考其言，辞论雅饬，有两汉之风，而荐圭璧于房闼，以脂泽污漫之，贤者之所以自处者，其果谓之何也？曾巩论扬雄，谓有所不得去，又不必死，仕莽而就之，合于箕子之明夷，至论雄《美新》之文，谓非其可已而不已，比之箕子之囚奴。巩之言虽未得为至论。然以观子昂之事，而叹贤者之所遭，其志亦有足悲者，何其与雄相似也。武后称皇帝，改国号，子昂上受命颂，其亦美新之类乎？夫以武后之淫虐隐慝，既多猜忌滋密，一时才望之臣罕有得脱其祸者，以郝处俊之贤犹不能忘情于身殁，子昂之所为岂得已者哉？或谓士不幸遭乱朝，即不必死，犹可洁身而去也，而巩谓雄有所不得去，子昂亦蹈雄辙者，何哉？然考子昂后以父老解官归，父丧，庐冢次，哀感闻者，县令段简贪暴，闻子昂富，欲害之，家人纳钱二十万缗，简薄其赂，捕送狱中，竟死于狱。子昂岂得已者哉？或曰士君子不得志于朝，则安其身于野，明哲之谓何，而顾令以身殉也。嗟乎！子昂不辱其身，则捐其生而已，不仕于朝，则死于令而已矣。是以知人者必论其世，而亦不得过为刻核之论也。（《午亭文编》卷三十二，第550—551页）

愿学斋文集序（节录）

《易》《书》《诗》《礼》《春秋》皆非有意于文也，自孔子殁后之能言之士，其传于世者大抵皆有意于为文，而其能不离异于圣人之道者，

斯为至矣。由孟子以来，去圣人益远，道益不明，其传于世而号为能言之士如司马迁、班固、刘向、扬雄之徒，其所为文虽皆不离异乎圣人之道，而语其至，不能无大醇而小疵也。（《午亭文编》卷三十五，第591页）

答毕亮四书

前辱示书，及所论订《历科经义》，久阙裁答。近不自度固陋，谬为序其篇端，以塞响者见咨雅怀，伏维教诲。来书称："治本于教，教本于礼，礼本于孝。援据古今，根极性命，穷天人之蕴，明圣功王道之道。"大矣，美矣，足下之言哉！至所论南北人物文章之盛衰，则似有未尽其指者，敢献其愚说，幸宽其狂僭之诛。自书契既作，载籍所纪，虙羲、神农、黄帝、尧、舜、禹、汤、文、武、周公、孔子以大圣人为帝王师相，大抵皆挺生崛起在北也。孔子之弟子三千，而身通六艺者七十有七人，皆生于鲁、卫、齐、陈、宋之国，吴惟有言偃，楚惟有公孔龙。公孙龙事不见于经传。子游以文学为孔子所称，及其门人之言见于礼经者为多。孔子所称文学不虚也。然则大江之南，子游之流风宜犹有存焉者。由孔子而来，不敢谓无其人也。而孟子生于郑，荀卿生于赵，司马迁生于龙门，扬雄生于蜀，董仲舒生于广川，班固生于扶风，彼数子者，其所著作昭布天壤，非如相如、枚皋之徒以词赋见奇而已，而又不皆生于三江五湖之间，何欤？由孟子以来，历秦汉至今，可以与荀卿、司马迁、扬雄、董仲舒、班固诸人相颉颃而上下者，果真无其人也欤？夫天之才岂限南北，安知其无于古不有于今耶？大圣人不世出，大贤亦不世出，诚欲如孔子、颜子、曾子、孟子一圣数贤者，万世而下或有或无不可知。若荀卿、司马迁、扬雄、董仲舒、班固之徒，安知其无于今不有后耶！又安知其今之人不可复进与古耶！今馆阁之士，蔚然如林，其所治则龙门、扶风之业也，吾将得其书而观之，足下其姑竢焉。（《尊闻堂集》卷五十四，三晋出版社2015年版，第948—949页）

李光地（1642- 1718）

《清史稿》卷二百六十二："李光地，字晋卿，福建安溪人。幼颖异。年十三，举家陷山贼中，得脱归。力学慕古。康熙九年成进士，选庶吉士，授编修。……（康熙）四十四年，拜文渊阁大学士。时上潜心理学，旁阐六艺，《御纂朱子全书》及《周易折中》《性理精义》诸书，皆命光地校理，日召入便殿研求探讨。"

宋六子（节录）

韩昌黎从来称扬雄，而不及董江都，说诗称建安七子，而不及陶靖节。至东坡，始推奖靖节。而朱子大表章之，至与张留侯并著。数千年人物，须得朱子出而论始定。其心公平，其论精正。如今人都说宋儒刻薄，几于古无完人，都是未曾细读朱子书。如冯道，温公以为仁先管仲，扬雄则更烨赫。此等人，宽之何补？诸葛武侯，排讥者颇多，程朱出而武侯、郭汾阳、陶靖节辈洗雪，与日月争光。即狄梁公为武氏宰相终身，五王皆身后之事，朱子犹予以复唐之功，何等宽厚！世论悠悠，不足与语。（《榕村语录》卷十九，中华书局 1995 年版，第 339 页）

诸儒（节录）

董子应五百年而生，班孟坚度其时而为言，于史迁、董子、刘向、扬雄诸人，皆所指拟。看来似尤属意于刘，而终不能定。以今观之，则江都是。

韩文公二十来岁数传道，多一扬雄，三十岁作《送文畅序》，又少一孟子，都是识见未定。到四十岁作《原道》，便斩钉截铁云"轲之死，不得其传"，卓有定见矣。至《与孟尚书书》，乃是晚年之作，端提出孟子，以为功不在禹下，而自己几幸续在后，荀、扬半字不提起。学识精进如此。孟子亦然。其先方自以为当名世之数，自疑自问，到晚年，才

知得孔子便接尧、舜、禹、汤、文王之传，而己乃孔子之见知也。韩文公《原道》几句，开周、程、张、朱之端。周、程、张、朱如日中天，韩公则东有启明也。千秋万世，韩公之从祀，再推他不去。

柳子厚谓昌黎胜似子云，此是确论。陈梓云："想于《易》义、历数，昌黎不及子云?"曰："子云历数，承袭汉历，都是错的。昌黎易学，虽不知如何，但如'奇而法'，及《诤臣论》所引释，皆深知《易》者。又如'《春秋》谨严'，及'《春秋》书王法，不诛其人身'等语，便见其精于《春秋》。《春秋》之作，是孔子为万世人伦起见，绝不关那几个人，只要大经大法常存天壤便是了。至所贬斥之人，其死已久，有何诛殛?后人呆将这几个人穷其本末，搜求毫毛，不直一笑。"(《榕村语录》卷十九，第341—343页)

诸子 （节录）

自汉以来，荀、扬都与孟子并称，惟韩文公断为"择焉不精，语焉不详"。至司马温公、邵康节，又推尊扬雄，几在孟子之上。后来一被程子点落，而人翕然信之者，实见得到也。

荀子文字，比扬子还条畅。其论事甚精采，但说性恶太可厌。

董江都后，韩昌黎前，惟《法言》《中论》《中说》三书表表，中多名言。

扬子仕莽固可罪，但《法言》中殊有可采。且当其时，遂知推尊孟子，亦必有见。未可以其人而废其书。

《太玄》中显然颂莽功德，所云"汉公"，分明是安汉公，温公注云："公与功同。"不知下面"阿衡"字如何解得去，岂汉天子之功如阿衡耶?注书若此等最不可，朱子断无此病。

王氏盛时，天下皆知其将变。梅福幺么远吏，尚知逃避，扬子云自谓心通造化，独濡滞不去。看来亦非全为利禄，特以京师闻见广，好读书，观于外夷来朝，必细问其土俗风物可见。又其人呆，见莽谦恭下士，即实以为周公。到后来，事已决裂，便是怕死，不复敢与之异。

司马文正谓扬雄过于孟子，曾、王又推服之，以为箕子。至程朱出，而论始定。其实扬雄罪过，不必到事莽，就是作《太玄》，将羲、文、周、孔一齐都做了，罪已不容于诛。王荆公罪过，亦不必到行新法，只以《春秋》为“断烂朝报”而废之，罪亦已不容于诛。这都是心病，可见其无忌惮。

偶看谭子《化书》，极有名理，第说到尽头处，只说得神气。惟孔子，说天地，便说他的德。扬子云著《太玄》，思入风云，实亦只说到神气而止。皇极经世尽精妙，程子谓其“泄漏天机”，尚不离此窠臼。圣人言道只说理，言天地只说德。（《榕村语录》卷二十，第347—348页）

孟坚史学第一，虽文字不如司马子长雄健，然识见醇正，议论皆是。如《西域传赞》《诸侯王年表赞》，皆至好，千古不易之论。孟坚传赞无不佳者，韩文公轻之，亦未允。想是以其剿袭扬子云、刘子政父子议论耳。文公果不剿袭，然孟坚亦不可轻。孟坚虽学出二刘，然其评论二刘及董仲舒、扬子云诸人，皆精当。

论古人须平心，如扬雄与刘歆皆仕莽，歆尚欲杀之，此其意亦比雄少好。雄纵不死，或受其官而去，犹可恕。而《太玄》中显然颂莽之功德，司马温公注其书，至汉公分明是安汉公，而注云：“公与功同”，不知下面“阿衡”字作何解？岂汉天子之功如阿衡耶？如此等最不是，何须如此？学者即是自己祖宗有此事，亦只是置之不论可也，所以程子皆不甚服温公。朱子便无此病。

问：“扬子云读书多，当识养气，何遽自投阁?”曰：“成、哀之世，莽、贤用事，可以去矣，如梅福、严君平鸿飞冥冥。当时愿守箕山之节者，莽不强也。莽自比周公，子云自比孔子，臭味相投。《法言》曰：‘自周公以来，未有如汉公之懿者也，其劳则过于阿衡。’莽有羿、奡篡君之罪，子云亦不免有吴、楚僭王之诛。以为经莫大于《易》，作《太玄》；传莫大于《论语》，作《法言》。使子云不附莽，位止执戟，《太玄》《法言》亦不能增重，其书远不逮《中说》。《汉书》十志，莽制作

为多，明堂、辟雍，皆刘歆辈定之。”（以上《榕村续语录》卷六，第633—634页）

史（节录）

孟坚文字虽不如子长雄健，然识见醇正，议论皆是。韩文公绝不见提起，想以其剿袭扬、刘议论耳。文公果不剿袭。然孟坚正未可轻。其评论二刘及董仲舒、扬子云诸人皆精当，战国文字之气习、识议，至孟坚始变尽。子长亦非战国文字，其高视阔步，中有断处，而穿田过脉，皆有针线，高出《左》《国》之上。但议论多是战国耳。

《汉书》乃孟坚凑笼刘、扬诸家而成者，殊可观。十志惟《天文》《五行》穿凿，余俱典实渊茂。

《扬雄赞》以序为论，瑕瑜不相覆，极妙赞体。（《榕村语录》卷二十一，第371—373页）

诗文（节录）

扬子云有重名，然少逊，就论文字也拖沓，既不及董子之醇，又不如贾子之快。（《榕村续语录》卷十九，第867页）

陈良儒（?）

《四库全书总目》卷一百二十六：“良儒字稺修，湖北人。崇祯中由荫生官光禄寺典簿。”

堪舆

今人称地理士曰堪舆家，非也。《文选》扬雄《甘泉赋》“属堪舆以壁垒兮”，注：“堪舆，天地之神也。”又《韵会》：“堪舆，天地总名。”《说文》：“堪，天道；舆，地道。”又相如赋“扶舆猗靡”，注：“扶舆，佳气。”《说文》：“扶，佐也，相也，扶持也。辟如天地之无不持载，持即扶，载即舆也。”则堪舆，总言天地也明矣。独加之地理士，岂不大谬。（《读书考定》卷一，《存目》子部第97册，第460页）

周　召（?）

《（康熙）衢州府志》卷三十二：“周召字公右，西安人。五岁丧父，事母李孺人至孝。家贫，织屦以佐食，夜则读古人书。为文典赡丰藻。学使者黎元宽、李际期皆国士遇之，以选拔知陕西凤县，多惠政。为人严正坦易，朝夕编摩不辍，所著述甚富。”

论蜀之富人*

蜀之富人赍金馈扬子云，乞附姓名于《法言》，而子云不许。至于谷口郑子真，则津津乐道焉。以视索米为作佳传者，人品何啻霄壤。昔人疑《剧秦美新》非子云之笔，未为无见。乃余更于富人有取焉。子云一官拓落，寂寞自甘，其所著撰，俗物见之，应取以覆酱瓿耳。而若人乃慕一儋石不充之人，欲乞数字以为荣。嗟乎，今之守钱积谷翁，作夜郎王拥赀自大，其视负薪行吟、织帘苦诵之辈，方且厌而唾之，以为不祥，尚有若人在其目中哉。是今之富人比古之富人，其面目肺肠又不堪相对矣。子云无《剧秦美新》事，史疑辨之甚悉。余《咏史诗》未免轻訾古人，书此以志率笔之悔。（《双桥随笔》卷一，《四库》第724册，第382页）

［按］周氏顺治五年（1648）拔贡举，故系于此。